Uni-Taschenbücher 838

UTB

Eine Arbeitsgemeinschaft der Verlage

Birkhäuser Verlag Basel und Stuttgart
Wilhelm Fink Verlag München
Gustav Fischer Verlag Stuttgart
Francke Verlag München
Harper & Row New York
Paul Haupt Verlag Bern und Stuttgart
Dr. Alfred Hüthig Verlag Heidelberg
Leske Verlag + Budrich GmbH Opladen
J. C. B. Mohr (Paul Siebeck) Tübingen
C. F. Müller Juristischer Verlag – R. v. Decker's Verlag Heidelberg
Quelle & Meyer Heidelberg
Ernst Reinhardt Verlag München und Basel
K. G. Saur München · New York · London · Paris
F. K. Schattauer Verlag Stuttgart · New York
Ferdinand Schöningh Verlag Paderborn · München · Wien · Zürich
Eugen Ulmer Verlag Stuttgart
Vandenhoeck & Ruprecht in Göttingen und Zürich

Diese Bände sind

APOSTOLOS ALAFOUZOS und HELMUT SCHWÄBL

gewidmet

Jochen Bleicken

Verfassungs- und Sozialgeschichte des Römischen Kaiserreiches

Band 1

2. verbesserte Auflage 1981

Ferdinand Schöningh
Paderborn München Wien Zürich

Prof. Dr. Jochen Bleicken wurde in Westerland/Sylt geboren. Er studierte Geschichte und Klassische Philologie in Kiel und Frankfurt a. M. Nach der Promotion in Kiel (1954) und der Habilitation in Göttingen (1961) war er 1962—1967 Professor für Alte Geschichte an der Universität in Hamburg, von 1967—1977 an der Johann Wolfgang Goethe-Universität in Frankfurt a. M. Seit 1977 lehrt er an der Georg-August-Universität in Göttingen.

CIP-Kurztitelaufnahme der Deutschen Bibliothek

Bleicken, Jochen:
Verfassungs- und Sozialgeschichte des Römischen Kaiserreiches / Jochen Bleicken. — Paderborn: Schöningh
Bd. 1. — 2., verb. Aufl. — 1981.
(Uni-Taschenbücher; 838)
ISBN 3-506-99256-2
NE: GT

Herstellung: Ferdinand Schöningh, Paderborn.

Einbandgestaltung: A. Krugmann, Stuttgart.

ISBN 3-506-99256-2

Inhaltsverzeichnis

Das Römische Reich im 2. Jahrhundert n. Chr.

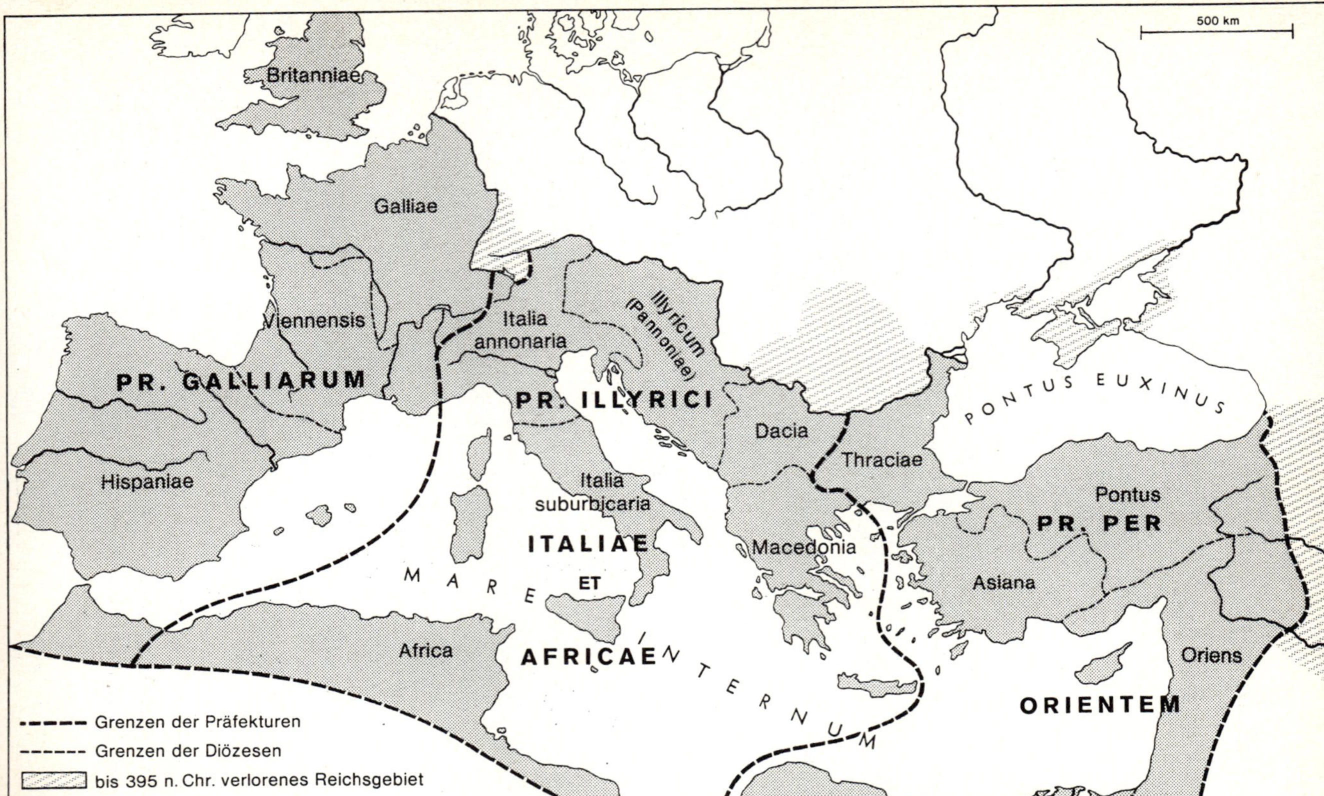

Die Präfekturen und Diözesen in der Spätantike

Einleitung

(Problem der Periodisierung — Systematik und Geschichte)

Die römische Kaiserzeit umfaßt die Zeit von der Begründung des römischen Kaisertums durch Augustus (31/27 v. Chr.) bis zum Untergang des römischen Westreiches und der Festigung des oströmischen (byzantinischen) Kaisertums. Auf den ersten Augenschein hin ist diese Zeit eine in sich selbst ruhende Periode, deren innere Einheit keiner weiteren Erklärung bedarf. Indessen stellt sich auch hier wie stets bei der Darstellung von historischen Zeiträumen die Frage nach der Berechtigung der angesetzten periodischen Abgrenzung.

Von den beiden Daten, mit denen die römische Kaiserzeit begrenzt wird, ist das eine, nämlich der Beginn der Kaiserzeit, unstrittig. Die Aufrichtung des Kaisertums durch Augustus setzte den Jahrzehnte währenden Kämpfen, in denen sich die Republik auflöste und die alte regierende Aristokratie zum großen Teil physisch vernichtet wurde, ein Ende. Die Phase der Auflösung begann bereits mit den inneren Wirren der sullanischen Zeit, also ca. 87 v. Chr., und trat mit dem Angriff Caesars auf die Republik in ihr Endstadium. Aus den einander befehdenden mächtigen Heerführern der ausgehenden Republik war Octavian, der spätere Kaiser Augustus, im Jahre 31 v. Chr. in der Schlacht bei Actium, in der er seinen letzten Rivalen, Antonius, niederwarf, als Sieger hervorgegangen und hatte dann in einem Staatsakt am 13./16. Januar 27 v. Chr., durch den er die alten Kräfte aussöhnte, die Monarchie in der Form des Prinzipats begründet.

Schwieriger ist es, den Endpunkt der Kaiserzeit klar zu bestimmen. Es werden für ihn verschiedene Daten angegeben. Oft wird der Sturz des letzten Kaisers der Westhälfte des Reiches, des Romulus Augustulus, durch den Skiren Odoaker i. J. 476 als Ende des Römischen Kaiserreiches angesehen, so schon ca. 775 von

Paulus Diaconus in seiner *historia Romana,* ferner in moderner Zeit u. a. von O. Seeck und E. Stein. Auch die Jahre 375, in dem das nomadisierende Reitervolk der Hunnen in Mitteleuropa einzufallen begann, und 395, angeblich das Jahr der endgültigen Reichsteilung, weil die getrennte Regierung des Reiches von einer westlichen und einer östlichen Zentrale aus seit damals von Dauer sein sollte, werden genannt. Die Hunnen aber haben das Reich nicht zerstört; sie waren lediglich indirekt durch ihre Einwirkung auf die Germanen ein Auflösungsfaktor unter vielen anderen. Auch das Jahr 476 ist für eine Cäsur wenig geeignet. Denn Romulus Augustulus war ein illigitimer Kaiser (er war von seinem Vater, dem *patricius* und *magister utriusque militiae* Orestis, zum Kaiser ausgerufen worden), und der einzig legitime Kaiser, Julius Nepos, lebte noch bis 480 (er war nach Dalmatien geflohen). Ferner begann die Auflösungsperiode im Westen bereits Jahrzehnte früher, und schließlich hat der im Osten sitzende Kaiser nicht aufgehört, auch die Hoheit über den Westen des Kaiserreiches zu beanspruchen. Es hat denn auch in der Tat niemals eine Realteilung des Reiches gegeben; alle Kaiser und alle im Reich lebenden Römer gingen von der Einheit des Reiches aus, und dies übrigens auch die das Reich zerstörenden Germanen, wie ihr Verhältnis zu dem in Konstantinopel sitzenden Kaisern auch nach 476 deutlich zeigt. — Es wäre auch die Behauptung nicht ganz abwegig, daß das Römische Reich erst mit der Eroberung Konstantinopels durch die Türken (1453) untergegangen sei. Doch würde diese Meinung den tiefen Wandel des byzantinischen Kaisertums, das doch schon ein Stück Mittelalter ist, zugunsten einer rein formalen Einheit des Reiches unterdrücken. Zudem bedeutete der endgültige Verlust der realen Hoheit über den Westen des Mittelmeerraumes, nämlich über Italien, Gallien, Spanien und Afrika, doch einen tiefen Einschnitt: Das Bewußtsein von der Auflösung des Reiches war seit der Etablierung des Frankenreiches allgemein, und letzteres stellte trotz seines Bezuges auf das alte Römische Kaiserreich dann doch etwas sehr anderes dar.

Einen nicht unbedeutenden Einschnitt bedeutete hingegen in diesen Jahrhunderten, in denen sich der Westen und der Osten des Reiches auseinanderlebten, daß der letzte, von dem Kaiser Justinian

(527—565) unternommene Versuch, die Einheit des Reiches real wiederherzustellen, wenig dauerhaft war. Justinian vereinte in der Tat noch einmal große Teile des Westreiches mit dem oströmischen Kaisertum (Dalmatien, Italien, Sizilien, Sardinien, Korsika, Südspanien), und seine Politik war auch sonst von einem Geist geprägt, der auf die Erneuerung des alten Kaiserreiches hinzielte. Dies trifft besonders auch auf das von ihm durchgeführte gewaltige Unternehmen der Erneuerung des daniederliegenden Rechts durch eine alle Sparten des Rechts erfassende Kodifikation zu. Dieser letzte Versuch einer Restauration konnte aber nur kurze Zeit die Illusion einer Wiedergeburt des Weltreiches vorspiegeln. Denn durch die Langobarden ging bis auf geringe Reste (Exarchat von Ravenna) schon bald Italien und damit das Kernstück der zurückeroberten Länder wieder verloren (568), und die geistige Erneuerung hatte keine Breitenwirkung. Eine weitere, nicht unbedeutende Cäsur liegt in dem schnellen Zusammenbruch des Perserreiches, das seit dem Beginn des Römischen Kaiserreiches der klassische Gegner im Osten gewesen war, im folgenden Jahrhundert und der Errichtung eines arabisch-mohammedanischen Großreiches (seit 635), an das dann nicht nur die meisten der im Westen eroberten Gebiete schnell verloren gingen (Afrika, Sizilien, Südspanien), sondern von dem auch alte, bisher niemals gefährdete Provinzen okkupiert wurden (die syrischen und ägyptischen Provinzen). Gerade in diesen Jahrzehnten ist das Ostreich auch innerlich neu geordnet worden; der Kaiser Heraclius (610—641) hat hier besonders aktiv gewirkt. Mit Recht sprechen wir seitdem von Byzanz, nicht mehr von Ostrom. Alle genannten Argumente zusammengenommen bieten eine solide Basis dafür, die zweite Hälfte des 6. Jahrhunderts als Endpunkt der römischen Kaiserzeit anzugeben. Die vorliegende Darstellung umfaßt daher 600 Jahre römischer Geschichte (31/27 v. Chr. — 550/600 n. Chr.).

Wenn die römische *Kaisergeschichte* von Augustus bis auf den Kaiser Justinian hier als *eine Einheit* behandelt wird, steht das zu vielen, ja zu fast allen modernen Darstellungen in einem Widerspruch. Es wird nämlich in der Alten Geschichte in aller Regel im 3. Jahrhundert eine scharfe Cäsur angesetzt und die römische Kaiserzeit also in zwei Perioden gegliedert. Die frühere umfaßt die ersten drei Jahrhunderte (30 v. Chr. — 235/284 n. Chr.) und wird Prinzipat genannt, die spätere, die von 235/284 bis in das 6. Jahrhundert angesetzt ist, wird als Dominat bezeichnet. Als Begründung für die Trennung der beiden Perioden wird die jeweils andersartige Struktur der Kaisergewalt angeführt: In der frühen Periode ist das Kaisertum an das Recht gebunden; der Kaiser ist in ihr nominell der erste (*princeps*), und wenn er auch faktisch Herr über Untertanen ist, faßt er seine Herrschaft doch als eine an das Recht gebundene auf. Der Kaiser der späten Periode ist hingegen „Selbstherr", ein von allen rechtlichen Bindungen freier Herrscher, *legibus solutus (dominus)*. Diese Periodisierung ist nicht auf die deutschen Althistoriker beschränkt. Die Franzosen nehmen in der Bezeichnung *Haut-Empire* und *Bas-Empire* die Trennung gleichfalls auf. Im englischen Sprachraum wird der spätere Zeitraum meist durch den Begriff *Later Roman Empire* abgetrennt, wie es denn auch im deutschen Sprachgebiet den Begriff *Spätantike* gibt, der genau jenen Zeitraum von ca. 284 bis auf die Regierungszeit des Kaisers Justinian umgreift. So möchten auch diejenigen Darstellungen, die bei der Trennung der beiden kaiserzeitlichen Perioden nicht von der Struktur der Kaisergewalt ausgehen, vielleicht sogar hier eine so scharfe Trennung wie manche deutschen Historiker auch nicht erkennen können, die späte römische Kaiserzeit als eine besondere Phase abtrennen: Sie ist für sie die Spätzeit der Antike, die ihnen alle für eine Spätzeit vorausgesetzten Charakteristika zu besitzen scheint. Historiker, die an ein organisches Wachsen und Vergehen von Kulturen glauben, sind am ehesten geneigt, solcher Cäsur das Wort zu reden. Sie können sich dabei auf den allgemeinen militärischen, wirtschaftlichen, organisatorischen und kulturellen Zusammenbruch des Reiches im 3. Jahrhundert berufen, in dem sich das soziale Gefüge weitgehend umwälzte, jedenfalls die führenden Gruppen der Gesellschaft eine starke Umschichtung erfuhren. Für die Richtigkeit ihrer These können sie ferner auch darauf verweisen, daß durch das Aufkommen der Erlösungsreligionen und durch den Sieg des Christentums über alle anderen Religionen sich die religiöse Lage grundlegend änderte, und sie können schließlich den großen Wandel im Vorfeld des Römischen Reiches unterstützend heranziehen, der zu einem Sturm auf die Grenzen des Reiches und zu den ersten schweren Einbrüchen bereits in der zweiten Hälfte des 3. Jahrhunderts führte.

Die angenommene Cäsur in der Mitte des 3. Jahrhunderts (oder zum Ende des Jahrhunderts hin) hat vor allem nach dem Ersten Weltkrieg noch weitere Unterstützung durch Historiker erfahren, die — stärker vom Mittelalter ausgehend — im 6. Jahrhundert gar keine Cäsur erblicken können, sondern die Zeit von ca. 325 bis 800 als eine einheitliche Periode ansehen (u. a. A. Dopsch, H. Pirenne und F. Lot). Die Spätzeit des Römischen Reiches wird hier mit der Zeit der fränkischen Vorherrschaft im Westteil Europas zusammengelegt und als eine Periode aufgefaßt. Das Kontinuitätsproblem, also die Frage nach dem ununterbrochenen Weiterleben antiken Kulturgutes im Frühen Mittelalter, das so viele Historikergenerationen beschäftigt hat, wird dadurch ein Problem geringeren Gewichts: Durch diese Periodisierung ist die Kontinuität ja im voraus als gegeben angesetzt. Die Historiker, die diese 500 Jahre als eine in sich ruhende Periode betrachten, erkennen in ihr das Zeitalter, das durch die Verbindung antiker Elemente mit den beiden neu auftretenden Faktoren, der christlichen Religion und den Germanen, das ihm eigene Gewicht erhält. Antike, Christentum und Germanentum sind danach die Stichworte dieser Jahrhunderte. Das ganze Problem ist neuerdings durch Paul Egon Hübinger, der ein engagierter Verfechter jener neuen Periodisierung ist, ausführlich erörtert worden[1].

Der Versuch, alte Cäsuren aufzuweichen und damit die Problematik dieser wie jeder Cäsur zu zeigen, kann fast immer darauf rechnen, auf geneigte Ohren zu stoßen. In der Tat sind die großen Perioden Antike, Mittelalter und Neuzeit ziemlich unbefriedigende Einteilungen des historischen Stoffes. Sie sind ja auch erst von dem Professor Christoph Keller (Cellarius) aus Halle gegen Ende des 17. Jahrhunderts aufgebracht worden, der mit diesen Begriffen

[1] Spätantike und frühes Mittelalter, Deutsche Vierteljahrsschrift für Literaturwissenschaft und Geistesgeschichte 26, 1952, 1 ff. = Wiss. Buchgesellschaft, „Libelli“ 40.

die Bände seiner Weltgeschichte abteilte[2], und stellen somit kein gründlich durchdachtes Einteilungsprinzip dar. Die moderne Forschung hat bekanntlich auch große Schwierigkeiten mit der Cäsur zwischen dem Mittelalter und der Neuzeit, zu deren Bewältigung heute gern mit Zwischenperioden (15.—16. Jahrhundert) gearbeitet wird.

Trotz aller Einwände spricht doch manches dafür, bei der alten Einteilung zu bleiben. Die Problematik der Cäsur sei zugegeben und auch eingeräumt, daß die Jahrhunderte, die um die Cäsur liegen, das ihr zukommende Eigengewicht nicht ganz erhalten, da sie als Endphase der einen bzw. als Anfangsphase der anderen Periode bisweilen vernachlässigt oder jeweils im Lichte des Höhepunkts der Periode gesehen werden. Es erscheint hingegen nicht berechtigt, deswegen auf die alte Cäsur verzichten zu sollen. Wenn eine Cäsur angesetzt werden muß — und auf sie kann schon um der Darstellung willen nicht verzichtet werden, die einen begründeten Beginn und Abschluß verlangt und die auch fordert, daß um die herrschenden Kräfte einer Zeit insoweit Sicherheit gewonnen wird, daß sie und damit die Zeit in einer systematischen Übersicht charakterisiert werden können —, wenn also, dann am ehesten wohl im 6. Jahrhundert. Dafür spricht:

1. Die geographische Einheit des Reiches wird bis zu diesem Zeitpunkt noch als eine reale vorausgesetzt. Wenn auch der Westteil des Reiches in den Germanenstürmen zusammenbrach, das oströmische Kaisertum dort nur noch geringe Effektivität hatte und die kaiserliche Verwaltung zu existieren aufhörte, so ist doch das Bewußtsein der Zusammengehörigkeit von Ost und West im Mittelmeerraum noch nicht verloren gegangen; ein großer Teil der von Germanenstämmen besetzten Westgebiete wird sogar unter Justinian wieder zurückerobert (s. o.).

2. Bis zum 6. Jahrhundert ist noch immer die Stadt derjenige Faktor, der die politischen und kulturellen Kräfte der Gesellschaft umschließt. Die Stadt bleibt bis dahin das Zentrum des gesell-

[2] Seine *historiae* hießen: *Historia antiqua* (bis zum Tode Konstantins), 1685; *historia medii aevi* (bis 1453), 1688; *historia nova*, 1696 (in der zweiten Auflage von 1702 bis zur Königskrönung von Friedrich I. fortgeführt).

schaftlichen Lebens und Ausgangspunkt aller religiösen, kulturellen und politischen Bewegung. Daran hat auch die neue große Kraft, nämlich das Christentum, nichts geändert. Insoweit die griechisch-römische Antike — in Fortsetzung der altorientalischen Kultur — eine an die Stadt gebundene Kultur ist, gehört die Phase bis Justinian gewiß noch zur Antike. Im Westen verlagert sich demgegenüber durch die Germanen das Schwergewicht allmählich auf das Land, und das bedeutet dann mehr als nur eine geographische Verschiebung des politischen Zentrums.

3. Bei allem sozialen Wandel kann auch die Kontinuität einer Oberschicht bis in das 5., 6. Jahrhundert hinein verfolgt werden; sie ist eine Beamtenaristokratie in des Kaisers Dienst, die gleichzeitig einen großen Teil des Großgrundbesitzes ihr eigen nennt. Diese Schicht löst sich nur sehr allmählich auf. Im Westen wird sie durch die germanischen Okkupationen, im Osten durch die großen Reorganisationen in frühbyzantinischer Zeit ihres Besitzes beraubt bzw. in ihrer politischen Bedeutung geschwächt.

Noch ein Wort zur Systematik. Geschichte und Systematik werden bisweilen als antinomische Begriffe aufgefaßt und also behauptet, daß eine systematische, von der Chronologie der Ereignisse absehende Darstellung die Geschichte vergewaltige. Das ist aber nur bedingt richtig. Denn eine Darstellung, die lediglich die Ereignisse in ihrer unendlichen Folge aufzählt, wird nicht nur die Geschichte nicht verstehen, sie bemüht sich noch nicht einmal um deren Verständnis. Jede historische Betrachtung, die mit Urteilen verbunden ist, muß notwendigerweise Jahre, Jahrzehnte, Jahrhunderte zusammenfassend betrachten, und es ist also die Systematik nicht nur eine Möglichkeit historischer Darstellung, sondern sie ist für sie schlechthin konstitutiv. Es kommt nur darauf an, bei der systematischen Betrachtung den Fluß der Ereignisse soweit im Auge zu behalten, daß die Systematik nicht aus sich selbst heraus eine Eigendynamik entwickelt und dann der Geschichte vorschreibt, wie sie verlaufen sollte. Eine Systematik dieser Art, einerlei, ob ihr das Präjudiz eines bestimmten methodischen Ansatzes oder eine vorherrschende politische Ideologie zugrunde liegt, muß die historische Darstellung verzerren. Auch kann eine Systematik, die zu weite Zeiträume erfaßt, den behandelten historischen Gegenstand gründlich verfälschen. Denn das einzelne historische Ereignis wird um so abstrakter und damit unschärfer, je weiter der systematische Rahmen gesteckt ist; der durch eine sehr weit gefaßte Systematik vergrößerte Spielraum der Interpretation kann die gefällten Urteile u. U. zu reinen Spekulationen machen. Eine Systematik der Verfassungs- und Sozialgeschichte der römischen Kaiserzeit stellt gewiß schon die äußerste Grenze dar, innerhalb der dem behandelten Zeitraum angemessene Aussagen möglich sind. Es muß daher der verhältnismäßig weite Rahmen in den einzelnen Kapiteln durch entwicklungsgeschichtliche Exkurse immer wieder an den Ereignisfluß gebunden werden, um die historische Dimension des systematisch behandelten Gegenstandes nicht zu verlieren.

I. Das Kaisertum. Charakter und Wandel der monarchischen Herrschaft

Das römische Kaisertum ist aus den Adelskämpfen der ausgehenden Republik hervorgegangen. Die regierende adlige Schicht, die Nobilität *(nobilitas)*, hatte unter dem Druck, den der Tatbestand der Weltherrschaft auf das Staatswesen und seine Gesellschaft ausübte, ihre innere Geschlossenheit eingebüßt: Die Gründe für die Desintegration der adligen Gesellschaft waren mannigfaltig, lassen sich jedoch alle auf die Dissonanz zwischen dem auf die Maße einer Stadt zugeschnittenen Adelsregiment und den diesen Verhältnissen nicht mehr entsprechenden Forderungen zurückführen, die das gewaltig angewachsene Bürgergebiet (es erstreckte sich seit ca. 90/89 v. Chr. über den ganzen Schaft der Apenninenhalbinsel) und der das ganze Mittelmeergebiet umfassende Herrschaftsraum stellten. Seit dem Bundesgenossenkrieg, in dem sich die italischen Bundesgenossen Roms das römische Bürgerrecht ertrotzt hatten (91 bis 88 v. Chr.), verschärften sich die Gruppenkämpfe der Nobiles untereinander. Sie traten dann vor allem dadurch in eine akute Phase, daß einzelne Adlige als Beamte die ihnen unterstellten Heere zu ihrer persönlichen Clientel machten und mit ihnen der Gesellschaft ihren Willen gewaltsam aufzwangen (militarisierte Heeresclientel). Das war dadurch möglich geworden, daß der ursprünglich wegen der Selbstausrüstung des Soldaten an ein gewisses Vermögen gebundene Soldatendienst auch den nichtbesitzenden Bürgern geöffnet wurde; die langjährigen Kriege in Übersee, die den Milizsoldaten überforderten, hatten diese Reform verlangt. Der neue Soldatentyp veränderte aber das innenpolitische Klima grundlegend. Denn anders als der Milizsoldat mußte der besitzlose Soldat nach dem Militärdienst versorgt werden (in der Regel mit einem Landstück) und erhielt dadurch eine enge Bindung an den Beamten, unter dem er diente und der ihm die Versorgung gewähren konnte bzw. sollte. Adlige Beamte und schließlich sogar adlige Privatleute wurden auf diese Weise zu Patronen großer

Heere, demgegenüber der Senat, also diejenige Institution, die die Einheit der regierenden Schicht verkörperte, politisch an Gewicht verlor. Schließlich war der Senat so schwach geworden, daß nicht mehr er, sondern die rivalisierenden Adligen die innenpolitische Szenerie beherrschten. Am Ende kämpften die Mächtigen unter ihnen um die Herrschaft, zunächst Caesar gegen Pompeius, dann — nach einem kurzen Zwischenspiel, in dem republikanische Kräfte noch einmal zum Zuge kamen — der Adoptivsohn Caesars, Octavian, der spätere Kaiser Augustus, gegen Antonius. Aus diesem letzten Kampf ging schließlich Octavian als Sieger hervor.

Die Keimzelle des römischen Kaisertums ist also der einzelne mächtige Adlige, der seine Standesgenossen überragt, und eine Gefolgschaft von Soldaten (Heeresclientel), die dem Adligen wegen der aus der Gefolgschaft fließenden Vorteile (soziale Sicherung) ergeben ist. Diese dynamischen, die alte Ordnung auflösenden Faktoren bilden aber erst durch die Verbindung mit einem weiteren Element das Kaisertum als eine anerkannte Form von Herrschaft. Dieses ist die alte Aristokratie, also ein Element der Tradition. Der mächtige Adlige und Befehlshaber der Armee hat sich nämlich nicht radikal aus der Schicht gelöst, die er bekämpfte und aus der er sich heraushob. Er fühlte sich zunächst subjektiv noch durchaus als Teil der aristokratischen Gesellschaft, selbst wenn er, wie Caesar und Augustus, deren Grundlagen weitgehend zerstört hat. Zudem war eine vollständige Trennung von ihr auch aus objektiven Gründen gar nicht möglich. Denn die vornehmen Familien, die einst die Regierung gemeinsam in Händen gehabt hatten, erwiesen sich als noch sehr lebenskräftig; sie hatten weiterhin politische und soziale Macht und Kraft. Ihre alten Clientelen blieben ihnen jedenfalls z. T. auch noch erhalten, und vor allem war das riesige Reich ohne ihre Verwaltungserfahrung nicht zu regieren. Die aristokratische Gesellschaft war daher auch für den mächtigen General, der nach der Herrschaft strebte, ein wichtiger Faktor, mit welchem er sich auseinanderzusetzen hatte. Der Ausgleich mit ihr erfolgte nun dadurch, daß der Militärdespot, der der „Kaiser“ ja zunächst noch war, seine usurpierte Machtposition in eine von den Aristokraten anerkannte Form brachte. Da die legitime Staatsgewalt nach den Vorstellungen der Zeit in Formen des Rechts auftrat, ließ der zukünftige Kaiser seine Macht in eine der republikanischen Magistratur entsprechende Rechtsgewalt verwandeln. Durch die Einordnung der „kaiserlichen" Gewalt in die aus der Republik überkommene öffentliche Rechtsordnung war den ehemals regierenden Aristokraten garantiert, daß die Regierung des Kaisers im Rahmen überschaubarer und berechenbarer Entscheidungen erfolgen und somit der ehemals regierenden Schicht ein Mindestmaß an Freiheit gesichert würde. Die Übertragung der Rechtsgewalt erfolgte nicht mehr in erster Linie durch das Volk, das durch die Entwicklung der ausgehenden Republik an den großen politischen Entscheidungen nicht mehr beteiligt war bzw. eine durchaus sekundäre Rolle spielte. Die entsprechenden Zuständigkeiten, die bereits in der Republik faktisch die Aristokratie besessen hatte, gingen nunmehr auch formell an sie über: Das für die Gestaltung der öffentlichen Rechtsordnung zuständige Gremium war nun der Senat und durch ihn wurde also die kaiserliche Gewalt als eine Rechtsgewalt eingerichtet. In diesem Akt der Versöhnung, in der sich die Militärdespotie mit der alten Aristokratie und dadurch mit der Tradition verglich, wurde das Kaisertum als eine juristische Form der Herrschaft aufgerichtet. Die Versöhnung zwischen dem bis dahin keinen Formen und Normen verpflichteten Oberbefehlshaber der Armee und der Aristokratie wurde durch einen Staatsakt am 13. und 16. Januar 27 v. Chr. im Senat förmlich bekräftigt.

Neben die rechtliche und machtpolitische Komponente des römischen Kaisertums trat, am Anfang verhalten, aber mit dem Schwinden des Einflusses der alten Aristokratie und der dadurch bedingten Schwächung der rechtlichen Einkleidung des Kaisertums immer stärker eine sakrale Komponente des Kaisertums. Das römische Kaisertum soll hier in diesen drei Komponenten dargestellt werden.

a) Die Begründung des römischen Kaisertums durch Augustus

1. Die rechtliche Komponente der Kaisergewalt

Wenn im Rahmen der Darstellung des römischen Kaisertums dessen rechtliche Komponente an den Anfang gestellt wird, geschieht dies ganz bewußt. Denn die Gewalt des römischen Kaisers, der titular zunächst *princeps* oder — besonders beim Heer — *imperator* hieß, ist als eine Rechtsgewalt ins Leben getreten, und zwar ganz konkret in dem Sinne, daß nicht erst eine spätere Zeit oder gar etwa wir heute, sondern schon die Römer sie als Recht *(ius)* auffaßten. In der Geschichte der älteren, und zwar nicht nur der antiken, sondern aller vorkonstitutionellen Staaten hat dieser Tatbestand, daß eine herrscherliche Gewalt bewußt als Rechtsmacht konstituiert, ihr also nicht erst hinterher eine Rechtsqualität beigelegt oder im Laufe einer Entwicklung um sie herumgelegt wird, kaum Parallelen. Er hat seine besonderen, sich aus der geschichtlichen Entwicklung ergebenden Gründe.

Die staatliche Ordnung der römischen Republik ist besonders in der Endphase ihrer Entwicklung zu einem großen Teil in Gesetzesrecht gekleidet worden. Die Ursachen dafür zu untersuchen ist hier nicht der Ort. Es sei nur angedeutet, daß dies aus mehreren, sehr unterschiedlichen und auch inkommensurablen Ursachen geschehen ist, von denen nur die wichtigsten genannt werden sollen. Das Prinzip der Gleichheit der Aristokraten untereinander verlangte die Kontrolle der von Adligen bekleideten hohen Ämter (Magistraturen) durch die Gesamtheit der herrschenden Familien. Da ein Kollektiv eine wirksame Kontrolle nur sehr schwer durchführen kann, suchte man sie durch eine möglichst lückenlose Fixierung der magistratischen Rechte sicherzustellen. Vor allem in der Zeit, als einzelne Aristokraten eigenmächtig Politik zu treiben begannen und sie ihre Ziele durch die Bekleidung von Magistraturen, die ihnen die notwendigen Machtmittel in die Hand gaben, durchzusetzen versuchten, sind die Bemühungen, die Tätigkeit des Magistrats durch gesetzliche Bestimmungen zu positivieren und zu objektivieren, verstärkt worden. Ferner verlangte auch das gewaltige Anwachsen des Bürger- und Untertanengebietes, daß bindende

Vorschriften für die Verwaltung erlassen wurden. Der römische Stadtstaat mit seiner auf die Stadt konzentrierten Aristokratie konnte die Verwaltung und Kontrolle des Gebietes nicht mehr nach den herkömmlichen Gewohnheiten (lat. *mores*) regieren, einmal weil der für den antiken Stadtstaat charakteristische persönliche Regierungsstil jetzt weitgehend entfiel, zum anderen weil ganz neue Probleme, die Rom als Stadtstaat nicht gehabt hatte, auftauchten.

Das auf Gesetzen ruhende Rechtsgebäude, das die in der Republik herrschende Aristokratie zur Bewältigung ihrer Regierungsprobleme allmählich aufgebaut hatte, war keine Rechtsverfassung im Sinne der modernen konstitutionellen Staaten. Es wurde ja nicht systematisch errichtet, sondern nur soweit entwickelt, als die Regierung sich den veränderten Situationen anpassen, insbesondere einzelne, durch persönliche Interessen ihrem Stand entfremdete Aristokraten wieder in die Gruppe zurückführen mußte. Aber wie unsystematisch auch immer die staatliche Ordnung in der späten Republik durch rechtliche Normen ausgefüllt wurde, das Recht gewann doch als ein Aspekt des staatlichen Seins an Bedeutung, und es finden sich viele Beispiele, etwa in den Reden Ciceros, dafür, daß der Staat (lat. *res publica*) allein durch das Recht angesprochen und definiert werden konnte. Cicero hat es sogar unternommen, in einer seiner philosophischen Schriften den Staat ausschließlich in seinen Gesetzen darzustellen *(de legibus)*.

Die beherrschende Stellung der republikanischen Aristokratie wurde mit der wachsenden Bedeutung des öffentlichen Rechts allerdings nicht aus der Rechtsordnung legitimiert. Recht war hier nicht Ausdruck von Herrschaft. Die Rechtssätze wandten sich ja gar nicht an den einfachen Bürger, jedenfalls nicht in ihrer großen Masse, sondern an die Mitglieder der herrschenden Gruppe. Die Einheit dieser Gruppe war das Problem der republikanischen Verfassung gewesen, und das Ziel der Gesetze oder doch sehr vieler Gesetze war es, diese Einheit zu erhalten bzw. sie wiederherzustellen. Nur insofern die Einheit der Aristokratie Voraussetzung ihrer beherrschenden Stellung war, diente das Recht auch der Erhaltung der bestehenden Herrschaftsverhältnisse. Im übrigen ruhte die besondere Stellung derjenigen römischen Familien, welche die

Römer als *nobiles* bezeichneten, auf einem sozialen Prestige: Jeder Nobilis war der Patron einer großen Anzahl von Bürgern, die als Schutzbefohlene des Patrons auch Clienten *(clientes)* hießen. Die Clientel der Aristokraten war die Basis ihrer „Herrschaft“. Nichtsdestoweniger ist festzuhalten, daß der spätrepublikanische Staat auch im Recht darstellbar war und daß diese öffentliche Rechtsordnung in erster Linie die Aristokratie betraf.

Das Kaisertum ging hervor aus dem Kampf einzelner Aristokraten um die Macht; es ist das Produkt einer sich auflösenden, jahrhundertealten Aristokratie (Nobilität). Als sich der erste Monarch, Caesar, etablierte, verstieß er damit gegen den Grundsatz, der für jede Aristokratie und so auch für die römische die Basis ihrer Existenz ist, nämlich die Gleichheit der Aristokraten untereinander. In der Republik ist dieser Grundsatz mit dem Kampf gegen den Tyrannen oder auch — der Begriff der Tyrannis entstammt ja dem griechischen Bereich — gegen den König bzw. das Königreich *(rex; regnum)* gleichgesetzt worden. Könige hatten die Römer in ihrer älteren Geschichte selbst gekannt, und die Vertreibung des letzten Königs Tarquinius Superbus und damit die Beseitigung des Königtums war die eigentliche Befreiungstat gewesen, die zu der Einrichtung der Republik geführt hatte. Sie war von Aristokraten durchgeführt worden, und Freiheit in diesem Sinne — d. h. Freiheit von der Herrschaft eines Königs — war folglich (jedenfalls vornehmlich) aristokratische Freiheit. Caesar hat als Alleinherrscher den Grundsatz der Gleichheit bewußt aufgehoben. Er fühlte sich als Monarch und hat die alten Verfassungsprinzipien, insbesondere die rechtlichen Prinzipien, in denen die Freiheit eingebettet war, rücksichtslos beseitigt oder verächtlich gemacht, unter ihnen beispielsweise auch die Jährlichkeit (Annuität) des höchsten Amtes, des Konsulats, und dessen Zweistelligkeit (Kollegialität). Beide Prinzipien waren in der Republik unumstößliche und auch unangefochtene Prinzipien gewesen, die die Gleichheit und Freiheit der aristokratischen Gesellschaft abgesichert hatten; das Konsulat war gleichsam jährlich unter den einflußreichsten Familien reihumgegangen, und die Zweistelligkeit hatte garantiert, daß sich niemand während des Amtes zuviel Macht anmaßte, denn der Kollege konnte alle Aktionen durch sein Vetorecht verhindern. Caesar stellte sich als Diktator „auf Dauer“ *(perpetuo)* — so später sein rechtlicher Titel — über das Konsulat und zerstörte damit die Grundlagen einer aristokratischen Regierung.

Caesar ist an dem Widerstand der Aristokratie gescheitert. Daß er sich der alten Aristokratie nicht einfach entledigte, hatte einen doppelten Grund. Zum einen nämlich besaßen die ehemals herrschenden Familien noch großen Einfluß in der Bevölkerung: Ihre frühere herrschaftliche Stellung ruhte ja auf der Clientel, jenem sozialen Band zwischen dem Aristokraten und dem einfachen Bürger, und dieses konnte nicht durch einen einfachen Machtspruch aufgehoben werden. Vor allem aber b r a u c h t e derjenige, der sich zum Herrn über alle aufschwang, die Aristokratie: Er konnte auf sie nicht verzichten, weil die Verwaltung des riesigen Reichsgebietes nicht anders möglich war als durch jene, die diese Verwaltung jahrhundertelang getragen hatten. Eine Verwaltungsbürokratie kann niemand von heute auf morgen aus dem Boden stampfen. Wir werden später sehen, daß die Kaiser sich ganz allmählich eine eigene Verwaltung aufbauten, deren Träger sie einer neuen sozialen Schicht entnahmen. Aber diese neue Schicht von Verwaltungsfachleuten war am Beginn des Kaisertums noch nicht vorhanden und das Kaisertum folglich zunächst noch auf die alte Aristokratie angewiesen. Augustus hat in richtiger Einschätzung dieser Sachlage jenen Kompromiß geschlossen, aus dem die besondere Form des römischen Kaisertums im 1. und 2. Jahrhundert n. Chr., der Prinzipat, hervorging.

Der von Augustus geschlossene Kompromiß bestand nun darin, daß der Militärdespot auf den Absolutheitsanspruch seiner Herrschaft verzichtete. Obwohl er auf Grund seiner faktischen Verfügungsgewalt über das Heer die eigentliche politische Macht hatte, beugte er sich dem System einer öffentlichen Rechtsordnung, in das er sich mit allen seinen Machtmitteln eingliederte. Octavian/Augustus und seine aristokratischen Kontrahenten gingen dabei davon aus, daß die republikanische Staatsordnung nicht untergegangen sei, sondern weiterlebte. Der neu hinzugetretene Faktor, nämlich der Herr über das Heer, mußte daher in das alte republikanische Rechtsgebäude eingeordnet werden, und das geschah dadurch, daß er mit einer Anzahl von besonderen und gewichtigen Rechten herkömmlicher Art ausgerüstet wurde. Octavian/Augustus erhielt auf diese Weise eine nicht nur machtpolitisch, sondern auch rechtlich herausragende Stellung im Staate, aber er besaß keine außerordentliche (im Sinne von: außerhalb der Ordnung stehende) Gewalt mehr. Er war nun ein Beamter wie andere Beamte auch und konnte sich als ein Standesgenosse innerhalb der Schicht fühlen, die seit jeher die öffentlichen Ämter unter sich verteilt hatte, nämlich der nunmehr *ordo senatorius* genannten senatsständischen Gesellschaft. Er war unter den Vornehmen zwar der einflußreichste, nach dem terminus technicus der Republik *princeps,* aber doch einer von ihnen *(primus inter pares).* Dem Rechte nach war darum Rom keine Monarchie geworden. Wollten die Römer die neue Situation verfassungsrechtlich benennen, konnten sie sie als die „wieder aufgerichtete (alte) Staatsordnung" *(res publica restituta)* oder auch, wenn der Akzent auf die gegenüber der Republik veränderte Situation gelegt werden sollte, als Prinzipat *(principatus)* bezeichnen. Dieser letzte Ausdruck verschweigt den neuen Faktor innerhalb der staatlichen Ordnung nicht, leugnet jedoch gleichzeitig durch den Hinweis darauf, daß dieser neue Faktor lediglich P r i n c e p s unter den Standesgenossen und das heißt: unter Gleichen sei, den monarchischen Grundcharakter der veränderten Ordnung. Denn *principatus,* was soviel wie „Vorsteherschaft des einflußreichsten Mannes" heißt, vermeidet ja die bestimmte Herrschaftsform (vgl. Tacitus, *annales* 1, 9, 5: *[Augustum] non regno tamen neque dictatura, sed principis nomine constitutam rem publicam = Augustus habe den Staat nicht als Königreich oder Diktatur, sondern unter dem Titel eines Princeps wiederhergestellt).* Es war danach der Senat als die Versammlung der angesehensten Männer weiterhin die klare Mitte der staatlichen Ordnung. Dem Rechte nach wurde dessen Stellung sogar noch dadurch gestärkt, daß die Volksversammlungen unter dem Kaiser Tiberius entmündigt, nämlich die Beamtenwahl und die Abstimmung über die Gesetze, die in den Volksversammlungen vorgenommen worden waren, beseitigt und auf den Senat übertragen wurden. Die Volksversammlungen hatten allerdings schon lange ihre politische Bedeutung eingebüßt; denn seitdem sich das römische

Bürgergebiet über ganz Italien ausgedehnt hatte (seit 89 v. Chr.; seit 49 v. Chr. war auch die Po-Ebene römisches Bürgergebiet) und durch die Anlage zahlreicher römischer Kolonien im Reich (unter Caesar und Augustus) sogar im Provinzialgebiet Römer wohnten, war der Teil der römischen Bevölkerung, der wegen der Entfernungen nicht zu dem Abstimmungen der Volksversammlungen in Rom erscheinen konnte — und das war der weit überwiegende Teil —, faktisch politisch entmündigt worden und war jede Änderung dieses Mißstandes deswegen ausgeschlossen gewesen, weil, wie für alle antiken Stadtstaaten, so auch für Rom die Beteiligung am politischen Leben nur direkt, nicht auch durch das Medium von Repräsentanten vorstellbar war.

Der politische Kompromiß, durch den sich die Militärdespotie zu einer rechtlich begründeten „kaiserlichen" Gewalt wandelte, erfolgte in zwei Schritten, die sich zwar zeitlich kaum, um so schärfer aber inhaltlich unterschieden. Der erste bestand darin, daß Octavian die von ihm usurpierte Gewalt offiziell niederlegte. Das geschah am 13. Januar 27 v. Chr. vor dem Senat, der ihm deswegen am 16. desselben Monats den Ehrennamen Augustus verlieh. Mit der Niederlegung der usurpierten Macht trat automatisch wieder die alte republikanische Verfassungsordnung in Kraft: Die Mitte des Staates war jetzt erneut der Senat, an den sich alle Magistrate wandten und der die entscheidenden politischen Beschlüsse faßte, nach denen sich die Magistrate zu richten hatten; die Magistrate verwalteten nun wieder als die ausführenden Organe das römische Bürgergebiet und das gewaltige Untertanengebiet (Provinzialgebiet) nach den Direktiven des Senats, und zwar als ordentliche Magistrate in Rom und Italien (Konsuln, Prätoren, Ädile, Volkstribune und Quästoren) und als Promagistrate in den Provinzen, wo sie Statthalter waren (Prokonsuln, Proprätoren). Die Restitution der Republik *(res publica restituta)* erfolgte aber uno actu — und das war der zweite Schritt — mit dem Einbau des neuen Machtfaktors, des Herrn über das Heer, in die republikanische Rechtstradition: Octavian/Augustus, mit dem die republikanischen Kräfte sich hier ausglichen, wurden Teile der von ihm gerade zurückgegebenen Machtposition in Form republikanischer Beamtengewalt, also als Rechtsgewalt, wiedergegeben und damit eine neue Staatsform, nämlich der Prinzipat, geschaffen. Wie sah diese Amtsgewalt des ehemaligen Militärdespoten nun innerhalb der wiedererstandenen Republik aus?

Das republikanische Staatsrecht kannte keinen obersten Amtsträger, sondern nur hierarchisch abgestufte Beamtengruppen (Magistrate), die alle in Kollegien organisiert waren und nur ein Jahr im Amt blieben. Die gegenseitigen Abhängigkeiten und Kontrollen regulierte ein ausgeklügeltes System von Rechtsbeziehungen, das sich in Jahrhunderten aristokratischer Regierungspraxis entwickelt hatte. Der Grundgedanke, nach dem sich diese Rechtsordnung ausrichtete, war der, daß alle Amtsträger, die früher die regierende aristokratische Gesellschaftsschicht gestellt hatte, ausführende Organe dieser Schicht waren und folglich keiner über den anderen hinauswachsen und keiner sein Amt zu persönlichem politischen Ehrgeiz mißbrauchen durfte. Der darin liegende Grundsatz der Gleichheit (der Aristokraten) wurde durch zahlreiche Rechtskontrollen (Annuität, Kollegialität, Verbot der Ämterhäufung, Verbot der Ämterreihung usw.) gesichert. Wollte Octavian/Augustus in diese Rechtsordnung eingegliedert werden, ohne daß seine Macht geschmälert wurde, genügte nun gewiß nicht die Übertragung einer einzelnen Magistratur, etwa des Konsulats, an ihn. Andererseits aber durfte für Octavian auch keine neue, seinem tatsächlichen politischen Gewicht entsprechende und damit über alle anderen Amtsträger hinausragende Magistratur erfunden werden, denn das hätte den Sinn des republikanischen Staatsrechts, der gerade (wieder) hervorgeholt werden sollte, nämlich die übermächtige Stellung des einzelnen (aristokratischen) Amtsträgers zu verhindern, zerstört. Man stand folglich vor der fast unlösbaren Aufgabe, die Gewalt des Herrn über das Heer mittels einer Rechtsordnung zu legitimieren, die von dem Grundsatz der Gleichheit aller derjenigen ausging, die Amtsgewalt innehatten.

Bei der Lage der Dinge versteht es sich, daß das nicht ohne eine Veränderung der vorliegenden Rechtstradition möglich war. Wie sich der Militärdespot dem Staatsrecht der Republik beugte, mußte sich auch dieses (öffentliche) Recht, das nur für gleiche Amtsträger geschaffen worden war, der neuen Situation jedenfalls bis zu einem für die Rechtstradition noch als erträglich angesehenen

Maße anpassen. Da aber unter keinen Umständen die allgemeine Optik des Staatsrechts als einer für eine Gesellschaft von Gleichen, nämlich für die Nobilität, geschaffenen öffentlichen Rechtsordnung verlorengehen durfte, weil das die Bedingungen des Kompromisses, die legitimierende Kraft des Rechts, zerstört hätte, verzichteten die Konstrukteure der neuen Ordnung auf die Schaffung einer Sondermagistratur und bekleideten statt dessen den Militärdespoten Octavian mit einem Bündel verschiedener Rechtstitel, die jedenfalls am Anfang in ihrer Mehrzahl der republikanischen Staatsrechtstradition entstammten. Diese Rechtstitel waren teils (republikanische) Ämter, teils umfaßten sie nur die Kompetenz oder Teile der Kompetenzen eines (republikanischen) Amtes, teils waren sie Einzelrechte, von denen wiederum einige aus der republikanischen Rechtstradition genommen, andere hingegen Rechtsprivilegien ganz neuer Art waren, die schon von ihrer Natur her nicht aus der Republik stammen konnten, sondern der neuen Zeit verpflichtet waren. Besonders diese letzteren zeigen, daß durch das Gewicht des neuen Rechtsfaktors nicht nur die Sätze des positiven Rechts sich wandelten, sondern die Struktur des Rechts selbst eine andere wurde.

Wenn im folgenden zunächst die Rechte des Kaisers aufgezählt werden, hat man zu bedenken, daß das ganze Bündel nicht auf einmal geschaffen wurde, sondern erst nach und nach sich gebildet hat. Das erste, weil wichtigste Recht, nämlich die Rechtsgewalt über das Heer, wurde bereits mit dem Akt vom Januar 27 v. Chr. übertragen, alles andere kam erst später hinzu. Manches ist auch, jedenfalls unter Augustus, wieder aufgegeben und geändert worden, wie denn die frühe Phase des Kaisertums von einem Experimentieren gekennzeichnet ist, das wir allerdings nur noch in groben Zügen überblicken können. Hier sei nur das Ergebnis vorgestellt.

Das Kernstück der kaiserlichen Gewalt war der Oberbefehl über das Heer. Octavian/Augustus hatte das Heer auf Grund des Treueverhältnisses, das die Soldaten zu ihm eingegangen waren, zu seiner Disposition: Er war der Patron aller Soldaten, die Soldaten seine Clienten; er verfügte also kraft des sozialen Bandes der Clientel über das Heer (s. u.). Aber dieses Verhältnis war kein Rechtsverhältnis, sondern gerade die Basis der Militärdespotie, die jetzt überwunden werden sollte. In der *res publica restituta* mußte darum das Heereskommando, auf das Augustus selbstverständlich nicht verzichten wollte und konnte, in eine Rechtsgewalt verwandelt werden, die es gestattete, den neuen Machtfaktor mit der alten Tradition zu versöhnen. Dies geschah nun dadurch, daß Augustus Statthalter in allen Provinzen wurde, in denen Heere standen, also in den drei gallischen Provinzen, die Caesar erobert hatte (Belgica, Lugdunensis, Aquitania), in Syria usw. Die Statthalterschaft wurde ihm nicht auf ein Jahr, sondern auf Lebenszeit verliehen (ganz am Anfang hatte es noch Begrenzungen auf fünf bzw. zehn Jahre gegeben, doch waren sie schon unter Augustus praktisch weggefallen). In seinen Provinzen hatte Augustus, wie jeder Beamte in der Republik auch, das Imperium inne, d. h. er besaß die absolute Befehlsgewalt über die dort stehende Truppe wie selbstverständlich auch die gesamte zivile Verwaltung der Provinz. Da seit Sulla die Provinzen stets nach einem Amt in Rom verwaltet wurden, der Konsul demnach erst nach dem Amt als Prokonsul, der Prätor nach dem seinen als Proprätor Statthalter wurde, war die Statthalterschaft eine Promagistratur und die Befehlsgewalt des Statthalters, das Imperium, ein *imperium proconsulare.* Als Statthalter mehrerer Provinzen konnte sich Augustus selbstverständlich nicht in allen seinen Provinzen persönlich aufhalten; allenfalls hat er einzelne Provinzen einmal besucht, meist blieb er jedoch in der Reichszentrale, von wo aus er seinen Verwaltungsbereich lenkte. Für die Provinzialverwaltung an Ort und Stelle ernannte er persönliche Stellvertreter, die an seiner statt die Geschäfte leiteten. Sie waren an seine Weisungen gebundene (Unter)Beamte *(legati),* denen er ein auf seinem prokonsularischen Imperium fußendes (gleichsam aus diesem Imperium abgeleitetes) Imperium mit einer Kommandogewalt verlieh, die als eine proprätorische und damit den meisten ordentlichen Statthaltern gleichgestellte Gewalt gedacht wurde *(legati Augusti pro praetore).* Diejenigen Provinzen, über die Augustus nicht verfügte, wie z. B. Gallia Narbonensis und Asia, wurden von Prokonsuln gelenkt, die der Senat bestellte. Über sie hatte Augustus formalrechtlich keine Gewalt.

Augustus steht als der Inhaber eines Bündels von gleichen Ämtern

(Statthalterschaften) vor uns. Sowohl er selbst wie seine Nachfolger haben dieses Ämterbündel übrigens nicht mit dem traditionellen Begriff für die Statthalterschaft, nämlich *proconsul,* benannt; erst der Kaiser Trajan hat das Prokonsulat mit dem regulären Amtsnamen (*proconsul*) titular geführt. Es wurde vielmehr diese Rechtsgewalt über eine Anzahl von Provinzen offiziell als *imperium proconsulare* bezeichnet und dadurch (wie auch durch den Verzicht, diese Bezeichnung in die offizielle Titulatur aufzunehmen) vermieden, den Kaiser, wie wir den Inhaber jenes vielfältigen Bündels von Rechtskompetenzen nun auch nennen können, als den Inhaber einer größeren Anzahl von Magistraturen (Augustus erhielt 12 von den damals 22 Provinzen) auszuweisen. Es diente hier also das Wort für den Inhalt der statthalterlichen Amtsgewalt, das im Singular gegeben wurde, zur Umschreibung des Amtes selbst. Bei den republikanischen Ämtern, die ein Imperium, also eine u. a. auch militärische Kommandogewalt hatten (Konsulat, Prätur), ist gelegentlich schon in der Republik *imperium* für die Magistratur selbst (also für *consul, praetor*) gesetzt worden, da *imperium* als die eigentliche Wesensbestimmung des höchsten Amtes synonym für das Amt gebraucht werden konnte. Doch deutet sich hier etwas an, das dann für die Struktur der kaiserlichen Gewalt typisch werden sollte: Die Trennung von Amt und Amtsgewalt.

Diese Trennung zeigt bereits sehr scharf diejenige Rechtsgewalt, die nächst dem *imperium proconsulare* die wichtigste kaiserliche Gewalt war, nämlich die Gewalt des Volkstribunen (*tribunicia potestas*). Sie erhielt Augustus spätestens i. J. 23 v. Chr. in ihrem vollen Umfang. Diese Gewalt gab dem Kaiser die Möglichkeit, in Rom, wo das prokonsularische Imperium keine Wirkung hatte, von Rechts wegen politisch aktiv zu werden. Die Gewalt des Volkstribunen eignete sich aus verschiedenen Gründen zu diesem Zweck besonders gut. Denn der Volkstribun, der in den Ständekämpfen der frührepublikanischen Zeit (5.—4. Jahrhundert v. Chr.) der Führer im innenpolitischen Kampf gegen den damaligen Adel gewesen war, hatte sich auf der innenpolitischen Bühne eine Anzahl von Machtmitteln geschaffen, die beinahe alle denkbaren Möglichkeiten eines römischen Magistrats einschlossen. Nach dem Abschluß der Ständekämpfe wurden die von ihm usurpierten Machtmittel rechtlich sanktioniert, und das Volkstribunat spielte dann gerade in der ausgehenden Republik erneut eine sehr aktive Rolle. Zu den Gewalten des Volkstribuns gehörte vor allem sein Antragsrecht vor der Volksversammlung, durch das er die Initiative für Gesetze und Strafanklagen hatte, ferner das Recht, den Senat zu versammeln und vor ihm Anträge zu stellen, und ein allgemeines Hilferecht gegenüber jedermann, durch das er in die verschiedensten Entscheidungsprozesse eingreifen konnte. Schließlich besaß er ein allgemeines Verbietungsrecht gegenüber allen Magistraten, auch den obersten Beamten, den Konsuln, durch das er jede Handlung eines jeden Magistrats zu verhindern imstande war. Endlich war um den Volkstribunen ein religiöser Bannkreis gelegt worden (*sacrosanctitas*), der ihn in den Ständekämpfen vor dem Zugriff der Staatsgewalt hatte schützen sollen und ihm auch nach Abschluß dieser Kämpfe in Form einer persönlichen Unantastbarkeit geblieben war. Über all dies hinaus galt der Volkstribun noch aus der Zeit der Ständekämpfe als der kompetente Vorkämpfer für die Sache des einfachen Volkes, die er insbesondere gegen die Reichen und Vornehmen zu verteidigen hatte. Die tribunizische Gewalt war demnach wie keine andere geeignet, als Basis der kaiserlichen Aktivität in der Reichszentrale zu dienen. Die Rechte des Tribunen ermöglichten es dem Kaiser, beinahe jede politische Initiative von Rechts wegen zu ergreifen, und die *sacrosanctitas* schützte seine Person vor Angriffen und hob sie aus dem Kreis der Beamten heraus. Da der Kaiser, anders als die übrigen nur ein Jahr im Amt befindlichen Volkstribune, auf Lebenszeit mit der *sacrosanctitas* ausgestattet war, verband sich der an ihr hängende heilige Nimbus zudem fest mit seiner Person und bildete einen frühen Kern sakraler Weihe des Kaisertums. — Wenn Augustus nicht Volkstribun wurde, sondern lediglich die tribunizische Gewalt, d. h. die volle Amtsgewalt eines Volkstribunen erhielt, war das darin begründet, daß er, wie alle Kaiser nach ihm, Patrizier war und als solcher das Amt eines Volkstribunen nicht bekleiden durfte. An sich war das ein alter Zopf, der sich auf die frührepublikanische, also vor mehreren hundert Jahren relevante Unterscheidung von patrizischem Adel und plebejischer Bauernschaft bezog. In den Ständekämpfen hatte diese Unterscheidung zunächst die streitenden Parteien konstituiert, doch bereits in der Schlußphase des Kampfes an Bedeutung verloren; einzelne plebejische Familien waren schließlich soweit aufgestiegen, daß sie sogar den Anspruch erheben konnten, zum Adel gezählt zu werden. Aus alten patrizischen und jungen plebejischen Geschlechtern hatte sich am Ende die neue Adelsgesellschaft der Republik gebildet, unter deren Regiment Rom Herrin erst Italiens, dann der Welt geworden war. Innerhalb dieser neuen Aristokratie (Nobilität) war der Unterschied zwischen patrizischen und plebejischen Geschlechtern nur noch von geringem Gewicht; es gab manche plebejische Geschlechter, die an Einfluß und Ansehen den patrizischen nicht nachstanden. Aber es war immer dabei geblieben, daß die Volkstribune, die als Vorkämpfer und Führer der Plebejer gegen den patrizischen Staat im 5. und 4. Jahrhundert selbstverständlich Plebejer gewesen waren, weiterhin Plebejer sein mußten. Augustus, der das republikanische Staatsrecht wieder zur Geltung bringen wollte, hätte diese Vorschrift nicht ohne Anstoß beseitigen können. Wollte er selbst die Macht des Volkstribunen für seine Zwecke nutzen, war folglich die Trennung von Amt und Amtsgewalt notwendig geworden: Der Kaiser erhielt die *potestas* des Tribunen, ohne das Amt des Tribunen zu bekleiden, und das konnte er eben auch als Patrizier. Im Grunde ist diese Trennung von Amt und Amtsgewalt ein ziemlich ausgekochter Advokatentrick, um einem Patrizier zu ermöglichen, ein Amt zu bekleiden, das er seinem Stande nach nicht innehaben durfte. Aber der Zwang der Verhältnisse, der in dem bestimmten Wunsch des mächtigsten Mannes nach dem Besitz des Volkstribunats lag, verlangte diese Prozedur. Man sieht hier deutlich, wie sich die republikanische Rechtstradition, die doch jetzt gerade wieder aufgerichtet werden sollte, den neuen Bedürfnissen, nämlich der veränderten machtpolitischen Situation, anpassen mußte und wie sie sich dabei veränderte.

Seitdem der Kaiser die tribunizische Gewalt besaß, also seit dem Jahre 23 v. Chr., brauchte er dann nicht mehr alljährlich das Konsulat zu bekleiden, das bis dahin die Basis seiner rechtlichen Aktivität in Rom gewesen war. Es machte bei den Republikanern auch einen schlechten Eindruck, daß er jedes Jahr eines der beiden

Konsulate innehatte und damit kontinuierlich im Besitze des höchsten Amtes war.

Wie die Amtsgewalt des Volkstribunen hat der Kaiser auch die des römischen Zensors bekleidet (*censoria potestas*), diese allerdings nur zeitweise zur Überwachung der Zusammensetzung des Senats; lediglich Domitian übernahm das reguläre Amt auf Lebenszeit (*censor perpetuus*). Doch gerade auch bei dem Verhältnis des Kaisers zur Zensur zeigt sich, daß nicht das Amt oder die Amtsgewalt, sondern die Teilgewalten bzw. Einzelrechte, die aus den verschiedenen Ämtern ausgegliedert und für den Kaiser erweitert oder aber auch ohne Anschluß an irgendeine republikanische Rechtstradition gleichsam aus dem Geist der neuen Ordnung heraus neu geschaffen wurden, das eigentlich charakteristische Element des Kaiserrechts darstellen.

Unter den Einzelrechten des Kaisers seien zunächst die aus der Zensur entwickelten Rechte der Patrizierernennung und der Zuwahl (*adlectio*) zu den Senatoren genannt. An ihnen läßt sich auch die unter dem Druck der neuen Verhältnisse sich abzeichnende Wandlung des Rechts am besten aufzeigen. Die Patrizier waren die Nachkommen der ältesten Adelsgeschlechter Roms, die zusammen mit plebejischen Geschlechtern im 4. und 3. Jahrhundert v. Chr. die neue Adelsgesellschaft, die Nobilität, gebildet hatten (s. o.). Ihr Weiterleben war in erster Linie aus kultischen Gründen unerläßlich: Etliche Priester mußten Patrizier sein, wenn denn die von ihnen vorgenommenen religiösen Handlungen gültig sein sollten. Darüber hinaus bildeten die Patrizier seit altersher im Senat eine besonders angesehene Gruppe, so daß die patrizische Abstammung auch ein zusätzliches Element der Gliederung der aristokratischen Gesellschaft darstellte. Das Recht der Patrizierernennung hatte sich aus der Aufstellung der Senatsliste durch den Zensor entwickelt: Früher hatte der Zensor die im Senat sitzenden Angehörigen des alten patrizischen Adels (also alle Patrizier, die Ämter bekleidet hatten) verlesen und damit deren Senatorenwürde offiziell bestätigt; in älteren Zeiten hatte er gelegentlich auch einen angesehenen Patrizier, der noch kein Amt bekleidet und darum keinen Anspruch auf einen Senatssitz hatte, wegen der Würde seiner Person von sich aus der Liste dazugesetzt. Da der Patriziat ein Geburtsadel war, hatte jedoch in republikanischer Zeit die Beförderung einer Person zum Patrizier außerhalb jeder Möglichkeit gelegen. Das kaiserliche Recht der Patrizierernennung, das aus der alten zensorischen Gewalt kaum mehr abgeleitet werden konnte, sprengte demnach den Rahmen der republikanischen Tradition. — Der Tradition näher stand das kaiserliche Recht der Zuwahl zum Senat; jedenfalls in vorsullanischer Zeit war dazu auch der republikanische Zensor befugt gewesen. Doch wurde sie jetzt dadurch nicht unerheblich erweitert, daß der Kaiser den von ihm Zugewählten in jede von ihm gewünschte Rangklasse des Senats einreihen konnte. Meist brachte er sie in die zweithöchste Rangklasse der Prätorier *(adlectio inter praetorios)*, seltener in die höchste, die der Konsulare.

Wie das Einzelrecht durch Erweiterungen des traditionellen Rahmens oder durch einen ganz neuen Bezug des mit dem Recht verbundenen Zwecks die bestehenden Rechtsverhältnisse auch dann, wenn es noch einen Bezug zum republikanischen Ämterrecht enthielt, allmählich auflöste und damit zu einem nur auf den Kaiser zugeschnittenen Rechtsprivileg wurde, zeigen auch diejenigen kaiserlichen Rechte, die die Wahlen zu den Magistraturen betrafen. Da die Magistrate weiterhin — die republikanischen Staatsrechtsverhältnisse blieben ja formell bestehen — die Verwaltung Italiens und, nach dem Amt, als Promagistrate die Verwaltung der senatorischen Provinzen besorgten, sie ferner auch über die Ämterlaufbahn in die einzelnen Rangklassen des Senats eintraten, war es für den Kaiser äußerst wichtig, seinen Einfluß auf die Wahlen zu den Magistraturen (Konsulat, Prätur, Ädilität, Volkstribunat, Quästur) zu sichern. Dies erreichte er einmal dadurch, daß er das Recht auf die Prüfung der Qualifikation des Kandidaten erhielt. Das Prüfungsrecht besaßen bisher nur die amtlichen Leiter der Wahlen, also vor allem die Konsuln. Der Kaiser erhielt es nun als ein aus der konsularischen Gewalt (*consularis potestas*) ausgegliedertes Sonderrecht, durch das er konkurrierend zu den Konsuln alle Kandidaten hinsichtlich ihrer Qualifikation prüfen und dann benennen konnte (*nominatio*; Nominationsrecht). Die Anwendung des Nominationsrechts, das formell dem konsularischen gleich war, deckte sehr schnell das Machtgefälle zwischen dem Kaiser und den anderen Faktoren der Rechtsordnung auf: Die meisten Kandidaten haben sich lieber vom Kaiser als von den Konsuln prüfen lassen, weil die Nomination durch den Kaiser eine große Sicherheit dafür gab, auch gewählt zu werden. Für die Magistratswahlen wurde dem Kaiser noch ein weiteres, in seiner Wirkung stärkeres Recht übertragen, nämlich das Recht, dem Wahlgremium einen Kandidaten zu empfehlen (*commendatio*). Seit der Regierung des Kaisers Tiberius wurden z. B. beide Konsuln vom Kaiser kommendiert; bei den anderen Magistraturen waren die Kaiser zurückhaltender. Die kaiserliche *commendatio* bedeutete bei dem Gewicht des Kaisers ein sicheres Anrecht auf die Wahl; *candidatus Caesaris* zu sein, galt darüber hinaus als eine besondere Ehre. Die eigentliche Wahl nahm dann der Senat bzw. ein aus dem Senatoren- und dem Ritterstand gemischter Wahlkörper vor, über den wir seit der Auffindung einer großen Inschrift in Heba (Etrurien) i. J. 1947 sehr viel mehr wissen als früher. Dieser Wahlkörper berücksichtigte selbstverständlich die kaiserlichen Kommendationen. Die Wahl durch ihn machte die Kandidaten allerdings noch nicht zu Beamten, denn die Idee, daß das Amt von der Volksversammlung gegeben wurde, war noch lange lebendig. Die von dem Wahlkörper Bestimmten (technisch hieß dieser Vorgang *destinatio*) wurden daher noch von der Volksversammlung gewählt; da aber jedenfalls die Zahl der destinierten Konsuln und Prätoren genau der Zahl der zu Wählenden gleichkam, war die Tätigkeit der Volksversammlung darauf beschränkt zu akklamieren, und das hat sie denn noch bis in das 2. Jahrhundert hinein getan.

Wie aus der Erweiterung von Amtsrechten republikanischer Magistrate Kaiserrecht wurde, das den republikanischen Rahmen sprengte, zeigt auch das Relationsrecht des Kaisers. Das *ius relationis* war in der Republik das Recht der die Senatssitzungen leitenden Beamten (Konsuln, Prätoren, Volkstribune), dem Senat Bericht zu erstatten und aus diesem Bericht heraus Anträge (*relationes*) für Senatsbeschlüsse zu stellen. Der Kaiser hatte dieses Recht zunächst als Inhaber der *tribunicia potestas*. Es wurde dann aber allmählich dergestalt ausgebaut, daß er Anträge auch in Abwesenheit, mittels Verlesung durch Quästoren, vornehmen lassen konnte, und zwar anfangs einen, später bis zu fünf Anträge, ferner daß er sie vor allen anderen Anträgen verlesen lassen durfte. Bei dem politischen Gewicht, das der Prinzeps besaß, wurden seine Anträge immer angenommen. Daher finden wir später für Senatsbeschlüsse, die auf kaiserlichen Antrag hin zustande gekommen waren, nicht mehr den Senatsbeschluß selbst, der ja selbstverständlich war, sondern nur noch die kaiserliche *relatio* oder, wie es heißt, die kaiserliche Rede (*oratio principis*) als Rechtsgrundlage zitiert.

Zu den Ämtern, Amtsgewalten und Einzelrechten des Kaisers kam dann noch das Oberpontifikat, also die Leitung des Pontifikalkollegiums, hinzu. Da der sakrale Bereich (*sacrum*) engstens mit dem öffentlichen (*publicum*) verknüpft war und es daher immer Möglichkeiten gegeben hatte, politische Aktionen mit Hilfe religiöser Bedenken zu lähmen oder gar zu verhindern, war es notwendig, daß der Kaiser auch den großen Apparat des Sakralrechts in der Hand hatte. Dem *pontifex maximus* kam bei der Verwaltung der vielgestaltigen staatlichen Obliegenheiten im sakralen Bereich eine entscheidende Funktion zu; denn die Gutachten sakraler Natur, die eventuelle politische Aktionen hemmen oder begünstigen konnten, wurden von dem Pontifikalkollegium gemacht oder doch von ihm angeregt, und der Oberpontifex beaufsichtigte auch zahlreiche Priester.

Es sind durch diese Übersicht nicht alle Rechtsgewalten in dem Bündel der kaiserlichen Rechtskompetenz genannt, lediglich die wichtigsten und insbesondere die das Kaiserrecht besonders charakterisierenden Elemente des Bündels vorgestellt worden. Das Kaiserrecht soll im folgenden noch etwas näher charakterisiert, insbesondere seine Bedeutung und weitere Entwicklung in der sich wandelnden Welt verdeutlicht werden.

Augustus hat in seinem berühmten Tatenbericht (*res gestae*), der an seinem Mausoleum in Rom angebracht, darüber hinaus im ganzen Reich durch Inschriften verbreitet worden war und uns in lateinischer und griechischer Fassung vor allem von dem Augustus-Tempel in Ancyra (heute Ankara) her bekannt ist (*monumentum Ancyranum*), von seiner Stellung innerhalb des Staatsganzen gesagt (Kap. 34): *post id tempus* (d. i. nach d. J. 27 v. Chr.) *auctoritate omnibus praestiti, potestatis autem nihilo amplius habui quam ceteri, qui mihi quoque in magistratu conlegae fuerunt* (später *habe ich alle Bürger durch meine persönliche Autorität überragt, an Rechtsmacht jedoch nicht mehr besessen als meine jeweiligen magistratischen Kollegen*). Augustus behauptet hier, daß er zwar mehr Sozialprestige (*auctoritas*) in Rom besessen habe als jeder andere, daß jedoch seine Rechtsmacht nicht größer gewesen sei als die jedes beliebigen Magistrats. Er wollte damit sagen, daß er seine Gewalt wie ein republikanischer Magistrat ausgeübt hat, die Republik folglich durch ihn nicht untergegangen sei. Die Senatsaristokratie, die er mit diesem Satz ansprach, konnte also zufrieden sein: Die Republik lebte weiter. Nun war der Tatenbericht von Augustus nicht nur als Zeugnis seines Ruhmes gedacht, sondern er sollte auch die von ihm geführte Politik vor einer breiteren Öffentlichkeit rechtfertigen; zu diesem Zweck hat Augustus in ihm seine Regierungszeit, insbesondere seine politischen Anfänge in einem vorgefaßten Sinne ausgelegt und zurechtgerückt. Wie so viele Sätze des Berichts ist auch dieser Satz so formuliert, daß er wahr ist, wenn man etliche nicht unerhebliche Einschränkungen stillschweigend übersieht. Denn es ist zwar richtig, daß Augustus als Statthalter einer Provinz kein höheres Recht besaß als ein vom Senat ernannter Statthalter; auch war die *tribunicia potestas* des Kaisers nicht im mindesten mehr als die *potestas* irgendeines der übrigen Volkstribune. Und doch stimmt die Behauptung des Augustus nicht. Denn einmal hatte Augustus seine Ämter bzw. Amtsgewalten und seine zahlreichen Einzelrechte nicht auf ein Jahr, sondern auf längere Zeit übertragen erhalten, und das heißt: Er war nicht wie alle anderen Beamten einem der Grundprinzipien der Republik, nämlich der Jährlichkeit (Annuität) des Amtes, unterworfen. Ferner hatte er nicht wie jeder andere Magistrat nur ein Amt, sondern eine Fülle von Ämtern und Teilgewalten von Ämtern inne, denn er vereinigte zahlreiche Statthalterschaften, die *tribunicia potestas*, das Oberpontifikat und viele andere Rechte in seiner Hand. Damit galt für ihn auch ein zweites Prinzip der Republik nicht; das Verbot der Anhäufung (Kumulation) von Ämtern. Und wenn Augustus sagt, er habe nicht mehr Rechtsmacht besessen als jeder andere Kollege in der Magistratur, gilt das zwar insofern, als er als Statthalter nicht mehr Rechtsgewalt besaß als ein anderer Statthalter, aber er hatte — und darauf kommt es an — keinen Kollegen, der wie er ein ganzes Bündel von Statthalterschaften innehatte. So verstieß der Kaiser auch gegen ein drittes Prinzip der Republik, nämlich gegen das Gebot der Kollegialität des Amtes, das in der Republik sehr streng durchgeführt gewesen war. Schließlich besaß nur der Kaiser einzelne Rechtsprivilegien, die von dem Amt gelöst waren bzw. niemals zu einem Amt gehört hatten oder gehören konnten. Das Rechtsprivileg aber widersprach so sehr dem republikanischen Staatsrecht, daß es bislang als solches begrifflich noch gar nicht erfaßt und also auch kein Verbot dagegen errichtet worden war. Es war eben unangefochtenes Prinzip, daß die Rechtsgewalt stets Ausfluß der (bekannten) Ämter war, niemals aus einem Privileg fließen konnte[1]. In der Einkleidung der Kaisergewalt als Rechtsgewalt sind also wesentliche Elemente der republikanischen Ordnung beiseite gestoßen oder abgeändert worden, und die öffentliche Rechtsordnung im Kaiserreich erscheint darum als eine inhaltlich und strukturell andere, als eine neue Ordnung. Aber trotz aller neuartigen Züge blieb doch die politische Grundidee erhalten, welche die ehrwürdige republikanische Rechtsordnung mit dem jungen Kaisertum verband: Das Kaisertum war durch seine rechtliche Einkleidung objektiviert und rational berechenbar gemacht worden; es war keine Willkür. Jeder wußte, was der Kaiser von Rechts wegen zu tun und zu veranlassen imstande war und was der Senator noch durfte. Das Recht trennte die neue Staatsordnung von einer den Römern fremden Herrschaftsordnung, etwa einem sakral überhöhten Königtum oder einer Tyrannis.

Allerdings rollte die Entwicklung sehr schnell über die diffizile und im Laufe der Zeit auch unübersichtlich werdende Gestaltung der monarchischen Gewalt als einer Rechtsgewalt hinweg. Denn natürlicherweise verursachte die Macht, die der Kaiser durch das Bündel von rechtlichen Möglichkeiten bei sich vereinigte, und sein über diese Rechtsgewalt noch hinausgehendes

[1] In der späten Republik hat es allerdings für einzelne Beamte gelegentlich schon solche Privilegien gegeben, die durch Gesetze bewilligt worden waren. Obwohl sie nur in Ausnahmesituationen verliehen worden sind, zeigen sie doch schon den Übergangscharakter der letzten Jahrzehnte der Republik.

soziales Prestige ein Gefälle, das auf ihn, der ohnehin schon der Mächtigste war, noch zusätzliche Macht häufte. So wuchs dem Kaiser mehr Macht zu, als er von Rechts wegen besaß. Diese Verhältnisse äußerten sich in der Praxis auf die verschiedenste Weise. In den kaiserlichen Provinzen z. B., wo der Kaiser u. a. auch die Rechtsprechung ausübte, wurden von dessen Stellvertretern (Legaten) ständig Anfragen an die kaiserliche Zentrale gerichtet, die beantwortet wurden (*responsa*), und es gingen umgekehrt auch von der Zentrale Weisungen (*mandata*) an die Unterbeamten in den Provinzen. Diese *responsa* und *mandata* gingen nicht verloren, sondern wurden aufbewahrt, gesammelt und dienten bei ähnlich gelagerten Fällen als Urteilshilfe. Nach ihnen richtete sich nun nicht nur der zu Gericht sitzende Statthalter der kaiserlichen Provinz, für den das *responsum* oder *mandatum* ursprünglich gegeben worden war, und richteten sich die Statthalter aller anderen kaiserlichen Provinzen, sondern schließlich ebenfalls die Statthalter der Provinzen des Senats. Denn einmal war der Senat als eine vielköpfige Körperschaft unfähig, die Administration der ihm anvertrauten Provinzen so zu gestalten, daß die Beamten durchgängig kontrolliert wurden; zum anderen war das Gewicht des Kaisers eben größer als die rein rechtlichen Möglichkeiten auswiesen. Das Machtgefälle führte deswegen dahin, daß auch die Statthalter der senatorischen Provinzen sich an die Weisungen des Kaisers für dessen eigene Provinzen hielten und auf diese Weise alle Provinzen zwar nicht rechtlich, aber doch faktisch unter die Regie des Kaisers gerieten. Die moderne Forschung hat diesen Vorgang z. T. nicht mehr recht verstanden. Da der Kaiser hier in die senatorischen Provinzen hineinregierte und vor allem die Statthalter dieser Provinzen und ferner auch viele Städte aus senatorischen Provinzen von sich aus an den Kaiser (anstatt an den Senat) Anfragen richteten, glaubten manche Gelehrte, der Kaiser habe ein höheres Imperium als alle anderen Beamten, also ein *imperium proconsulare maius* besessen. Diesen Begriff kennt aber die Republik als technischen Begriff nicht, denn es gibt zwar höhere Beamte (und also eine höhere Amtsgewalt, lateinisch *potestas maior*, z. B. die des Konsuls gegenüber dem Prätor), aber keinen höheren Inhalt von Amtsgewalt (was ja auch ein in sich widerspruchsvoller

Gedanke ist, denn es kann keinen höheren bzw. niederen Inhalt von Kompetenz geben). Wenn Augustus sich nun tatsächlich ein höheres Imperium (nicht im Sinne einer höheren Kompetenz, aber) im Sinne einer *potestas maior* hätte übertragen lassen, würde einmal der oben zitierte Satz seines Tatenberichtes nicht mehr stimmen; er wäre dann eine glatte Lüge, nicht mehr jener geschickt verzerrende, aber seinem äußeren Wortlaut nach wahre Satz. Vor allem aber hätte Augustus damit von Rechts wegen die Überordnung seiner Gewalt über alle anderen Gewalten sanktioniert und damit die Monarchie tatsächlich von Rechts wegen errichtet. Der ganze komplizierte Aufbau der Prinzipatsverfassung, die die Monarchie mit der Republik vereinen wollte, wäre sinnlos gewesen; Augustus hätte gleichsam sein eigenes Werk nicht mehr verstanden[2].

Das Schwergewicht der Machtverhältnisse führte ziemlich schnell dahin, daß der Kaiser faktisch bedeutend mehr Macht besaß, als die formale Rechtsordnung auswies. Die Konzentration wurde so stark, daß ganze Bereiche, die bislang noch dem Senat zur Verwaltung vorbehalten gewesen waren, gleichsam (vom Senat aus gesehen) austrockneten. Sie kann besonders deutlich auch an der Regelung der Nachfolge abgelesen werden:

Das große Bündel der kaiserlichen Rechtsgewalten wurde mit der Zeit sehr unübersichtlich. Es ist daher die Frage, wie dieses komplexe Gebilde auf den Nachfolger, also von Augustus auf Tiberius, von Tiberius auf Gaius usw. übergehen konnte. Wir wissen nun, daß schon zu Lebzeiten des alten Kaisers die beiden Hauptgewalten, nämlich das *imperium proconsulare* und die *tribunicia pote-*

---

[2] Der Irrtum der modernen Forschung ist leicht erklärbar. Es ist nämlich mit dieser Theorie ein historischer Prozeß auf einen Rechtssatz verkürzt worden: Was tatsächlich die in einem Entwicklungsprozeß gewordene Verfassungswirklichkeit war, wurde als ein von Anfang an geltendes kaiserliches Recht konstruiert. Das ist eine für alle rechtspositivistisch denkenden Verfassungslehren des 19. und 20. Jahrhunderts typische Fehlleistung. Sie ist in diesem Fall dadurch noch besonders herausgefordert worden, daß der moderne Gelehrte durch den Willen des Augustus nach rechtlicher Begründung der Monarchie stärker als sonst verleitet wird, in starren Rechtskategorien zu denken.

stas, von der dafür kompetenten Stelle, dem Senat, auf den gewünschten Erben übertragen wurden. Zu Lebzeiten des Kaisers ruhten diese dem präsumptiven Erben verliehenen Rechtsgewalten. Erst wenn der Kaiser starb, lebten sie auf und war der durch sie designierte Nachfolger damit im Augenblick des Todes seines Vorgängers bereits im Besitz der wichtigsten Gewalten. Die durch diesen Mechanismus selbstverständlich auch beabsichtigte Konsequenz war, daß die durch den Senat solcher Art mit Rechtsgewalt ausgerüstete und dadurch als Nachfolger gekennzeichnete Person beim Tode des regierenden Kaisers ohne Anwendung von Gewalt nicht mehr übergangen werden konnte. Es mußte ihr nun gleichsam im Zugzwang noch der „Rest" der kaiserlichen Rechtskompetenz übertragen werden, also das Oberpontifikat, das Recht der schriftlichen *relatio* usw. Das ist wahrscheinlich nicht in der Weise geschehen, daß alle diese Ämter und Rechtstitel dem Nachfolger im einzelnen verliehen wurden: Der Senat übertrug einfach en bloc alles, was — wie es auch später in einer gleich noch zu nennenden Inschrift heißt — der Vorgänger an Rechten gehabt hatte. Starb ein Kaiser, wie Gaius, eines gewaltsamen Todes, ohne daß eine Person durch die Übertragung des *imperium proconsulare* und der *tribunicia potestas* zum Nachfolger designiert worden war, wurde demjenigen, der sich schließlich in der Nachfolge durchsetzte, die gesamte Gewalt en bloc übertragen. Das scheint in der ganzen Zeit der Julisch-Claudischen Dynastie (14—68) so gehandhabt worden zu sein. Erst als der letzte Kaiser dieser Dynastie, Nero, umgebracht wurde und nach einem Jahr großer politischer Unruhe, in dem gleichzeitig mehrere Personen zu Kaisern ausgerufen wurden (das sog. Vierkaiserjahr: Galba, Otho, Vitellius und Vespasian), schließlich Vespasian sich durchsetzte und eine neue Dynastie, nämlich die Flavische, begründete, erwies es sich angesichts der veränderten Verhältnisse als wünschenswert, dem neuen Kaiser die rechtlichen Gewalten nicht en bloc zu verleihen, sondern bei diesem Neubeginn, gleichsam zur Wiederherstellung des Prinzipats als Rechtsordnung, alle Gewalten im einzelnen zu benennen. Das beweist ein uns erhaltenes Bruchstück des Senatsbeschlusses, der für Vespasian die vielen, unter Augustus und den nachfolgenden Kaisern verliehenen Rechtstitel einzeln aufführt, das sogenannte

Bestallungsgesetz Vespasians (*lex de imperio Vespasiani*). Die genaue Interpretation dieses Gesetzes zeigt, daß man i. J. 69, als das Gesetz erlassen wurde, die einzelnen Teile, wie sie unter Augustus und nach ihm für den Kaiser zusammengestellt worden waren, kaum noch als Teile zu begreifen vermochte. Die kaiserliche Gewalt war, wie sich hier zeigt, schon schärfer als eine Einheit verstanden worden, und nur mit großer Mühe konnte aus der Einheit wieder die Vielheit der Einzelteile rekonstruiert werden. Diese Rekonstruktion ist in der *lex de imperio Vespasiani* erklärlicherweise auch nur teilweise gelungen. Es stehen in diesem Gesetz Rechte, die einem Kaiser wahrscheinlich titular niemals verliehen worden sind; unter ihnen eine besonders weitgehende Klausel, die dem Kaiser eine Art Initiativrecht für alle erdenklichen Fragen gab und ihm — nach weitester Interpretation — von Rechts wegen zum Herrn über alles machte (*utique quaecumque ex usu rei publicae maiestateque divinarum humanarum publicarum privatarumque rerum esse censebit, ei agere facere ius potestasque sit, ita ut divo Aug., Tiberioque Iulio Caesari Aug., Tiberioque Claudio Caesari Aug. Germanico fuit = ... und daß, was immer der Kaiser für den Staat als nützlich und für die göttlichen und menschlichen, die öffentlichen und privaten Belange als erheblich ansehen wird, ihm dies zu tun und zu machen von Rechts wegen gestattet sein soll, so wie es dem göttlichen Augustus, Tiberius Julius Caesar Augustus und Tiberius Claudius Caesar Augustus Germanicus zu tun gestattet war*). Die moderne Forschung hat versucht, diese Klausel harmloser zu interpretieren. Theodor Mommsen z. B. wollte in ihr nur ein Verordnungsrecht sehen, das allerdings auch in die Gesetzgebung einbrechen konnte, und Johannes Kromayer erblickte in ihr das Notstandsrecht (allerdings ist in der Klausel nicht gesagt, daß der Kaiser nur bei Erklärung des Notstandes diese diskretionäre Gewalt benutzen dürfe). Der Wortlaut der Klausel sprengt in der Tat nicht nur den republikanischen Rechtsgedanken, sondern auch den Gedanken des Prinzipats, der ja gerade nicht auf Willkür, sondern auf Begrenzung der Gewalt beruhte. Das Bestallungsgesetz selbst widerspricht allerdings insofern einer extremen Auslegung der Klausel, als es ja die einzelnen Rechte aufzählt (was man nicht nötig gehabt hätte, wenn man die Klausel ernst nehmen wollte), es also den Augusteischen Prinzipat gerade restaurieren will. Die Klausel darf darum nicht in dem Sinne ausgelegt werden, daß durch sie der Kaiser das Recht erhielt, über alles zu entscheiden. Sie hat wohl nur den Kaiser als zentrales Entscheidungsorgan der Regierung hinstellen wollen. Aber in ihrer sehr unrepublikanischen Formulierung steht sie doch in einem gewissen Widerspruch zu dem übrigen Teil des Gesetzes und zum Prinzipatsgedanken überhaupt und zeigt dadurch, daß sie derjenige Teil des Gesetzes ist, der schon der Einheit der kaiserlichen Gewalt verpflichtet ist.

Die Verschmelzung der vielen Einzelrechte zu einer einheitlichen Gewalt, der alles untergeordnet ist, war nicht aufzuhalten. Der Kompetenzbereich des Senats schrumpfte mehr und mehr zusammen und ging schließlich ganz in der kaiserlichen Gewalt auf. Am Ende des 2. bzw. zu Beginn des 3. Jahrhunderts steht die kaiserliche Gewalt dann als eine Einheit, die auf ihre einzelnen Teile nicht mehr zurückgeführt werden konnte, vor uns; der Verwaltungsbereich, der ehemals dem Senat gehört hatte, war nun völlig ausgehöhlt, und jetzt war in der Tat die Rechtsordnung des Prinzipats nur noch Fassade. Wenn der griechisch schreibende Historiker und Aristokrat Cassius Dio in der Zeit der Severer-Dynastie (193—235) davon spricht, daß *dem Scheine nach* das Recht herrsche, tatsächlich jedoch der Kaiser unumschränkter Herrscher sei, so gilt das ganz gewiß für seine Zeit, nicht indessen in demselben Maße für die Zeit des Augustus, für die er das auch voraussetzt. Jetzt war die Rechtsordnung wirklich nur noch ein ideologischer Bezugspunkt für einige Aristokraten, die in der Vergangenheit lebten. Es versteht sich von selbst, daß mit dieser Entleerung des Rechtsgedankens Hand in Hand die Veränderung, Umwandlung und schließliche Vernichtung derjenigen Schicht gegangen ist, an die sich der Rechtsgedanke wandte und um derentwillen das Rechtsgebäude errichtet worden war: die Senatsaristokratie. Sie war systematisch aus der Verwaltung ausgeschaltet worden und wurde schließlich — im 3. Jahrhundert — auch physisch weitgehend ausgerottet. Damit entfielen die Voraussetzungen für die rechtliche Etablierung des Prinzipats, nämlich die Rücksicht auf eine politisch mächtige, der republikanischen Rechtstradition verhaftete aristokratische Schicht, auf die der Kaiser in der Verwaltung angewiesen war. Der Kaiser hatte sich in der Zwischenzeit auch eine eigene Beamtenschaft herangebildet und konnte darum auf die Senatsaristokratie verzichten. Die Auflösung des Prinzipats als Rechtsordnung geht also zusammen mit der allmählichen Dezimierung und Entmachtung der Senatsaristokratie und mit dem sozialen Wandel in der oberen Gesellschaftsschicht, der seinen stärksten Ausdruck in dem Entstehen eines neuen, in Kaisers Dienst sich bildenden Beamtenstandes fand.

Man hat allerdings zu bedenken, daß, solange die aristokratische Schicht, auf die sich die Rechtsordnung bezog, noch da war oder auch andere soziale Gruppen in der Wertschätzung des (öffentlichen) Rechts als Grundlage des Kaisertums der Senatsaristokratie folgten, jenes zu einer mehr oder weniger undefinierbaren Masse von Rechtsnormen zusammengeflossene kaiserliche Recht als Legitimationsgrundlage noch etwas zu bedeuten hatte. Denn mochte es auch jetzt nur noch eine einheitliche kaiserliche Rechtsgewalt *(imperatoria potestas)* geben, bei der niemand mehr nach dem besonderen Rechtstitel für eine einzelne kaiserliche Aktivität fragte, sondern in der die tatsächliche Macht und die zahlreichen Einzelrechte zu dem Obersatz zusammengeflossen waren, daß der Kaiser von Rechts wegen alles durfte (das, was in dem Bestallungsgesetz für Vespasian dann auch tatsächlich bereits so ausgedrückt wurde), so war es doch nicht gleichgültig, daß der Kaiser von R e c h t s wegen (und nicht auf Grund seiner tatsächlichen Macht) handelte: Das Recht drückte zum einen noch immer den Bezug des römischen Kaisertums auf die Senatsaristokratie aus, die durch die Rechtsgrundlage des Kaisertums als die höchste und politisch wichtigste Schicht öffentlich anerkannt worden war; zum anderen wurde dadurch weiterhin dokumentiert, daß das römische Kaisertum als eine Herrschaft innerhalb einer N o r m e n ordnung gesehen wurde, daß es also nicht auf sakraler oder charismatischer oder gar willkürlicher Grundlage ruhte, sondern seinem Selbstverständnis nach eine Kraft innerhalb einer gegebenen Ordnung war.

Die kaiserliche Rechtsgewalt ist die formelle Basis der Macht des römischen Kaisers und kennzeichnet sie als eine objektiven Normen unterworfene, also gebundene Herrschergewalt. In seinem Tatenbericht stellt der Kaiser Augustus dieser Rechtsgewalt, der *potestas*, eine andere gegenüber, die er *auctoritas* nennt, und er behauptet, daß seine *auctoritas* die aller anderen überrage, während hingegen seine *potestas*, also seine Rechtsgewalt, nicht stärker gewesen sei als die irgend eines anderen Magistrats (s. o.).

Was bedeutet der Begriff *auctoritas* im Prinzipat? Was *auctoritas* z. Z. des Augustus heißt, ist uns aus unzähligen Bemerkungen von Schriftstellern der späten Republik klar: *Auctoritas* ist ein zentraler Begriff der aristokratischen Welt der Republik; er bezieht sich auf den politischen und sozialen Einfluß, den ein Mann, in der Regel ein Aristokrat, unter seinen Bürgern hat. Genauer gesagt, meint *auctoritas* nicht den Einfluß (lat. *dignitas*), sondern, diesen voraussetzend, dessen Wirkung innerhalb der Gesellschaft: Die *auctoritas* der römischen Aristokratie ist der Ausdruck des sozialen Ansehens, das die Aristokraten bei den römischen Bürgern haben. Die *auctoritas* brauchte nicht aus einem Glauben an charismatische Eigenschaften der Nobiles hervorgegangen zu sein, obwohl das eine Rolle spielte; sie entsprang z. T. den Leistungen für den Staat, welche die alten Geschlechter aufzuweisen hatten, z. T. besonderen Verdiensten gegenüber einzelnen oder Gruppen von Bürgern, z. T. ist sie auch durch wirtschaftliche Abhängigkeit mehr oder weniger erzwungen worden: Materielle Abhängigkeit, Charisma, Glaube an die Vorrangstellung der besonderen Leistung sind wenn nicht alle, so doch einige Elemente, auf denen *auctoritas* fußte. *Auctoritas* ist als Basis eines sozialen Verhältnisses zwischen Aristokratie und einfachen Bürgern also ein Begriff, der gerade dem Recht gegenübersteht. Augustus, der sich mit seinen *res gestae* auch an die Aristokratie wendete, stellte sie in dem zitierten Passus der *potestas*, also der Sphäre des Rechts ja auch gerade gegenüber. Wenn daher Augustus sagt, daß er *auctoritate* alle überrage, will das heißen, daß sein politischer Einfluß und seine Anhängerschaft unter den Bürgern, die ihn als Patron ansahen, größer war als die aller anderen. Er stellte sich damit als den ersten und vornehmsten Aristokraten vor.

Wenn Augustus seine *auctoritas* hervorhob, spielte er also auf seinen politisch-sozialen Einfluß und auf die aristokratische Begriffswelt der Republik an. Er wollte damit vor der Öffentlichkeit sagen, daß er *auctoritate* Prinzeps sei, nicht *potestate* Monarch. Damit war selbstverständlich nicht ausgeschlossen, daß er auch mit Hilfe der Macht, die *auctoritas* verleiht, regieren wollte. Zwar sollte *auctoritas* nicht die Basis für staatliche Entscheidungen bilden, denn gerade nach dem Willen des Augustus selbst ruhte die wieder erstandene *res publica* auf dem Recht und war staatlicher Wille Rechtswille. Aber *auctoritas* war doch die Voraussetzung dafür, daß der Kaiser seinen Willen mit Hilfe der Rechtsmittel auch durchsetzen und sogar über den ihm durch das Recht gesetzten Rahmen hinaus Geltung verschaffen konnte, ohne dabei diesen Rahmen zu sprengen. So konnte z. B. kein Senatsbeschluß eine vom Kaiser unabhängige politische Entscheidung enthalten (was rein rechtlich möglich war), weil das (rechtlich fundierte) kaiserliche Heereskommando jede andersdenkende Initiative lähmen mußte. Die *auctoritas* des Kaisers war allgegenwärtig, aber nirgendwo konkret faßbar. Sie war der Hintergrund und die Quelle aller seiner politischen Aktivität, aber sie war als eine soziale Macht nicht im Recht verankert. *Auctoritas* war kein Rechtsmittel, aber in der Grenzenlosigkeit ihrer Möglichkeiten lag die Ursache dafür, daß sich der Prinzipat auf die absolute Monarchie zubewegte oder, vorsichtiger ausgedrückt, daß der Kaiser seine Macht über die durch die Rechtsordnung ihm gegebenen Möglichkeiten hinaus ausdehnen konnte.

Noch einige Bemerkungen zur Titulatur und zum Eigennamen des Kaisers. Im Sinne des Rechtsgedankens des Prinzipats hieß der Kaiser titular *princeps*. Das ist, wie oben bereits bemerkt, ein Begriff der aristokratischen Welt der Republik, in der die einflußreichsten Aristokraten *principes civitatis* genannt worden waren und der Angesehenste unter ihnen als eine Art Sprecher des Senats *(princeps senatus)* gegolten hatte (er sagte im Senat an erster Stelle seine Meinung). Nunmehr monopolisierte der Kaiser das Wort *princeps*, und war also *princeps* eine Bezeichnung für den Monarchen/Kaiser.

Auch der Eigenname des Kaisers veränderte sich und nahm titularen Charakter an. Der erste Prinzeps war Augustus. Er hieß ursprünglich C. Octavius, nach der Adoption durch Caesar dann C. Julius Caesar Octavianus. Die Adoption, die Caesar nicht zu Lebzeiten vorgenommen, sondern lediglich testamentarisch verfügt hatte, ist übrigens etwas umstritten, doch wurde sie angesichts der gegebenen Machtverhältnisse als rechtsgültig anerkannt. Mit dem Namen gewann Octavian auch die Veteranen seines Adoptivvaters, denn er erbte durch ihn das Patronat Caesars über dessen Soldaten. Die Aristokraten sagten darum sehr richtig, daß Octavian alles seinem Namen verdanke (so Brutus bei Cic. ad Brut. 1, 16, 5), und nannten ihn zu dessen Ärger — anstatt Caesar — meist Octavianus oder gar, zur Dokumentation ihrer Ansicht über die problematische testamentarische Adoption, Octavius. Octavian selbst legte selbstverständlich auf den Adoptionsnamen (C. Julius Caesar) größten Wert und ließ das Distinktiv Octavianus, das auf die nicht leibliche Vaterschaft Caesars verwies, später fallen. — Seit d. J. 38 führte Octavian dann auch das Wort *imperator* ständig im Namen. *Imperator* bezeichnet ursprünglich allgemein den Magistrat, der Soldaten befehligt (Feldherr). Der Konsul im Felde war daher immer *imperator*. Darüber hinaus war dem Triumphator vom Tage seines Sieges bis zum Triumphzug der Name *imperator* noch als besonderer Ehrentitel verliehen worden. Wenn Octavian das Wort *imperator* nun ständig zusammen mit seinem Namen führte, unterstrich er damit sein Feldherrnamt über die Soldaten oder genauer: Nicht eigentlich sein Feldherrn*amt*, denn das hieß ja *imperium proconsulare*, sondern seine persönliche Nahestellung zum Heer. *Imperator* ist durch Octavian/Augustus also zu einer titularen Bezeichnung geworden, aber eben nicht zu derjenigen, die auf den Prinzipat als Rechtsordnung, sondern die auf die eigentliche soziale Basis seiner Macht, auf das Heer, verwies. Das Wort *imperator* verband Octavian sogar so eng mit seiner Person, daß es als Teil seines Eigennamens angesehen werden mußte. Er legte nämlich seinen Vornamen Gaius ab und setzte *imperator* an dessen Stelle. Damit war die Feldherrnstellung mit dem Eigennamen und somit die Person des Kaisers mit ihrer sozialen Machtbasis unlöslich verknüpft worden.

— Auch das *nomen gentile* (Julius) ließ Octavian schließlich fallen und hieß danach also Imperator Caesar. Nach der Rückgabe der Macht i. J. 27 gab ihm der Senat dann noch den Ehrentitel Augustus; der Name, der deutsch etwa als „erhaben“, „ehrwürdig“ wiederzugeben wäre, gibt die Vorstellung von übermenschlicher Macht und Kraft ein und sollte seinen Träger in eine unangreifbare Sphäre rücken. Nun hieß Octavian: Imperator Caesar Augustus. Dabei ist es dann geblieben.

Das Wort Imperator, das zum Eigennamen gehört, betont am stärksten den Charakter des Kaisertums als Militärherrschaft. Kaiser, die die Rechtsidee des Prinzipats schärfer hervorheben wollten, wie Tiberius, haben daher das *praenomen imperatoris* nicht verwendet. Erst Nero nahm es wieder auf, dann Otho, und seit Vespasian wurde es endgültig Vorname aller Kaiser. Das Wort Imperator monopolisiert übrigens der Kaiser bei sich. Kein anderer Magistrat, der etwa als Feldherr im Felde steht, darf sich dann noch Imperator nennen. Der Feldherr schlechthin ist eben der Kaiser. — Auch das Wort Caesar wurde ständiger Namensbestandteil des Kaisers, dies auch, nachdem die kaiserliche Familie, die diesen Namen ursprünglich als Eigennamen hatte, nämlich die Julisch-Claudische Dynastie, abgetreten war. Ebenso vererbte sich der Ehrentitel Augustus auf jeden Kaiser. Der Name bzw. Titel Imperator Caesar Augustus bezeichnet also immer den Kaiser schlechthin und seit Vespasian wird er die ordentliche Titulatur eines jeden Kaisers. Zur Bezeichnung des bestimmten Kaisers wird dann noch das jeweilige *nomen gentile* hinzugesetzt, so daß z. B. Vespasian heißt: Imperator Caesar Vespasianus Augustus, und Marc Aurel: Imperator Caesar M. Aurelius Antoninus Augustus.

Als weiterer Ehrentitel tritt i. J. 2 v. Chr. schließlich noch *pater patriae* hinzu, durch den Augustus nicht nur als sorgender Vater der Römer, sondern vor allem als Neubegründer Roms und damit als zweiter Romulus hingestellt werden sollte. Den Titel haben nach Augustus alle Kaiser geführt.

Die vollständige Titulatur des Kaisers, die sowohl den Eigennamen als auch Ehrentitel und Amtsrechte, die er von Rechts wegen hat, enthält (d. i. die offizielle Titulatur, die auf Inschriften und Münzen erscheint), lautet dann folgendermaßen (z. B. für Augustus i. J. 2 v. Chr.): *Imperator Caesar Augustus p. m. (pontifex maximus) cos. (consul,* mit Nennung der Zahl der Konsulate, d. i. im J. 2 v. Chr.: XII) *tr. p. (tribunicia potestate = Inhaber der tribunizischen Gewalt,* mit Nennung der Zahl der Jahre, in denen er sie innehatte, hier: XXI) *p. p. (pater patriae).* Wie zu ersehen ist, enthält die Titulatur nicht diejenige Rechtsgewalt, welche die Grundlage für das Heereskommando vermittelte, nämlich das prokonsularische Imperium; erst seit Trajan erscheint in der Titulatur *proc. = proconsul.* Die entscheidende Gewalt, das Heereskommando, tritt also in dem offiziellen Namen und Titel des Kaisers zunächst nicht in seiner rechtlichen, sondern in seiner sozialpolitischen Form *(imperator)* auf.

2. Die soziale Komponente der Kaisergewalt

Der Prinzipat als Rechtsordnung war im Hinblick auf die Aristokratie, auf deren Verwaltungserfahrung der Kaiser nicht verzichten konnte, geschaffen worden. So unentbehrlich jedoch die Aristokratie für die Verwaltung des Reiches sein mochte, die eigentliche Basis der Macht war nicht sie, sondern das Heer. Die Grundlage des Verhältnisses zwischen dem Kaiser und dem Heer war die Clientel. Zu ihr zunächst einige Bemerkungen.

Die Clientel ist ein soziales Verhältnis, das es in Rom gab, solange Rom bestanden hat. Jeder vornehme Mann hatte Clienten, das sind Schutzbefohlene (*cliens,* von *cluere,* gehorchen), und der Einfluß eines Mannes *(dignitas, auctoritas)* bemaß sich nach deren Anzahl. Der Herr der Clienten hieß Patron *(patronus).* In der Zeit der hohen und späten Republik zählten sich alle Römer der Clientel irgendeiner der regierenden Familien (Nobilität) zu; die römische Bevölkerung war gleichsam auf die Clientelen dieser Familien aufgeteilt gewesen. Der Entstehungsgrund für das Schutzverhältnis ist im einzelnen sehr mannigfach. Einmal wurden alle wirtschaftlich Abhängigen zu den Clienten desjenigen gezählt, in dessen Abhängigkeit sie standen, z. B. waren alle Pächter von Grundbesitz Clienten des Verpächters; die Freigelassenen standen selbstverständlich in der Clientel des Freilassers, aber auch die römischen Bürger, die unter einem adligen Beamten im Feld gestanden hatten, konnten diese verhältnismäßig lockere Bindung zum Anlaß nehmen, sich zu den Clienten des Feldherrn zu rechnen, ebenso wie die Siedler sich als Clienten des Adligen ansehen mochten, der als Beamter ihre Stadt (Kolonie) aufgebaut hatte; der Koloniegründer fungierte hier als Gründerheros. Die Bindung des Clienten war entsprechend der vielfältigen Entstehungsgründe der Clientel verschieden stark. Ein Freigelassener war stärker an den Patron gebunden, dem er ja seine personale Freiheit verdankte, als etwa jemand, der seine Clientenstellung nur dem Umstand zuzuschreiben hatte, daß er oder einer seiner Vorfahren unter seinem Patron oder unter dessen Vorfahren gekämpft hatte. Die Clientelen vererbten sich in aller Regel in der Familie des Patrons; sie waren daher verhältnismäßig konstant. — Die aus dem Clientelverhältnis resultierenden Bindungen äußerten sich darin, daß der Patron seine Clienten schützte, ihnen etwa bei Bedarf Prozeßbeistand leistete (Gerichtspatronat), bei unverschuldeter materieller Not helfend einsprang und überhaupt in jeder Situation den um Hilfe bittenden Clienten anhörte. Es gehörte zu den Pflichten des Patrons, jeden Morgen bei der formellen Begrüßung *(salutatio)* Clienten zu empfangen. Den Leistungen des Patrons *(officia, beneficia)* entsprach auf seiten der Clienten die Pflicht, den Patron in politischen Fragen zu unterstützen, z. B. ihn in der Volksversammlung zum Magistrat zu wählen, wenn er kandidierte. Die Clientel war also eine soziale Institution, keine Rechtsinstitution. Ihre Kraft nahm sie nicht aus einem Rechtsgebot, sondern aus einer persönlichen Verpflichtung, die die Partner der Clientel, Patron und Client, eingegangen waren. Der lateinische Begriff für die der Clientel immanente Bindung ist *fides*. Die *fides* ist hier der Inbegriff der sittlichen Verpflichtung; in ihr steckt die Garantie für die strikte Einhaltung der aus der Clientel sich ergebenden Pflichten. In alten Zeiten traf den Patron, der seinen *officia* nicht nachkam, die Todesstrafe, später zumindest die Infamie, d. h. er war innerhalb der Gesellschaft geächtet. Entsprechend hart war die Reaktion gegenüber dem Clienten, der seinen Patron nicht unterstützte. — Wie aus dem Charakter des Verhältnisses zu erkennen ist, hat der Patron vor allem Pflichten fürsorglicher Natur, wohingegen die

Clienten ihn darin unterstützen, daß er die von ihm gewünschte politische Stellung (Magistratur) erhielt. Die Clienten waren demnach insofern mit der staatlichen Politik verknüpft, als sie — in der Republik durch das Recht, in den Volksversammlungen die Magistrate zu wählen — die die Politik bestimmenden Amtsträger benannten. Auf den Inhalt der Politik selbst übten sie dann weiter keinen unmittelbaren Einfluß aus; das politische Geschäft wurde ganz den Patronen überlassen. Selbst dann, wenn in der offiziellen staatlichen Politik Vorschläge gemacht wurden, die die Massen der Bevölkerung stark interessierten, ist das Volk nicht oder nur sehr selten in die politische Arena gestiegen: Das Clientelverhältnis absorbierte alle politische Initiative der Clienten.

In der späten Republik ist das gut ausgewogene Verhältnis unter den Clientelen der regierenden Familien dadurch durcheinander geraten, daß Teile der römischen Bevölkerung sich aus den gewachsenen Bindungen lösten und sich einzelnen großen Männern anschlossen. Die Ursache für diese Entwicklung ist darin zu suchen, daß mit der Änderung der Heeresordnung seit Marius gerade auch die ärmeren Römer Soldaten werden konnten (zum Militärdienst hatte bis dahin ein Mindestvermögen gehört, weil der Soldat, der ja Bürgersoldat und nicht Söldner war, sich selbst ausrüsten mußte). Die besitzlosen Bürger, die Soldaten geworden waren, mußten aber, wenn sie nach Beendigung eines Feldzuges entlassen wurden, versorgt werden; denn sie waren ja keine echte Miliz mehr, die der Beamte nach dem Krieg mit einem Beuteanteil auf ihren Hof zurückschicken konnte. Für die Versorgung war nach den Vorstellungen der Soldaten der Feldherr, unter dem sie gedient hatten, verantwortlich, und das hieß, daß er nach dem Feldzug in Rom sich mittels eines Gesetzesantrages darum bemühen mußte, daß seinen Soldaten ein Stück Land zugeteilt wurde, von dem sie und ihre Familie leben konnten. Da sich der Senat meist gegen solche Landzuteilungen wehrte, führte die Frage der Veteranenversorgung in der ausgehenden Republik häufig zu schweren inneren Unruhen.

Je schwieriger die außenpolitischen Probleme des Reiches und je größer mit ihnen die Heere wurden, die diese Probleme militärisch zu lösen hatten, desto umfangreicher wurden die Heeresclientelen einzelner mächtiger Männer. Die Ehrgeizigsten unter ihnen warteten schließlich nicht mehr die außenpolitische Situation, die ihnen ein militärisches Kommando verschaffen konnte, ab, sondern konstruierten eine solche Situation: Caesar hat auf diese Weise den Krieg gegen die Gallier und Crassus den gegen die Parther selbst entfesselt und sich die Kriegführung übertragen lassen. Durch die immer umfangreicheren militärischen Kommandos geriet das ausgewogene Verhältnis der von alters her bestehenden Clientelen aus seiner Balance. Die Ungleichheit der Clientelen der regierenden Familien vergrößerte sich noch weiter dadurch, daß die Verleihung des Bürgerrechts an alle Bundesgenossen Roms in Italien (90/89 v. Chr.) zahlreiche Neubürger geschaffen hatte, die sich in die bestehenden Clientelen einordnen wollten. In der bürgerkriegsähnlichen Unruhe der Zeit schlossen sie sich dann meist einem der großen Potentaten an, weil unter den veränderten Umständen gegebenenfalls nur noch er Hilfe nicht nur zu versprechen, sondern auch tatsächlich zu leisten vermochte. Pompeius und Caesar hatten am Ende die größten Clientelen, und aus dem Kampf zwischen ihnen ging der letztere als Sieger hervor. Caesars Erbe war dessen Adoptivsohn Octavian/Augustus, und als Erbe war er eben auch Patron der *Heeresclientel* seines Vaters. Die Macht des Augustus und aller Kaiser nach ihm ruhte darauf, daß der Kaiser Patron des Heeres war und blieb, und das hieß auch: Er mußte die Versorgung der Soldaten nicht nur während, sondern vor allem auch nach der Dienstzeit sicherstellen, mußte ferner für ihre anderen, familiären Sorgen da sein usw. Aber das kaiserliche Patronat über das Herr bedeutete ebenfalls, daß kein anderer sich anmaßen durfte, diese Sorgen für die Soldaten zu übernehmen; denn das hätte bedeutet, daß der Betreffende nach der Kaiserwürde strebte.

Die militarisierte Clientel (Heeresclientel) war die Basis der Macht des Kaisers. Durch sie war er zum ersten Manne im Staat geworden. Aber insofern die Militarisierung der Clientel ein Akt gegen die republikanische Tradition gewesen war, suchte Augustus sich als Patron möglichst großer Teile der *gesamten*, also auch der zivilen Bürgerschaft darzustellen und also seinen sozialen Einfluß über das Heer hinaus zu erweitern: Er wollte Patron der römischen Bürger sein, nicht nur der Patron der Soldaten, als welcher er von den Zeiten der zusammenbrechenden Republik her das Stigma des Militärdespoten an sich trug. Da die Clientel nach wie vor die grundlegende gesellschaftliche Struktur war, konnten die Kaiser auf die Dauer auch nicht dulden, daß die alte Aristokratie weiterhin große (zivile) Clientelen und damit Sozialprestige und politische Macht besaß. Schon Augustus versuchte daher, die Clientelen der alten Familien zu zerschlagen, die Bildung neuer zu verhindern und seine eigene zivile Clientel zu erweitern. Bei diesem Bemühen war ihm von Vorteil, daß zahlreiche alte Geschlechter in den Wirren der späten Republik untergegangen waren; andere wurden durch die ordentliche kaiserliche Gerichtsbarkeit oder durch die Willkürjustiz einzelner Kaiser in den ersten Jahrzehnten des Prinzipats ausgerottet. Die alten Familien schmolzen zusammen, und dadurch wurden ihre Clienten für das kaiserliche Patronat verfügbar.

Schon vor dem Jahre 27 v. Chr., also vor dem großen Ausgleich des Kaisers mit der Aristokratie, hat Augustus — damals noch Octavianus — sich darum bemüht, nicht nur größere Massen römischer Bürger in seine Clientel zu überführen, sondern möglichst den ganzen, die Apenninenhalbinsel umfassenden römischen Bürgerverband zu seiner politischen Clientel zu machen. Er versuchte, sein Ziel zunächst durch Geldspenden zu erreichen; diese wie auch die übrige Versorgungspolitik — z. B. die Versorgung der Bürgerschaft mit Getreide — erfaßte jedoch fast ausschließlich die hauptstädtische Bevölkerung. In dem letzten großen Kampf gegen seinen Rivalen um die Macht, M. Antonius, hat er dann die gesamte Bevölkerung Italiens in einem Schwurakt (*coniuratio*) auf sich vereidigt (32 v. Chr.); die Vereidigung jedes waffenfähigen Mannes war gleichzeitig als formale Basis seiner militärisch-politischen Gewalt gedacht, da Octavian damals die Triumviratsgewalt jedenfalls de iure nicht mehr gehabt zu haben scheint. Bei dieser *coniuratio* nahm er übrigens die Stadt Bononia (Bologna) aus, weil sie von alters her der Familie seines Gegners, den Antoniern, anhing; er wollte, jedenfalls der öffentlichen Deklaration nach, die Clientel nicht mit Gewalt erzwingen und durfte dies auch nicht versuchen; denn die Clientel setzt die Freiwilligkeit des Verhältnisses der Partner, Patron und Client, voraus. Die Bewohner von Bononia schworen ihm dann trotz ihrer Bindungen zu den Antoniern. Wenn auch hinter dem Schwurakt des Jahres 32 v. Chr. gewiß ein nicht unerheblicher Druck von seiten Octavians gestanden hat, zeigte doch die Zukunft, daß die so etablierte Clientel der römischen Bürger Italiens sich dann tatsächlich auch als eine des Kaisers gefühlt hat.

Das Streben der Kaiser, diejenige soziale Macht, die seit jeher die sozialen Beziehungen in Rom bestimmt hatte, nämlich die Clientel, allmählich zu monopolisieren, zeigte sich auch darin, daß sie ebenfalls die Bewohner der Provinzen ganz auf ihre Person auszurichten suchten. Ihr besonderes Interesse galt naturgemäß hierbei den im Reichsgebiet wohnenden römischen Bürgern, deren Zahl seit dem Beginn der Kaiserzeit stark zugenommen hatte. Caesar und Augustus hatten nämlich zahlreiche römische Städte (*coloniae*) auf Provinzialgebiet gegründet, in denen vor allem die entlassenen Soldaten (Veteranen) angesiedelt worden waren; die späteren Kaiser folgten ihnen, wenn auch etwas verhaltener, in dieser Kolonisationspolitik. Die Aristokratie der Republik hatte sich noch sehr gegen die Gründung von römischen Städten außerhalb Italiens gewehrt, weil eine großzügige Kolonisationspolitik die seit langem fest geordneten Clientelverhältnisse ins Wanken gebracht hätte: Patron der Bürger einer neu gegründeten Stadt war nämlich in aller Regel derjenige, der als Beamter die Kolonie gegründet hatte. Mit ihrer umfangreichen Kolonisation in den Provinzen erweiterten Caesar und Augustus ihre Clientel römischer Bürger außerhalb Italiens und verminderten damit das politische Gewicht der senatorischen Familien auch dort. Z. T. trugen die neu errichteten römischen Städte sogar den Namen des Kaisers, so z. B. Caesaraugusta (d. i. Zaragossa, als Kolonie gegründet von Augustus).

Wie sehr schon Caesar Sorge dafür trug, daß der durch den Senat repräsentierten Senatsaristokratie die Übernahme eines Patronats über römische Städte in den Provinzen erschwert wurde und daß insbesondere kein Senator, der ein militärisches Amt innehatte, Patron werden (und damit durch eine eventuelle Militarisierung der Clientel dem Kaiser als Inhaber der Heeresclientel Konkurrenz machen) konnte, zeigen einige Bestimmungen des Stadtgesetzes von Genetiva Julia (das ist das alte Urso, heute Osuna, in der Hispania Ulterior, zwischen Sevilla und Granada gelegen). Von dem Stadtrecht dieser Kolonie, das bei deren Gründung i. J. 44 v. Chr. aufgezeichnet wurde, sind uns große Teile inschriftlich erhalten. Danach durfte ein Senator oder Sohn eines Senators nur dann zum Patron der Stadt gewählt werden, wenn $^3/_4$ aller Mitglieder des städtischen Rates in geheimer Abstimmung sich für ihn ausgesprochen hatten und der betreffende Senator Privatmann in Italien (also nicht Magistrat, womöglich mit einem Heereskommando) war.

Die Kaiser haben sich auch intensiv um die nichtrömischen Städte und nicht städtisch organisierten Völker und Stämme bemüht, also um die peregrinen Bewohner der Provinzen. Sie waren in der Republik formell z. T. unabhängige, z. T. tributäre, der Sache nach aber alle untertänige Staaten gewesen. Schon in der Republik hatten viele römische Aristokraten einzelne dieser provinzialen Städte und Stämme — in Analogie zu der Clientel römischer Bürger — als ihre Clientel angesehen und sie gegebenenfalls bei ihren Belangen vor den römischen Behörden unterstützt oder andere Patronatspflichten wahrgenommen. Einzelne Aristokraten hatten ganze Königreiche als Clientel besessen; so galten z. B. die Scipionen als Patrone des numidischen Reiches. Allerdings waren diese Clientelen insofern unpolitisch gewesen, als im Gegensatz zum römischen Bürger der peregrine Untertan innerhalb des republikanischen Staates keine politische Funktion hatte. Mit dem Kaiserreich begann hingegen die allmähliche Angleichung der römischen Bürger an die Peregrinen der Provinzen: Da die Volksversammlungen in Rom allmählich verschwanden, hatte der römische Bürger politisch keine gegenüber dem Peregrinen hervorragende Position mehr; er war allenfalls durch das Privatrecht besser gestellt, doch war sein politisches Gewicht so gut wie vollkommen erloschen. In der kaiserlichen Clientel begannen die Gegensätze sich schnell zu verwischen; Römer wie Peregrine traten beinahe schon ohne Unterschied dem Kaiser gegenüber. Sie wurden beide als Clienten aufgefaßt, für die der Kaiser in gleicher Weise zu sorgen hatte. So wird aus dem Untertanen, als welcher der Bewohner der Provinzen in der Republik gegolten hatte, der von dem väterlichen Kaiser umsorgte Provinziale. Bereits Augustus hatte i. J. 32 v. Chr., als er die römische Bürgerschaft Italiens durch Eid auf sich verschwor, auch die westlichen Provinzen, die damals schon unter seiner Herrschaft standen, auf sich vereidigt und sie damit in seine Clientel hineingenommen (die gallischen und spanischen Provinzen, Afrika, Sizilien, Sardinien). Ähnliche Eide, von denen uns einige inschriftlich erhalten sind, wurden den Kaisern sowohl von römischen wie von peregrinen Städten auch später noch geleistet. Sie waren Verpflichtungseide auf die kaiserliche Person und sind ganz offenbar vor jedem Kaiser aufs Neue abgelegt worden. In ihnen schwört jeweils die Bevölkerung einer ganzen Stadt, daß sie dem Kaiser treu ergeben sein und dieselben Menschen zu Feinden haben will, die dem Kaiser Feind sind, daß sie dem Kaiser und seinem Hause mit aller Kraft, auch mit Waffengewalt, bei Gefahr zu Hilfe kommen werde und daß schließlich, würde jemand den Eid übertreten, er selbst, seine Familie und sein Haus verflucht sein sollten. Wieweit diese Eide bei dem Amtsantritt eines Kaisers von allen Städten gefordert worden sind oder inwieweit sie freiwillig kamen, ist nicht überliefert. Bei dem Charakter des Eides als Clienteleid ist jedoch die Freiwilligkeit vorauszusetzen, wenn sie auch nicht auf Spontaneität beruhte, sondern auf der mehr oder weniger durch die Notwendigkeit der Verhältnisse gegebenen Einsicht, daß das Patronat über die Stadt vom Kaiser gewünscht und also die freiwillige Leistung des Eides opportun sei. Es scheint aber, daß nicht alle Städte automatisch den Eid geleistet haben, und es ist der Regierungsantritt nicht immer das Datum für die Eidesleistung gewesen, sondern der Eid konnte auch während der Regierung — zu einem besonderen Anlaß — abgelegt werden.

Die Intensität, mit der die Kaiser zumindest in den Provinzen alle Clientelen bei sich zu monopolisieren suchten, zeigt eine besondere Maßnahme, die Augustus traf und die alle Kaiser nach ihm aufrechterhalten haben. Der potentielle Konkurrent als Patron von Bürgern und Peregrinen war der Senator, also das Mitglied der alten Nobilität bzw. der neuen senatorischen Geschlechter, die in die Tradition der alten Geschlechter hineingewachsen waren. Das beste Mittel zu verhindern, daß diese Herren ihre alten Clientelen in den Provinzen aktivierten und also ihren Clienten gegenüber als tätiger Patron auftraten, war das Verbot für alle Senatoren, in die Provinzen zu reisen. Das war nun so ohne weiteres schwer durchzusetzen, zumal die Senatoren in den Provinzen vielfach Besitz hatten und dieses Verbot auch nicht an den senatorischen Beamten gerichtet werden konnte, der entweder im Auftrag des Senats oder auch im Dienste des Kaisers Verwaltungsposten in der Provinz bekleidete. Aber es wurde seit Augustus stehende Regel, daß jeder nichtbeamtete Senator bzw. Sohn eines Senators, der in das Provinzialgebiet reisen wollte, sich vorher beim Kaiser die Genehmigung für die Reise geben lassen mußte. Formell ist das Urlaubsgesuch an den Senat gerichtet gewesen, der Sache nach entschied darüber der Kaiser. Von der Genehmigungspflicht ausgenommen waren lediglich Sizilien und die Gallia Narbonensis, wo schon in der späten Republik die höheren Klassen Roms soviel Grundbesitz hatten, daß hier keine Beschränkungen der Freizügigkeit aufgerichtet werden konnten. Am schärfsten war die Kontrolle der Senatoren für Reisen nach Ägypten. Für dieses Land, dessen ungeheurer Reichtum seinen Herren außergewöhnliche Macht verlieh, wurden selten Urlaubsgesuche bewilligt; aber nicht nur das: Der Statthalter dieser Provinz, die zum kaiserlichen Provinzialbereich gehörte, durfte kein Senator sein. Während die Statthalter (*legati Augusti pro praetore*) aller kaiserlichen Provinzen senatorischen Standes waren, war einzig der Statthalter von Ägypten ritterständischer Herkunft und dazu im allgemeinen noch ein Ritter ziemlich unbekannter Herkunft (er hieß als ritterständischer Beamter nicht *legatus* — diese Bezeichnung war den Mitgliedern des *ordo senatorius* vorbehalten —, sondern *praefectus*, also *praefectus Aegypto*). — Wie scharf die Beschränkung der Freizügigkeit des Senators überwacht wurde, zeigt ein Bericht des Tacitus z. J. 32 n. Chr. Ein gewisser Rubrius Fabatus wurde von einem kaiserlichen Kontrollboot dabei ertappt, wie er gerade durch die Meerenge von Messina reiste; da er keinen Grund für eine längere Auslandsreise beibringen konnte, wurde er nach Rom gebracht und blieb mehrere Jahre hindurch inhaftiert.

Der Kaiser als Patron der Massen der römischen Bürger und

Peregrinen: Das war das Ziel der kaiserlichen Politik. Aber die Monopolisierung des Patronats beim Kaiser machte gleichzeitig dieses Patronat farblos. In der Republik hatte es einen wirklichen Inhalt gehabt, indem der Patron dem Clienten tatsächlich half und der Client seinen Patron gegenüber den rivalisierenden Patronen politisch unterstützte. Wenn aber ein einziger Mann Patron aller war, mußte jede politische Energie einschlafen: Mit der Konkurrenz der Patrone untereinander entfiel der Resonanzboden für Politik. Die großen politischen Entscheidungen wurden nunmehr im innersten Gemach des kaiserlichen Palastes gefällt. Und die Fürsorge des Kaisers für seine Clienten war nun auch nicht mehr Fürsorge des Patrons für seine ihm mehr oder weniger bekannten Clienten, sondern wurde zur unpersönlichen Fürsorgepolitik des Staates, die wegen der Schwächung der lebendigen Beziehung zwischen dem Patron und seinen Clienten nicht mehr aus einer sozialen Verpflichtung resultierte, sondern Ausfluß kaiserlicher Gnade war.

In dem Verhältnis des Kaisers zu den Römern nahm die Bevölkerung der Stadt Rom eine besondere Stellung ein. Die Bewohner von Residenzstädten haben in allen Staaten und zu allen Zeiten eine von dem übrigen Staatsvolk verschiedene innere Einstellung zum Monarchen. Das liegt zunächst an der Vertrautheit dieser Bevölkerungsgruppe mit der Person des Fürsten, seinen Gewohnheiten und Schwächen; die Kenntnis der Arcana seines Privatlebens bzw. was dafür gehalten wird, verringert die Distanz zum Herrscher. Auch der Umstand, daß die Residenzstadt oft die größte — in älteren Zeiten bisweilen die einzige große — Stadt ist, schafft besondere Bedingungen; denn die Vermassung des Menschen, die dadurch verursachte Loslösung aus gewachsenen sozialen Bindungen und die besonderen wirtschaftlichen Probleme einer großstädtischen Bevölkerung wirken sich auch auf das Verhältnis zu dem in der Stadt sitzenden Herrscher aus. Auch vom Herrscher aus gesehen ergibt sich eine im Vergleich zu den anderen Bevölkerungsgruppen verschiedene Ausgangssituation. Vor allem spürt der Herrscher gegenüber den seinen Palast unmittelbar umwohnenden Menschen, sofern sie nicht nur wenige Personen, sondern

eine Masse sind, eine Abhängigkeit, die sich bis zur Furcht steigern kann. Dieselbe Masse ist aber gleichzeitig der Resonanzboden für die Zurschaustellung der fürstlichen Macht und Größe.
Alle die genannten Faktoren, die das Verhältnis des Herrschers zu der Bevölkerung der Hauptstadt bestimmen, gelten auch für Rom und den dort, auf dem Palatin-Hügel über dem Forum Romanum residierenden Kaiser. Rom, dessen Bevölkerung in den ersten Jahrhunderten der Kaiserzeit aus Hunderttausenden von Menschen der verschiedensten Herkunft bestand, war eine brodelnde Masse, die, obgleich sie in der Stadt meist ihre festen sozialen Bindungen hatte, doch gleichsam aus der übrigen Bevölkerung herausgeschnitten und deren intime Kenntnisse über den Hof der Autorität des jeweiligen Herrschers (nicht der Herrschaft als solcher) abträglich waren. Die Abhängigkeit des Herrschers von ihr, die an sich schon durch die Masse selbst gegeben war, stärkte noch die Erinnerung an die einstige politische Bedeutung der stadtrömischen Bevölkerung (*plebs urbana*), die bis auf Caesar ja in den Volksversammlungen die Geschicke der Welt mitbestimmt hatte. Die Kaiser hielten die Masse bei Laune, indem sie ihr eine besonders intensive Fürsorge angedeihen ließen. Lebensmittel- und Geldspenden, die teilweise schon auf die Republik zurückgingen, flossen reichlich; die Belustigungen des Volkes nahmen sogar so ungewöhnliche Ausmaße an, daß sie den traditionellen Rahmen antiker Stadtkultur völlig sprengten; das gewaltige Rund des von Vespasian und Titus erbauten „Flavischen Amphitheaters“ (*amphitheatrum Flaviorum; Colosseum*) steht als Symbol für den Exzeß der Lustbarkeiten in Rom: „Brot und Spiele“ (*panem et circenses*) boten die Kaiser dem Volk von Rom, um die unruhige, z. T. chaotische, weil nicht mehr kalkulierbare Masse zu zähmen, die nach ihrer politischen Entmündigung nicht so einfach als Teil der kaiserlichen Clientel gedacht und damit entschärft werden konnte. In dem Kaiser als dem Spender solcher Wohltaten lag jedoch als Antriebskraft seiner Generosität neben der Furcht die Eitelkeit, die von der beschenkten Masse das Lob des Spenders und den Widerschein der kaiserlichen Größe erhoffte. In der Zurschaustellung der Macht und Größe ihrer Herrschaft und ihrer vorgeblichen persönlichen Tugenden haben die römischen Kaiser

Unübertroffenes geleistet, und die nichtigsten Wichte unter ihnen haben sich darin am meisten hervorgetan. Es gab nichts noch so Maßloses, Abartiges oder einfach Verrücktes, was ihnen nicht eingefallen wäre. Zwar sind die Abnormitäten dieser Art kein Charakteristikum der römischen Kaiser schlechthin und schon gar nicht eines des römisches Kaisertums als Institution, aber es ist doch bezeichnend, daß in dem römischen Kaisertum die Möglichkeit entsprechender Handlungsweise eingeschlossen war. Das Publikum dieser Herrscher war hier die Bevölkerung der Stadt Rom, nicht jedoch die Senatsaristokratie, die Römer in den Landstädten Italiens oder gar die Bewohner der Provinzen. Die Pracht und der Größenwahn brauchen den anwesenden Zuschauer, der sich ohne weitere komplizierte Reflektionsebenen von den Darbietungen hinreißen läßt und sie beklatscht; diesen stellte die Bevölkerung der Stadt, und das Massenphänomen hat für die Art der Aufnahme der angebotenen Veranstaltungen gewiß auch eine wichtige Rolle gespielt.

Die Sonderstellung einer Hauptstadt hatte unter allen Städten des Reiches zunächst nur Rom, das die einzige Reichszentrale und dazu der Ursprung und die Quelle der Weltherrschaft war. Als seit dem Ende des 3. Jahrhunderts das Reich von mehreren Kaisern und von verschiedenen Zentren aus regiert wurde, konnten die Bewohner der neuen Residenzstädte, wie Mediolanum (Mailand), Augusta Treverorum (Trier), Sirmium (Sremska Mitrovica), Nikomedia (Izmit) u. a. m. nicht die Rolle der Bevölkerung von Rom einnehmen. Ihre Bevölkerung war schon zahlenmäßig meist schwächer als die römische, sie waren ferner ohne alle hauptstädtische Tradition, und vor allem haben die Kaiser, durch das Beispiel der Stadt Rom gewitzt, von vornherein darauf geachtet, daß ihnen die Bewohner ihrer neuen Hauptstädte nicht über den Kopf wuchsen; das Problem der Bevölkerung der Residenz hat sich bisweilen sogar auf die Wahl des Ortes für die Residenz ausgewirkt. Eine Ausnahme bildete hier Konstantinopel. Diese Stadt wurde von Constantin ja ausdrücklich als ein zweites Rom (Νέα Ῥώμη) neu gegründet (330 n. Chr.); sie spiegelte auch im äußeren Aufbau Rom wider, und in der Zahl ihrer Bewohner überflügelte sie sogar schon bald das Vorbild. In Konstantinopel finden wir daher in spätantiker und byzantinischer Zeit eine sehr ähnliche Konstellation zwischen dem Kaiser und der Stadtbevölkerung wie in Rom.

b) Die Entwicklung der kaiserlichen Zentralgewalt bis zum Ausgang der Antike (1.—6. Jahrhundert)

Für den antiken Betrachter zeigte das römische Kaisertum zumindest in den ersten drei Jahrhunderten seines Bestehens keine eigentliche Entwicklung. Cassius Dio, ein in der späten Severerdynastie (193—235) schreibender Historiker und zugleich hoher Verwaltungsbeamter, stellte die Einrichtung der Monarchie durch Augustus so dar, als wenn es sich dabei um die Monarchie der Severer-Zeit gehandelt hätte. Es gab für ihn zwar gute und schlechte Kaiser — und der gute Kaiser war in der Regel derjenige, der sich mit den Senatoren gut vertrug —, und er sah folglich einen Wechsel in der ethischen Einstellung des einzelnen Kaisers zu dem Senatorenstand und den übrigen Bevölkerungsgruppen, aber er konnte keinen Wandel der monarchischen Struktur erkennen.

Tatsächlich jedoch war dieser Wandel sehr stark; denn es änderten sich die Bedingungen, unter denen die Monarchie ins Leben getreten war. Sehr schnell entwickelte der neue Machtfaktor, der rechtlich gezähmt worden war, das in ihm liegende Schwergewicht. Die magistratische, aus zahlreichen republikanischen Einzelrechten zusammengesetzte kaiserliche Gewalt war schon am Ende der ersten, von Augustus begründeten Dynastie kaum mehr in ihrer komplexen Zusammensetzung zu begreifen; sie wuchs zu einer kompakten kaiserlichen Gewalt zusammen, die bei der Etablierung einer neuen Dynastie, der Flavischen, zum Zwecke der rechtlichen Legitimierung dieser Dynastie nicht mehr in die ursprünglichen einzelnen Rechtskompetenzen wieder zerlegt werden konnte (s. o.). Mit der Einheit der kaiserlichen Gewalt verwischte sich aber auch deren Rechtscharakter, denn was bedeutete der Begriff des (Staats) Rechts, wenn dieses Recht nicht mehr aus einzelnen, interpretierbaren Sätzen, sondern aus einem unentwirrbaren Knäuel bestand, in dem Gewalt und Recht eine Einheit und austauschbare Begriffe geworden waren?

Der Zerfall des Rechtsgedankens in dem inneren Aufbau des römischen Kaisertums ging Hand in Hand mit der Schwächung jener Schicht, auf die sich der Rechtsgedanke bezogen hatte. Die kaiserliche Politik, die darauf gerichtet war, den alten republikanischen und den in das traditionelle Standesbewußtsein hineinwachsenden neuen Familien die politische Clientel zu entziehen und deren sozialem Prestige — und das war entsprechend dem Reichtum dieser Familien groß — die politische Note zu nehmen, erwies sich als erfolgreich, und dies in erster Linie deswegen, weil der Wille des Kaisers in dieser Hinsicht deutlich war und darum jede andersgeartete Einstellung der Vornehmen offene Rebellion bedeutet hätte. Es schien auch, als ob die Schichten der Vornehmen, unter denen die Senatsaristokratie oder, wie sie jetzt hieß, der *ordo senatorius* weit herausragte, mit der Anerkennung ihrer (jetzt entpolitisierten) sozialen Stellung, die das Privileg, die meisten hohen Ämter zu besetzen, einschloß, zufrieden gestellt war. Die öffentliche Rechtsordnung, die einen eigenen politischen Willen des Aristokraten so gut wie ausschloß, bedeutete auch für die Vornehmen eher Rechtssicherheit als Rechtsmacht; die rechtliche Einkleidung der kaiserlichen Macht hatte die Militärmonarchie ja auch nicht beseitigen, sondern sie lediglich zähmen und berechenbar machen sollen. Die politische Passivität selbst der vornehmsten Senatoren war eine unabdingbare Voraussetzung für das Funktionieren der neuen Ordnung. Die politische Initiative gehörte trotz allem Respekt vor der Rechtsordnung, die keinen Monarchen kannte, allein dem Kaiser, und dieser mußte sie, sollte das ganze System funktionieren, auch energisch wahrnehmen. Jeder Versuch eines wohlmeinenden Herrschers, vom Senat Selbständigkeit zu erwarten, mußte scheitern oder konnte wegen der dadurch möglichen Mißverständnisse in der Herrschaftsverteilung sogar zu Katastrophen führen. Ansätze des Kaisers Tiberius, den Senat als eine selbständige Behörde aufzufassen, desorientierte daher die Senatoren: Sie konnten angesichts der passiven (liberalen) Haltung des Tiberius den wahren kaiserlichen Willen, der doch nach dem ganzen Aufbau der rechtlichen und sozialen Ordnung der unbedingte Bezugspunkt war, nicht mehr erkennen und reagierten in ihrer Unsicherheit so, wie sie glaubten, daß die diskretionäre kaiserliche Macht es wünschte; sie gingen folglich mit äußerster Härte gegen den vor, den der Kaiser nach ihrer Meinung am meisten fürchten mußte, und das war der eigene Stand. Der Senat richtete konsequenterweise unter seinen eigenen Mitgliedern ein furchtbares Blutbad an. Die aristokratische Gesellschaft benötigte in der Tat, sollte dieser Kompromiß zwischen Macht und Recht im Prinzipat funktionieren, die kaiserliche Führung, die bei betonter Wahrung der Rechtsschranken gleichsam von oben herab ein liberales Klima in den Beziehungen zwischen Kaiser und Aristokratie erzeugte. Vor allem eine Reihe von Kaisern im 2. Jahrhundert (Nerva, Trajan, Hadrian, Antoninus Pius, Marc Aurel) hat klar gesehen, daß nur eine starke Regierung und ein fester Wille die in der Konstruktion des Kaisertums als Rechtsordnung liegende relative Liberalität und Sicherheit des öffentlichen Lebens erhalten konnten. Manche modernen Gelehrten, die diese Monarchen mit den Augen des römischen Aristokraten sahen, haben darum deren Herrschaft als „humanitäres Kaisertum" bezeichnet. Das *humanum* war aber hier in erster Linie die nur als Gewährung gegebene Anerkennung der augusteischen Rechtsgrundlagen des Kaisertums, und seine Voraussetzung war nicht herrscherliche Güte, sondern die feste Führung.

Schwerer wog für die Schwächung des Rechtsgedankens, daß die Senatsaristokratie ihre alte Bedeutung für die Verwaltung des Reiches allmählich einbüßte. Dazu haben die Kaiser selbst das meiste beigetragen, da sie verständlicherweise die gebotene Rücksicht auf die alten, mächtigen Familien als eine Last empfunden haben, die sie gern abgeschüttelt hätten. Das war zwar zunächst nicht möglich, doch boten ihnen gewisse Verwaltungszwänge bald die Handhabe dazu.

Wie in dem Abschnitt über die kaiserliche Verwaltung ausführlicher dargestellt ist, erzeugte der neue Faktor der kaiserlichen Gewalt mit seiner Konzentration zahlreicher Machtbefugnisse in einer Hand das Bedürfnis nach Errichtung einer Zentrale, die alles ordnete und gliederte. Die Zentrale war zunächst die Person des Kaisers selbst, aber die Masse seiner Aufgaben erzwang ein großes

Büro, wie es im kleinen jeder Magistrat besaß. Das kaiserliche Büro entwickelte allmählich Ressorts und wuchs schnell zu einer Bürokratie. Dem Usus der römischen Magistrate folgend, übertrug der Kaiser die verschiedenen Arbeiten in seinen Büros Sklaven und Freigelassenen seines eigenen Hauses; letztere stellte er auch als Vorsteher der Büros ein. Noch später, vor allem seit der Flavischen Zeit (69—96), als die Büros weiter wuchsen und die sozial wenig angesehenen Freigelassenen wegen der wachsenden Bedeutung der Reichsverwaltung als Vorsteher nicht mehr tragbar erschienen, stellte der Kaiser den Büros ritterständische Personen vor, also Angehörige des hinter dem Senatorenstand zurückstehenden Ritterstandes (*ordo equester*). Die im Verwaltungsdienst beschäftigten Ritter waren Personen, die über eine Offizierslaufbahn im kaiserlichen Heer, später auch im (vornehmlich juristischen) Zivildienst aufgestiegen und als Karrieristen dem Kaiser treu ergeben waren. Ritter stellte der Kaiser dann auch in der Finanz- und Rechtsverwaltung des Reiches ein. Vor allem die Finanzverwaltung, die von *procuratores* genannten Beamten besorgt wurde, baute er als eine rein ritterständische weiter aus. Mit der wachsenden Reichsbürokratie erhielten damit die Ritter immer größeres Gewicht. Demgegenüber besetzten die Senatoren zwar noch die höchsten Verwaltungsstellen, also z. B. alle Statthalterposten, Generalsstellen und selbstverständlich die hohen Ämter in Rom selbst, wie Konsulat und Prätur, aber der für die Verwaltung charakteristische Stand wurde der Ritterstand und vor allem: Die Senatsaristokratie wurde als die die Verwaltung tragende Schicht jetzt entbehrlich.

In der Severerzeit kam diese Entwicklung zu einem gewissen Endpunkt. Septimius Severus, der Begründer der Dynastie, war i. J. 193 nach dem Tode des Commodus und dem Ende der Antoninischen Dynastie gegen den Willen der Senatsmehrheit und unter gewaltsamer Niederwerfung anderer Anwärter auf den Thron gekommen. Er ging daher zu der Senatsaristokratie stärker auf Distanz, eine Möglichkeit, die es früher kaum gegeben hatte, die aber nun, nach der allgemeinen politischen Schwächung des Standes im vorausgehenden Jahrhundert, denkbar geworden war. Septimius hat sogar hohe Beamtenposten, vor allem Statthalterstellen, die bislang immer von Senatoren besetzt worden waren, Rittern gegeben, die dann formal nicht Statthalter (*praeses*), sondern „an der Stelle eines Statthalters" (*vice praesidis*) ihr Amt versahen. Die Form wurde demnach noch gewahrt, aber in der Sache kam das einer Entmachtung des Senatorenstandes gleich. Das ungünstige Klima hielt unter den Nachfolgern des Septimius an. Nach der Ermordung des letzten Severers, der wieder ein wenig in die alten Bahnen eingeschwenkt war, folgte dann die beinahe totale Lösung des Kaisertums vom Senatorenstand und damit auch vom Senat als der Institution, die das Kaisertum legitimierte. Denn eine allgemeine Wirtschaftskrise, verbunden mit einer ersten äußeren Bedrohung des Reiches durch Germaneneinfälle und durch eine Erstarkung des Perserreiches im Osten, brachte nun den zweiten Faktor, auf dem die kaiserliche Gewalt ruhte, wieder stärker zum Tragen: Das Heer wurde (wieder) der eigentliche Kaisermacher; der Kaiser erhielt damit erneut den Charakter eines Militärdespoten. Und nun wirkte es sich aus, daß der Senatorenstand kein politischer und kein verwaltungstechnischer Faktor mehr war. Er verlor in diesen Wirren alle Bedeutung, und mit ihm der Senat als der Ort, wo die Kaiserwürde ihre Quelle hatte. An seine Stelle traten Offiziere des Heeres als des nun ausschlaggebenden politischen Faktors. Zwar bemühten sich auch diejenigen Kaiser, die das Heer ohne Beteiligung des Senats zu dieser Würde erhoben hatte, um die Bestätigung durch den Senat, doch war das nur noch ein Formalakt ohne faktische Bedeutung, und auch den hat nicht jeder mehr vollzogen.

Mit den Soldatenkaisern, wie die Kaiser nach der Severer-Dynastie genannt werden (235—284), war das römische Kaisertum, wie in seinen Anfängen, auf die nackte Gewalt als Basis seiner Existenz zurückgeworfen. Der augusteische Gedanke der Zähmung der monarchischen Gewalt im Recht und die damit verbundenen ethischen Grundlagen des Kaisertums (Sicherung der sozialen Existenz der Senatsaristokratie; Rechtssicherheit; Fürsorgepflicht gegenüber den Untertanen) waren mit dem Untergang der Klasse, auf die sich das Recht bezog und in der das Kaisertum auch gesellschaftlich eingebunden gewesen war, vernichtet worden. Und es ging jetzt auch der bis dahin noch leidlich bestehende andere Faktor des römischen

Kaisertums zugrunde, der ein wichtiger Ordnungsfaktor gewesen war, nämlich der dynastische Gedanke. Er hatte immer in einer gewissen Spannung zum Rechtsgedanken gestanden, da dem Rechte nach der Kaiser ja ein Magistrat republikanischer Prägung war, dessen Amt sich nicht vererben konnte. Aber naturgemäß wünschten die Kaiser, ihre politische Stellung ihren Nachkommen zu hinterlassen, und tatsächlich entsprach diese Einstellung auch der anderen, der sozialen Komponente des römischen Kaisertums: Die Clientel des Kaisers, insbesondere die Clientel des Heeres verehrte mit dem Patron dessen Familie, die *domus divina*, von der sie sich die Fortsetzung und Sicherung der patronalen Fürsorge am ehesten versprach. So hatten sich Dynastien gebildet (Julisch-Claudische Dynastie, Flavische Dynastie, die Antonine, Severische Dynastie). Aber es war, wie weiter bei der Besprechung der Nachfolgeordnung noch näher auseinandergesetzt werden wird, der dynastische Gedanke doch nicht so selbstverständlich, daß er bei der Nachfolge den Rechtsgedanken leicht verdrängt hätte. Der Gedanke, daß der Senat die kaiserliche Gewalt als eine Rechtsmacht verlieh, war immer vorhanden und konkurrierte mit dem dynastischen Gedanken, der bei den Massen — im Heer, in der Stadt Rom, in den Städten Italiens — stark sein mochte. Da die verschiedenen Möglichkeiten der Nachfolgeprinzipien sich jedoch nicht von selbst regulierten, war die Gefahr der Usurpation, die sich auf die nackte Gewalt (das Heer oder einzelne Teile desselben) stützte, besonders groß. Wurde der legitime Kaiser gewaltsam beseitigt bzw. endete eine Dynastie wegen des Fehlens geeigneter Nachkommenschaft, entstand folglich meist ein Hiat, in den das Chaos einbrach: Nicht der Mangel an nachfolgeberechtigten Personen (deren gab es meist mehrere), sondern der Widerstreit verschiedener und dazu noch unvollkommen geordneter Nachfolgeprinzipien führte dazu, daß meist gleich mehrere Prätendenten auftraten, und diejenigen, die die meisten Soldaten hatten, blieben in aller Regel Sieger. So war es i. J. 68/69 nach der Ermordung Neros und dem Ende der Julisch-Claudischen Dynastie, und so war es auch nach der Ermordung des Commodus (31. 12. 192) und wieder nach der Ermordung des Severus Alexander (235), des letzten Severers, gewesen. Im Unterschied zu früheren Hiaten zwischen den Dynastien konnte sich aber nach 235 keine neue Dynastie mehr durchsetzen, einmal weil der Senat als mächtiger ruhender Pol keinen stabilisierenden Einfluß mehr ausübte, also gleichsam nicht mehr die römische Metropole die auseinanderstrebenden politischen Interessen an sich ziehen und zur Einigung zwingen konnte, zum anderen weil der außenpolitische Druck an verschiedenen Fronten des Reiches mehrere miteinander rivalisierende militärische Zentren geschaffen hatte, die nun ihre eigenen Kaiser aufstellten. Die Kaiser oder Usurpatoren, wie man sie nennen mag, zogen gegen den von außen drängenden Feind und gegeneinander, und der andere Kaiser, der immer ein Gegen-Kaiser war, war meist der bedrohlichere Gegner. In diesem Durcheinander wuchs die Macht des Heeres, der Soldaten bzw. Soldateska ins Unermeßliche, so daß der gefährlichste Gegner eines Kaisers schließlich das eigene Heer wurde, das seinen Herrn einfach beseitigte, wenn er nicht tat, was es wollte. Es sind in den 50 Jahren von 235—284, in denen wir über 40 Kaiser zählen, mehr Kaiser durch das eigene Heer umgebracht als durch Feinde oder Gegenkaiser beseitigt worden, und es starb überhaupt kaum einer eines natürlichen Todes. Jeder Bezug des Kaisertums zu einer ihm übergeordneten Idee war verloren gegangen; die Monarchie schien auf die nackte Gewalt reduziert worden zu sein, wenn man nicht den Kampf um die Erhaltung des Reiches gegen den äußeren Feind als eine alle Kaiser vereinende Aufgabe anerkennt. Aber diese Aufgabe schuf keine Herrschaftsstruktur; sie konnte allenfalls begründen, daß es in diesen Zeiten einen Generalissimus geben mußte, aber nicht, wie beschaffen dessen Herrschaft zu sein hätte. Die spontane Abwehr des Feindes ist denn auch keine Legitimität für Herrschaft, sondern ein Akt der Selbsterhaltnug, der von Herrschaftsverhältnissen eher absieht.

Das Römische Reich ist wieder zur Ruhe gekommen, dies aber nicht, weil der Rechtsgedanke erneut Bedeutung gewonnen hätte — woher hätte er auch jetzt kommen sollen? — oder weil der Druck auf die Reichsgrenzen nachgelassen hätte — auch das war durchaus nicht der Fall —, sondern weil eine allgemeine Erschöpfung breiteren Kreisen auch im Heere die Einsicht von der Notwendigkeit einer Stabilisierung des Kaisertums gab und weil gerade in dieser Zeit mehrere tüchtige Herrscher auftraten, die einen Weg aus der scheinbar ausweglosen Krise wiesen.

Das Mittel, durch das das Kaisertum wieder auf eine stabile Grundlage gestellt wurde, war die *Pluralisierung der Reichsspitze*, und derjenige, der es, wenn nicht erfunden, so doch institutionalisiert hat, war der Kaiser Diocletian (284 bis 305). Es war der einfache Gedanke Diocletians, die durch die außenpolitische Lage und durch die Macht der Legionen faktisch vermehrte Anzahl von Kaisern/Usurpatoren zu legalisieren, indem er von vornherein eine Mehrzahl von Kaisern an der Reichsspitze vorsah. Dieser Gedanke nahm nicht nur Rücksicht auf die Macht der Soldaten, er entsprach auch mehreren sachlichen Notwendigkeiten. Denn einmal war angesichts der gespannten außenpolitischen Lage in der Tat die Anwesenheit der Reichsspitze an mehrereren Stellen zugleich erforderlich; zahlreiche Usurpatoren, so z. B. die sogenannten gallischen Kaiser (260—274) und an der Persergrenze u. a. so schillernde Herrschergestalten wie Odaenathus und dessen Frau und Nachfolgerin Zenobia, verdankten ihre Macht vornehmlich der unsicheren Grenzsituation. Zum anderen war die Verwaltungsbürokratie im 2. und 3. Jahrhundert in einem derartigen Ausmaße gewachsen, daß sie schon lange nicht mehr von einer Zentrale aus überblickt werden konnte, sondern nach mehreren Zentren verlangte. Die Vervielfältigung der Verwaltungsmittelpunkte war dann auch faktisch durch die (irreguläre) Pluralisierung der kaiserlichen Spitze herbeigeführt worden; sie konnte nunmehr als ein Erfordernis der Verwaltung in geordnete Bahnen gelenkt werden (Entstehung der Präfekturen). Bei der Legalisierung einer vervielfältigten Reichsspitze konnte sich Diocletian auch nicht nur auf die faktischen Gegebenheiten und darauf berufen, daß die Anerkennung der tatsächlichen Zustände den Sachzwängen entsprach. Es hatte schon früher, in der damals schon so genannten guten Kaiserzeit (im 2. Jahrhundert) gelegentlich mehrere Kaiser gleichzeitig gegeben. Damals hatte der Pluralismus der kaiserlichen Gewalt der Sicherung der Nachfolge gedient (s. u. S. 114): Der gewünschte Nachfolger war nicht nur mit Amtsgewalten bedacht worden, die den Übergang zur Herrschaft erleichtern sollten, sondern hatte zusätzlich den Titel Caesar erhalten; etwa seit Hadrian war dem präsumptiven Erben dieser Titel vorbehalten worden (der regierende Kaiser hieß Caesar Augustus). Seit Marc Aurel haben auch manchmal, teils zur Nachfolgesicherung teils auch zur Begünstigung mehrerer Erben, zwei reguläre Kaiser (Augusti) zusammen regiert, so zuerst Marc Aurel mit seinem Adoptivbruder L. Verus (161—169) und nach dem Tode des Verus mit seinem Sohn Commodus (seit 177); auch Caracalla und sein Bruder Geta waren gleichrangige Augusti gewesen (211—212). Allerdings hatten diese Samtherrschaften oder Doppelprinzipate, wie sie in der Literatur auch genannt werden, abgesehen von der Nachfolgesicherung in gewissen Fällen (so regelmäßig bei der Caesar-Ernennung), keine herrschaftliche Funktion, und sie sind als situationsbedingte Phänomene lediglich vorübergehend aufgetreten. Es war also damals mit der Ernennung eines Caesars oder eines zweiten Augustus keine Übertragung bestimmter Kompetenzen verbunden gewesen; es war immer klar gewesen, wer der eigentlich regierende Augustus war, und mochte er auch seinem Caesar oder Mitaugustus einmal eine Aufgabe übertragen haben (Kriegführung; Neuordnung von Provinzen), so war diese doch im Rahmen der kaiserlichen Gewalt des einen herrschenden Kaisers vollzogen worden. Seit Diocletian diente die Pluralisierung des Kaisertums hingegen der Stabilisierung und der besseren Sicherung und Verwaltung des Reiches zugleich, und sie wurde ein institutioneller Teil der Reichsspitze. Diocletian hat die Vermehrung der Kaiser schrittweise vorangetrieben, und die Art der Durchführung zeigt, daß er die Sache selbst wie deren Problematik sehr genau durchdacht hatte.

Schon 285 ernannte Diocletian seinen Freund Maximianus zum Caesar und Mitregenten, ein Jahr darauf dann zum Augustus. I. J. 293 bestimmten die beiden Augusti zwei Caesares zu ihren Helfern und Mitregenten; zu Diocletian trat Galerius, zu Maximian Constantius Chlorus, der Vater des späteren Kaisers Constantin. Sinnvoll war nach dem Gesagten die Pluralisierung der kaiserlichen Gewalt aber nur, wenn jeder Kaiser auch ein Teilgebiet des Reiches zur selbständigen Verwaltung erhielt. So nahm sich Diocletian den Osten des Reiches, wo sein Caesar Galerius die Balkanhalbinsel mit den Donauprovinzen zugeteilt bekam; Maximian wurde Augustus des Westens, und hier regierte unter seiner Oberaufsicht sein Caesar Constantius die gallischen Provinzen und Britannien. Jeder dieser „Ober"- und „Unterkaiser" war der Chef einer Verwaltung, der ein Prätorianerpräfekt *(praefectus praetorio)* als oberster Beamter vorstand. Die Errichtung von vier Verwaltungssprengeln bedeutete jedoch keine Realteilung des Reiches. Alle vier Herrscher galten als Herrscher des Gesamtreiches; die Gesetze eines jeden waren Gesetze für das Gesamtreich. Die Teilung war eine Aufgabenteilung für praktische Zwecke, und sie erforderte darum auch eine gute Zusammenarbeit. Diese war dadurch gesichert, daß die Augusti eine Autorität über die Caesares ausübten, die sowohl auf ihrer längeren „Dienstzeit" als auch auf der Tatsache ruhte, daß die Würde der Caesares von den Augusti gegeben war; und darüber hinaus war die Autorität Diocletians eine gewisse Garantie dafür, daß die Regierung reibungslos verlief. Eine weitere, starke Sicherung war ferner das Bestreben Diocletians, unter den Augusti und Caesares Verwandtschaftsverhältnisse herzustellen, so daß sie wie die Glieder e i n e r Familie auftreten konnten. Die beiden Caesares mußten sich nämlich mit den Töchtern „ihrer" Augusti vermählen (da beide verheiratet waren, bzw. in einem festen Konkubinat lebten, hatten sie sich in einem Akt der Staatsraison zunächst von ihren Frauen zu trennen), und gleichzeitig adoptierten die Augusti ihre Caesares.

Dieser letzte Gedanke weist darauf hin, daß in dem System der Viererherrschaft (Tetrarchie) nach dem Willen Diocletians das d y n a s t i s c h e P r i n z i p eingebaut werden sollte. Und das war auch durchaus notwendig, wenn das System nicht nur funktionieren, sondern auch fortdauern sollte. Zunächst sah es so aus — und die moderne Forschung hat das vielfach auch so gesehen —, als ob Diocletian den dynastischen Gedanken nicht als ein konstitutives Element der Tetrarchie angesehen hatte. Er trat nämlich i. J. 305 als Augustus zurück, bewog den zweiten Augustus Maximian ebenfalls zum Rücktritt und ließ die beiden Caesares als Augusti nachrücken. Gleichzeitig wurden zwei neue Caesares ernannt, und diese waren nun verhältnismäßig unbekannte, vor allem aber mit den beiden neuen Augusti nur fern oder gar nicht verwandte Personen (Flavius Severus und Maximinus Daia, ein Neffe des Galerius), während Maximian und auch der neue Augustus Constantius Nachkommen hatten! Der gleichzeitige Rücktritt beider Augusti — Diocletian nach genau zwanzigjähriger Herrschaft —, das Nachrücken der Caesares zu Augusti und die Ernennung zweier neuer, nur entfernt oder nicht mit den anderen verwandter Caesares verführt zu der Annahme, daß die Regulierung der Nachfolge von Diocletian als ein in bestimmten Zeitabständen ablaufender Mechanismus gedacht war. Aber abgesehen davon, daß auch Diocletian sich gesagt haben muß, daß solcher Nachfolgemechanismus in der politischen Wirklichkeit kaum funktionieren konnte — er ruhte ja auf keiner allgemein anerkannten Staatsidee, die ihn getragen hätte, sondern verdankte seine Existenz allein der Autorität Diocletians —, hat Diocletian die Tetrarchie deutlich als Dynastie konstruiert, und er muß selbst auch gewußt haben, wie wichtig der dynastische Gedanke für die Stabilität des Kaisertums war. Es mögen bei der Wahl der Caesares und bei dem Rücktritt des Maximianus persönliche Konstellationen ins Gewicht gefallen sein, die wir heute nicht mehr klar übersehen; es scheint, daß Galerius für die Wahl der neuen Männer eine Schlüsselrolle gespielt hat. Auf jeden Fall zeigte die Zukunft, daß das dynastische Prinzip sich durchsetzte.

Die unglücklichen Entscheidungen von 305 brachten unendliche Wirren, und da jeder Augustus oder Caesar seine Familien durchzusetzen suchte, schien das ganze System der pluralisierten Reichsspitze zeitweise in die Anarchie der Soldatenkaiser zurückzuführen. Es gelang jedoch, die Anarchie bald zu beenden, und in der sich darauf erneut stabilisierenden Reichsspitze siegte der dynastische Gedanke: Sowohl die Kaiser selbst als auch deren Heere, also die entscheidenden politischen Kräfte der Zeit, betrachteten die dynastische Deszendenz als die angemessene, dem beiderseitigen Interesse entsprechende Form der Sukzession. Aber es zeigte sich nun doch, daß die institutionalisierte Pluralisierung der Reichsspitze weiterhin ein praktisch nicht mehr wegzudenkendes Element staatlicher Organisation geworden war. Die Sachzwänge, die sich aus der vermehrten Verwaltung und der militärischen Grenzsicherung ergaben, wirkten ebenso auf die Erhaltung des Prinzips wie die in den vergangenen Jahrzehnten sichtbar gewordene Möglichkeit, dadurch Usurpationen zu verhindern. Wenn darum in Zukunft wieder Dynastien im Reich herrschten, wurde doch in aller Regel die kaiserliche Gewalt auf mehrere Mitglieder eines Hauses verteilt. Die verhältnismäßig kurzen Zeiten, in denen noch einmal ein einzelner alle Gewalt bei sich vereinte (324—337: Constantin der Große; 353—360: Constantius II.; 361—363: Julianus; 394/5: Theodosius I.), sind daher für die staatliche Organisation dieser Zeit durchaus atypisch, und die Alleinherrscher verbanden mit ihrer Stellung keine grundsätzliche Neuorientierung; meist waren es nur Übergangserscheinungen. — Die Anzahl der regierenden Kaiser hing oft von der Anzahl der zur Verfügung stehenden Familienmitglieder ab; so teilten sich nach dem Tode Constantins seine drei Söhne und zwei Neffen in die Herrschaft. Als Regelfall läßt sich lediglich festhalten, daß mindestens eine Zweiteilung der kaiserlichen Spitze wünschenswert zu sein schien — soweit wirkte sich also noch die Teilung des Reiches auf zwei Augusti durch Diocletian aus —, und folglich wurde, wenn nur ein Nachkomme vorhanden war, der zweite Mann u. U. auch außerhalb der engeren Verwandtschaft gesucht. So machte z. B. der Kaiser Gratian nach dem Tode seines Onkels Valens in der großen Gotenschlacht bei Adrianopel (378) einen erprobten General, Theodosius, zum Mitkaiser und übertrug ihm den Orient mit Illyricum. — Das dynastische Kaisertum wurde auf diese Weise auch unter den veränderten Umständen wieder ein selbstverständliches Element der kaiserlichen Ordnung: Nach dem Zusammenbruch des tetrarchischen Systems etablierten sich die Konstantinische Dynastie 324 bis 363, die Valentinianische Dynastie 364—378 (im Osten) /392 (im Westen) und die Theodosianische Dynastie 379 (im Osten) /392 (im Westen) — 450 bzw. 457 (im Osten) /455 (im Westen). Im Westen folgte darauf die Auflösungsphase der kaiserlichen Zentralgewalt, in der die verschiedensten Kaiser, meist nur als Puppen ihrer germanischen Heerführer, regierten (—476/480). Im Osten setzte sich das dynastische Prinzip in der Dynastie Leos (457—491) und — nach einem Zwischenspiel (Anastasius, 491—518) — in der Justinianischen Dynastie (518—578) durch.

Die Pluralität der kaiserlichen Gewalt ist nur eines der neuen Strukturelemente, die das spätere Kaisertum von dem früheren trennt. Der Zusammenbruch der Rechtsgrundlage des Kaisertums und die dadurch bedingte Überspannung der anderen, auf der Armee ruhenden Grundlage, die alle Kaiser zu einem Spielball der jeweiligen militärischen Sachzwänge und der Launen der Armeen machte, brachte noch einen weiteren Wandel des Kaisertums, der ebenfalls der Stabilisierung der kaiserlichen Gewalt dienen sollte. Das war die Überhöhung der kaiserlichen Majestät.

Das seit dem 3. Jahrhundert deutlich faßbare Bemühen, das Unpersönliche und Institutionelle, das jedem hohen Würdenträger und zumal dem die Welt beherrschenden Kaiser gleichsam von Natur innewohnt, bewußt zu steigern und das Persönliche des Amtsträgers zu unterdrücken, geschah allein zu dem Zweck, ihn dem menschlichen Zugriff durch die Entrückung aus der dem einfachen Menschen faßbaren Sphäre zu entziehen. Der Kaiser sollte (wieder) unantastbar werden, wie er auch früher als Inhaber der alten, republikanischen Tribunengewalt eine Unverletzlichkeit *(sacrosanctitas)* besessen hatte. Das Streben nach Erhöhung der kaiserlichen Majestät war durchaus nicht neu. Auch der Kaiserkult des 1. und 2. Jahrhunderts hatte dem Ziel gedient, den Kaiser als ein höheres Wesen hinzustellen (s. u.), und einzelne Kaiser, wie Nero, Domitian und Commodus, hatten keinen Hehl aus der überirdischen Majestät ihrer Person gemacht, die sie auch äußerlich durch Kolossalstatuen oder durch riesige Paläste herausstellten; der erste wahrhaftige Kaiserpalast war das „Goldene Haus" *(domus aurea)* Neros, das alle Abhänge um den Platz, den heute das Colosseum einnimmt, bedeckte und die Paläste der Vorgänger Neros auf dem Palatin zu Vorstadtvillen degradierte. Das hatte allerdings der Idee des Prinzipats nicht ganz entsprochen, nach der der Kaiser als *princeps* nur erster unter seinesgleichen *(primus inter pares)* war. „Seinesgleichen" waren zwar nur die Angehörigen der Senatsaristokratie; nur auf sie bezog sich ja die Idee des Prinzipats als einer auf dem Recht ruhenden, die Republik fortsetzenden Staatsform. Aber die, wenn nicht kollegiale, so doch leutselige Gesinnung des Kaisers war doch auch gegenüber den Gemeinen gern gesehen, wurde wenigstens als eine dem Kaisertum als Prinzipat angemessene Geste betrachtet. Mit dem Ende des Rechtsgedankens als

Grundlage des Kaisertums (und dem Machtverlust der Aristokratie, die diese Form des Kaisertums getragen hatte) war es damit nun vorbei. Es traten jetzt die autokratischen, gottähnlichen Züge des Kaisertums, die die Massen der Reichsbewohner schon immer gesehen und anerkannt hatten, stärker hervor. Im 3. Jahrhundert war diese Tendenz von manchen Kaisern ganz bewußt gefördert worden, um sich der allzu großen Nähe der Soldaten und des Offizierskorps, die eine wachsende Gefahr für Leib und Leben des Kaisers und seiner Familie bedeutete, zu entziehen. Es war der Kaiser Aurelian (270—275), der die ersten Schritte zu einer deutlicheren Institutionalisierung eines überhöhten Kaisertums unternahm. Diocletian brachte auch diese Entwicklung zu einem gewissen Abschluß; spätere Generationen haben dann an der Aufrichtung der gottähnlichen kaiserlichen Majestät weitergearbeitet.

Die Überhöhung der kaiserlichen Person wurde auf die vielfältigste Weise erreicht. Schon im äußeren Auftreten zeigte sich der spätantike Kaiser als ein anderer. Ihn umgab ein prächtiges Ornat, nämlich die purpurne Chlamys mit Einsatz von Goldstoff, die Tunica mit Goldsaum, purpurrote Beinkleider und edelsteinbesetzte Schuhe aus purpurnem Leder. Das Ornat verhüllte ihn und gab dem Betrachter keine Vorstellung mehr von der in ihm steckenden Person: Der Eindruck kaiserlicher Würde erdrückte die Person und sollte es auch. Der Kaiser saß nun auch erhöht unter einem Baldachin, und seine Person wurde zudem bei vielen Gelegenheiten durch Vorhänge verborgen, die die Majestät von den Untertanen trennten. Durfte man sich ihm nähern, konnte dies nur auf den Knien geschehen (Proskynese). Umarmung und Kuß verschwinden als Begrüßungsgestus der früheren Zeit nicht, werden aber völlig verändert: Zum Kuß war der Besucher gewöhnlich nur nach der Proskynese zugelassen, und eine Fülle von Vorschriften regelte, welche Personen bzw. Personengruppen welche Körper- bzw. Gewandpartien der Majestät (Fuß, Knie, Hand, Brust, Wangen, Mund) zu welchem Zeitpunkt küssen durften. Der Untertan steht selbstverständlich vor dem Kaiser; es war schon ein besonderes Vorrecht, wenn bei den oft Monate dauernden Konzilien den Bischöfen gestattet wurde zu sitzen. Es herrschte ferner weihevolle Stille. Seine Würde gestattete nicht einmal dem Kaiser selbst, viel zu sprechen — es redete meist ein anderer für ihn —; um so mehr war von den Besuchern Stille gefordert. Es gab eigene Beamte, die für die Wahrung der Stille zu sorgen hatten *(silentiarii)*. Zustimmung zu kaiserlichen Willenskundgebungen wurden durch rhythmische Akklamationen gegeben und durch vielfache Wiederholungen gestärkt (drei-, fünf-, zehn-, zwanzigmal), wie denn Lobpreisungen, Namenanrufungen und andere Huldbezeugungen in derselben Form üblich waren. Die Loyalitätsbekundungen nahmen hiernach die Form mystischer Rituale an. Es versteht sich nach dem bisher Gesagten beinahe von selbst, daß der Zutritt zum Kaiser sehr erschwert war. Das drückte sich rein äußerlich auch darin aus, daß der Kaiser in einem riesigen Palast wohnte, besser: in ihm verborgen war; viele Türen waren zu durchschreiten, bevor man zu ihm kam. Die spätantiken Kaiserpaläste sind entsprechend umfangreich und gewaltig, heute am eindruckvollsten demonstriert durch den Palast Diocletians in Salona (Split): Die Anlage ist so ausgedehnt, daß in moderner Zeit eine ganze Stadt in den Resten dieses Labyrinths von Zimmern Platz hatte; 1926 standen noch 278 Häuser mit 3200 Einwohnern in dem Palast, und es gab insgesamt 540 Gebäudeparzellen in ihm.

Die Entpersönlichung des Kaisers und die Formalisierung des Verkehrs mit ihm (Zeremoniell) dienten der Erhöhung der kaiserlichen Majestät ebenso wie die Betonung von Insignien und Symbolen als äußere Zeichen der höchsten Würde. Dergleichen hatte es zwar seit langem gegeben, aber nunmehr wurde alles unverlierbarer Bestandteil des Kaisertums. Zu den Herrscherattributen gehörten zunächst das Zepter und, als Zeichen der Herrschaft über das Himmelsgewölbe und damit über die Welt, der Globus. Das hervorstechendste Zeichen der kaiserlichen Majestät wurde jedoch das Diadem. Seit den Anfängen des römischen Kaisertums hatte es bereits den goldenen Lorbeerkranz als spezifisches Attribut des Kaisers gegeben; er war in republikanischer Zeit das Abzeichen des Triumphators gewesen und symbolisierte seit der Kaiserzeit vor allem die kaiserliche Militärgewalt. Insofern der Kaiser der Feldherr aller Heere war, gehörte der Lorbeerkranz nur ihm und wurde mehr und mehr zu einem Herrschersymbol. Auf bildlichen Darstellungen, besonders auf Münzen, tritt ferner zunächst für den verstorbenen, seit Nero dann auch für den lebenden Herrscher die Strahlenkrone (Zackenkrone) auf. Sie ist ein Herrscherattribut, das zugleich durch seinen symbolischen Lichterglanz die Nähe des Herrschers zur Götterwelt und seit Nero, besonders dann aber im 3. Jahrhundert auch speziell zum Sonnengott (Sol, Sol invictus, Helios), in dem viele Mysterienreligionen ihren höchsten Gott wiedererkennen konnten, dokumentieren sollte. Nach dem Sieg des Christentums mußte die auf die nichtchristlichen Mysterienreligionen verweisende Strahlenkrone (die übrigens kaum je getragen worden sein dürfte; sie war ein Bildsymbol) weichen; seit d. J. 324 erscheint sie nicht mehr auf Münzen. Constantin der Große ist allerdings noch öfter mit ihr abgebildet worden; auch sein Standbild auf der Säule im Zentrum von Konstantinopel trug noch eine Strahlenkrone und weist somit diesen Kaiser als einen zwischen Heidentum und Christentum stehenden Herrscher aus. Als bildliches Herrscherattribut setzt sich jedoch seit dem Ende des 3. Jahrhunderts allmählich der Nimbus durch, jene um das kaiserliche Haupt kreisförmig gelegte Lichtwolke, die die göttliche Epiphanie anzeigt. Mit ihm werden dann, allerdings erst später, auch das Christusporträt, ferner Engel und Heilige versehen. Der nicht nur auf Bildern dargestellte, sondern auch wirklich getragene Kopfschmuck der Kaiser wurde aber seit der Zeit der Söhne Constantins des Großen das mit Perlen und Juwelen besetzte Purpurband (Juwelendiadem), das von nun an alle antiken Kaiser zierte und als der eigentliche herrscherliche Kopfschmuck (Krone) zu gelten hat. Gegenüber diesem eher profanen Herrschersymbol verlieren die religiösen Attribute jedoch nicht an Gewicht. Das Überirdische, Heilige der kaiserlichen Person ist denn auch das wesentlichste und sinnfälligste Element, durch das der Kaiser von den Untertanen getrennt und seine Person ins Überirdische versetzt wird. Alles was den Kaiser umgibt und was mit ihm in Berührung kommt, wird als heilig angesehen; sein Hof ist das *sacrum* oder *sanctum palatium,* sein Schlafgemach das *sacrum cubiculum* und seine Briefe sind *sacrae litterae.* Über die sakrale Stellung des Kaisers soll noch gesondert gehandelt werden; hier sei lediglich im Hinblick auf die Überhöhung der kaiserlichen Majestät einiges vorweggenommen.

Die göttliche, ins Außerirdische überhöhte Majestät läßt sich auch deutlich an dem kaiserlichen Porträt ablesen. Während das Porträt noch im 3. Jahrhundert sehr lebendig ist, wird es in diokletianischer Zeit formaler; die Kunst, die im übrigen auf hohem Niveau steht, verschmäht weitgehend Porträtähnlichkeit: Es gibt zur Zeit Diocletians einen Typ des Herrschers, weswegen heute in der Kunst auch von der „Tetrachenzeit" (d. i. die Zeit des diokletianischen Systems der Vierkaiserherrschaft, also ca. 284—313) gesprochen wird. Unter Constantin und seinen Nachfolgern wird das Kaiserbild idealer; die individuellen Züge geben einem majestätischen Bildtyp Platz, der sich im Laufe der Zeit wandelt, ohne dabei Porträtcharakter zu erhalten. Die Qualität auch der typisierten Kaiserköpfe ist meist sehr gut; manche Köpfe dieser Zeit gehören zu den schönsten Werken römischer Plastik, die wir besitzen (z. B. der Kopf des Diocletian und der des Arcadius im Nationalmuseum in Istanbul). Ferner wird die Überhöhung der kaiserlichen Majestät in der Plastik oft auch äußerlich durch eine Überdimensionierung der Statuen zum Ausdruck gebracht. Früher waren Monumentalstatuen den Göttern vorbehalten gewesen (Kultstatuen). Allerdings setzt die Tendenz zur Monumentalisierung der Kaiser-Statuen früh ein und ist selbstverständlich von Anfang an mit einer auch göttlichen Überhöhung der kaiserlichen Person verbunden gewesen. So hat schon Nero eine ca. 35 m hohe Helios-Statue, die seine Züge trug, in dem Atrium seines neuen Palastes aufstellen lassen; sie wurde später auf einen Platz zwischen dem Tempel der Venus und Roma und dem Flavischen Amphitheater, das später (vielleicht nach dem Koloß des Nero) Colosseum genannt wurde, gebracht. Über 100 Jahre danach machte der Kaiser Commodus aus der Statue einen Herkules und ließ ihm seine Gesichtszüge geben. Beide Kaiser galten indessen den politisch einflußreichen Kreisen Roms als Tyrannen, und es wurde u. a. auch diese Statue als Ausdruck ihrer tyrannischen Gesinnung gewertet; nach der Ermordung der beiden Kaiser und der offiziellen „Vernichtung ihres Andenkens" *(damnatio memoriae)* wurde dem Koloß daher das jeweilige kaiserliche Porträt genommen und wurden ihm die Züge des Gottes Helios verliehen. Nichtsdestoweniger gab es schon in den ersten Jahrhunderten, auch abgesehen vom Nero-Koloß, überdimensionierte Kaiser-Statuen, die, wenn sonst gegen den betreffenden Kaiser keine spezifische Opposition aufkam, auch ohne Kritik blieben. Außerhalb Roms, in den Städten Italiens und der Provinzen sowie in den Legionslagern, war die übermenschliche Statue des Kaisers schon wegen der dort früher üblichen göttlichen Verehrung weit verbreitet. Allerdings hatten diese Statuen meist nicht monumentalen Charakter, besaßen also lediglich übermenschliche Größe, und sie beschränkten sich zudem oft auf die Büste. Die Ausnahmen von der Regel weisen jedoch in die Zukunft. So ließen sich etwa die Flavischen Kaiser, die sowohl dem Prinzipatsgedanken aus der Anfangsphase des römischen Kaisertums als auch dem klassizistisch-intellektuellen Gehabe der sogenannten humanitären Kaiser des 2. Jahrhunderts distanzierter gegenüberstanden und der Verehrung ihrer Person in naiv-aufrichtiger Weise nur geringe Barrieren aufrichteten, durch besonders augenfällige Monumentalstatuen ehren (Reste u. a. im Nationalmuseum in Neapel). Seit dem Ende des 3. und dem Anfang des 4. Jahrhunderts aber wird die Mammut-Statue dann ein ganz spezifischer Ausdruck der kaiserlichen Majestät. Von den aus spätantiker Zeit überlieferten Statuen dieser Art bzw. deren Fragmenten sind am bekanntesten die Reste der Statue Constantins des Großen aus der Maxentius-Basilika am Forum Romanum in Rom (gefunden 1487, kleinere Fragmente wurden noch später entdeckt; ca. 10 m hoch, siebenmal lebensgroß; heute im Konservatorenpalast), die des Constantius II. in Rom (Bronze; ca. 10 m, siebenmal lebensgroß; ebenfalls im Konservatoren-Palast) und der Bronzekoloß von Barletta (Marcianus?; ca. 5 m, dreimal lebensgroß). Für den heutigen Geschmack sind diese Plastiken dämonenhaft-scheußlich (aus dem Stück einer Kniescheibe, die vor einiger Zeit von der Constantin-Statue hinzugefunden wurde, läßt sich ein ganzer Kopf modellieren), aber zur Charakterisierung des späten römischen Kaiserbildes außergewöhnlich instruktiv.

Die kaiserliche Majestät, die durch die Formalisierung des Umgangs mit ihr, durch die Institutionalisierung der kaiserlichen Person als entpersönlichte Würde und durch die sakrale Weihe dem Zugriff der Menschen entzogen worden war, schwebte als unangreifbare Institution über das Reich. Ihrer Würde und Hoheit entsprachen ihre Macht und die unbedingte Gültigkeit ihres Willens. Der Wille des Kaisers war Gesetz: *quod principi placuit, legis habet vigorem* (Dig. 1, 4, 1 pr.). Die kaiserlichen Juristen haben die Macht des Kaisers zwar noch zu legitimieren versucht, indem sie sie auf den Volkswillen zurückführten und damit jene alte Idee des römischen Kaisertums, die die kaiserliche Gewalt als Rechtsgewalt sah, reaktivierten, doch war dieser Gedanke nur der Ausdruck eines juristischen Klassizismus; die politische Realität gab ihm keine Stütze. Der Kaiser als Autokrat, als Gott oder von gottähnlicher Würde, als Herr über alle Machtmittel, insbesondere über das gesamte Militär, das ist die spätantike Form des römischen Kaisertums. Der Kaiser heißt darum titular jetzt auch nicht mehr in erster Linie *imperator* oder *Augustus* bzw. *Caesar Augustus*. Seit den Söhnen Constantins I. bezeichnet er sich auf den Münzen auch titular konstant als Herr über Untertanen bzw. Sklaven: *dominus noster*.

Dieses Bild von dem spätantiken Kaiser will nicht immer zu den schwachen Gestalten passen, die wir in der Spätantike vor uns sehen. Die Überdehnung des dynastischen Prinzips hat vielfach Kinder auf den Thron gebracht, die zu Marionetten anderer Mächte wurden. Das Kinderkaisertum wurde aber gerade durch ein Charakteristikum des spätantiken Kaisertums gefördert, nämlich durch den Rückzug des Kaisers in seinen Palast und durch die Entpersönlichung seiner Individualität. Denn die wachsende Distanz zu den Massen, insbesondere zu den Soldaten, schützte den Kaiser zwar besser vor dem Zugriff der Soldateska, machte ihn aber gleichzeitig abhängiger von den ihn umgebenden und ihn abschirmenden Personen des Hofes. So spielten denn oft hohe Palastbeamte eine wichtige Rolle in der Politik. Unter den mächtigen Hofbeamten, die einen starken Einfluß auf den Kaiser ausübten, ragt besonders der Chef der Hofverwaltung (*praepositus sacri cubiculi*), eine Art Oberkämmerer, der oft Eunuch war, heraus; er wurde Mitglied des höchsten Staatsrates (*consistorium*) und war seit 412 sogar den obersten Verwaltungschefs (*praefecti praetorio*) und obersten Heerführern (*magistri militum*) im Range gleichgestellt. Von Constantius II. wird berichtet, daß er besonders abhängig von seinen Hofbeamten gewesen war. Auch die Frauen des kaiserlichen Hauses gewannen an Gewicht; in der Spätantike finden sich eine ganze Reihe von Frauengestalten, die energisch in die Politik eingegriffen haben. Schließlich hat der allgemeine Reichsverfall die Kaiser vielfach von ihren meist germanischen Heerführern abhängig gemacht, die die wahren Herren wurden (im Westen: Der Vandale Stilicho unter Honorius, Aëtius unter Valentinian III., Ricimer, von suebisch-westgotischer Abstammung, und der Skire Odoaker in den letzten Jahrzehnten des weströmischen Kaisertums, davon Ricimer allein von 456—472; im Osten: der Alane Aspar unter Leo). Im Osten hat Zenon (474 bis 491) in langen Kämpfen das germanische Element am Hofe zurückgedrängt und die kaiserliche Autorität wiederhergestellt; im Westen hingegen endete das Kaisertum als Spielball der germanischen Armeeführer, was symbolisch darin seinen Ausdruck fand, daß der Augustus-Titel des letzten Kaisers Romulus zu Augustulus verniedlicht wurde.

c) Herrschaftsauffassung und Herrschaftsidee

Das römische Kaisertum ist wie jede Herrschaft durch die Aufgaben bestimmt, die sich ihm stellen und die teils der Erhaltung der Herrschaft selbst, teils der Sorge um die Beherrschten dienen. Das Aufgabenfeld des römischen Kaisers und die aus ihm fließenden Auffassungen von dem Charakter und der Berechtigung der Herrschaft sowie die über die tatsächlichen Verhältnisse hinausgehenden ideellen Vorstellungen von dem Wesen der Herrschaft sind bei allem Wandel und Wechsel in der Heraushebung dieses oder jenes Bereiches doch verhältnismäßig konstant gewesen.
Die einzelnen Faktoren, die das Wesen und den Zweck der Monarchie bestimmen, gehören zu einem nicht geringen Teil bereits in die besondere Entstehungsgeschichte des römischen Kaisertums. Da sie ihre unveränderte Bedeutung bis in die spätere Kaiserzeit bewahrt haben und also die Auffassungen der Frühzeit jedenfalls zu einem nicht unbedeutenden Teil eine Konstituante auch der Spätzeit blieben, sollen zunächst, bevor die Aufgaben und die daraus ableitbaren realen oder ideellen Vorstellungen über das

Herrschen im einzelnen behandelt werden, einige Bemerkungen zu dem Ursprung des römischen Kaisertums unter dem hier interessierenden Blickwinkel vorausgeschickt werden.

Das römische Kaisertum hatte sich aus der persönlichen Verfügungsgewalt eines einzelnen Aristokraten über das römische Herr entwickelt. Der Militärdespot, der alle seine Rivalen aus dem Felde geschlagen hatte, war gleichsam das Auflösungsprodukt der Republik gewesen. Dieser Despot war kein Usurpator, denn dieser setzt die institutionalisierte Herrschaftsmacht voraus, die er sich zu bekleiden anmaßt. Octavian/Augustus (und alle seine Vorgänger und Rivalen) hatte hingegen eine Machtposition gewonnen, die sich mit keiner Institution verbinden ließ. Sie war die durch einen einzelnen Mann aufgerichtete nackte Gewalt, und wenn Octavian/Augustus einige Römer auf dem Forum zusammentrieb, um diese Gewalt durch ein Gesetz bestätigen zu lassen (*lex Titia* v. J. 43 v. Chr.), war das der reine Hohn auf das Gesetzesrecht und unterstrich nur die Gewalttätigkeit und Ungebundenheit der hinter ihm stehenden Macht. Es ließ sich allenfalls die Anhänglichkeit der Soldaten an ihren Führer zur Legitimation der Gewalt verwenden. In der Tat entsprachen das Clienteldenken der Soldaten und die patronale Fürsorge des (adligen) Generals einem Wesenszug römischen Denkens und waren in der ganzen Republik Bestandteil auch der staatlichen Ordnung gewesen. Aber dieser Gedanke allein schuf noch keine herrschaftliche Struktur, auf der der Staat ruhen konnte. Wenn man darum auch Augustus als einen durch seine Clientel legitimierten Herrscher ansehen wollte, so war darum die von ihm etablierte Herrschaft noch nicht als eine dauernde Institution aufgerichtet und gerechtfertigt.

In den vorangehenden Ausführungen wurde bemerkt, daß Augustus mit dem Staatsakt vom 13./16. Januar 27 v. Chr., durch den er seine faktische Macht in einen rechtlichen Rahmen stellte, zwar auch eine Legitimierung seiner Macht suchte und gefunden zu haben glaubte; doch gibt es keinen Zweifel darüber, daß er mit der Umwandlung seiner Militärherrschaft in eine Rechtsgewalt in erster Linie die Anerkennung seiner Stellung durch die Senatsaristokratie erreichen wollte und der Rechtsgedanke daher zunächst der Sicherung seiner persönlichen Herrschaft diente. Es mußte sich erst zeigen, ob der Rechtsgedanke wirklich mehr als nur ein Instrument zur Sicherung der Gewalt war und er eine Kraft darstellte, durch die das Kaisertum als eine spezifische Form der Herrschaft auch unabhängig von dem jeweiligen Inhaber der Macht verstanden werden konnte. Der Weg von dem mächtigen Militärdespoten zum Kaisertum als in sich selbst ruhender Herrschaftsform war weit; der Monarch Augustus hatte allein mit der Festigung seiner persönlichen Machtstellung noch keine Monarchie geschaffen, die allerseits anerkannte Aufgaben und Ziele aufzuweisen hätte.

Das römische Kaisertum hat in der Tat trotz aller Legitimierungsversuche und trotz der Institutionalisierung seiner tragenden Ideen seinen m i l i t ä r i s c h e n — man hat auch gesagt: revolutionären — Ausgangspunkt zu keiner Zeit ganz verleugnen können. Wie weit auch immer es sich von seinen unruhig-chaotischen Anfängen entfernte und zu einer allerseits anerkannten Institution wandelte: Der römische Kaiser hat seine Herkunft aus der Militärdespotie kaum je völlig abgestreift. Selbst der von den höchsten Idealen beseelte Kaiser konnte den Menschen als der von jeder moralischen Bindung freie Gewaltherrscher erscheinen, und es gab Zeiten, in denen er auch objektiv so auftrat. Wir brauchen uns dabei nicht nur der Zeit der Soldatenkaiser zu erinnern (235—284), die den charakterisierten Tatbestand ja bereits in ihrer Bezeichnung enthält. Der wirklich wohlmeinende Nachfolger des Augustus, Tiberius, der eine hohe Auffassung von den Pflichten des Herrschers besaß, erschien einem so begabten Historiker wie Tacitus als ein blutgieriger Tyrann, und es war für jeden Kaiser meist nur ein kleiner Schritt, vom „guten" zum „bösen" Kaiser, vom Prinzeps zum Tyrannen degradiert zu werden. Das schwankende Urteil über die einzelnen Kaiser ist nicht ganz zufällig. Es gibt einen deutlichen Hinweis auf die Schwierigkeiten, die das Kaisertum mit seiner Legitimierung hatte. Es ließ sich sozusagen immer wieder auf seinen nackten Ursprung zurückwerfen; es konnte, sei es jeweils zu Recht, sei es zu Unrecht, aber immer mit Aussicht auf Erfolg der illegitime Kern des Ursprungs offengelegt werden. Es gab auch keine religiöse Auffassung, die, wie in der Zeit des Absolutismus des 18. Jahrhunderts, die Institutionalisierung des Herrschers gestützt und einen anerkannten Handlungsrahmen für ihn gegeben hätte; es fehlten auch allerseits gebilligte Normen des öffentlichen Lebens (etwa lois fondamentaux), die, über der Herrschaft stehend, den einzelnen Herrscher gebunden hätten. Der Militärdespot, welcher der „Kaiser" war, stand folglich bei seinen Bemühungen um die Sicherung seiner Herrschaft unter einem ungeheuren Legitimationsdruck, und der in dieser Situation liegende Zwang war keineswegs geeignet, entsprechende Anstrengungen gleich auf den ersten Augenschein hin mit großer Glaubwürdigkeit auszustatten. Das Mißtrauen der Menschen gegen alle kaiserliche Aktivität verfolgte darum nicht nur den einzelnen Kaiser, sondern beinahe j e d e n Kaiser, und es ist die ganze römische Kaisergeschichte hindurch deren treuer Begleiter geblieben. Das Mißtrauen richtete sich auch und sogar besonders stark gegen den ersten Legitimationsversuch des Augustus, nämlich gegen die Legitimierung des Kaisertums im Recht. Es war nur zu offensichtlich, daß dieser Versuch vor allem der Etablierung der Gewalt diente; es mußte sich erst herausstellen, ob die hinter dem Rechtsgedanken stehenden Ideen für eine Herrschaftsauffassung überhaupt brauchbar waren und ob sie bejahendenfalls auch verwirklicht wurden.

Das römische Kaisertum hat sich sehr schnell und im Laufe der Jahrhunderte immer deutlicher dann in der Tat als eine Institution etabliert, mit der sich feste Vorstellungen von den Gründen der Herrschaft und deren Aufgaben verbanden, und es hat bei den Bewohnern des weiten Weltreiches darin auch eine weitgehende und schließlich unbestrittene Zustimmung gefunden. Die dem Kaisertum zugrunde liegenden Aufgaben und Auffassungen waren nicht immer dieselben, aber manche blieben doch bis zum Ende des Kaisertums lebendig und wirkten sogar darüber hinaus auf das byzantinische und auf das fränkisch/deutsche Kaisertum. Die wichtigeren unter ihnen sollen im folgenden einzeln vorgeführt werden.

Die erste, bereits bei der Entstehung des römischen Kaisertums konstitutive Aufgabe bestand darin, sich mit den e i n f l u ß - r e i c h e n S c h i c h t e n der Gesellschaft auseinanderzusetzen, auf deren Hilfe der Kaiser zur Regierung des Reiches angewiesen war und auf deren Einfluß er Rücksicht zu nehmen hatte. Dieser Aufgabenbereich ist, wie bereits dargelegt wurde, zugleich mit dem Kaisertum entstanden und blieb bis zu dessen Ende von gleichem Gewicht. Es änderte sich lediglich die Zusammensetzung der Schicht innerhalb des Spannungsfeldes zwischen dem Kaiser und den Vornehmen. Die Auseinandersetzung mit dem Senatorenstand, die in der Frühphase aktuell war, hat noch bis in das 4. Jahrhundert hinein gedauert. An die Stelle dieses Standes, den der Kaiser politisch zu entmachten suchte, rückte in Ansätzen bereits seit dem Beginn der Kaiserzeit, mit Nachdruck dann seit der Zeit der Flavischen Dynastie (69—96) der Ritterstand, den der Kaiser sich aus Offizieren des mittleren Dienstes und aus Verwaltungsfachleuten des zivilen Dienstes allmählich heranzog und zu einem wirksamen Instrument der Verwaltung machte. Im weiteren Verlauf trat dann an seine Stelle eine neue, auch meist aus dem Heere rekrutierte Schicht von Verwaltungsfunktionären und neben sie eine Gruppe von Großagrariern, die sich seit dem Ende des 4. Jahrhunderts weite, die geschlossene Verwaltung teils auflösende Privilegien zu besorgen verstand. Solange das Römische Kaiserreich bestand, blieb es die ständige Aufgabe des Kaisers, sich mit dieser Schicht von Vornehmen auseinanderzusetzen, die er für die Verwaltung des riesigen Reiches benötigte, deren mächtigste Vertreter er aber gleichzeitig an dem Griff nach dem Purpur hindern mußte.

Da das Verhältnis des Kaisers zur Aristokratie am Beginn der römischen Kaiserzeit durch einen Versöhnungsakt begründet wurde, auf Grund dessen der Kaiser seine Macht als einen Teil der alten republikanischen Staatsrechtsordnung verstand (s. o. S. 20 ff.), spielte für die Herrschaftsauffassung in der Frühphase des Kaisertums der Rechtsgedanke eine bedeutende Rolle. Er blieb ein konstitutives Element der Beziehungen des Kaisers zu den Aristokraten, solange die Schicht, für die dieser Gedanke eine Rolle spielte, nämlich die Senatsaristokratie, politisches Gewicht hatte. Das Recht, um das es hier geht, ist das öffentliche Recht der Republik, und durch seine Anerkennung war rein formal die alte Staatstradition wiederhergestellt worden (*res publica resti-*

tuta). Aber wenn die Einordnung des neuen Machtfaktors in die traditionelle Staatsrechtsordnung diese Ordnung dann doch veränderte, war das gewiß nicht ein unbeabsichtigter, aus der (etwa nicht gewollten) Spannung zwischen der Tradition und dem neuen Machtfaktor geborener Effekt. Jeder Einsichtige nämlich erkannte in der *res publica restituta* die Monarchie; nur die Einfalt konnte etwas anderes über sie denken, oder auch die Bosheit, die von dem Prinzeps/Kaiser verlangte, was nach der Natur der Machtverhältnisse von ihm nicht verlangt und erwartet werden konnte. Die Anerkennung des öffentlichen Rechts der Republik als Teil des staatlichen Seins bezweckte denn auch ganz etwas anderes als die Wiederherstellung der Republik, und die Rückgabe der politischen Entscheidungsfreiheit an die ehemals herrschende aristokratische Gesellschaft lag auch ganz außerhalb jeder realen Möglichkeit. Die Etablierung der Militärgewalt als Rechtsgewalt wollte den neuen Machtfaktor, den Monarchen, gar nicht leugnen oder kaschieren; der Akt vom 13. Januar 27 v. Chr. war kein Vertuschungsmanöver, durch den einer gutgläubigen Gesellschaft Sand in die Augen gestreut werden sollte. Der Gewaltherrscher, der seine Macht institutionalisieren wollte, stand durchaus allen unübersehbar im Mittelpunkt dieses Vorgangs. Seine Legitimierung im Recht bedeutete aber für die alte Aristokratie bzw. für die Schicht, die an ihre Stelle getreten war (Senatsaristokratie), eine offizielle Anerkennung durch den neuen Machtfaktor und damit, das war das wichtigste, die dauernde Sicherung von deren sozialer Stellung. Die Senatsaristokratie wurde in diesem Kompromiß als die Schicht anerkannt, die weiterhin, aber nun nicht mehr allein, sondern neben und unter dem Kaiser die Welt regierte. Und damit war nicht nur etwas über die Aristokratie, sondern gleichzeitig auch etwas über die Person des Kaisers und die Natur des Kaisertums ausgesagt. Denn wenn der Kaiser bzw. das Kaisertum sich in diese öffentliche Rechtsordnung eingliederte, sich in ihr und durch sie verstand, war weder der Kaiser als Herrscher noch seine Machtposition als spezifische Herrschaftsform herausgestellt. Denn das Recht (Personenrecht) kennt nicht Personen verschiedenen Standes; für das Recht sind alle Personen gleich: Es gab folglich zwar Inhaber höherer Ämter, und der Kaiser hatte eine Summe höchster Ämter, aber es gab damit keine „höheren“ Personen. Die aristokratische Gesellschaft und der Kaiser standen danach auf prinzipiell gleicher gesellschaftlicher Stufe, und also wurde der Kaiser in diesem Kompromiß nicht als Herrscher aus der Gesellschaft ausgegliedert und über sie gestellt. Der Kaiser war zwar mächtiger, und dies gerade auch von Rechts wegen, aber er war von seinem personalen Status her nicht über die Schicht herausgehoben, auf die sich die Sätze des öffentlichen Rechts bezogen. Der Kaiser war der vornehmste und einflußreichste Senator, aber er war Senator. So konnte denn durch die Auffassung des Kaisertums als Rechtsordnung der Kaiser zu keiner Person sui generis werden, konnte sich das kaiserliche Haus nicht zu einem von den anderen vornehmen Geschlechtern grundsätzlich verschiedenen Geschlecht entwickeln. Und diese Auffassung des Kaisertums war als die wesentliche Konsequenz des Rechtsgedankens denn auch nicht nur allen bewußt, sondern sie sollte in dem Akt vom 13. Januar 27 gerade ausgedrückt werden und wurde auch fernerhin von den Kaisern selbst offiziell propagiert. Für sie stand gelegentlich der republikanische Begriff der (auf die Aristokratie bezogenen) Freiheit (*libertas*). Aber *libertas* erfaßte unter den veränderten Umständen nicht mehr das, was für die Aristokratie der Republik wesentlich gewesen war; der Begriff war sogar mißverständlich. Besser wurde das Phänomen durch den Begriff des „Bürgersinns“ (*civilitas*; da der *civis* in diesem Begriff sich faktisch nur auf die Mitglieder des Senatorenstandes bezog, übersetzt man das Wort besser mit „Standesbewußtsein“) abgedeckt, in der der Kaiser dem Aristokraten begegnete, oder den der Sicherheit (*securitas*). Besonders der letztere Begriff war geeignet, die neue politische Situation angemessen und ohne Abwertung, also positiv zu umreißen. Die Wahrung der sozialen Stellung der führenden Schicht und das Vertrauen in die Geltung der Rechtssätze schuf das ersehnte Gefühl der Sicherheit des Standes; *securitas* war unter den neuen Verhältnissen das, was von der alten *libertas* geblieben war.

Der Rechtsgedanke war in der frühen Kaiserzeit der die Monarchie beherrschende Gedanke. Vor allem die deutsche Forschung hat dem dadurch Rechnung getragen, daß sie die Zeit, in der der

Rechtsgedanke für das Kaisertum konstitutiv war, als Prinzipat bezeichnete, weil das Wort *princeps* auf die grundsätzlich gleiche personale Stellung des Kaisers zu den Angehörigen des senatorischen Standes verweist, und sie von der späteren Kaiserzeit, in der der Kaiser als Herr (*dominus*) über allen Gruppen der Gesellschaft, auch der höchsten Schicht der Gesellschaft stand, absetzte. Diese Auffassung wird den tatsächlichen Verhältnissen nicht ganz gerecht. Zwar ist es richtig, daß der Rechtsgedanke das Verhältnis von Kaiser und alter Aristokratie konsolidierte und das Wesen des römischen Kaisertums durch dieses Verhältnis weitgehend bestimmt wurde. Aber wirklich konstitutive Bedeutung hatte die Staatsrechtsordnung doch nur für die Phase der Begründung der Monarchie und allenfalls noch für die ersten Generationen danach. Denn in dem Maße, wie der Kaiser sich eine eigene Verwaltungsbürokratie schuf, schwand das politische Gewicht der Senatsaristokratie; gleichzeitig wurde der Rechtsgedanke schwächer. Schon lange vor dem 3. Jahrhundert, bis wohin die Forschung den Prinzipat dauern läßt, hatte das republikanische öffentliche Recht als tragende Kraft des Kaisertums keine Bedeutung mehr. Umgekehrt waren aber längst andere Ideen mit dem Kaisertum verbunden worden, die in dem Bewußtsein der Menschen ein viel größeres Gewicht hatten. Die Bedeutung, die das öffentliche Recht für die Auffassung des Kaisertums einst besessen hatte, klingt später lediglich noch bei den Juristen nach, die in den großen spätkaiserzeitlichen Kodifikationen die öffentlichrechtliche Stellung des Kaisers hervorheben und aus dem Volksrecht begründen.

Mit den Anfängen des Kaisertums ist ebenfalls das besondere Verhältnis des Kaisers zum H e e r verbunden. Das soziale Band, das Octavian, den späteren Kaiser Augustus, mit zunächst großen Teilen, schließlich allen Soldaten verknüpfte, machte ihn zum Patron dieser Soldaten und schuf ihm damit die machtpolitische Basis seiner herrschaftlichen Stellung. Die Bedeutung des Heeres für das Kaisertum hat sich von diesen Anfängen bis in die späteste Zeit erhalten; sie war zu manchen Zeiten verdeckter, zu anderen Zeiten trat sie in nicht zu steigernder Kraßheit zutage. Entsprechend der Rolle des Heeres als der machtpolitischen Basis des Kaisertums ist das Bemühen des Kaisers um die Stabilität seines Verhältnisses zu den Soldaten zu allen Zeiten unverändert stark. Auf den verschiedensten Ebenen während und nach der Dienstzeit tritt der Kaiser als der fürsorgende Vater und als der von den Göttern begünstigte strahlende und siegreiche Held auf und festigt in dem, was er für die Soldaten tut, und in dem, wie er sich ihnen vorstellt, deren Anhänglichkeit. Das Aufgaben- und Beziehungsfeld, das durch das Verhältnis des Kaisers zu den Soldaten signalisiert wird, ist umfangreicher als nur die Sicherung der Herrschaft des einzelnen Kaisers bzw. — in den Anfängen — des Kaisertums als Institution. Es ist ebenfalls mit den Vorstellungen der Fürsorge und der Friedenssicherung verbunden, beides Bereiche, die teils, wie der Fürsorgegedanke, die Soldaten besonders betreffen, die jedoch ebenso für alle anderen Bevölkerungsgruppen des Reiches gelten. Zunächst zu dem Fürsorgegedanken.

Der Gedanke der Fürsorge bezog sich auf alle Bewohner des Reiches. Die Auffassung, daß der Herrscher gegenüber den seiner Herrschaft unterstellten Personen eine Sorgepflicht habe, erwuchs aus dem römisch-aristokratischen Gedanken, daß der Vornehme den ihm anvertrauten Schwächeren zu beschützen habe. Bereits in der Republik hatten sich nicht nur römische Bürger, sondern auch Nichtrömer in den Schutz (Clientel) einzelner Adliger begeben. Aber die Republik konnte von ihrer Herrschaftsstruktur her die Fürsorge nicht zu einem Staatszweck machen, sondern mußte sie den einzelnen Adligen (Nobiles) überlassen. Die Kaiser, die das Patronat über Bürger und Nichtbürger bei sich konzentrierten (s. o. S. 51 ff.), traten das patronale Erbe der Nobiles an, und sie konnten ihre Patronatspflichten auch besser verwirklichen, weil sie sich eine große, zentral gesteuerte Bürokratie und mit ihr die strukturellen Voraussetzungen für eine wirksame Fürsorgepolitik schufen. Die patronale Fürsorge wird durch das zentralistische Kaisertum damit zur staatlichen Fürsorge. Die kaiserliche Verwaltung des Reiches diente jetzt nicht mehr nur der Eintreibung der Steuern und der Unterdrückung etwaigen Widerstandes, sondern sie brachte gleichzeitig allen Menschen eine Sicherung ihrer sozialen Existenz und Rechtssicherheit; und wenn dies auch nicht immer verwirklicht werden konnte, so wußte doch jeder, daß die kaiserliche Fürsorge nicht nur deklarierte Form, sondern eine aus dem Selbstverständnis des Kaisertums fließende politische Wirklichkeit war: Der Kaiser beansprucht Steuern und Tribute, aber er nimmt sie nicht um den Preis der Vernichtung der physischen oder sozialen Existenz seiner Untertanen, und er kommt den in Not geratenen Untertanen zu Hilfe. Gerade auf dem Hintergrund der Republik haben die Menschen die veränderte Einstellung der Regierungszentrale sehr schnell gespürt, am ehesten selbstverständlich die in der Republik so geplagten und ausgeplünderten Bewohner der direkten Herrschaftsgebiete, der Provinzen. Allenthalben wurden darum auch der Kaiser und seine Verwaltung gepriesen, sahen die Menschen in der nach rationalen Prinzipien ausgerichteten, gerechten Verwaltung sogar die neue Freiheit, und diese Lobpreisungen waren durchaus nicht nur die gefälligen Hymnen von Untertanen, sondern sie spiegelten eine politische Realität wider. Die kaiserliche Fürsorge war zwar keine systematische, die im Sinne einer Sozialpolitik alle Reichsbewohner erfaßt und feste Grundsätze entwickelt hätte. Das war schon deswegen nicht möglich, weil noch immer die einzelne Stadt, nicht der Kaiser der Träger gesellschaftlich-sozialer Belange war. Die Fürsorge war ferner patronaler Natur, d. h. auch, daß sie in der Regel auf Anstoß der Betroffenen, nur gelegentlich auch auf kaiserliche Initiative hin funktionierte und sich stets auf einzelne Fälle bezog. Aber sie war da und wurde als eine positive Kraft verstanden, die sowohl die Herrscher als auch die Untertanen als integrierten Bestandteil der Herrschaft ansahen. — Als Quelle der kaiserlichen Fürsorge haben die Zeitgenossen öfter die allgemein-menschliche Gesinnung des Kaisers angesehen, die — als Liebe für das Gute, insbesondere als uneigennütziges Streben nach dem Wohlergehen aller Menschen — für die Grundlage des kaiserlichen Herrscherethos gehalten wurde. Die Philanthropie ist darum die oft berufene Kardinaltugend des Herrschers, aus der heraus und um derentwillen alle Entscheidungen gefällt werden.

Als Teil der patronalen Fürsorge und der aus ihr fließenden Menschlichkeit läßt sich auch die kaiserliche Freigebigkeit ansehen. *Liberalitas* und *munificentia* waren ebenso Ausfluß herrschaftlicher Pflichten wie die Konsequenz einer großmütigen aristokratischen Gesinnung. Schon in der Republik ließ die Höherstellung des Patrons das, was seine Patronatspflicht (*officium*) war, als Wohltat (*beneficium*) erscheinen, und gegenüber dem kaiserlichen Patron verwischten sich naturgemäß die Grenzen noch mehr. Schon der Tatbestand, daß der Kaiser der allmächtige höchste Patron war, neben dem es keine Konkurrenten mehr gab, mußte aus der Pflicht zur Fürsorge eine fürsorgliche Güte (*indulgentia*) machen. Je weiter sich das Kaisertum zu einer festen, immer höher schwebenden, dem Zugriff des einzelnen immer weiter entrückten Institution wandelte, desto mehr wurde alles, was der Kaiser tat, Ausdruck seiner Güte und Milde, hinter der die Auffassung von den Pflichten des Herrschers zurücktraten.

Nur in einem sehr weiten Sinne ist auch die Milde des Kaisers (*clementia Caesaris*) dem Fürsorgegedanken zuzuzählen. Sie gehört in den Bereich des Strafrechts und ist hier Ausfluß der absoluten Höherstellung des Kaisers, welche die Korrektur der gegebenen Rechtsordnung einschließt, und ist Ausdruck nicht nur seiner Macht, sondern vor allem seiner Weisheit und Menschenfreundlichkeit. Die Milde hat im republikanischen Recht keinen Platz, denn in der Republik gibt es keine Instanz, die gegen das Recht bzw. an seiner Stelle Milde walten lassen kann. So ist denn der erste Monarch, Caesar, derjenige, der die *clementia* als neuen politischen Begriff einführte: Er ließ gegenüber seinen Gegnern, die er hätte vernichten können, Gnade walten, und seine Gegner selbst, wie Cicero in seinen vor Caesar gehaltenen Reden, nahmen dann diesen Begriff auf. Der Philosoph Seneca hat schließlich die *clementia* in einer seiner zentralen Schriften (*de clementia ad Neronem)* als eine Kardinaltugend des Kaisers beschrieben. In der Tat war sie in der Kaiserzeit ein notwendiges Korrektiv der (Straf)Rechtsordnung. Denn das ungeheure Gewicht, das der Kaiser hatte, übte seinen Einfluß auf die Urteilsfindung der mit der Strafrechtspflege betrauten Gremien oft in einem für den Angeklagten sehr ungünstigen Sinn aus und verzerrte damit die den Rechtssätzen innewohnenden Absichten; ferner benötigte die gewaltige Macht, die der Kaiser bei sich vereinigte, ein Korrektiv gegenüber der eigenen Neigung zu Zügellosigkeit oder auch zu allzu großem Mißtrauen. Das Recht *(ius)* als das gegebene Instrument der Ordnung bedurfte der Milde, damit der positive Rechtssatz unter dem Druck der kaiserlichen Macht nicht den tieferen Sinn des Rechts, die Wahrung der Gerechtigkeit *(iustitia)*, zerstörte. Es ist wichtig festzustellen, daß jedenfalls im Prinzip alle Kaiser die Milde/Gnade als einen bedeutsamen Charakterzug der herrschaftlichen Stellung angesehen und auch in ihr einen Weg zur Gerechtigkeit erkannt haben.

Eine wesentliche Bestimmung des römischen Kaisertums liegt ferner in dem Friedensgedanken. Der Friede war bereits von Cicero als Rechtfertigung der römischen Herrschaft über die Welt genannt worden, und er war in der Tat eine unübersehbare, von allen Bewohnern des Weltreiches in gleicher Weise anerkannte und gepriesene Realität, die auch gerade als Konsequenz der Herrschaft des einen Mannes gesehen werden konnte. Der Kaiser war als Herr über das Heer der Garant für den Frieden; er verhinderte den Kampf innerhalb des Reiches, besiegte die Reichsfeinde und sicherte die Grenzen. Viele Angehörige der höheren Schichten im griechischen Osten wußten wohl von dem Preis, den sie für den Frieden zu zahlen hatten; die Trauer über den Verlust der früheren politischen Unabhängigkeit konnte jedoch nicht den Wert des Friedens verdecken. Mit dem Frieden verband sich aber nicht nur der Name der Römer, die ihn durch ihre Eroberungen hergestellt hatten *(pax Romana)*, sondern jetzt vor allem der des Kaisers, der als die Versinnbildlichung der römischen Macht den Frieden sicherte und wiederherstellte *(pax Augusti; pacator orbis)*, wie denn der Friedensgedanke dem Kaisertum überhaupt immanent wurde *(pax Augusta)*.

Der Friedensgedanke wird begleitet von einem anderen ideellen Aspekt des Kaisertums, von dem Gedanken des Kaisers als Weltenherrscher. Als Welt verstand der antike Mensch die das Mittelmeer umgebenden Länder, die ihm durch eine lange Tradition vertraut waren; alles andere Gebiet gehörte, soweit es bekannt war, zu den mehr oder weniger unbeachteten Randzonen der Welt. Da das Römische Reich alle Länder des Mittelmeerraumes umfaßte, war die Identifikation des Reiches mit der Welt unproblematisch. Bereits in der frühen Kaiserzeit begegnet uns auch auf offiziellen Darstellungen, vor allem auf Münzen, der Kaiser mit dem Globus als dem Symbol der Weltherrschaft. Der

Globus, der sowohl als Erd- wie auch als Himmelsglobus verstanden werden kann, wird von ihm gelenkt und geschützt *(moderator orbis; rector orbis)*; seit dem Ende des 2. Jahrhunderts wird er darum auch als in der Hand des Herrschers liegend dargestellt. Als Weltenherrscher bürgt der Kaiser für den Frieden, stellt ihn gegebenenfalls wieder her, was dann gleichbedeutend ist mit der Wiederherstellung der Weltordnung selbst *(restitutor orbis; reparator orbis)*. Insofern ist der Kaiser auch Garant des Glücks der Zeiten und die Hoffnung der Menschen. Begriffe wie *hilaritas temporum, tranquillitas, salus publica, felicitas temporum* und andere mehr, die uns als Ausfluß dieses Denkens in der Literatur, auf Inschriften und besonders auf den Münzen der Zeit begegnen, sind alle entweder direkt mit der Person des Kaisers oder dem Kaisertum ganz allgemein verknüpft, oder sie erscheinen als abstrakte Personifikationen von Gottheiten, die als dem Kaiserhaus eng verbunden gedacht werden. In allen Fällen hebt sich hier der Weltenherrscher in überirdische Sphären; er ist nicht mehr nur einfach als der mächtigste Mann der Garant von Frieden und Glück, sondern wird als weltumspannendes, in göttliche Sphären ragendes Wesen selbst zur Emanenz glückbringenden Daseins, auf das sich die Hoffnung und die Sehnsucht der Menschen richten. Hier geht die Idee des Herrschertums in sakralen Vorstellungen auf, die auch nicht in erster Linie vom Herrscher getragen, sondern von den Untertanen an ihn herangetragen werden. Da weiter unten der sakrale Bezug des römischen Kaisertums gesondert behandelt wird, mögen an dieser Stelle die Andeutungen genügen.

Das sakrale Kaisertum ist eine Möglichkeit, den Menschen die politische Herrschaft über die Welt verständlich und annehmbar zu machen: Die Allmacht des Kaisers korrespondiert mit der Allmacht der Götter. Entsprechende Beinamen verdeutlichen die Verbindung. So ist der seit dem 2. Jahrhundert gebräuchliche Beiname Maximus in Verbindung mit einem besiegten Volk (*Germanicus Maximus, Parthicus Maximus* usw.) Siegertitulatur und Götterbeiname zugleich (vgl. *Juppiter Optimus Maximus*). Der seit Commodus übliche Titel *Invictus* bezieht sich sogar überhaupt nicht mehr auf bestimmte Siege oder Kriege, sondern gibt die Titulatur vor allem orientalischer Götter wieder, bei denen das Wort Ausdruck der

Allmacht ist; die christlichen Kaiser mußten diesen Titel, der einen zu engen Bezug zu Sol hatte, aufgeben und ersetzten ihn daher durch *semper victor* u. ä. Wie durch das Sakrale kann die Vorstellung des Kaisers als des Weltenherrschers auch durch tradierte Bilder menschlicher Macht, die in der Vergangenheit die Dimensionen des Menschenmöglichen überstiegen hatte, sinnfällig gemacht werden. Es kann nicht überraschen, daß in diesem Zusammenhang der Name Alexanders des Großen auftaucht. Die Vorstellungen der Zeit von der Größe der Herrschaft, von der politischen Einheit der Welt und von den idealen Tugenden des Herrschers wurden in die Gestalt des großen Makedonen projiziert und mit dem römischen Kaisertum verbunden. Bereits der erste Kaiser, Augustus, benutzte zeitweilig einen Siegelring mit dem Porträt Alexanders (seine Nachfolger siegelten allerdings mit dem Porträt des Augustus). Die Alexanderimitation einzelner Kaiser gedieh bis zur Selbstidentifikation mit ihm. So sahen sich die Kaiser Gaius, Commodus und Caracalla als Alexander, sie alle nicht gerade die erhebendsten Figuren der Kaisergeschichte, aber ihre Handlungsweise hatte in der breiteren Öffentlichkeit Resonanz, und bedeutendere Kaiser dachten wie sie, ohne deren kindische Maskeraden mitzumachen.

Da die Herrschaft des Kaisers in dem Bewußtsein der Reichsbewohner die ganze Welt umspannte und von den Göttern gestützt wurde, ja die Götter sogar im Kaiser als Träger der Herrschaft präsent waren, stellte sich auch schnell die Vorstellung von der unbegrenzten Dauer dieser Herrschaft ein. Die Einsicht, daß mit dem Römischen Reich ein politischer Endzustand erreicht worden sei, konnte in der Tat selbst einem kritischen Menschen kommen. Schon die große Literatur der Zeit des Augustus hatte die Vorstellung von der göttlich gewollten ewigen Dauer des Imperiums geprägt (*his [sc. Romanis] ego (sc. Juppiter) nec metas rerum nec tempora pono, imperium sine fine dedi = ich, Juppiter, setze den Römern keine geographischen und zeitlichen Grenzen; ich habe ihnen eine schrankenlose Herrschaft gegeben*, Vergil, Aeneis 1, 278 f.). Die ewig währende Herrschaft der Römer über die Welt verband sich nach dem Ende der Republik sogleich mit der Person des neuen Machthabers und wurde auch von ihm selbst gefördert.

Augustus hat z. B. in der Säkularfeier, die auf die etruskische Lehre von den festen Perioden im zeitlichen Ablauf (ca. 100 Jahre) und der Bedeutung des jeweiligen Periodenwechsels zurückgeht und mit sehr gewaltsamer Interpretation in d. J. 17 v. Chr. als einem angeblichen Epochenjahr gesetzt wurde, den Gedanken der Ewigkeit Roms geschickt und taktvoll mit seiner Zeit verknüpft. Der Gedanke wurde schnell weiter ausgeführt. Begrifflich finden diese Verhältnisse darin ihren Niederschlag, daß *aeternus* in vielfältiger Weise mit der Kaisertitulatur verbunden wird, nicht nur als *aeternus Augustus*, sondern etwa auch als zusätzlicher Begriff bei anderen, mit dem Kaiser verbundenen Abstraktionen, wie in *fundator pacis aeternae*. In dieser Begrifflichkeit und Symbolik ist der Ewigkeitsanspruch des Kaisertums dokumentiert und sakral begründet.

Zum Schluß sei noch der Ruhm als eine das Kaisertum tragende Idee angeführt. Der Ruhmesgedanke war, das mag auf den ersten Blick erstaunlich sein, zunächst kein wesentliches Element der Herrschaftsauffassung. Das enge Verhältnis des Kaisers zum Heer als der wichtigsten Säule des Kaisertums ist zwar ein besonders häufiges Thema offiziöser Darstellung römischer Kaiser, und der Kaiser wird auch gelegentlich von Feldzügen oft als Sieger *(victor)* gefeiert und seine Tapferkeit *(virtus)* herausgestellt. Doch als Weltenherrscher ist er nicht Eroberer, der sich durch Kriege Ruhm erwirbt; er bewacht lediglich den Frieden dieser Welt. Der Ruhmesgedanke geht also weitgehend in dem Gedanken der Weltherrschaft auf. Das ändert sich dann im 3. Jahrhundert, als der Reichsfeind für alle Menschen sichtbar geworden, er also nicht mehr der unbekannte Barbar jenseits der Grenzen in den Wäldern Germaniens oder den Wüsten der Sahara, sondern der auf Reichsboden plündernde und marodierende Angehörige nunmehr jedem bekannter fremder Stämme ist. Wenn der Kaiser jetzt besonders häufig als Wiederhersteller des Friedens und als Garant des Glücks der Völker gefeiert wird, ist das als natürliche Reaktion auf den Verlust von Frieden und Wohlstand zu verstehen. Die durch Germaneneinbrüche, durch Wirtschaftskrisen und Religionskämpfe erschütterten oder bisweilen sogar gefährdeten Existenzgrundlagen des Reiches verleihen auch dem bisher eher gedankenlos und selbstverständlich hingenommenen Begriff der Ewigkeit des Imperiums *(Roma aeterna)* neue Aktualität. Gleichzeitig gewinnt der Krieg als jahrhundertelang fast unbekanntes Phänomen der Politik wieder an Gewicht und führt beinahe vergessene Wertungen in die Realität zurück. Ruhm und Sieg *(gloria; victoria; victor)* erhalten daher jetzt wieder sehr konkrete Inhalte, und das Kaisertum versteht sich in dieser Zeit gerade auch aus solchen Begriffen heraus neu und wird ebenso von den Bewohnern des Reiches in Hoffnung und Sehnsucht mit diesen Begriffen identifiziert. Durch diese Identifikationen wird der Kaiser der institutionalisierte Retter aus der schrecklichen Not der Zeit.

d) Die religiöse Überhöhung des Kaisertums

Die Neigung, in einem Menschen von hohem Ansehen überirdische Kräfte zu vermuten, bzw. ihn gar für ein überirdisches Wesen zu halten, ist in der Antike zu verschiedenen Zeiten unterschiedlich stark ausgebildet gewesen. Den Römern, deren religiöse Vorstellungen nur sehr allmählich die Vermenschlichung göttlichen Wesens gestatteten, war die Verwischung der Grenze zwischen Mensch und Gott zunächst fremder als den Griechen. Im griechischen Osten war es schon verhältnismäßig früh möglich, einen Menschen etwa als „göttlichen Mann" (θεῖος ἀνήρ) zu bezeichnen und seine Herkunft von den Göttern abzuleiten (Homer, 8. Jahrhundert). Die religiöse Intensität entsprechender Benennungen war allerdings nicht groß, doch sind sie immerhin Ausdruck dafür, daß die Barriere zwischen Mensch und Gott als nicht unüberwindbar angesehen wurde, vielmehr der Übergang fließend war. Unter dem Einfluß orientalischer Denkweisen, die seit dem 4. Jahrhundert verstärkt auf die Griechen einwirkten und durch die Hineinnahme des Alten Orients in den griechischen Kulturraum seit Alexander noch intensiver wirken konnten, wurden besonders auch für die Verehrung der regierenden Herrscher alle Schranken niedergelegt, die einer göttlichen Überhöhung hätten im Wege stehen können. Es entwickelte sich so in den Nachfolgereichen Alexanders des Großen ziemlich schnell ein Herrscherkult, in dem die griechischen Könige in einer kultisch institutionalisierten Form wie Götter angebetet wurden. Nachdem die Römer Herren im Osten geworden waren, übertrugen die Griechen ihre Denkweise auf die neuen Herrscher. Da in Rom eine Aristokratie die Politik lenkte und somit die Herrschergestalt, auf die sich die religiöse Verehrung hätte konzentrieren können, fehlte, wurde die Stadt Rom, also der gesamte (Stadt)Staat Gegenstand dieser Verehrung. Die dem antiken Menschen leicht vollziehbare Personifikation von Abstrakta erlaubte die Vorstellung einer vergöttlichten „Stadt Rom" *(Roma)*, welche auch die Römer bereits vollzogen hatten. Hieran anschließend war von Griechen schon i. J. 195 v. Chr. in Smyrna der Stadt Rom ein Tempel geweiht *(templum urbis Romae)* und damit die politische Herrschaft Roms in göttliche Formen gekleidet worden. Bald danach finden wir im Osten auch einen Kult des römischen Senats, der damals die zentrale politische Kraft in Rom war, und ebenso wurden einzelne einflußreiche Mitglieder der herrschenden Aristokratie als göttliche Wesen gefeiert, wurden ihnen wie Göttern Spiele gelobt und auch für sie abgehalten (so in Kyzikos für L. Licinius Lucullus Λουκούλλεια; in Athen für den Diktator P. Cornelius Sulla Σύλλεια; ebenfalls in Athen 'Αντωνιήα für M. Antonius, der sich als neuer Dionysos feiern ließ). Damit war schon vor dem Beginn der Kaiserzeit nicht mehr nur die abstrakte Personifikation der Macht *(Roma, urbs Roma)*, sondern der einzelne mächtige Mensch zu einem sakralen Wesen überhöht worden. Mit dem Ende der Republik übertrugen die Bewohner des griechischen Ostens diese Einstellung dann auf den Kaiser, der die neue politische Mitte Roms darstellte. Unter anderem wurde dabei auch die dem griechischen Herrscherkult entstammende Vorstellung von dem König als einem Wohltäter, Erretter und Heilbringer (σωτήρ) für den römischen Kaiser übernommen. Wegen seines riesigen Machtbereiches erhielt der Kaiser auch die Bezeichnung eines Weltenheilands (σωτὴρ τοῦ κόσμου). Als sich die Menschen seit dem 2. Jahrhundert stärker dem Erlösungsgedanken zuzuwenden begannen, wurde der zunächst eher weltliche Bezug des Heils in das Jenseits verlegt und enger mit orientalischem Glaubensgut verbunden. Der Retter-Heiland ist nun der Erlöserkönig, der Messias, der eine neue Zeit heraufbringt, und in dem Kaiser als Weltenherrscher konnte dann wie in den Erlösergestalten der verschiedenen Religionen die Hoffnung auf das Heil einer besseren Welt gesehen werden.

Das Bedürfnis der Menschen im Osten, aber auch in den westlichen Reichsprovinzen nach einer göttlichen Überhöhung des Herrschers über die Welt haben die Kaiser nicht zurückgewiesen, aber doch in für sie annehmbare und geordnete Bahnen gelenkt. Augustus gestattete die göttliche Verehrung seiner Person nur in Tempelgemeinschaft mit der vergöttlichten Roma, die bereits ihren festen Platz unter den Göttern des Ostens erhalten hatte. Die göttliche Person des Kaisers sollte danach in der Rom-Idee aufgehen. Ähnliche Gedanken beherrschten den Kaiser Tiberius, als er der Provinz Asia einen Kult seiner Person nur in Verbindung mit dem des Senats erlaubte, den er auf diese Weise als eine weiterhin gültige politische Kraft herausstellen wollte. Erst später wurde die Tempelgemeinschaft mit Roma oder entsprechenden Gottheiten fallen gelassen und damit die differenzierende Art der Problembehandlung aufgegeben.

Alle diese Bekundungen göttlicher Verehrung für den Kaiser kamen aus dem Provinzialgebiet, und sie erfolgten ungebeten als Reflex einer religiösen Denkart, die politische Herrschaft und göttliche Macht nicht getrennt zu sehen gewohnt war. Indem aber der Kaiser diese Gefühle, die ihm entgegengebracht wurden, annahm und sie kanalisierend in seinem Interesse ordnete, gab er zu erkennen, daß er sie als einen — zunächst nur für das Untertanengebiet geltenden — Rahmen einer neuen Herrschaftsauffassung zu benutzen wünschte. Hier erhält also der Mann in Rom, von dem alle wußten, daß er die tatsächliche Macht besaß, und der nach guter republikanischer Tradition auch schon als der für alle sorgende Patron respektiert und verehrt wurde, die Merkmale eines Monarchen, der er jedenfalls für die Römer anfangs nicht war. Mit der sakralen Überhöhung, die nicht von oben dekretiert, sondern von unten angeboten wurde, gewinnt die Herrschaft des Oberbefehlshabers über das Heer die Umrisse dessen, was wir heute das institutionalisierte Kaisertum nennen können. Dabei kam es nicht so sehr auf die religiöse Intensität der Kaiserverehrung an; jeder mochte den gegebenen Rahmen nach seinem persönlichen Empfinden ausfüllen. Entscheidend war die Existenz des Rahmens selbst, nämlich die sakrale Institutionalisierung des Kaisers, die nunmehr die Möglichkeit gab, die neue politische Machtsituation, nämlich die Herrschaft des Oberbefehlshabers über das Heer, in einer Form zu erfassen und ihr nötigenfalls in dem nun gesetzten Rahmen, nämlich durch den Kult, Loyalität zu erweisen.

Augustus und seine Nachfolger haben den politischen Stellenwert der Kaiserverehrung klar erkannt. Sie wünschten daher, die sakrale Weihe ihrer Person auch in Rom und Italien, wenn auch dort in veränderten, die religiösen Gefühle und den politischen Stolz der Römer möglichst schonenden Formen zu institutionalisieren. Das war nicht ganz einfach; denn die in Rom und für die Römer geltende Formel, in der die neue politische Situation bewältigt wurde, lautete ja, daß der mächtige, das Heer beherrschende Mann eine Art Sondermagistratur republikanischer Prägung besaß und er durch die rechtliche „Verkleidung" seiner politischen Macht ausdrücklich nicht ein Herrscher (Monarch, König) war und sein sollte. Das hatte allerdings nur für die höheren Stände, in erster Linie für die Senatsaristokratie wirklich Gewicht (s. o. S. 20 ff.). Für die Masse der Römer, insbesondere für die Soldaten war der formal als Magistrat auftretende Kaiser Patron, sorgender Vater und also eine Person von außergewöhnlich großer sozialer Autorität. An sie ließen sich Äußerungen religiöser Verehrung, wie sie von den Griechen spontan gezeigt wurden, eher anschließen.

Bereits die Religionspolitik des ersten Kaisers, des Augustus, läßt deutlich das Bestreben erkennen, eine religiöse Verehrung des Herrschers auch bei den Römern durchzusetzen. Augustus hat sein Ziel von den verschiedensten Ansätzen und mit sehr viel Einfühlungsvermögen in römische Empfindsamkeit auch erreicht. Zunächst profilierte er auf Kosten des höchsten Gottes, des Juppiter Optimus Maximus, Gottheiten, die ihm persönlich oder seiner Familie nahestanden, so die Venus, die Ahnherrin des Julischen Geschlechts, die als Venus Genetrix bereits von seinem Adoptivvater Caesar herausgehoben worden war, ferner Mars, der — entgegen aller Mythologie — auch als Ahne der Julier angesehen wurde und als Mars Ultor gleichzeitig die Rache des Augustus an den Mördern seines Vaters Caesar legitimieren sollte. Auch Apoll, der einen alten Kult an dem Vorgebirge von Aktium besaß, wo Augustus seinen großen Sieg über Antonius erfochten hatte, wurde zu einem persönlichen Beschützer des Augustus, und Domitian betrachtete Minerva als die ihm am nächsten stehende Gottheit. Noch schwerwiegender als diese Nahestellung des Kaisers zu einzelnen Gottheiten war die Verbindung des Kaisernamens mit den personifizierten Vergöttlichungen von Eigenschaften und glückhaften Lebensverhältnissen, wie *Pax Augusta*, *Felicitas Tiberii*, *Salus Augusta* u. a. (s. o. S. 91). Hier wird ein Teil des Wesens der kaiserlichen Person in überirdische Sphären gerückt. Aber nicht nur die Abstraktionen von Eigenschaften und Zuständen, auch die alten Götter selbst, wie Apollo, Mars, Minerva, ja Isis und die keltische Epona, verbinden sich mit dem Augustus-Namen. Die gesamte Götterwelt rückt so an das Kaiserhaus heran, und es sind durchaus nicht in erster Linie die Kaiser, die — etwa durch Münzaufschriften — diese Entwicklung in Gang setzten, sondern die Reichsbevölkerung trieb sie voran. Wieviel oder besser: wie wenig religiöses Empfinden dahinter steckte und wieviel Loyalitätsdenken oder auch gedankenlose Gewohnheit, ist schwer zu sagen. Der formale Rahmen war jedenfalls gesetzt, und die Kaiser brauchten das Angebotene nur aufzunehmen. Sie taten dies zunächst nur zögernd, aber doch nicht abwehrend, und das war bei den gegebenen Machtverhältnissen schon beinahe so viel wie eine Aufforderung. So ordneten sich auch die von unten kommenden Bestrebungen, Huldigungen und Wünsche in die kaiserliche Politik der religiösen Selbstauffassung ein, die aus vielen verschiedenen Quellen gespeist wurde.

Der göttlichen Welt noch näher steht der Kaiser in dem Gedanken, den *genius* (ursprünglich die Manneskraft einer Person, dann eine Art geisthafte Konkretisierung der Person) des Kaisers religiös zu überhöhen. Seine Statuette wird zusammen mit den alten Schutzgeistern von Flur und Feld, den Laren *(Lares)*, die mittlerweile auch die Schutzgötter der römischen Stadtquartiere geworden waren, überall an den Straßenkreuzungen in Rom aufgestellt, und es erscheinen so der Kaiser und die römische Flur gemeinsam als Gegenstand frommer Verehrung. Da jede römische Stadt in Italien und im Reich ein Rom im kleinen war, verbreitete sich der Genius-Kult schnell über die ganze Welt. Am sinnfälligsten aber drückt sich die Politik des Kaisers, die göttliche Überhöhung seiner Person als Grundlage einer neuen Herrschaftsauffassung auch bei den Römern durchzusetzen, in der Vergöttlichung des verstorbenen Herrschers *(consecratio)* aus. War in den bisher vorgestellten Maßnahmen die Verehrung des lebenden Herrschers nur indirekt, auf dem Umweg über andere Gottheiten, eingerichtet worden, erscheint in der Apotheose der tote Herrscher nun tatsächlich als Gott *(divus)*, dem als solcher auch ein Kult mit Opfern, Festen, Priesterschaft usw. zugeordnet wird. Der erste so vergötterte Herrscher war Caesar, der an der Stelle des Forum Romanum, wo seine Leiche verbrannt worden war, einen Tempel erhielt *(templum Divi Iulii)*. Ihm folgte eine lange Reihe von Kaisern, die als vergöttlichte Wesen dem lebenden Sohn als *divi filius* im vorhinein eine sakrale Weihe gaben. Die Divinisierung ist schon bei dem Tode des Augustus dadurch extrem formalisiert worden, daß nach der Verbrennung der Leiche auf dem Marsfeld ein Senator unter Eid versichern mußte, er habe den verstorbenen Kaiser in den Himmel aufsteigen sehen. Zeugenprotokoll und die darauf folgende offizielle Aufnahme unter die vergöttlichten Kaiser *(divi imperatores)* offenbaren einen Formalismus, hinter dem System steckt: Es kam in der Tat auch auf die Form an; denn sie allein konstituierte die Herrschaft als Institution. Die religiöse Intensität war demgegenüber zweitrangig; sie mochte der Senator durch Ironie ersetzen (er konnte den Vorgang der Divinisierung ja schon als Menschenwerk entlarven, wenn er darauf hinwies, daß denjenigen Kaisern, die als Tyrannen ermordet worden waren, mit der offiziellen Vernichtung ihres Andenkens, der *damnatio memoriae*, die Apotheose verweigert wurde): Bei der Masse blieb genug religiöse Ehrfurcht, die den institutionellen Rahmen auszufüllen vermochte, und allen, auch den Skeptikern, blieb die Institution selbst, an der und durch die jeder die Monarchie erkennen und anerkennen konnte.

Die Bildsymbolik hält mit den Tendenzen zur göttlichen Überhöhung der kaiserlichen Person Schritt; sie wird von offizieller Seite betrieben und entwickelt in ihrer bildlichen Ausprägung schnell feste Formen, die auch von einem klaren Bewußtsein ihrer Bedeutung und ihres Stellenwertes für die Massen zeugen. Die Divinisierung des toten Herrschers drückt sich sinnlich-bildhaft in der Kult-Statue des *divus* und in der die Göttlichkeit anzeigenden Strahlenkrone auf Münzen und anderen Objekten aus; auch die Apotheose selbst ist oft dargestellt worden. Dem lebenden Herrscher wurden dort, wo es offiziell ausdrücklich erlaubt worden ist, Kult-Statuen gesetzt, also meist in den Provinzen, aber auch etwa in den Legionslagern. Die Darstellung des lebenden Herrschers als Gott begegnet auch schon verhältnismäßig früh, etwa bei Nero, auf Münzen. Ein hervorstechendes göttliches Attribut ist die Strahlenkrone, die seit Nero auch den lebenden Herrscher ziert (regelmäßig auf den 2-As-Kupferstücken, den Dupondien, seit dem 3. Jahrhundert auf dem Antoninianus). Während ursprünglich, nach hellenistischem Vorbild, der Lichtschein nur eine allgemeine Göttlichkeit seines Trägers anzeigen sollte, hat er bereits seit Nero, sehr viel umfassender dann im 3. Jahrhundert einen bestimmten Bezug zum Sonnengott, der als Sol Invictus in dem höchsten Gott der meisten Mysterienreligionen wiedererkannt werden konnte.

Die verschiedenen Ansätze zu einer sakralen Weihe des römischen Monarchen fügten sich nur langsam zu einer einheitlichen Idee zusammen; sie führten zunächst noch nicht zu der klaren Aussage, daß der Kaiser Gott und die römische Monarchie ein Gottkaisertum sei. Das war bei der mangelnden Intensität des religiösen Empfindens und der Verschiedenartigkeit der religiösen Assoziationen bei den Menschen auch schwer möglich. Die Bekundungen religiöser Ehrerbietung gegenüber dem Kaiser zeigen ihren indifferenten Charakter etwa deutlich dadurch, daß sie sehr allgemein gehalten, bisweilen auch, zwischen Kaiser und Gottheit schwankend, mehrdeutig sind. Vor allem fehlte der zentrale K u l t. Es gab hundert Möglichkeiten, dem Kaiser religiöse Ehrfurcht und Loyalität zu zeigen; man konnte den regierenden Kaiser in zahlreichen Tempeln der Provinzen und den verstorbenen Kaiser auch in Rom und Italien sogar kultisch verehren, aber es fehlte doch die Konzentration in einem Kult, der den Kaiser in einer einheitlichen, eindeutigen und für alle Menschen gleichermaßen verbindlichen Weise als Gott über die Menschen gestellt und der der Göttlichkeit einen allgemein anerkannten religiösen Inhalt gegeben hätte. Aber das war nicht nur deswegen schwer zu bewerkstelligen, weil die göttliche Verehrung des Kaisers doch eben gerade daraus existierte, daß jeder das ihm Beliebige in sie hineinlegen konnte, sondern auch weil der deklarierte Wille zu einem solchen Kult bei den Kaisern selbst fehlte. Ihre sakrale Überhöhung diente ja in erster Linie der Institutionalisierung des Herrschertums und hatte kein darüber hinaus liegendes, sich etwa aus einer besonderen Religiosität speisendes Ziel. An den Gottkaiser hat darum zunächst kaum jemand gedacht. Doch das sich aus der Entwicklung der sakralen Überhöhung des Kaisertums von selbst ergebende Eigengewicht des Phänomens brachte schon verhältnismäßig früh, nämlich noch im 1. Jahrhundert, entsprechende Ideen hervor. Der Kaiser Domitian nannte sich offiziell *dominus et deus;* er sah also in der Vergöttlichung des lebenden Herrschers eine für alle Reichsbewohner mögliche Grundlage der Herrscherauffassung. Was bei Domitian vielleicht bereits als der feste Rahmen eines Gottkaisertums gedacht gewesen war, bedeutete anderen Kaisern, wie Gaius (37—41) oder Commodus (180—192), welche die Größe ihrer Macht nicht verkrafteten, sondern in einer Art Cäsarenwahn an ihr zerbrachen, nicht mehr nur Religionspolitik, sondern Wirklichkeit, also göttliche Epiphanie: Sie sahen sich selbst jedenfalls zeitweise bzw. mit einem partiellen Bereich ihres Gefühlslebens als leibhaftige Götter. Aber selbst bei ihnen blieb das Göttliche nur ein Rahmen, den die Masse von sich aus mit Inhalt füllen mochte, wie sie wollte. Der Kaiser forderte zudem keineswegs die kultische Verehrung als Beweis der Loyalität der Massen. Allerdings war hierbei stillschweigend vorausgesetzt, daß sich auch niemand dem Kaiserkult verweigerte, wenn er ausdrücklich auf ihn angesprochen wurde. Dem antiken Menschen fiel das nicht schwer, denn abgesehen davon, daß niemand die Monarchie bestreiten wollte, konnte jeder den religiösen Inhalt der Kaiserverehrung nachvollziehen: Bei aller Intensität religiösen Empfindens, das der einzelne den von ihm jeweils bevorzugten Göttern entgegenbrachte, anerkannte er die Existenz auch anderer göttlicher Kräfte. Es machte ihm daher nichts aus, vor einem der vielen Altäre, die dem lebenden oder dem verstorbenen Kaiser bzw. irgendeiner mit dem Kaiser verbundenen Gottheit gewidmet waren, ein Schälchen Wein als Opfergabe zu vergießen und einige Weihrauchkörner zu verbrennen.

Der sakrale Bezug des Kaisertums erhielt erst in einer Zeit einen neuen Inhalt, in der die selbstverständliche Einheit des Reiches in Frage gestellt wurde. Im 3. Jahrhundert, als in der Zeit der allgemeinen Schwäche der Zentralgewalt viele mächtige Personen zugleich behaupteten, daß ihnen die Kaiserwürde zukomme, wurden die früher selbstverständlichen Loyalitätsakte, die nicht verlangt und gezählt worden waren, wichtiger, ja sie erhielten erst jetzt einen aktuellen politischen Sinn; der Kaiserkult wurde nun zu einer Forderung, die der jeweilige Kaiser angesichts der vielen Konkurrenten, die er aus dem Felde schlagen wollte, stellen m u ß t e. Unglücklicherweise gab es nun Bevölkerungsgruppen, die das Kaiseropfer aus religiösen Gründen nicht vollziehen konnten. Das waren die Juden und die Christen. Schon früher hatte es mit ihnen gelegentlich Querelen gegeben, da die Bevölkerung des Reiches, welcher der Polytheismus und die Toleranz gegenüber dem Glauben des anderen selbstverständlich war, gegen deren intoleranten Monotheismus einen Fremdheitsaffekt entwickelt hatte. Die Juden, die an sich den Christen an religiöser Unduldsamkeit nicht nachstanden, war man allerdings zu tolerieren durchweg eher bereit, weil sie seit Menschengedenken bekannt waren, die Römer sie gleichsam bei der Eroberung des Ostens vorgefunden hatten und sie auch (trotz einer nicht ganz unwesentlichen Judenmission) eine geographisch übersichtliche Menge darstellten. Die Christen jedoch, die die Römer erst spät als eine von den Juden verschiedene Gruppe erkannt hatten, waren durch die Mission im ganzen Reich verbreitet. Die römischen Kaiser haben nichtsdestoweniger im 1. und 2. Jahrhundert ihnen gegenüber die äußerste Zurückhaltung geübt; sie gaben sich sogar Mühe, die Affekte der Bevölkerung gegen sie einzudämmen, und sie waren mehr betrübt als begeistert, wenn die Christen durch ihren Fanatismus und ihren Drang zum Martyrium den Kaiser zu Maßnahmen zwangen, die er im Grunde gar nicht wollte. Aber im 3. Jahrhundert, unter dem Zeichen der zerbrechenden Einheit, als das Kaiseropfer als Loyalitätsopfer von den einzelnen Kaisern verlangt wurde, wandelte sich auch die Einstellung der Kaiser zur religiösen Intoleranz. Derjenige Reichsbewohner, der das Opfer versagte, wurde nun als Verräter verfolgt, weil die an sich rein religiös begründete Verweigerung unter den veränderten politischen Umständen als politischer Affront ausgelegt wurde. Der Kaiserkult als eine geforderte Institution der Loyalität des Untertanen ist also verhältnismäßig spät; er hat sich aus einer von unten kommenden freiwilligen Demonstration der Loyalität unter den veränderten politischen Verhältnissen im 3. Jahrhundert erst entwickelt.

Der Zusammenbruch der Reichsgewalt im 3. Jahrhundert, der zu einem Autoritätsverlust des Kaisers führte und den Kaiser zur Marionette seiner Soldaten werden ließ, wandelte aber nicht nur die Einstellung des Kaisers zu den Christen, sondern berührte sein gesamtes Verhältnis zum sakralen Bereich. Die offizielle Staatsreligion, also die griechisch-römische olympische Götterwelt mit ihren vielen, durch die römische Tradition beigefügten Nebengottheiten, war mit dem öffentlichen Leben auf das engste verknüpft gewesen, ohne daß dadurch für den Kaiser ein spezifisches Nahverhältnis zu den Göttern abgeleitet worden wäre. Die offizielle Religiosität hatte der Abschirmung des Reiches vom göttlichen Zorn, allenfalls noch der sakralen Weihe des Kaisertums gedient, und in diesem Rahmen war auch der Kaiserkult als Loyalitätsbeweis angesiedelt gewesen. Die Masse der Gottheiten, die nicht als Staatsgottheiten galten, wurden geduldet, waren aber, vom Kaiser aus gesehen, mehr oder weniger Statisten auf der religiösen Bühne. Schon das veränderte Verhältnis zu den Christen hatte aber gezeigt, daß die Kaiser unter den neuen politischen Umständen glaubten, es sich nicht gestatten zu dürfen, auf die sakrale Überhöhung der kaiserlichen Würde verzichten zu können. Und sie konnten dies um so weniger, als sich die religiöse Situation im Reiche grundlegend geändert hatte: Die alten Naturgötter des Ostens und Westens waren zurückgedrängt worden und an ihre Stelle Erlösungsgottheiten gerückt, von denen sich die Massen in dem von Krisen geschüttelten Reiche Befreiung und

Rettung wenigstens für eine jenseitige Welt versprachen. Die veränderte, tiefe Religiosität war eine Komponente, auf die die Kaiser Rücksicht zu nehmen hatten. Es mußten nicht nur die Christen, die eine dieser Erlösungslehren vertraten, mit Nachdruck in die Schranken verwiesen werden, da sie ihren Glauben nicht mit einem religiös verbrämten Kaisertum verbinden mochten: Es mußte der sakrale Nimbus, der den Kaiser umgab, sollte er wirken, auch den neuen religiösen Bedürfnissen angepaßt werden. Eine Verbindung des Kaisers mit den Erlösungsgottheiten bedeutete gleichzeitig einen Faktor, der das zum Spielball der Soldaten gewordene Kaisertum stabilisieren und ihm gegenüber den Massen die Autorität wieder zurückgeben konnte.

Bereits in der Severischen Dynastie (193—235) sind Ansätze zu beobachten, den neuen Göttern mehr Aufmerksamkeit zu schenken, doch waren das eher persönliche Konstellationen, und sie entbehrten jeder Systematik. R e l i g i o n s p o l i t i k in dem prägnanten Wortsinn betrieb als erster der Kaiser Aurelian (270—275). Er begünstigte nicht vornehmlich, wie alle seine Vorgänger, die alten Staatsgötter, sondern einen Sonnengott, Sol Invictus, dem er auch eine besondere Priesterschaft (*pontifices Solis*) und einen Hauptfesttag (25. Dezember, Tag der Wintersonnenwende) gab. Unter diesem Gott konnten die Reichsbewohner verschiedene Erlösungsgötter verstehen; die syrischen Baale ließen sich ebenso unter ihm begreifen wie manche iranischen Erlösergottheiten. Der Bezug zu den Massen ist hier deutlich. Wenn Aurelian sich dann auch selbst *dominus et deus* nannte, wollte er nicht etwa damit sagen, daß er Sol sei, sondern daß er ein göttliches Wesen sei, das dem von ihm begünstigten Sol nahestand. *Dominus et deus* hatte sich zwar schon, damals zum Entsetzen der Vornehmen, der Kaiser Domitian (81—96) genannt. Aber jetzt war der Begriff nicht mehr nur einfach Ausdruck der Machtstellung des Weltenherrschers, sondern er sollte das geschwächte Kaisertum stabilisieren durch den Gedanken nicht nur der Göttlichkeit, sondern auch der heilbringenden Kraft des Kaisers. Die Aurelianische Politik hatte Erfolg. Auch die intellektuellen Kreise konnten ihre Spekulationen über Kosmos und Weltbewegung mit dem Sonnengott vereinen. Die breite Wirksamkeit zeigte sich auch klar darin, daß die Christen den 25. Dezember als einen ihrer Hauptfesttage übernahmen; offenbar wurde der Tag als religiöser Festtag von sehr vielen Reichsbewohnern gefeiert.

Die Grundidee der Aurelianischen Religionspolitik haben alle Kaiser nach ihm akzeptiert, solange das Christentum den Kaiserthron noch nicht erobert hatte. Es wechselte lediglich unter den verschiedenen Kaisern der begünstigte Gott. Jeder nahm den, zu dem er eine Nahestellung empfand, dem er eine größere Kraft zutraute. So entschied Constantius Chlorus, der Vater Constantins des Großen, sich ebenfalls für Sol, und sein Sohn fühlte sich zunächst zu Hercules, dann zu Mars und schließlich zu Apollon und ebenfalls zu Sol hingezogen. Zu allen diesen Gottheiten ließ sich ein Bezug zu Erlösungsgottheiten herstellen, und alle waren auch bis zu einem gewissen Grade austauschbare Wesen, so daß sie sich dem anpassen konnten, was die Anhänger der verschiedenen Religionsgruppen darunter jeweils verstehen wollten. Auch die von Diocletian bevorzugten Gottheiten, Juppiter und Hercules — er selbst nannte sich Jovius, sein Kollege Maximian wurde als Herculius bezeichnet —, ließen sich so interpretieren, vor allem Juppiter, unter dem die Reichsbewohner nicht nur den alten olympischen Hauptgott, sondern auch die syrischen Baale und manche andere Mysteriengötter begreifen konnten. Diocletian hat allerdings, wohl ohne den möglichen Bezug auf die neue Religiosität ausschließen zu wollen, bei der Wahl der genannten Götter eher an eine Restauration der alten Staatsgötter gedacht. Er stammte aus Pannonien und hing, wie alle pannonischen Kaiser, einem schwärmerischen Glauben an die Kraft des alten Römertums und an dessen Regenerationsfähigkeit an. Dieser Romanismus schloß einen ethischen Rigorismus ein und gab dem ganzen diokletianischen Reformwerk einen Anstrich von Künstlichkeit und Starre.

Mit dem Sieg des christlichen Erlösungsgottes endete die dynamische kaiserliche Religionspolitik nicht, doch wurde sie in andere Bahnen gelenkt. Der Christengott war trotz aller erheblichen Unterschiede ein Gott der Erlösung wie die anderen Götter der Mysterienreligionen auch. Als Constantin i. J. 312 ihn nicht nur als Gott anerkannte, sondern sich ihm auch zuwandte, konnte diese Wendung durchaus auf dem Hintergrund der vergangenen kaiserlichen Religionspolitik gesehen werden, die stets einzelne bestimmte (Erlösungs)Gottheiten in eine Nahestellung zum Kaiser und dessen Haus gestellt hatte. Bei der religiösen Intoleranz der Christen gegenüber allen anderen Göttern bedeutete die Wahl des Christengottes zum Schutzgott dann auf die Dauer besehen jedoch mehr als nur die Auswahl eines Gottes unter mehreren. Denn der Kaiser, der den Christengott gewählt hatte, wurde jedenfalls in den Augen der Christen zum christlichen Kaiser, der die anderen Götter zu bekämpfen, unter allen Umständen sie wenigstens abzuleugnen hatte. Constantin jedoch war Kaiser des ganzen Reiches, und da auch nach der Anerkennung der Christen die Christianisierung der Reichsbevölkerung nur allmählich fortschritt, folglich lange Zeit hindurch Christen und Heiden nebeneinander lebten und die ersteren noch nicht den Anspruch darauf erheben durften, die einzig gültige Staatsreligion zu vertreten, konnte der Christengott für den Kaiser zunächst nur der jetzt begünstigte, noch nicht der einzig wahre Gott sein. Constantin gab daher den Bezug zu der nichtchristlichen Religiosität nicht auf. Er verzichtete nicht auf die heidnische Symbolik, die ihn als einen Repräsentanten der alten Staatsgötter und der nichtchristlichen Erlösungsreligionen bezeugte. Noch in seinen späten Regierungsjahren hat er z. B. gestattet, in Hispellum in Umbrien seiner Familie, der *gens Flavia,* einen Tempel zu weihen (333/337; Dessau 705). Von den Christen aus gesehen mochte Constantins Haltung widersprüchlich erscheinen — die christliche Tradition hat diesen Eindruck von dem Mann, dem die Christen ihre Anerkennung und ihren Einfluß auf die Politik verdankten, wohlweislich unterdrückt und aus Constantin den überzeugten Christen gemacht—, dem reflektierenden Historiker hingegen tritt er als ein noch der alten religiösen Tradition verpflichteter Mensch gegenüber, der das Neu- und Andersartige des Christentums mit dem Alten zu vereinen suchte, vielleicht sogar das, was die Christen von der römischen religiösen Tradition trennte, überhaupt erst allmählich erkannt hat. Ob er am Ende seines Lebens gläubiger Christ war, ist eine vieldiskutierte, aber kaum zu beantwortende Frage. Auf jeden Fall haben alle seine Nachfolger — bis auf Julianus (361—363), der darum der Abtrünnige genannt wurde (Apostata)

— sich zum Christentum bekannt, und damit erhielt nun allerdings die christliche Unduldsamkeit gegenüber dem nichtchristlichen Götterhimmel auch politisches Gewicht.

Mit der Symbiose von römischem Kaisertum und Christentum war für die Göttlichkeit des römischen Kaisers kein Raum mehr. Allerdings war auch früher das Bewußtsein der Gottgleichheit bei keinem Kaiser wirklich stark, das Bestimmende stets die Nähe zur Gottheit gewesen, die nur gelegentlich mehr bedeuten mochte und auch subjektiv bei diesem oder jenem Kaiser tatsächlich mehr als nur den Widerschein des Göttlichen bedeutet hat. Aber selbst wenn ein Kaiser sich als Gott sah oder von anderen so gesehen wurde, hat er sich dann, wenn objektive Gründe die Verwirklichung eines Gottkaisertums verhinderten, ohne einen grundsätzlichen Wandel des religiösen Denkens jederzeit auf jene Stufe der Selbstidentifikation zurückziehen können, auf der er lediglich der besondere Günstling der Götter oder einer Gottheit war. So war denn die Einordnung des Christengottes — nunmehr des einzig wahren Erlösungsgottes — in die alte kaiserliche Religionspolitik unproblematisch. Der Kaiser war jetzt Günstling des Christengottes (wie vorher eines Heidengottes), lebte im Bewußtsein des Gottesgnadentums (wie vorher in der Gunst dieses oder jenes heidnischen Gottes). Dieses Verhältnis des Kaisers zum Christentum brauchte also nicht erst besonders konstituiert zu werden; es ergab sich von selbst aus der vergangenen kaiserlichen Religionspolitik und aus der besonderen Gläubigkeit der Massen in diesen Jahrhunderten. Die Christen selbst wären die letzten gewesen, die diese Nahestellung des Kaisers zu Gott kritisiert hätten. Handelte es sich doch nun um ihren Kaiser, den Beschützer der Christenheit also, der die Christen aus größter Not gerettet hatte. Aber abgesehen davon waren auch die Christen Kinder ihrer Zeit und haben in der religiösen Überhöhung der kaiserlichen Person überhaupt niemals ein Problem gesehen.

Nicht nur die innige Nähe des Kaisers zu Gott, auch das besondere Verhältnis von Kaiser und christlicher Kirche war bis zu einem gewissen Grade durch die römische Tradition vorgegeben. Der religiöse Bereich war in Rom stets als ein Teil des öffentlichen Rechts (*ius publicum*) behandelt worden. Es gehörte dazu einmal die Beachtung göttlicher Zeichen, die Abschirmung des Staates von göttlicher Ungnade sowie Gebete und Opfer. Das Wohl des Staates erforderte die Wahrung der göttlichen Rechte, von der das öffentliche Wohl abhängig war. Zur Erledigung dieser Aufgaben war ein sakraler Verwaltungsapparat vorhanden, den in der Republik die Magistrate und der Senat sowie einzelne Priester und Kollegien von Priestern, in der Kaiserzeit unter anderen auch der Kaiser als Inhaber des Oberpontifikats und weiterer Priesterwürden unter ihrer Obhut hatten. Die christliche Kirchenorganisation — das Christentum war ja die einzige Mysterienreligion, welche eine Organisation besaß — konnte nach der Anerkennung des Christentums in den Augen des Kaisers auch nichts anderes sein als sakrale Verwaltung. Sie war zwar außerhalb der kaiserlichen Kontrolle entstanden, aber es verstand sich von selbst, daß der Kaiser nun als Wächter und oberster Organisator über ihr stand. Von den Christen aus gesehen war das durchaus annehmbar; denn die frühchristliche Kirche kannte kein Kirchenoberhaupt, sondern nur den Vorsteher der christlichen Gemeinde einer Stadt (Bischof). Die Kirchenorganisation war auf die Stadt beschränkt; die mehrere Städte oder gar ganze Reichsteile umfassenden Bischofkonferenzen (Synoden, Konzilien) galten als Zusammenkünfte gleichrangiger Personen, die keinen institutionalisierten Vorsitz hatten. An diesen Verhältnissen hat im Prinzip auch die Neuordnung der Kirchenorganisation auf Provinzebene (325, in Nicaea; Metropolitanverfassung) nichts geändert, die in erster Linie für die ordentliche Wahl der Bischöfe vorgenommen worden war. Den Oberbau der Kirchenorganisation füllte daher nach der offiziellen Anerkennung des Christentums wie selbstverständlich der Kaiser aus.

Auch im Hinblick auf dogmatische Fragen kannte die frühchristliche Kirche keine oberste Kircheninstanz; Konferenzen einzelner Bischöfe und Synoden, schließlich ganze Reichskonzilien rückten an die Stelle der fehlenden zentralen Kirchenleitung. Die organisatorische Leitung auch der Konzilien übernahm dann nach der Anerkennung des Christentums ebenfalls der Kaiser, und das war für ihn auch sehr wichtig. Denn dogmatische Fragen waren damals keine akademischen Probleme, sondern sie wühlten die Herzen der Massen auf; ob Christus gottgleich oder gottähnlich war, hat ganze Provinzen des Reiches in Unruhe gestürzt und die unterlegene Partei der kaiserlichen Zentrale entfremdet. Mit der Anerkennung und der schließlichen Alleinherrschaft des christlichen Glaubens war Dogmenstreit darum gleichzeitig politischer Kampf: Die allgemeine Reichspolitik war seitdem mit dem inneren Kirchenkampf auf das innigste verknüpft (s. 2, 212 ff.). Der Einfluß des Kaisers auf dieses neue, dem antiken Geist an sich fremde Phänomen des religiösen Doktrinarismus war darum notwendig. So wurde er zu der zentralen Figur der Kirchenorganisation und der Kirchenlehre zugleich. Er war Spitze und Bezugspunkt der Kirche in einem.

Der spätantike Kaiser ist somit sowohl der Günstling des christlichen Gottes als auch der oberste Lenker der kirchlichen Belange. Er wird von Gott erwählt und von ihm gekrönt *(a Deo coronatus)*, und er regiert mit göttlicher Zustimmung (*Deo auctore gubernans*) das Weltreich, das in der Vorstellung der Menschen der gottgewollte Endzustand irdischer Organisation und Macht ist und in dem die Erscheinung (Parusie) des Messias und das Ende der Welt erwartet wird.

Man hat allerdings zu bedenken, daß das Verhältnis des Kaisers zum Christengott und zur christlichen Kirche nicht sofort mit der Anerkennung des Christentums fest und unveränderlich konstituiert wurde. Das war von der Bewußtseinslage der Christen am Ende der Verfolgungszeit her gesehen ganz ausgeschlossen. Denn die Christen haben bis auf Constantin niemals mit ihrer vollen Anerkennung gerechnet und schon gar nicht daran gedacht, daß der Kaiser christlich und schließlich das Christentum die einzige anerkannte Religion werden könnte. Die „Konstantinische Wende" war für sie eher ein Schock, ein freudiger Schock natürlich, aber es wurde in dieser beinahe lähmenden Situation, in der sich die bisherigen Vorstellungen von dem diesseitigen Leben völlig veränderten, manches gedacht und getan, was später in anderem Licht gesehen oder gar kritisch betrachtet werden konnte. Die christlich-religiöse Überhöhung des Kaisers erreichte in dem Enthusiasmus der ersten Jahrzehnte nach dem Toleranzedikt ein beinahe schon nicht mehr erträgliches Maß; Eusebius von Caesarea z. B. hat in seiner Lobschrift auf Constantin vieles geschrieben, was schon eine Generation danach zu denken kaum mehr möglich war. Der Kaiser wurde von ihm als der oberste Bischof, ja sogar als der christliche Logos selbst vorgestellt, und die diesseitige Welt erhielt bereits die Umrisse eines Himmlischen Jerusalem. Gleichzeitig wurde das christliche Geschichtsbild umgedeutet: War das Römische Reich ursprünglich nur das gottgewollte Gefäß für die Ausbreitung des Christentums und der Kaiser (bestenfalls) der irdische Herrscher gewesen, der als Institution anerkannt war und dem jeder Christ in weltlichen Dingen zu gehorchen hatte, erscheint das christliche Kaiserreich nun als Ziel und Höhepunkt des göttlichen Heilsplanes. Erst allmählich, als das christliche Kaisertum ein schon normaler Zustand geworden war und auch mögliche Gefahren für eine zu starke Stellung des Kaisers gegenüber der Kirche gesehen wurden, bildeten sich in dem Verhältnis zwischen Kaiser und Kirche festere und durchdachtere Formen. Das sakrale Kaisertum blieb selbstverständlich auch jetzt unangefochten, ja es wurden nun von kirchlicher Seite seine sakralen Bezüge sogar bewußt herausgehoben. So hat etwa Ambrosius, der große Bischof von Mailand, durch die Verbindung der kaiserlichen Insignien mit dem Kreuzesmythus (Nägel aus dem von der Mutter Constantins, Helena, aufgefundenen Kreuz wurden mit den Insignien verbunden) die Heilskraft des Kaisers als eine Kraft des institutionalisierten christlichen Kaisertums sehen wollen. Auch die kaiserliche Oberaufsicht über den sakralen Bereich blieb in einem sehr allgemeinen Sinne bestehen, insbesondere war die Synodalgewalt des Kaisers, die ihm auf den großen Bischofskonzilien so viel Einfluß gab, unbestritten. Aber abgesehen davon, daß die inneren Belange der Kirche immer stärker in einen rein kirchenrechtlichen Rahmen gestellt wurden, in dem vor allem die Bischofsgewalt unangefochten blieb, wurde der Kaiser doch mehr und mehr auch als eine Person angesehen, die nicht über, sondern in der Kirche (*intra ecclesiam, non supra ecclesiam*) stand. Es war ebenfalls Ambrosius, der das in unmißverständlicher Weise gegenüber dem Kaiser Theodosius I. dargelegt und durchgesetzt hat (der Kaiser mußte nach einer schweren Bluttat als Büßer in der Kirche erscheinen, um wieder an den Sakramenten teilhaben zu können), und in der Tat war es auch eine Konsequenz der völligen Christianisierung des Reiches, daß der Kaiser in religiösen Fragen nicht nur eine Person sui generis war, die als Günstling des Christengottes ein privilegiertes Verhältnis zur Kirche hatte, sondern er zugestehen mußte, daß er auch als Gläubiger, der er nun war, in der Kirche erschien und als solcher keine von den anderen Gläubigen prinzipiell andere Stellung in der Kirche hatte. Das veränderte Verhältnis zur Kirche ist daran abzulesen, daß alle Kaiser sich nunmehr der Taufe unterzogen und als getaufte Christen auch formell der verfaßten Kirchengemeinde angehörten. — Trotz nüchternerer Betrachtung der Stellung des Kaisers gegenüber der Kirche und trotz mancher sogar warnender Stimmen, die — bei gegebenem politischen Anlaß — die Eigenständigkeit kirchlicher Belange (dogmatische Fragen; Fragen der Disziplinargewalt über Geistliche) hervorhoben, bewahrte sich aber der christliche Kaiser eine unangefochtene Autorität innerhalb des kirchlichen Lebens.

Der Einfluß des Kaisertums auf das Kirchenleben und auf die Ausbildung der religiösen Dogmen ist in der Osthälfte des Reiches, insbesondere nach dem Zusammenbruch des weströmischen Kaisertums, weiter ausgebildet worden. Vor allem der Kaiser Justinian (527—565) hat in diesem Sinne gewirkt. Er war durchdrungen von dem Bewußtsein der göttlichen Gnade für seine Person. Er hat eifrig missioniert und das Heidentum endgültig beseitigt (529 wurde die hochangesehene Akademie in Athen, das Zentrum der neuplatonischen Geistigkeit, geschlossen; die arbeitslosen Gelehrten zogen an den Hof des persischen Großkönigs). Er schrieb selbst theologische Traktate und entschied in Fragen des Glaubens und der Liturgie; er war auf den großen Kirchenversammlungen seiner Zeit, die er einberief, leitete und deren Beschlüsse er bestätigte, die beherrschende Figur. Dieser Höhepunkt des kaiserlichen Einflusses auf die Kirche in spätrömischer/frühbyzantinischer Zeit ist von modernen Gelehrten auch als Cäsaropapismus bezeichnet worden. Später setzte sich auch in Ostrom (Byzanz) die Kirche stärker durch, aber nichtsdestoweniger blieb der Kaiser auch dann noch das bestimmende Element der kirchlichen Organisation. Der Patriarch von Konstantinopel hat — trotz seiner späteren kirchlichen Obergerichtsbarkeit und der von ihm vollzogenen Weihe der Metropoliten — niemals die Rolle eines wirklichen Oberhauptes der Kirche eingenommen. Das Gewicht des Kaisers auch ihm gegenüber drückt sich u. a. darin aus, daß er — nach Vorschlägen von Metropoliten — vom Kaiser ernannt wurde.

In der spätrömischen Tradition war kein Raum für eine von der weltlichen Sphäre gelöste und der weltlichen Herrschaft gegenübertretende, vielleicht sogar mit ihr konkurrierende Kirchenautorität. Die Organisation der christlichen Kirche war — wie die Organisation des heidnischen Sakralbereiches — auch im christlichen Kaiserreich grundsätzlich ein Stück staatlicher Organisation, und der Kaiser galt weiterhin als die Summe des herrschenden religiösen Glaubens und als der göttliche Widerschein dieses Glaubens. Ein christliches Oberamt mit autoritären Ansprüchen gegenüber allen Gläubigen und mit einem Unabhängigkeitsdrang gegenüber der weltlichen Macht konnte sich nur dort entwickeln, wo die römische Zentralgewalt zu existieren aufgehört hatte. Das Papsttum ist daher ein Produkt der politischen Konstellation im Westen. In den Jahrhunderten nach dem Zusammenbruch des weströmischen Kaisertums war das Bischof von Rom das religiöse Zentrum aller Gläubigen und nicht selten auch ein machtpolitisches Zentrum, das inmitten der germanischen Völkerflut und oströmischen Ausdehnungsdrangs seine Position ausbaute. Das Papsttum ist kein Stück römischer Tradition; es konnte nur entstehen, weil es die römische Zentralgewalt im Westen nicht mehr gab.

e) Die Regelung der Nachfolge

Das Nachfolgeproblem des römischen Kaisertums ist ein Spiegelbild seiner doppelten Grundlage. Die beiden sich widerstreitenden Prinzipien treten bei beinahe jeder Nachfolge zutage und stören einander. Die eine Basis, die rechtliche Begründung der kaiserlichen Gewalt, fordert die Behandlung der Nachfolge als eine (der Nachwahl der Magistratur entsprechende) Wahl durch die dafür kompetente Behörde, den Senat (Rechtsprinzip). Die andere Basis, die auf die Anhänglichkeit der Clientel, vornehmlich des Heeres ruht, verlangt als Reflex sozialer Bindungen die Nachfolge des nächsten Erben (dynastisches Prinzip). Die Anhänglichkeit der Massen, die das dynastische Prinzip hervorbringt, kann wegen der hinter der Armee stehenden Macht auch zu einer Abhängigkeit von ihnen führen. Die Abhängigkeit der Nachfolgebestimmung vom Heer ist besonders deswegen politisch wirksam geworden, weil in dem riesigen Reich mit seinen verschiedenen, z. T. weit auseinanderliegenden militärischen Zentren oft rivalisierende Personen zu Kaisern ausgerufen wurden.

Zunächst zu der Nachfolge auf Grund der rechtlichen Struktur der römischen Kaisergewalt. Da der Kaiser danach nicht Monarch, sondern Inhaber rechtlicher, vom Senat als der kompetenten Rechtsquelle verliehener Rechtstitel war, konnte er seine Gewalt nicht vererben. Theoretisch setzte nach seinem Tode, z. B. nach dem Tode des ersten Monarchen Augustus, die republikanische Ordnung wieder ein, übernahmen also anstelle der kaiserlichen Sondermagistratur die jährlich wechselnden Konsuln zusammen mit dem Senat wieder die uneingeschränkte Regierungsgewalt. Denn wenn die besondere Rechtsgewalt, die der Kaiser/Prinzeps innehatte, wegfiel, traten ja automatisch die alten, durch das Gewicht des Kaisers zurückgedrängten Rechtsgewalten wieder in „ihr volles Recht“ ein. Nach der Ermordung des Kaisers Gaius (Caligula, 41 n. Chr.) haben einige Phantasten in der Tat kurze Zeit an die Wiederaufrichtung der Republik gedacht. Aber das Rad der Zeit ließ sich nicht zurückdrehen. Denn es war nicht nur die rechtliche Gesamtordnung, in die die kaiserliche Rechtsgewalt eingebettet worden war, durch das faktische Gewicht des Kaisers bereits so sehr verändert und auf den Kaiser ausgerichtet worden, daß eine Rückkehr zum republikanischen Staat und Staatsrecht unmöglich war. Die Rechtsordnung war vor allem nur die eine Basis des Kaisertums; die andere lag in dem persönlichen Ansehen des jeweiligen Inhabers der Kaisergewalt bei den Soldaten, den Bewohnern der Städte Italiens und den römischen Bürgern in den Provinzen. Die Anhänglichkeit dieser Massen, der Clientel, bezog sich dabei auf die ganze Familie eines Kaisers, schloß also auch die Kinder ein und übte folglich einen starken Druck auf eine

Vererbung der kaiserlichen Gewalt aus, die selbstverständlich auch dem Wunsche der Kaiser selbst entsprach. Da dem Prinzip der erblichen Nachfolge aber die Konstruktion der Herrschaft als eine Rechtsgewalt entgegenstand, mußte der Kaiser versuchen, die Nachfolge seiner Söhne im Rahmen der bestehenden Rechtsordnung durchzusetzen. Er erreichte das dadurch, daß er noch zu seinen Lebzeiten beim Senat um die Übertragung wesentlicher Teile der kaiserlichen Gewalt, nämlich der Amtsgewalt des Volkstribunen *(tribunicia potestas)* und der über die dem Kaiser zustehenden Provinzen und damit über das Heer *(imperium proconsulare)*, nachkam. Beim Tode des alten Kaisers besaß der designierte Nachfolger somit das Wichtigste, nämlich die rechtlich fundierte Initiative zu politischen Aktionen in der Hauptstadt und den Oberbefehl über alle Truppen. Die restlichen Gewalten erhielt er dann vom Senat ohne jede Schwierigkeit. Allerdings enthält diese Nachfolgeregelung die Peinlichkeit, daß der Senat, obwohl er die eigentlich verleihende Behörde war, unter einem gewissen Zwang den neuen Kaiser ausstattete: Zu Lebzeiten des alten Kaisers konnten die Senatoren diesem schlecht die Bitte abschlagen, den gewünschten Nachfolger mit den Grundgewalten auszustatten, und nach seinem Tode war es für den Senat ebenso unmöglich, dem Nachfolger, der schon im Besitz der Grundgewalten war, die Übertragung der restlichen kaiserlichen Rechtstitel zu verweigern. Dieser Zwang zur Verleihung der Rechtsgewalt paßte schlecht zu dem Gedanken des Prinzipats als Rechtsordnung, durch den die Republik und mit ihr die Freiheit weiterleben sollen. Das haben natürlich auch die Kaiser selbst empfunden, und dieses unwohle Gefühl gegenüber dem Tatbestand, daß mit der soeben beschriebenen Nachfolgeordnung der Senat gleichsam überspielt wurde, führte zu einem eigenartigen Usus bei Beginn eines jeden Prinzipats. Der bereits mit den Grundgewalten ausgestattete Nachfolger lehnte nämlich mit dem Ausdruck großen Widerwillens, etwa unter Hinweis darauf, daß er dem Amte nicht gewachsen sei, die Nachfolge ab. Das war die *recusatio imperii* (Zurückweisung der Macht). Die Senatoren sprangen daraufhin wie ein Mann auf und baten den designierten Nachfolger inständig, die Kaisergewalt doch zu übernehmen. Mehr gedrängt als willig (jedenfalls dem Scheine nach) nahm dann der Nachfolger die Gewalt, die der Senat nun „freiwillig“ gab. Natürlich ist dieser Vorgang nur eine Szenerie, aufgebaut, um den Gedanken der Rechtsordnung zu stärken. Wie wenig der Vorgang tatsächlich bedeutete, ersieht man daran, daß der Kaiser Tiberius (14—37 n. Chr.) vor diesem Theater das Heer bereits auf sich vereidigt hatte (Tac. ann. 1, 7). Trotzdem war dieser Vorgang von politischer Bedeutung. Er sollte demonstrieren, daß der Kaiser sich an die Rechtsordnung halten würde, daß er den Senat als die Quelle der kaiserlichen Gewalt anerkennen wollte: Der designierte Nachfolger, der beim Tode des alten Kaisers durch dessen Vorsorge faktisch bereits im Besitz der kaiserlichen Gewalten war, reaktivierte den Senat gleichsam als Quelle der Kaisergewalt, indem er diese (formal) zurückgab und wieder erhielt und bestätigte ihn damit als den politischen Bezugspunkt dieser Gewalt.

In der reinen theoretischen Anschauung konnte die auf das Rechtsprinzip aufgebaute Nachfolgeregelung als eine Wahl angesehen werden. Wenn nämlich die Senatoren die sozialen Kräfte, die auf eine dynastische Erbfolge drängten, einfach übersahen und die rechtliche Nachfolge als die allein geltende ansahen — das konnten sie insofern, als offiziell, d. h. gegenüber der Senatsaristokratie, das Rechtsprinzip das die Monarchie konstituierende Prinzip war, demgegenüber das Heer und die übrige Clientel keinen regulären Einfluß auf die Nachfolge haben konnten (s. o. S. 64 f.) —, herrschte das Wahlprinzip allein, und die Nachfolge war dann identisch mit der Wahl des politisch (der Senatsaristokratie) genehmen Mannes (Senators). Der also Gewählte war demnach der „beste“ Senator und, als Kaiser, der „beste“ Kaiser *(optimus princeps)*. Bei den Vornehmen, auf die die rechtliche Einkleidung der kaiserlichen Gewalt sich ja bezog (s. o. S. 22 ff.), hat der Gedanke von der Ordnung der Nachfolge als Wahl des besten Senators zu verschiedenen Zeiten starkes Gewicht gehabt, und dies besonders dann, wenn eine Dynastie durch Mangel an Erben bzw. durch ihren politischen Sturz keinen Nachfolger mehr stellen konnte und also in dem Hiat die Bestimmung des Nachfolgers von dem Druck des dynastischen Prinzips frei war. So konnten die Ernennung Vespasians nach dem Ende der Julisch-Claudischen Dynastie und die Nervas nach dem

Ende der Flavischen Dynastie als freie Wahlen aufgefaßt werden. Die Idee der Wahl des „besten“ Senators zum Nachfolger in der Kaiserwürde schien auch verwirklicht werden zu können, wenn es keinen Hiat in der Nachfolge gab. In diesem Fall mußte der alte Kaiser sich die Idee zu eigen machen, und er tat dies nach der Vorstellung der Senatoren dadurch, daß er denjenigen, den er als den Besten ansah, adoptierte, ihn also an Sohnes statt annahm und ihn dem Senat als Kandidaten für die Übertragung der kaiserlichen Grundgewalten empfahl. Die Wahl war damit zwar weitgehend dem alten Kaiser zugestanden, doch ließ sich damit die Idee, daß der Beste Kaiser würde, wohl noch verbinden. So haben die Aristokraten insbesondere die Kaiser von Trajan bis auf Marc Aurel, die von ihren Vorgängern tatsächlich adoptiert worden waren, als nach dieser Idee ernannte Kaiser angesehen; ebenso war i. J. 69, nach dem Ende der Julisch-Claudischen Dynastie, L. Calpurnius Piso von dem Kaiser Galba adoptiert worden. Da die von ihren Vorgängern adoptierten Kaiser oft nach Zeiten schwerer Unterdrückung der Senatsaristokratie regierten, sahen die Senatoren in ihnen und ihrer Regierung den Anbruch einer neuen Zeit. Sie erblickten in den Adoptionen ein Designationsprinzip und werteten es als das rechte Zeichen eines freiheitlichen Prinzipats (Tac. hist. 1, 14 ff.; Plin. paneg. 7 ff.). Manche modernen Gelehrten dachten wie sie und sprachen, bewundernd und anerkennend, von dem „Adoptivkaisertum“; insbesondere die Zeit von Nerva bis Marc Aurel (96—180) bedachten sie mit diesem Namen. Mit dem in Purpur geborenen Commodus, dem leiblichen Sohne Marc Aurels, wurde nach diesen Gelehrten das „Adoptionsprinzip“ durchbrochen: Die erbliche Nachfolge habe die krankhaften, mißratenen leiblichen Söhne zur Regierung und damit die „gute Zeit des Prinzipats“ zu einem Abschluß gebracht. Die Person des Commodus und seine unglückliche Regierung dienen hier als Beweis für die Richtigkeit des Adoptions- und die Verderblichkeit des dynastischen Prinzips.

Tatsächlich waren die Adoptionen aber kein eigenständiges Prinzip der Nachfolgeregelung. Sie sollten lediglich die Dynastie bei Fehlen eines leiblichen Sohnes sichern, waren also ein Teil des dynastischen Erbfolgeprinzips. Denn da es bei der dynastischen Erbfolge nicht um die Vererbung materieller Güter ging, die nach Familienrecht (Erbrecht) genau geregelt ist und alle Erbberechtigten von Rechts wegen in eine feste Nachfolge bringt, auch nicht in erster Linie um die Vererbung des Blutes, sondern es sich bei ihr um die Weitergabe eines sozialen Prestiges bzw. Charismas handelte, konnten die Regelungen des Erbrechts hier nicht helfen, wenn der Erbe nicht von vornherein (als Sohn) klar erkennbar war: Ein soziales Prestige läßt sich beim Erbgang nicht wie ein Landstück stückeln, und es war bei dieser besonderen „Erbsituation" auch nicht möglich, den fehlenden Sohn durch irgendeinen entfernten Verwandten, der als solcher für Außenstehende nur schwer erkennbar war, zu ersetzen. Bei der Natur des „Erbes" war überhaupt nur an die engsten Verwandten, in aller Regel an die Söhne zu denken. Wenn ein Kaiser nun keinen Sohn hatte, hat er — wie übrigens bereits die Aristokraten der republikanischen Zeit — zur klaren Dokumentation seines Willens im Hinblick auf die Vererbung seiner sozialen Macht eine von ihm gewünschte Person, in aller Regel einen ihm genehmen Verwandten, adoptiert und sich damit den fehlenden direkten Erben (Sohn) geschaffen. So war bereits Octavian, der Großneffe Caesars und spätere Kaiser Augustus, durch Adoption zum Sohne Caesars und damit zum Erben von dessen Autorität über die Caesarischen Veteranen geworden. Augustus selbst, der auch keinen leiblichen Sohn besaß, hat in seiner langen Regierungszeit nacheinander verschiedene Personen adoptiert, die, bis auf den letzten, seinen Stiefsohn Tiberius, alle vor ihm starben. Die Adoptionen im 2. Jahrhundert hatten den gleichen Zweck. Sie zeigen alle, daß nur deswegen adoptiert wurde, weil die Adoptierenden selbst keine Söhne hatten, und sie suchten die zu Adoptierenden selbstverständlich in der näheren oder ferneren Verwandtschaft. Wenn die Kaiser Galba und Nerva das nicht taten, so deswegen, weil sie, die beide nach dem Ende alter Dynastien regierten und selbst keine Erben hatten, aus politischen Rücksichten zu der Wahl dieser Person (Piso, Trajan) mehr oder weniger gezwungen waren.

Das zweite Prinzip der Nachfolgeregelung ruht auf der Anhänglichkeit der Massen, insbesondere der des Heeres, aber auch der hauptstädtischen Bevölkerung und der städtischen Aristokratie in Italien. Da gemäß diesem Prinzip der Sohn oder seltener ein anderer naher Verwandter die Nachfolge antrat und dadurch eine Familie längere Zeit hindurch die Kaiserwürde besetzte, können wir von einem dynastischen Prinzip sprechen. Wir haben dabei jedoch, wie bereits ausgeführt, zu bedenken, daß der dynastische Gedanke sich auf die Vererbbarkeit von sozialer Macht, mit der sich charismatische Vorstellungen mischen mochten, bezog, nicht auf die Vorrangigkeit des Blutes.

Insofern das Heer die machtpolitische Basis des römischen Kaisertums darstellte und die Anhänglichkeit des Heeres an den Kaiser und seine Familie durch eine nie aufhörende kaiserliche Fürsorge immer lebendig blieb, war der dynastische Gedanke immer virulent: Die politischen Machtverhältnisse machten das Heer zu dem eigentlichen Vertreter des dynastischen Gedankens, und sie sorgten insbesondere auch für seinen Einfluß, wenn es — bei Fehlen eines geeigneten Erben oder bei einer sonstigen unruhigen Nachfolgesituation — um die Etablierung einer neuen Dynastie ging. Dann trat das Heer nicht nur als Akklamator einer durch den dynastischen Gedanken mehr oder weniger vorbestimmten Erbfolge, sondern als Kaisermacher auf. Das Heer konkurrierte in solchen Situationen mit dem Senat, der nach dem anderen, auf die Senatsaristokratie bezogenen Nachfolgeprinzip als die Quelle der kaiserlichen Macht galt. Entsprechend den machtpolitischen Verhältnissen entschied in diesem Kompetenzgerangel dann meist das Heer, das zudem deswegen, weil die Legionen von senatsständischen Kommandeuren geführt wurden, immer eine Gruppe von Senatoren auf seiner Seite hatte. Eine besondere Rolle spielten dabei die Prätorianerkohorten, die Leibgarde des Kaisers und Offiziersschule in Rom. Da sie die dem Kaiser räumlich und oft auch menschlich am nächsten stehenden militärischen Abteilungen waren, gaben sie nicht selten den Ausschlag; so brachten sie nach der Ermordung des Gaius (41 n. Chr.) dessen Onkel Claudius auf den Thron und stellten nach der Ermordung des Commodus (192) gleich zwei Prätendenten auf.

Das Heer als Kaisermacher brachte jedoch besondere Probleme für die Nachfolgeregelung mit sich. Bisweilen nämlich hatten die verschiedenen Heereseinheiten in dem großen Reich, also etwa die am Rhein, in Syrien oder in den pannonischen Provinzen stehenden Legionen, durchaus geteilte Vorstellungen darüber, wer in einem „Nachfolgehiat" Kaiser werden sollte. Oft wollten die einzelnen Armeen jeweils verschiedene Generäle, zu denen sich schon so etwas wie ein Patronatsverhältnis entwickelt hatte (und die Anhänglichkeit zu einzelnen Generälen mochte zeitweise die zu dem fernen Kaiser übersteigen), zum Kaiser machen; es mochten auch Rivalitäten unter den Generälen eine Rolle spielen, insofern auf die Nachricht von der Ausrufung eines Generals zum Kaiser eventuell der Ehrgeiz eines anderen Generals geweckt werden konnte. Und schließlich führten, seltener, aber doch bei den großen Entfernungen gelegentlich auch reine Mängel in der Kommunikation zu schlimmen Pannen, so daß auf die Nachricht von der Ermordung eines Kaisers und von den Nachfolgeschwierigkeiten gleichzeitig mehrere Kaiser ausgerufen wurden. Gab es solche Rivalitäten um die Nachfolge, konnten nur die Waffen entscheiden. Vor den Wirren im 3. Jahrhundert hat das Kaiserreich zweimal solche Situationen erlebt, einmal i. J. 69, nach der Ermordung Neros, zum zweiten Male i. J. 193, nach der Ermordung des Commodus. I. J. 69 ging Vespasian als Sieger hervor und begründete die Flavische Dynastie, i. J. 193 behielt Septimius Severus die Oberhand, der Stammvater der Severischen Dynastie. Es ist charakteristisch, daß in solchen Situationen sich die jeweils stärksten Heereskontingente am Kaisermachen beteiligten. Im Jahre 69 waren das die Legionen am Rhein, wo der Germanenkrieg immer noch nicht als beendet galt, und in Syrien, wo das Heereskontingent wegen des Krieges gegen die Juden besonders stark war, die Vitellius bzw. Vespasian zu Kaisern ausriefen; neben sie trat Galba, der der Kandidat des Senats war, und Otho, der die Prätorianergarde für sich gewonnen hatte. I. J. 193 lagen die stärksten Heere in Britannien, Syrien und in den pannonischen Provinzen; die drei neuralgischen Punkte der Zeit waren nämlich Schottland, wo die Kaledonier, der Orient, wo die Perser und die Donaugrenze, wo die Markomannen und Quaden das Reich gefährdeten; von den 28 Legionen standen damals in den beiden Pannonien 4, in Syrien einschließlich Judaea und Phoenicae 5, in Britannien drei (insgesamt 12). Alle drei

Armeen riefen einen Kaiser aus (in Syrien C. Pescennius Niger, in den pannonischen Provinzen L. Septimius Severus, in Britannien D. Clodius Albinus). Der vierte militärische Faktor, die hauptstädtische Garde, verbrauchte gleich zwei Kandidaten. Pertinax, der auch als Kandidat des Senats gelten konnte, wurde, weil zu geizig, von den Prätorianern umgebracht und von ihnen M. Didius Julianus ausgerufen, der die Kaiserwürde von der Garde regelrecht kaufte.

Nachdem die Kaiser einen eigenen Verwaltungsapparat aufgebaut hatten und der politische Einfluß der Senatsaristokratie insbesondere hierdurch sehr geschwächt worden war (s. u. S. 139 ff.), trat das Heer als der entscheidende Faktor der kaiserlichen Gewalt deutlicher hervor. Das war bereits in der Zeit der Severischen Dynastie spürbar. Als dann durch den schweren außenpolitischen Druck und die immer schwieriger werdende Finanzlage das Reich in eine allgemeine Krise geriet, die viele bislang noch als selbstverständlich hingenommene Gemeinsamkeiten zerstörte, bestimmte das Heer die Nachfolge so gut wie allein. In dieser Situation wirkte es sich dann voll aus, daß die verschiedenen Heeresgruppen im Reich u. U. keine einheitlichen Vorstellungen von der Nachfolge hatten, und die einzelne Heeresabteilung konnte jetzt auch ganz bestimmte Notwendigkeiten, zum Beispiel die militärische Grenzsicherung eines gefährdeten Gebietes, für die besondere Wahl eines Kaisers geltend machen. Da die allgemeine Krise sich nicht beruhigte, gab es Jahrzehnte hindurch gleichzeitig mehrere Kaiser, die sich gegenseitig bekämpften. In dieser Unruhe konnte sich keine Dynastie lange etablieren. Es war schon viel, wenn es einem Kaiser gelang, seinen Sohn zur Regierung zu bringen; danach brach die „Dynastie“ schon ab. Das Reich stürzte als Folge dieser Strukturkrise der kaiserlichen Spitze in völlige Anarchie. Einzelne, durch einbrechende feindliche Völker besonders bedrohte Reichsteile lösten sich zeitweise von dem Restreich (Gallien; die Gebiete an der Perserfront). Erst Diocletian gelang es, den dynastischen Gedanken dadurch wieder zu festigen, daß er die in der Zeit der Anarchie praktisch vollzogene (und durch die Umstände auch gebotene) Vervielfältigung der kaiserlichen Gewalt institutionalisierte (s. o. S. 67 ff.). Nach den Anfangsschwierigkeiten dieser Neuordnung der Reichsspitze konnte sich der dynastische Gedanke auf der Grundlage der vervielfachten Kaisergewalt erneut verfestigen. Die nun erforderliche Mehrzahl der Kaiser stellte die herrschende kaiserliche Familie. Gerade der Umstand, daß das Heer seit dem 3. Jahrhundert als politischer Faktor wieder stärker in Erscheinung getreten war und es auch im 4. und 5. Jahrhundert weiterhin der stärkste politische Faktor blieb, hat den dynastischen Gedanken am Leben erhalten. Eine Aristokratie, die demgegenüber Gedanken über die Legitimität des Kaisertums entwickelt hätte, die von den herrschenden Vorstellungen über die Rolle des Heeres bei der Kaiserbestellung verschieden gewesen wären, konnte sich jetzt nicht mehr, jedenfalls nicht in der für die Verwirklichung solcher Gedanken nötigen Stärke durchsetzen. Die Aristokratie der Zeit war allerdings nicht von solchen Gedanken „angekränkelt" ; sie war, wie die gesamte Bürokratie, aus der sie sich entwickelte, von militärischem Denken erfüllt und bestätigte nur die Stärke des allgemeinen militärischen Geistes.

Wenn es trotzdem in der Spätantike bisweilen zu Usurpationen kam, die denen der Zeit des 3. Jahrhunderts ähnlich sahen, lag das vielfach an einer mangelnden Koordinationsbereitschaft oder -fähigkeit der herrschenden Dynastie, die nicht in der Lage war, die nunmehr notwendig pluralistische kaiserliche Präsenz der Dynastie überall mit Nachdruck und mit klarem, einheitlichem Willen zu etablieren. So konnten außenpolitische Notlagen zur Ausrufung eines Kaisers zwingen, wie z. B. Maïorian nach dem Ende der Valentinianischen Dynastie unter dem Eindruck der von den Westgoten drohenden Gefahr zum Kaiser der Westhälfte des Reiches ausgerufen wurde (457—461). Besonders aber haben christlich-dogmatische Streitigkeiten zu Usurpationen geführt, die sich auf breite Bevölkerungsgruppen stützen konnten, wie z. B. die Ausrufung des maurischen Fürsten Firmus zum Kaiser (370) nur durch die Unterstützung der christlichen Sekte der Donatisten in Afrika möglich gewesen war; Magnus Clemens Maximus ferner, ausgerufen 383 in Britannien, trat als orthodoxer Christ gegen die sogenannten Priscillianisten, eine besonders in Spanien und Gallien verbreitete Sekte mit asketischen, an gnostische Lehren anknüpfenden Glaubensvorstellungen auf, und Eugenius schließlich, ein Rhetorik-Professor, verstand sich gar als ein Anhänger des Heidentums (392). Bei allen diesen und anderen Usurpatoren hat noch manches scheinbar Nebensächliche zu ihrem Erfolg beigetragen, so insbesondere das militärische Lokalkolorit, das bei Usurpationen fast immer hineinspielte, dann auch Unzufriedenheit der Bürokratie u. a., doch war der Glaubenskampf ein wichtiger Teil ihrer Erhebung bzw. ihres wenn auch nur kurzen Erfolges in der Herrschaft. Noch folgenreicher war für die Schwächung der Position der jeweils herrschenden Dynastie auf die Dauer die durch einen hohen Prozentsatz von Nichtrömern (Barbaren) veränderte Struktur des Heeres. Das Kaisertum geriet immer stärker in Abhängigkeit insbesondere zu den germanischen Elementen im Heer und deren Führern. Die Germanen hatten oft wenig inneren Bezug zu der römischen Kaiserdynastie, die für sie denn auch oft nur ein Aushängeschild war, hinter dem sie selbst frei schalten konnten. Im Westen, wo der Einfluß der Germanen im Heer allmächtig wurde, ist es darum nach dem Ende der Valentinianischen Dynastie (455) überhaupt nicht mehr zur Ausbildung einer Dynastie gekommen. Im Osten hingegen konnte der Kaiser Zenon das germanische Element aus dem Heere verdrängen und dem dynastischen Gedanken endgültig zum Sieg verhelfen.

Wie die schon im 3. Jahrhundert erkennbare und auch im 4. und 5. Jahrhundert weiterhin vorhandene Neigung, zur Sicherung der Nachfolge auch Kinder auf den Thron zu heben, zeigt, ist der dynastische Gedanke mit dem Absterben des Rechtsprinzips bei der Bestellung eines Kaisers stärker geworden. Es war nun bei der Bestimmung des Nachfolgers weniger wichtig, daß das Heer einen tüchtigen Oberbefehlshaber erhielt, als daß dieser Oberbefehlshaber der gewünschten Dynastie angehörte. Auch beim Heer war demnach der Wunsch nach einem Erben aus der regierenden Dynastie jetzt stärker als der, den Kaiser als aktiv tätigen Heerführer zu sehen. Die Festigung des dynastischen Gedankens läßt sich auch an der wachsenden Bedeutung ablesen, die die Frauen des Kaiserhauses in der Erbfolge gewannen. Zwar konnte im römischen Kaiserreich, anders als später in Byzanz, keine Frau regierende Kaiserin werden — soweit beherrschte noch das antike Denken über die Rolle der Frau im öffentlichen Leben auch den

Sukzessionsmechanismus —, aber die Heirat mit ihr hatte doch jedenfalls bis zu einem gewissen Grade legitimierende Wirkung. Das Ansehen der Frauen des kaiserlichen Hauses, das in Zeiten gefestigter Dynastien auch früher bereits groß gewesen war, nahm nun noch zu und wirkte sich gelegentlich auch auf die Nachfolge in der Kaiserwürde aus. So ist, als mit dem Tode des oströmischen Kaisers Theodosius II. (450) die Dynastie des ersten Theodosius ausstarb, der neue Kaiser Marcianus erst durch die Heirat mit Pulcheria, der Schwester des verstorbenen Kaisers, gleichsam herrschaftsfähig geworden; die Initiative scheint damals sogar von Pulcheria ausgegangen zu sein, die wahrscheinlich auch die Krönung vornahm und damit den Übergang von einer Dynastie auf die nächste durch ihre Person überbrückte. Auch als nach der Ermordung Valentinians III. (455) der neue Kaiser Petronius Maximus die Kaiserwitwe Eudoxia, eine Enkelin des Kaisers Arcadius, zur Ehe zwang und deren Tochter überdies mit seinem Sohn Palladius, den er zum Caesar gemacht hatte, vermählte, geschah dies eindeutig aus dem Wunsch nach Legitimierung der neuen Herrscher. Die Überzeugung der Germanen von der Heiligkeit des Blutes hat jedenfalls im Westreich von germanischer Seite her die Bedeutung der Frauen der kaiserlichen Dynastie noch verstärkt. Der Westgotenkönig Athaulf hat durch die Heirat mit Galla Placidia, der Tochter Theodosius I., in Narbo (414) offenbar eine Legitimation für seine, von Honorius nicht anerkannte Herrschaft in Südgallien zu gewinnen erhofft.

Mit der Neuetablierung des dynastischen Elements trat besonders dann, wenn sich auch die politische Lage des Reiches etwas beruhigt hatte, das Heer als Kaisermacher etwas in den Hintergrund. In solchen Zeiten wirkte die insbesondere sakral begründete Überhöhung der kaiserlichen Majestät dann auch bei der Kaiserbestellung dahin, daß die Nachfolge anstatt in der rauhen Atmosphäre des Feldlagers im Palast geregelt und in den starren Formen des entpersönlichten Kaisertums ritualisiert wurde. Wie das Leben des regierenden Kaisers zeremoniell geordnet worden war, entwickelte sich auch eine Ordnung der Kaiserernennung und Thronbesteigung. Es ist allerdings im römischen Kaiserreich niemals zu einem allgemein anerkannten Ritual der Thronbesteigung gekommen. Aber es bildeten sich doch eine ganze Reihe von Formelementen aus, die bei aller Uneinheitlichkeit in der Entwicklung und bei aller Eigenwilligkeit einzelner Kaiser eine allgemeine Linie erkennen lassen, deren letzte Ausprägung in den hochbyzantinischen Zeremonienbüchern für die Kaiserernennung (8. und 9. Jahrhundert) zu erkennen ist. Für die Inthronisation, die auch nach antiken Vorstellungen vornehmlich ein Ankleiden ist, besaß die Umlegung des purpurnen Feldherrnmantels *(paludamentum)* schon längst den Wert eines Rituals; daneben wird seit den Söhnen Constantins I. das mit Perlen und Juwelen besetzte Diadem ein unlöslicher Bestandteil der mit der Herrscherübertragung verbundenen Insignien. Dazu treten eine Reihe von Ritualen, die der Zeremonie der Herrscherausrufung durch die Truppen entnommen sind; das Militär spielte ja noch im 4. und 5. Jahrhundert eine große Rolle bei der Nachfolgefrage (s. o.), und angesichts der wachsenden Bedeutung des germanischen Elements im Heer werden hier jetzt auch germanische Formen spürbar. So ist die Schilderhebung, die zuerst bei der Kaiserausrufung Julians bei Paris begegnet (360), germanischen Ursprungs. Sie wird feste Gewohnheit der Inthronisation für die römischen und byzantinischen Kaiser. Auch die Krönung mit dem *torques* (ein gedrehtes Halsband, das als Kopfschmuck getragen wird), die ebenfalls zuerst bei der Erhebung Julians vorkommt, scheint von den Germanen übernommen zu sein; sie setzt sich jedoch nicht als fester Bestandteil der römischen Inthronisation durch, stellte vielleicht nur ein vorübergehendes, aus einer Verlegenheit geborenes Symbol dar (es war 360 für Julian kein Diadem zur Hand), dessen tragende Kraft und Sinngebung nicht stark war, sondern das als Diademersatz empfunden wurde. Wichtig ist, daß von den Gruppen, die den Kaiser ernennen, das ursprünglich allein bestimmende Heer zumindest etwas zurücktritt. Schon die Tatsache, daß nach der erneuten Festigung des dynastischen Gedankens im 4. Jahrhundert die Kaiser nicht mehr die längste Zeit ihrer Regierung im Feld stehen, sondern der Palast ihr gewöhnlicher Aufenthaltsort ist, wirkt sich auf die bei der Kaiserernennung wirkenden Kräfte bzw. Formalitäten aus: Es entscheiden (immer abgesehen von der Usurpation) über die — durch den dynastischen Gedanken weitgehend festgelegte, jedenfalls eine freie Wahl ausschließende — Nachfolge die hohen Beamten und Offiziere der Umgebung. Im Osten erscheinen auch der Senat von Konstantinopel und das „Volk" als bei der Kaiserwahl beteiligt. Leo I. wird vom Senat, den hohen Beamten, den Palastgarden und Truppen im Namen des Staates, Heeres, der Gesetze, des Palastes, Senates, Volkes und der Welt als Kaiser gefordert. Diese Benennungen zeigen die durch den Rückzug der kaiserlichen Person in den Palast bedingte Situation; in diesem Vorgang spielt das Heer zwar noch eine gewichtige Rolle, aber neben es treten andere Elemente. Das entscheidende Gewicht in dem Spiel der Kräfte innerhalb des Palastes aber liegt beim Kaiser, dessen Legitimität auch Basis für die Bestimmung des Nachfolgers ist. Der gesamte Vorgang bleibt dabei rein weltlich. Kirchliche Kräfte wirken in keiner Weise mit. Sie sind übrigens selbst dann, als in späterer byzantinischer Zeit das Zeremoniell der Kaiserbestellung weitgehend vom kirchlichen Ritual geprägt war, gering gewesen.

II. Die kaiserliche Reichsverwaltung

a) Ziel und Zweck der Verwaltung

Die mit einer Verwaltung verbundenen Zielsetzungen waren in der Zeit der Republik jeweils sehr verschieden gewesen, je nachdem ob die Römer in Italien oder die Bewohner der militärisch organisierten Herrschaftsbezirke (Provinzen) Gegenstand der Verwaltung waren. Die gegenüber den Römern praktizierten Verwaltungsgrundsätze waren aus dem patronalen Denken abgeleitet, das die Beziehungen zwischen der regierenden aristokratischen Gesellschaft (Nobilität) und den Massen der Römer beherrscht hatte. Das hieraus entspringende fürsorgliche Denken war, neben der allgemeinen Friedenswahrung, vor allem auf die Herstellung von Rechtssicherheit und auf die Sorge um die materielle Absicherung der sozialen Existenz der Römer gerichtet gewesen; das letztere wurde in aller Regel entsprechend dem patronalen Denken meist nur auf Anfrage bzw. auf besonderen Druck hin in Angriff genommen, doch hatte dieser Teil der Fürsorge in einigen Bereichen, z. B. in der Versorgung der hauptstädtischen Bevölkerung mit Getreide und in der Vergabe von Land an mittellose römische Bürger, bereits ein Stadium erreicht, in dem er als eine ständige Verwaltungsaufgabe angesehen werden konnte. Gegenüber den eher als Untertanen angesehenen Provinzialbewohnern stand die Sicherung von Ruhe und Ordnung im Vordergrund. Darüber hinaus interessierte Rom hier naturgemäß besonders die Eintreibung der Tribute. Da aber die Verwaltung der Provinzen beinahe ausschließlich auf den Statthalter und seinen kleinen Stab beschränkt und also mehr oder weniger reine Militärverwaltung war, konnte sie die Erfordernisse einer Finanzverwaltung nur unvollkommen erledigen; das Finanzgefälle wurde daher zum größten Teil an private Steuereintreiber (*publicani*) verpachtet. Das von staatlicher Seite kaum kontrollierte Eintreibungssystem — bisweilen machten sogar die Statthalter mit den Steuerpächtern gemeinsame Sache — brachte die Provinzen an den Rand des Ruins. Die privatwirtschaftliche Organisation der Steuereinziehung zeigt besonders deutlich die Mängel der republikanischen Militärverwaltung in den Provinzen. Die Mißstände wurden auch nicht gerechtfertigt durch den Hinweis (etwa bei Cicero in einem Brief an seinen Bruder Quintus, ad Qu. fr. 1, 1, 34), daß die Besteuerung der Preis für den Frieden sei, den die Römer gebracht hätten. Nicht der Tatbestand der Besteuerung, sondern die mangelnde Steuergerechtigkeit war der eigentliche Vorwurf. Der Grund für den Mißstand lag allerdings nicht in erster Linie in einem mangelnden Willen nach Gerechtigkeit bei der römischen Führungsschicht, sondern in einer strukturbedingten Unfähigkeit dieser Schicht, eine bestimmten Zielen und Zwecken angemessene Verwaltung aufzubauen. Die regierende Aristokratie, die auf dem Prinzip der Gleichheit der an der Regierung beteiligten Standesgenossen und auf die für alle aristokratischen Gesellschaften konstitutive persönliche Kommunikation innerhalb des Standes aufgebaut war, konnte die Zahl der Verwaltungsträger nicht beliebig vermehren, ohne die Herrschaft der ganzen Klasse zu gefährden, und konnte daher keinen zweckrationalen, also unpersönlichen und d. h. nicht (mehr) der persönlichen Beziehung verpflichteten Verwaltungsapparat einrichten.

Mit dem Kaisertum waren die strukturellen Hinderungsgründe für den Aufbau einer intensiveren Verwaltung beseitigt. Die Regierung konzentrierte sich nun in einer Spitze, die eine bürokratische Zentrale aufzubauen vermochte, und unter dieser einen Spitze wurden jedenfalls der Tendenz nach nun alle (freien) Bewohner des riesigen Reiches unterschiedslos Gegenstand einer vereinheitlichten Verwaltung. Der Gegensatz von Römern und Provinzialen (und damit der Gegensatz von Italien, wo die Römer ursprünglich nur wohnten, und den von den Peregrinen bewohnten Provinzen) verwischte sich, um schließlich im 3. Jahrhundert auch formal aufgehoben zu werden. Der früher vor allem für die Römer errichtete Verwaltungsapparat arbeitete nunmehr für alle Reichsbewohner, und dies schon bevor alle das römische Bürgerrecht erhalten hatten.

Wenn mit dem Kaiserreich auch die Verwaltung und damit die effektive Regierung des Gesamtreiches erst wirklich begann, änderten sich damit jedoch nicht auch die grundlegenden Zielsetzungen der Regierung. Denn der Umbruch von der Republik zum Kaiserreich war keine soziale Revolution in dem Sinne gewesen, daß neue Schichten mit anderer Bewußtseinslage aufgerückt wären oder sich die allgemeine Bewußtseinslage grundsätzlich gewandelt hätte. Es hatte sich zwar einiges in der Sozialstruktur verschoben — der römische Bürger rückte etwas aus dem Zentrum; das Heer gewann größeren Einfluß und die soziale Macht der ehemals herrschenden Aristokratie hatte weitgehend der Kaiser übernommen —, aber es waren keine das Bewußtsein umwälzenden Verschiebungen eingetreten. Die Wertwelt der entmachteten Aristokratie war daher auch die des Kaisers, der aus dieser Aristokratie kam und der sie in dem Kompromiß des Prinzipats sogar eng an sich gezogen hatte, und ebenso selbstverständlich war sie auch die der neuen Aristokratie (Senatsaristokratie, *ordo senatorius*), die in der Tradition der republikanischen Oberschicht stand. Da diese Wertwelt durch die Restaurationspolitik des Augustus noch besonders herausgestellt und durch die offiziöse Propaganda unterstrichen wurde, bildeten sich kaum neue Bewußtseinsstrukturen und Verhaltensweisen, aus denen heraus eine neue Besinnung auf die Aufgaben und Ziele einer Herrschaft hätten erwachsen können. Der Verwaltungszweck war folglich weiterhin durch die Faktoren bestimmt, von denen auch früher das soziale Band zwischen den vornehmen Familien und den Massen gekennzeichnet gewesen war, nämlich von dem Patronatsverhältnis (nach dem Schutzbefohlenen, dem *cliens*, auch Clientelverhältnis genannt). Die Verwaltung ist darum auch in der Kaiserzeit vom patronalen Geist getragen, und das Neue an der kaiserlichen Verwaltung ist folglich nicht eine gegenüber der Republik veränderte Zielsetzung, sondern liegt in der Verwirklichung der seit jeher geltenden, aber bislang nur unvollkommen praktizierten (patronalen) Fürsorge und deren Übertragung auf alle (freien) Reichsbewohner.

Die Effektivierung der patronalen Verwaltung konnte nun nicht sofort in ihrer ganzen Konsequenz, d. h. für alle (nicht nur für die Römer) durchgesetzt werden. Das war schon von den politisch-sozialen Voraussetzungen her nicht möglich, selbst wenn der Kaiser das gewollt hätte. Es gab folglich auch kein Programm in dieser Richtung. Im Gegenteil war gerade durch die restaurativen Tendenzen der augusteischen Zeit zunächst noch der Römer das bevorzugte Verwaltungsobjekt, und es kam auch der Ausbau eines Verwaltungsapparates, der die Fürsorge für alle verwirklichen konnte, nur sehr zögernd in Gang. Aber die veränderte politische Ordnung, in der jetzt das Reich eine Zentrale und die Bürokratie damit eine lenkende Spitze hatte, an die sie sich wenden und von der sie Richtlinien erhalten konnte, schuf doch ein Gefälle, das dem Ausbau der Verwaltung und der Übertragung des patronalen Fürsorgegedankens auf alle Reichsbewohner günstig war.

Was wollte nun die patronale Verwaltung inhaltlich konkret durchsetzen?

Ein wesentliches Ziel der Verwaltung war die Friedenswahrung. Sie gehört insofern zu der patronalen Grundlage, als auch der Patron für den Frieden unter seinen Clienten zu sorgen hat. Aber der Friedensgedanke bezog sich doch nicht nur auf den inneren Frieden; er war sogar vornehmlich auf den äußeren Frieden gerichtet. Der Gedanke der Friedenssicherung verbindet sich dabei sehr stark mit der Vorstellung, daß derjenige, der den Frieden herstellt oder erhält, ipso facto als Herrscher gerechtfertigt sei. In der *Pax Augusta* geht der Kaiser gleichsam in dem Friedensgedanken auf. Wenn dieser Gedanke von allen Kaisern zu jeder Zeit, besonders aber in Zeiten von Not und Unruhe, wie im 3. Jahrhundert, gegenüber der ganzen Reichsbevölkerung als die hervorragendste Aufgabe propagiert wird, ist dies daher auch als ein Akt der Rechtfertigung der Herrschaft vor der Reichsöffentlichkeit zu werten; in ihm wird nicht nur den Römern, sondern auch den Peregrinen die römische Herrschaft bzw. das römische Kaisertum verständlich gemacht und also der Römer wie der Unterworfene in den staatlichen Gedanken hineingenommen, nicht lediglich als reines Objekt der Herrschaft gesehen. Der Friedensgedanke hat tatsächlich auch starke Resonanz bei den Bewohnern der Provinzen gehabt, wie wir aus Dokumenten vor allem des griechischen Ostens wissen.

Der im engeren Sinne patronale Gedanke wirkt sich hingegen in der allgemeinen Fürsorge des Herrschers gegenüber Römern und Provinzialen aus. Ein Hauptgegenstand der Fürsorge ist die Sicherung einer geordneten Rechtspflege. Die Rechtsordnung selbst ist allerdings nur bedingt Ausfluß herrschaftlicher Fürsorge. Sie dient zwar dem sozialen Frieden und der Gerechtigkeit, und ihr weiterer Ausbau ist besonders auch diesen Zielen untergeordnet. Aber der Kaiser ist zusammen mit dem Senat und den römischen Magistraten zunächst nur für die römische Rechtsordnung verantwortlich. Die zahlreichen Rechtsordnungen der mannigfachen Städte und Völker im Reich waren ohne die Hilfe Roms entstanden und ruhten jeweils in der ihnen eigenen Tradition. Die Fürsorge des Kaisers ihnen gegenüber bestand nicht in der Erstellung oder Korrektur einer Rechtsordnung, sondern darin, daß Rom als die zentrale Ordnungsmacht überall für die Durchsetzung des Rechts sorgte. Die Rechtspflege selbst und die Rechtsordnungen, auf denen sie ruhte, wurde hingegen in den untertänigen (provinzialen) Gebieten den einheimischen Behörden ausdrücklich überlassen; der Kaiser war lediglich oberste Aufsichtsbehörde, welche die Aushöhlung des Rechtsgedankens verhinderte, den Mißbrauch des Rechts durch die sozial Mächtigen bremste und bei mangelnder Rechtsordnung gelegentlich für deren Ergänzung nach dem Grundsatz sozialer Gerechtigkeit sorgte. Der Kontrolle des Rechtswesens diente vor allem die Ausbildung eines engmaschigen Berufungswesens (Appellation), das durch mehrere Instanzen bis hinauf zum Kaiser lief und für alle Rechtsbereiche galt. Die Appellation hatte es in republikanischer Zeit nicht gegeben; erst die zentral gelenkte kaiserliche Bürokratie schuf die Voraussetzung für sie. — Die Aufsicht über die römische und die nichtrömischen Rechtsordnungen schuf Rechtssicherheit in einem Ausmaße, wie es sie nicht nur nicht in der Republik, sondern in keinem Staat vorher gegeben hatte. Die Reichsbevölkerung, besonders die in republikanischer Zeit so ausgeplünderten Provinzbewohner haben das auch gesehen und anerkannt: Der gewaltige Verwaltungsapparat bedeutete für sie der unpersönliche Richter, in dem kein individueller, von Egoismus und materieller Gier getriebener Wille mehr wirken konnte. Das Einzel- und Gruppeninteresse schien in dem Apparat — selbstverständlich unter Berücksichtigung der auch im Recht und auf das Recht wirkenden sozialen Ungleichheit — aufgehoben zu sein. Der Lobpreis auf die römische Verwaltung ging soweit, daß in der durch sie vermittelten Rechtssicherheit die neue Freiheit gesehen wurde (so im 2. Jahrhundert in einer Lobrede auf Rom von dem griechischen Rhetor Aelius Aristides).

Der Kern der patronalen Fürsorge hingegen lag in dem Gedanken, daß der Patron die ihm anvertrauten Schutzbefohlenen (Clienten) vor materieller Not zu schützen, daß er insonderheit deren soziale Existenz zu sichern und darüber hinaus für berechtigte Lebensbedürfnisse nach Kräften in angemessenem Umfang Hilfe zu leisten habe. Die Kaiser machten auch diesen Gedanken zu ihrem eigenen, aber nichts deutet daraufhin, daß sie ihn über den gegebenen Rahmen hinaus erweitert haben. Die Fürsorge ist daher auch nicht Inhalt einer systematischen Fürsorgepolitik, die von irgendwelchen grundlegenden Ideen der menschlichen Lebensvorsorge ausgegangen wäre; sie reflektiert auch nicht auf die möglichen Ursachen sozialer Mißstände oder Spannungen, die zu einem Eingreifen des Kaiser-Patrons hätten führen können, um von hier aus — etwa unter Zugrundelegung wirtschaftlicher Überlegungen — Möglichkeiten wirksamer Abhilfe zu sondieren. Sie besorgt vielmehr die Hilfe lediglich dort, wo sie augenfällig notwendig ist, und auch dies nur dann, wenn die Hilfsbedürftigen an den Kaiser direkt oder eher über dessen Verwaltungsorgane herantreten. Auch das entspricht völlig der patronalen Grundstruktur: Der Client erscheint vor dem Patron, wenn er Sorgen hat; kommt er nicht, ist eben alles in Ordnung. Allerdings haben ganz offensichtliche Notsituationen, wie etwa ein Erdbeben oder eine Epidemie, den Kaiser von sich aus zu schneller Hilfeleistung veranlaßt. Ferner haben im Laufe der Zeit auch ständig wiederkehrende Phänomene sozialer Not zu einer mehr oder weniger auf Dauer institutionalisierten Hilfe geführt. Auch sie bekämpfte selbstverständlich nur die Symptome, nicht die Ursachen und blieb von hierher gesehen an der Oberfläche. Aber immerhin handelt es sich doch schon um so etwas wie eine systematische Bekämpfung von Symptomen. Unter der Fülle der hier in Frage kommenden Gegenstände seien zwei besonders hervorstechende, weil von der Verwaltung intensiv behandelte Komplexe herausgehoben.

Der eine Komplex betrifft die Getreideversorgung, die anfänglich nur für die Stadt Rom besorgt, dann zu einer allgemeineren, in den ersten Jahrhunderten jedoch vor allem auf Italien beschränkten Aufgabe wurde. Die Sorge für dieses Grundnahrungsmittel (*cura annonae*) wurde eine ausgesprochen kaiserliche Aufgabe, durch die arme Bürger kostenlos oder doch zu einem stark verbilligten Preis mit Brotgetreide versorgt oder wenigstens der Markt ausreichend beliefert und also Teuerung verhindert wurde. Neben dem Getreide ist bisweilen auch das nächstwichtigste Grundnahrungsmittel des Mittelmeerraumes, nämlich das Speiseöl (Olivenöl), verteilt worden. Die kaiserliche Fürsorge drückte sich nicht nur in der direkten Unterstützung der Hilfsbedürftigen bzw. des Marktes aus; sie konnte sich auch in indirekten Stützen der Getreide- und sonstigen Lebensmittelversorgung äußern, so etwa in Vergünstigungen für den Bau von Handelsschiffen oder in der Übernahme von Risiken für den gefährlichen Seetransport auf die kaiserliche Kasse. Es wurde sogar ein besonderer kaiserlicher Finanzfonds für die Nahrungsmittelfürsorge errichtet, nämlich der *fiscus frumentarius* (vgl. CIL VI 9626). Das Problem der Getreideversorgung war für einige Landstriche besonders prekär, während andere, wie Sizilien, Ägypten und das mittlere Nordafrika, in der Versorgung mit Getreide, aber auch mit anderen Nahrungsmitteln autark oder gar Überschußgebiete waren. Italien hingegen war die ganze Kaiserzeit hindurch auf Getreideeinfuhren angewiesen, weil hier viele Großgüter den größten Teil der Anbauflächen für die Produktion von Öl und Wein sowie für die Viehwirtschaft und damit für Wirtschaftsarten verwendeten, die im Gegensatz zur Getreidewirtschaft weniger Arbeitskräfte und darum höheren Profit versprachen; der Getreidemangel Italiens war also eine Folge der besonderen Entwicklung der dortigen Landwirtschaft, kein natürlicher Mangel.

Ein weiteres auffälliges Feld kaiserlicher Fürsorge betrifft die Versorgung mittelloser, insbesondere auch verwaister Kinder. Fürsorge dieser Art begegnet uns im privaten Bereich als Reflex patronalen Denkens sehr häufig; auch hier ordnet sich also die kaiserliche Politik in die aristokratische Tradition ein. Im privaten Bereich wurden für die genannten Zwecke meist

Stiftungen errichtet, deren Zinsen der Versorgung der Kinder dienen sollten. Genauso handelte auch die kaiserliche Verwaltung, und sie folgte dem bewährten Muster um so eher, als dadurch der Verwaltungsaufwand denkbar klein gehalten wurde; auch in der Kaiserzeit, welche die Voraussetzung für einen erweiterten Verwaltungsapparat schuf, ist selbstverständlich die Tendenz zur Wucherung der Bürokratie immer zurückgedämmt worden. Hilfe für arme und verwaiste Kinder hat schon Augustus geleistet; seit Nerva (96—98) erfahren wir von intensiveren Maßnahmen dieser Art. Insbesondere hat sich der Kaiser Trajan (98—117) der Kinderfürsorge gewidmet. Eine Stiftung Trajans in Veleia (in Oberitalien, 30 km südlich von Piacenza), deren Beurkundung uns erhalten ist (es handelt sich um die größte auf Bronze geschriebene Inschrift, die aus der Antike auf uns gekommen ist), versorgte z. B. aus Hypothekenzinsen in Höhe von 13 000 Denaren jährlich 281 Kinder. Diese *alimenta* bzw. *alimentatio* genannte Fürsorge wird auch von der kaiserlichen Propaganda gebührend gewürdigt. Es wurden übrigens nur freigeborene Kinder alimentiert, unter ihnen aber nicht nur die ehelich, sondern auch die unehelich geborenen. Der Umfang der Alimentationen war so groß, daß schließlich nicht nur in vielen Städten ein besonderer Beamter (*quaestor alimentorum)* für die Ausbezahlung der Zinsen und die Führung der Register bestellt werden mußte, sondern auch auf Reichsebene jedenfalls zeitweilig ein besonderer Präfekt (*praefectus alimentorum*) das ganze Alimentationswesen überwachte. Italien war sogar in Alimentationsbezirke eingeteilt worden, die jeweils einem besonderen Beamten unterstanden.

Besondere Aufmerksamkeit widmete der Kaiser auch der gerechten Ordnung des Steuerwesens. Die Sorge für die Steuergerechtigkeit entsprang naturgemäß nicht nur der patronalen Sorge um die Erhaltung der materiellen Resourcen der Schützlinge, sondern sie wollte auch diese Resourcen um des Steueraufkommens willen sichern. Steuergerechtigkeit umfaßte daher nicht nur die gerechte, angemessene Verteilung der Steuern auf die Reichsbewohner und die Verhinderung von Mißbrauch des Steuerrechts zum Vorteil von Beamten und Privaten, sondern auch die Begrenzung der Steuern auf ein für den einzelnen erträgliches Maß. Berühmt war gerade auch auf dem Hintergrund der republikanischen Mißwirtschaft der Ausspruch des Kaisers Tiberius, daß ein guter Hirte seine Schafe scheren und nicht schinden solle *(boni pastoris esse tondere pecus, non deglubere,* Suet. Tib. 32,2). Das Kaisertum hat zum Zwecke des Aufbaus eines geordneten und gerechten Steuerwesens zunächst das Krebsübel der republikanischen Steuereintreibung, die privatwirtschaftliche Steuerpacht, d. h. die Verpachtung der staatlichen Gefälle (Tribute, Zölle, indirekte Steuern usw.) und staatlicher Aufgaben (Einziehung der Steuergelder, Herstellung von Waffen, Bereitstellung von Heeresverpflegung) an vermögende Bankiers, Besitzer von Manufakturen und Händler stark eingeschränkt. Um den Apparat der Finanzverwaltung übersichtlich und billig zu halten, ist das Pachtwesen zwar nur z. T. beseitigt worden, aber der bleibende Teil wurde nun von der Bürokratie scharf kontrolliert. In zunehmenden Maße trat jedoch an die Stelle der indirekten, schwer kontrollierbaren Steuerverpachtung die direkte Besteuerung durch eine reguläre, nach allgemeinen Normen ablaufende Finanzverwaltung. Sie hatte es in der Republik überhaupt nicht gegeben; sie war ein Produkt der durch das Kaisertum bereitgestellten neuen Möglichkeiten der Verwaltung. Kaiserliche Verwaltung ist seitdem neben den alten Bereichen der Militär- und Gerichtsverwaltung vor allem auch Finanzverwaltung. Ein Heer von Beamten besorgte jetzt dieses Geschäft; gegen Ende des 2. Jahrhunderts betrug die Zahl allein der höheren Chargen dieses Zweiges der Verwaltung fast 200. Da die Beamten in der Kaiserzeit besoldet wurden, kostete die Finanzverwaltung viel Geld, aber die Erleichterung in den Provinzen war groß und das geordnete Steuerwesen, das übrigens die Tasche der Besteuerten in den ersten Jahrhunderten nicht übermäßig belastete, hat ohne Zweifel nicht wenig zu der wirtschaftlichen Blüte des Reiches im 1. und 2. Jahrhundert beigetragen. Seit der großen politischen und wirtschaftlichen Krise des 3. Jahrhunderts ist der Steuerdruck allerdings härter geworden. Mit ihm änderten sich auch die Steuermoral der Reichsbewohner und die Methoden der Steuereintreibung. Die Finanzverwaltung trat nunmehr der Bevölkerung als Bedrücker gegenüber, und der Apparat, der seiner Macht bewußter wurde, hat dann auch selbst die ihm übertragenen Machtmittel zu seinem eigenen Vorteil ausgenutzt; die Beamtenkorruption wuchs, und der Kaiser, der das Übel wohl sah, aber ein Gefangener seines eigenen Apparates wurde, hat durch Ermahnungen und Drohungen allein keine Besserung bringen können. Erst sehr allmählich kam in der Spätantike wieder so etwas wie ein geordnetes Steuerwesen, das nach Normen ablief und die Möglichkeiten der Besteuerten berücksichtigte, in Gang; Diocletian hat in dieser Hinsicht viel getan. Aber das ungeheure Geldbedürfnis des Reiches hat in den letzten Jahrhunderten der Antike doch die an sich notwendige und auch hingenommene Aufgabe der staatlichen Besteuerung in den Augen der Bevölkerung so kompromittiert, daß die Steuereintreibung vielfach a priori als Akt tyrannischer Willkür angesehen wurde.

b) Der Aufbau des Verwaltungsapparates und dessen Entwicklung

Am Beginn der Kaiserzeit war der Verwaltungsapparat im großen ganzen mit den Ämtern der republikanischen Zeit identisch, die durch den Akt der Neugründung des Staates nach den Wirren des Bürgerkrieges von Augustus noch ausdrücklich als die Träger auch der neuen Ordnung hingestellt worden waren. In dieser traditionellen Ämterhierarchie, in der alle Beamten nach republikanischem Grundsatz jährlich wechselten, standen als formelle Lenker der Regierung die beiden Konsuln an der Spitze und hatten die Prätoren die Zivil- und Strafgerichtsbarkeit inne. Eine Reihe von Finanzbeamten (Quästoren) beaufsichtigte die zentralen Kassen, andere Beamte sorgten für das Münzwesen, die Stadtreinigung und erledigten anstelle bzw. in Vertretung der Prätoren besondere Gerichtsgeschäfte. Außerhalb Roms und Italiens, d. h. jenseits des geschlossenen römischen Bürgergebietes, vertraten in den einzelnen Herrschaftsbezirken, den Provinzen, Statthalter die römische Macht. Sie hießen Prokonsuln bzw. Proprätoren, weil sie nach dem ordentlichen Amt in Rom ihr neues Amt außerhalb Roms gleichsam an Stelle eines ordentlichen Amtes (das nach traditioneller Vorstellung nur in der Stadt Rom ausgeübt werden konnte), also als ein Als-ob-Magistrat, lateinisch *pro magistratu* (*pro consule, pro praetore*), versahen. Die Statthalter waren auf die Aufgabe der militärischen Sicherung, der Beaufsichtigung vor allem der Rechtspflege bei den Untertanen und der Kontrolle der Steuereintreibung beschränkt. Sie hatten außer ihrem kleinen Stab, der meist der eigenen Sklaven- und Freigelassenenschaft entnommen wurde, und einem Finanzbeamten kaum Hilfspersonal. — Formal bildete für diesen gesamten Verwaltungsapparat noch der Senat die Spitze, in den alle gewesenen hohen Beamten eintraten und der weitgehend mit der aristokratischen Gesellschaft identisch war.

In diese nach republikanischem Muster geordnetete Verwaltung gliederte sich der Kaiser ein, indem er seine Gewalt als eine Summe von herkömmlichen Ämtern, Amtsgewalten, Teilen von Amtsgewalten und Rechtsprivilegien und damit also als Teil eines formell noch vom Senat gelenkten Verwaltungsapparates ansah. Doch die Fülle der kaiserlichen Kompetenzen sprengte sehr schnell den republikanischen Rahmen: Der Kaiser trat als die Spitze eines eigenen Apparates neben den Senat. Denn er, der über die Hälfte aller Provinzen als Statthalter befehligte und in Rom und Italien ebenfalls eine Fülle von Zuständigkeiten besaß, mußte diese vielfältigen Aufgabenbereiche an von ihm ernannte Personen delegieren und schuf sich damit einen nur ihm persönlich verantwortlichen Bereich der Verwaltung. In die Provinzen entsandte er Stellvertreterstatthalter (*legati Augusti pro praetore*) und später zusätzlich besondere Finanzbeamte; in Rom übertrug er einzelne Aufgaben, wie z. B. das Kommando über seine Leibgarde, eigenen Vertrauensleuten. Sie alle waren reine Delegatare, d. h. vom Kaiser zu Trägern ihm gehöriger Kompetenz ernannte und allein von ihm abhängige Personen. Daher waren sie auch nur ihm verantwortlich, konnten von ihm abgesetzt oder auch — dies für eine effektive Verwaltung besonders wichtig — beliebig lange im Amt behalten werden. Durch das Schwergewicht der auch rechtlich institutionalisierten kaiserlichen Macht wurden dann immer neue und vor allem auch dem Kaiser formell ausdrücklich vorenthaltene Aufgaben, wie z. B. die Verwaltung der dem Senat unterstellten Provinzen, in seinen Bereich hineingenommen. Da der Kaiser die

Lenkung und Beaufsichtigung dieses riesigen Verwaltungsbereiches nicht mehr persönlich wahrnehmen konnte, schuf er sich schließlich eine Verwaltungszentrale in Rom, die in einer wachsenden Anzahl von Ressorts den zahlreichen kaiserlichen Delegataren nach den Direktiven des Kaisers Befehle gab und deren Fragen beantwortete. Die Masse und die Dynamik der kaiserlichen Regierungsgeschäfte drängte schließlich den republikanischen Ursprung der kaiserlichen Amtsgewalt, in dem die verschiedenen Kompetenzen noch säuberlich auf einzelne magistratische Rechte verteilt und in ihnen begründet waren, zurück: Die kaiserliche Gewalt war schon bald aus einem Bündel einzelner Kompetenzen zu der alles umfassenden einheitlichen Gewalt zusammengewachsen, in der nicht mehr nach dem Rechtsgrund für die einzelne Entscheidung gesucht, sondern das gesamte Verwaltungsvolumen als legitimer Gegenstand der kaiserlichen Regierung aufgefaßt wurde. Der ehemals dem Kaiser nicht zukommende senatorische, in der modernen Literatur seiner republikanischen Herkunft wegen auch „freistaatlich" genannte Bereich war damit ausgetrocknet. Er lebte in den Namen vieler Ämter weiter, die inzwischen längst kaiserliche Ämter geworden waren, und hatte besonders in der Stadt Rom auch später noch einige Bedeutung. Hier gab es noch in der Spätantike Prätoren und Quästoren, hier fungierten sogar noch Konsuln, von denen jedoch wegen der später getrennten Regierung der beiden großen Reichsteile nur einer in Rom, der andere in Konstantinopel stationiert war. In Rom tagte auch noch der ehrwürdige Senat, von dem aus einst die Welt regiert worden war. All das hatte aber nur mehr eine lokale, allein die Stadt Rom betreffende Bedeutung und wurde von den Kaisern lediglich aus Ehrfurcht vor der großen Tradition der Stadt nicht angetastet.

Im folgenden soll, nach einzelnen Gesichtspunkten gegliedert, der Aufbau der Reichsverwaltung und deren Entwicklung bis zum 6. Jahrhundert vorgestellt werden. Die Darstellung konzentriert sich dabei auf die kaiserliche Verwaltung, die seit dem 2. Jahrhundert und faktisch auch schon früher die maßgebliche Verwaltung war und seit dem frühen 3. Jahrhundert ja auch die Reste der senatorischen Verwaltung vollständig in sich aufgenommen hat. Der ständig schwächer werdenden Rudimente der älteren Verwaltung wird nur dort gedacht werden, wo sie noch einiges Gewicht behalten haben.

Die soziale Herkunft der Verwaltungsbeamten

In republikanischer Zeit hatten die höheren Beamten (Konsuln, Prätoren, Ädile, Quästoren, Volkstribune usw.) zum größeren Teil dem regierenden Adel (Nobilität) angehört; nur in die niederen Chargen der Beamtenhierarchie, wie in die Quästur oder in das Volkstribunat, waren häufiger auch Angehörige des nächsten Standes, der Ritterschaft *(equites Romani)*, vorgestoßen. Die Inhaber aller wichtigen Ämter waren automatisch auf Lebenszeit Mitglieder des Senats geworden. In der Kaiserzeit wurden die alten Beamtenstellen zunächst beibehalten und weiterhin mit Mitgliedern des höchsten Standes besetzt, der jetzt ein in sich geschlossener Stand wurde (*ordo senatorius*, s. u. S. 277 ff.). Die Angehörigen der vornehmsten Geschlechter waren damals in der Tat auch die einzigen Personen, die Verwaltungserfahrung besaßen und die Augustus gerade auch durch die Anerkennung der alten Staats- und Verwaltungsordnung an sich gezogen hatte. So gehörten neben den in der Stadt Rom tätigen Beamten (Konsuln, Prätoren, Ädile, Volkstribune, z. T. die Quästoren) alle Statthalter, sowohl die der formell noch vom Senat verwalteten (sie hießen alle unabhängig davon, ob sie das Konsulat bekleidet hatten oder nicht, Prokonsul) als auch die der kaiserlichen Provinzen *(legati Augusti pro praetore)* dem senatorischen Stand an, ebenso auch sämtliche Legionskommandanten *(legati legionis)*, also die Generalität, und auch einige hohe Sonderbeamte, wie z. B. der ständige Vertreter des Kaisers in Rom, der Stadtpräfekt *(praefectus urbi)*.

Etliche Ämter wurden schon zu Beginn der Kaiserzeit auch von der Ritterschaft bekleidet. Zunächst waren es jedoch nicht viele, und im ganzen gesehen wurden die ritterständischen Beamten eher als gelegentliche Alternative für Senatoren betrachtet, insofern der Kaiser einige besonders wichtige, weil einflußreiche Stellen ausdrücklich nicht mit Mitgliedern des mächtigen und ihm u. U. auch gefährlichen Senatorenstandes besetzen wollte. Die Bedeutung der Ritterschaft für die Verwaltung nahm jedoch im Laufe der Zeit zu, bis schließlich in der zweiten Hälfte des 2. Jahrhunderts die Ritter die eigentlichen Träger der Verwaltung geworden waren.

Die Ritter stellten einen neuen Beamtentyp dar. Das zeigt auch besonders deutlich die Art ihrer Rekrutierung. Anders als der Senatorenstand, der ein erblicher, geschlossener Stand war und schon seiner geringen, übersichtlichen Zahl wegen mehr oder weniger als ganzer zur Verwaltung herangezogen wurde, war bei den Rittern das Verhältnis von Amt und Stand komplizierter; während auch bei ihnen im allgemeinen das Amt dem Stand folgte, ist doch auch der umgekehrte Satz, daß nämlich dem Amt der Stand folgte, nicht unrichtig: Die Ritter bildeten zwar auch einen Stand, aber ihre Würde war nicht erblich, mochten auch die Söhne von Rittern eine größere Chance für die Aufnahme in den Stand haben als andere. Der Kaiser ernannte zum Ritter, wen er wollte, und von den objektiven Voraussetzungen für die Ernennung (freie Geburt, Unbescholtenheit, ein Mindestvermögen von 400 000 Sesterzen = 100 000 Denaren) konnte er sogar noch den Mangel an Vermögen durch eine großzügige Schenkung ausgleichen. Da der Kaiser es war, der eine Person zum Ritter machte, war er bei der Auswahl von Beamten für die ritterständische Karriere demnach sehr frei und stand ihm ein großer Personenkreis zur Verfügung. — Die richtige Auswahl seiner ritterständischen Beamten sicherte und erleichterte sich der Kaiser dadurch, daß er die Kandidaten aus dem Heer nahm, wo er als Oberbefehlshaber die Offiziere beobachten und die bewährten und ihm ergebenen Leute aussuchen konnte. Der Ritter, der eine Beamtenlaufbahn anstrebte bzw. für sie ausgewählt wurde, durchlief im Heer eine lange Karriere. Sie begann für einen Mann, der bereits Ritter war, im Offizierskorps des mittleren Dienstes, in dem er drei (in nachseverischer Zeit vier) Offiziersposten *(tres* bzw. *quattuor militiae equestres)* in fester Reihenfolge bekleidete: das Kommando der Reiterei der Hilfstruppen *(praefectura equitum* oder *alae)*, das Militärtribunat in einer Legion oder über eine Kohorte *(tribunatus legionis* bzw. *cohortis)* und das Kommando einer Infanteriekohorte der Hilfstruppen *(praefectura cohortis)*; dazu trat noch die Platzkommandantur einer Legion *(praefectura castrorum)*, die jedoch nicht zu den ordentlichen *tres militiae* gehörte. Trotz der prinzipiell festen Reihenfolge war in der Praxis eine freiere Handhabung üblich. Einen tüchtigen Mann hat der Kaiser auch schneller durch diese Karriere gebracht. Die Ernennung der Offiziere erfolgte selbstverständlich durch den Kaiser; alle Offizierspatente wurden in der römischen Zentrale ausgestellt.

Nach der Offizierskarriere wurden die dem Kaiser geeignet scheinenden Personen in den kaiserlichen Verwaltungsdienst übernommen. In langsamer Karriere stieg der Ritter nun über die ihm zugänglichen, auch im Rang und in der Besoldung abgestuften Ämter auf, um es vielleicht bis zu den höchsten ritterständischen Ämtern, zu einem der Chefs der kaiserlichen Leibgarde *(praefectus praetorio)* oder gar zum Statthalter von Ägypten *(praefectus Aegypto)* zu bringen. Da alle ritterständischen Beamten lange im Heer gedient hatten, brachten sie einen militärischen Zug in die Verwaltung ein, und das war durchaus im Sinne des Kaisers: Die Disziplin der Heeresordnung sollte sich in der Verwaltung fortsetzen. Der militärische Zug wurde noch dadurch verstärkt, daß nicht nur Personen, die bereits Ritter waren, über den mittleren Offiziersdienst in die zivile Beamtenlaufbahn aufstiegen, sondern auch Angehörige des niederen Offizierskorps (Centurionen) oder gar des Unteroffiziersstandes und gemeine Soldaten sich soweit hochdienten, daß sie schließlich Zivilbeamte werden konnten. Diese Ochsentour begann ein Soldat in der Regel als Centurio — das ist nach unserem Sprachgebrauch ein Leutnant oder Hauptmann —, der in der Legion die für die Ausbildung und den inneren Dienst sowie für den persönlichen Zusammenhalt der Soldaten (in zweiter Linie auch für den militärischen Kampf) maßgebende Truppeneinheit, den Manipel *(manipulus)* bzw. die Centurie *(centuria)*, führte. Als Centurio durchlief der Kandidat zunächst verschiedene Centurionenstellen, die im Rang und in der Funktion nicht gleich waren, bis er, wenn er Glück hatte, die höchste der 50—60 Centurionenstellen einer Legion erklomm, nämlich das Centurionat des 1. Manipels der 1. Kohorte einer Legion. Dann hieß er *primipilus* und war der erfahrenste (nicht der ranghöchste) Offizier der Legion, der die Aufgaben eines Stabschefs der Legion versah. Die *primipili* wurden oft zur Garde nach Rom, die gleichzeitig Offiziersschule war, versetzt und kehrten nicht selten als eine Art

Verwaltungschef *(primipilus iterum)* zur Legion zurück; dieser Posten wurde dann häufig der Anfang einer Zivilkarriere. Im zivilen Verwaltungsdienst übernahmen die ehemaligen *primipili* meist gleich sehr hohe Ritterämter. Es versteht sich, daß diese Beamten dem Kaiser, dem sie ihren für damalige Verhältnisse kometenhaften Aufstieg in die höheren Stände verdankten, besonders treu ergeben waren, und es ist ebenso klar, daß diese von der Pike aufgestiegenen Personen ihren militärischen Stallgeruch niemals loswurden.

Erst seit dem 2. Jahrhundert, insbesondere durch die Initiative des Kaisers Hadrian, entwickelte sich auch eine reguläre Zivilkarriere, in der die Kandidaten über den reinen Zivildienst in höhere Ämter aufstiegen. Die Grundlage dieser Karriere war in aller Regel das Studium der Jurisprudenz, aber es kam auch vor, daß Personen mit anderem Fachwissen, etwa Bibliothekare, in dieser nichtmilitärischen Laufbahn emporklommen. In jedem Fall war ein Fachwissen erforderlich, das allerdings angesichts der Verwaltungsbedürfnisse am ehesten die Jurisprudenz lieferte. In dem von Hadrian eingerichteten Staatsrat *(consilium,* später *consistorium)* saßen besonders häufig Juristen.

Der ritterständische Beamte war dem Kaiser bequemer und u. U. auch tatsächlich geeigneter als der Senator. Der Kaiser konnte sich zunächst voll auf ihn verlassen, denn der Ritter verdankte ihm alles, was er war. Die Senatsaristokratie fühlte sich demgegenüber eher als Partner des Kaisers und war als Konkurrent um die politische Macht auch nicht ganz ungefährlich. Ferner konnte der Kaiser über den Ritter besser verfügen. Er förderte ihn, setzte ihn ab oder versetzte ihn, wie er wollte. So wurde der Ritter teils schnell versetzt bzw. befördert, teils blieb er auch, vielleicht wenn er für einen bestimmten Posten geeignet war, Jahrzehnte auf einer Stelle sitzen (die längste uns bekannte Amtsdauer beträgt 24 Jahre). Oft traten die Beamten auch wieder in den Offiziersstand zurück, um dann erneut in die zivile Laufbahn überzuwechseln. Dieser Reichtum an Varianten ritterlicher Karrieren ist aus vielen Inschriften zu ersehen. Soweit die Senatoren in des Kaisers Dienst standen, konnte der Kaiser zwar auch über sie verfügen; aber sie waren empfindlicher als die Ritter, kannten nicht in demselben Ausmaß den militärischen Gehorsam und hatten in ihrem Standesdünkel eine feste Vorstellung davon, was sie vom Kaiser erwarten konnten und was ihnen nicht zuzumuten war. Der Senator unterschied sich auch in seiner allgemeinen Lebensauffassung und in seinem Lebensziel deutlich von dem beamteten Ritter: Er lebte vornehmlich in seinem Stand, aus dem er nur gelegentlich in die Reichsverwaltung überwechselte. Der ritterständische Beamte war demgegenüber von Jugend auf im Verwaltungsdienst tätig, erst im Heer, dann in der Zivilverwaltung. Er war sozusagen von Profession Beamter. Im Gegensatz zu den Senatoren war daher auch seine Verwaltungserfahrung viel größer, und er war im Durchschnitt auch wesentlich älter als der senatsständische Beamte, wenn er sein erstes Zivilamt antrat. Ein Mitglied des *ordo senatorius* konnte schon mit 25 Jahren die Quästur, das niedrigste senatorische Amt, bekleiden und seine Karriere mit dem höchsten Amt, dem Konsulat, im Alter von nur 33 Jahren krönen und u. U. beenden. Der Ritter hingegen war meist schon 40 Jahre alt, wenn er in den Zivildienst eintrat, auch dies ein wichtiges Merkmal seines sozialen Typs. Die ritterständischen Beamten waren Karrieristen; das Ziel ihres Lebens war die Karriere, und im Beamtenstatus erschöpfte sich in der Regel ihre ganze Persönlichkeit.

In dem Maße, in dem der Kaiser den ihm übertragenen Verwaltungsbereich ausbaute und schließlich die gesamte Reichsverwaltung, auch die dem Senat am Anfang der Kaiserzeit noch überlassenen Kompetenzen an sich zog, stellte er mehr und mehr Ritter in seinen Dienst ein. Der Ritter wurde der typische kaiserliche Beamte des mittleren Dienstes, der vor allem auch alle neuen Verwaltungsaufgaben, wie die gesamte Finanzverwaltung, übernahm. Die höchsten Chargen behielten vorerst noch die Senatoren. Hier hatte der Kaiser nur diejenigen Stellen Rittern anvertraut, die wegen der von ihnen dem Kaiser möglicherweise drohenden Gefahren besonders ergebene Personen erforderten, nämlich das Amt der hauptstädtischen Getreideversorgung *(praefectura annonae)*, die Kommandantur der römischen Leibgarde *(praefectura praetorii)* und die Statthalterschaft von Ägypten, der reichsten Provinz, die als eine Art Vizekönigtum gelten konnte *(praefectura Aegypti)*. In der Severerzeit drangen die Ritter dann auch in die bislang noch den Senatoren vorbehaltenen Stellen ein, die sie zunächst allerdings formal nur als Stellvertreter (z. B. als *vice praesidis*), erst seit Gallienus dann auch als reguläre Inhaber besetzten.

Neben Senatoren und Rittern wurden auch Freigelassene und Sklaven in der Verwaltung verwendet. Sie dienten vor allem in den zahlreichen Büros (*officium*), über das jeder Beamte zur Erledigung der subalternen Verwaltungsaufgaben verfügte. Besonders in der älteren Zeit nahm der Beamte meist seine eigenen Freigelassenen und Sklaven als Gehilfen mit; später blieben die Büroangestellten (*officiales*) auch bei dem Beamtenwechsel im Büro und bildeten damit ein kontinuierliches Element der Verwaltung.

Im früheren Prinzipat haben die Kaiser Freigelassene auch für höhere Verwaltungsdienste eingesetzt. Der Kaiser hatte nämlich für die Lenkung seines Verwaltungsbereiches von Rom aus zunächst seine eigene Familie, d. h. seine Freigelassenen und Sklaven herangezogen. So hatte es bis dahin auch jeder andere Beamte gehalten, der das ihm von Volk oder Senat verliehene Amt ehrenamtlich versah und in Ermangelung einer staatlich institutionalisierten niederen Hilfsmannschaft für die Verwaltung seine eigenen Leute mitbrachte, die er nach dem Amt wieder mit nach Hause nahm. Daß der Kaiser ebenso dachte, beweist u. a. auch der Titel, der für viele der von ihm in seinem Büro und auch in gewissen Außenstellen seines Verwaltungsbereiches beschäftigten Beamten, besonders für solche der Finanzverwaltung, üblich wurde. Sie hießen *procuratores*, das sind technisch die von einem privaten Eigentümer eingesetzten Vermögensverwalter, und diese waren oft Freigelassene. Da das persönliche Büro des Kaisers die Zentrale in Rom war, finden wir dort im 1. Jahrhundert der Kaiserzeit besonders häufig Freigelassene. Die zentralen Ämter am Hof, nach unserer Terminologie die Minister, so etwa der *a cognitionibus* (etwa: Justizminister), wurden oft von Freigelassenen bekleidet, und manche von ihnen, wie Narcissus, der *ab epistulis* (er hatte vor allem die Korrespondenz mit den Beamten zu besorgen) des Kaisers Claudius, stiegen zu den mächtigsten Männern des Reiches auf. Doch nach dem Ende der Julisch-Claudischen Dynastie setzte sich die Vorstellung durch, daß das Gewicht des kaiserlichen Bereichs die Beschäftigung von Freigelassenen an zentralen Punkten der Verwaltung nicht duldete; die Hybris mancher Freigelassener aus der Regierungszeit des Claudius und Nero trug das Ihrige zu dem Meinungsumschlag bei. Aber erst seit Hadrian sind die Hofämter reguläre ritterständische Ämter geworden. Die lange Verzögerung hat gewiß darin ihren Grund, daß die Freigelassenen für den Kaiser die am leichtesten zu lenkenden Personen waren; bei ihrer Abhängigkeit von ihm — sie verdankten ja ihre personale Existenz dem Kaiser und waren als seine Freigelassenen ihm nach damaliger Vorstellung zu striktestem Gehorsam verpflichtet — konnten sie ohne Schwierigkeit jederzeit abgesetzt und ersetzt werden, und ihre Absetzung oder gar Beseitigung hatte bei dem geringen Sozialprestige von Freigelassenen kaum eine öffentliche Resonanz.

Als im 3. Jahrhundert die höheren Stände dezimiert und durch die wachsende Bedeutung des Heeres für die Politik in ihrem Einfluß geschwächt wurden, verschob sich deutlich auch die soziale Herkunft der Beamten. Der Senatorenstand zog sich auf die Hauptstadt als das Refugium seiner politischen Bedeutung zurück. Soweit die Senatorenwürde nicht nur Titelei, sondern noch so etwas wie Standesbewußtsein ausstrahlte, war sie im Senat der Stadt Rom zu spüren, dem jetzt die großen Grundherren Italiens traditionsgemäß angehörten, ferner kraft Amtes einige hohe Beamte und die vom Kaiser auf Grund seines Rechts auf Zuwahl *(adlectio)* Ernannten. Die Masse der Senatsmitglieder (es waren über 2000) stand jedoch in einem Mißverhältnis zu den tatsächlich Erscheinenden; auch hatte nur noch die höchste Rangklasse, die seit dem 4. Jahrhundert von den *illustres* gebildet wurde, Stimmrecht. Trotzdem hatte das Gremium im 4. und 5. Jahrhundert Autorität und geistiges Niveau; es wurde u. a. die Zuflucht der Traditionalisten und Anhänger der alten Religionen in einer sich verändernden, christlichen Welt. Aber bei allem Ansehen war der Senat doch nur noch von lokalem Gewicht. In der Reichsverwaltung hatten weder der *ordo senatorius* noch auch der Ritterstand irgendeine Bedeutung. Es verschwanden zwar nicht die Standesbezeichnungen und Titulaturen, aber sie wurden durch neue Titulaturen ergänzt, die z. T. höher rangierten als die alten senatorischen Titel. Vor allem aber verlor die Standeszugehörigkeit, ja der ganze Standesgedanke als solcher sehr viel von seiner Bedeutung. Die Grundlage für den Aufstieg in die Beamtenschaft war nicht mehr die Standeszugehörigkeit; es wurde vielmehr jetzt dasjenige Element im ehemaligen Ritterstand, welches bereits die Standesschranken niedergelegt hatte, zu dem die Beamtenlaufbahn völlig beherrschenden Element, nämlich die Zugehörigkeit zum Heer und die Karriere ebendort. Die unruhige Zeit, die über das Heer immer wieder neue Leute in die einflußreichen Positionen der Beamtenschaft einschleuste, war dem von Ruhe und Beharrung durchdrungenen Geist ständischer Tradition abhold. Der militärische Geist der Zeit, der im 3. Jahrhundert alle politische Tätigkeit beherrschte und auch im 4. Jahrhundert noch anhielt, um im Westen bis zum Zusammenbruch der Zentralgewalt weiter zu wirken, drang nun in jeden Winkel der Verwaltung, und mit ihm zogen die Unruhe des Feldlagers und eine moralisch indifferente, nur am militärischen Gehorsam orientierte Pflichtauffassung ein. Der Verwaltungsbeamte des Zivildienstes war der Offizier; in den wilden Zeiten der Soldatenherrschaft im 3. Jahrhundert waren das oft sehr rauhe Männer, später dann wieder auch Karrieristen, die nicht die Gunst der Stunde, sondern die Pflichterfüllung zu Ehren brachte. Im Gegensatz zu der früheren Kaiserzeit waren nun auch die meisten subalternen Beamten Soldaten (Gemeine, Chargierte, bisweilen Angehörige des niederen Offiziersdienstes); nur wenige, wie die Schreiber, rekrutierten sich aus der zivilen Bevölkerung. Die gesamte Verwaltung war in einem Ausmaß militarisiert, daß der Übergang vom Heer zur Zivilverwaltung fließend war, ja kaum noch wahrgenommen wurde. Die Beamten trugen daher auch nach ihrem Militärdienst weiter militärische Kleidung, wie denn das Zeichen des Beamten ganz allgemein der lederne Soldatengürtel wurde (das Wehrgehenk, lat. *cingulum*). Die Beamtenschaft hieß auch im Zivildienst technisch nun „Militär" *(militia)*. Zur Unterscheidung wurde das aktive Herr dann „bewaffnetes Militär" *(militia armata)* genannt.

Die Verwaltungsbezirke

Die römische Verwaltung besaß geographische Verwaltungsbereiche, durch die entweder alle anfallenden Verwaltungsaufgaben oder auch nur ein oder mehrere bestimmte Verwaltungsgeschäfte, z. B. im Finanzwesen, mittels fester Gebietsgrenzen zusammengefaßt wurden. Es gab aber auch Verwaltungsbereiche, die allein durch den Verwaltungsgegenstand bestimmt waren; diese erstreckten sich über das ganze Reich oder erfaßten doch große Teile desselben. Das riesige Reich hat allerdings für fast jede Verwaltungsaufgabe die geographische Begrenzung verlangt, weil anders keine Übersicht mehr zu gewinnen gewesen wäre. Die ältesten lokalen Verwaltungsbezirke des Kaiserreiches entstammten noch der Republik; sie haben — in ihrem Umfang nur wenig verändert, doch der Anzahl nach erheblich vermehrt — z. T. Jahrhunderte hindurch bestanden. Zunächst zu ihnen.

Die Grundlage der frühen Verwaltungsbezirke bildete die Unterscheidung zwischen Italien, dem einstigen Herrenland, in dem noch z. Z. Caesars die römischen Bürger fast ausschließlich wohnten, und dem Gebiet außerhalb Italiens, das in feste geographische Herrschaftsbezirke (Provinzen) eingeteilt war. Das Provinzialgebiet war das von Rom unterworfene, durch Militärbefehlshaber (Statthalter) herrschaftlich verwaltete Gebiet, das als untertäniges Gebiet an Rom Tribut entrichtete. Italien war demgegenüber steuerfrei.

Italien war seit Augustus unter Einbeziehung Oberitaliens (aber ohne Sizilien und Sardinien) in 14 kleinere Bezirke *(regiones)* eingeteilt worden, die reguläre Verwaltungseinheiten waren. Die Verwaltung Italiens erfolgte zunächst noch von Rom aus unter formeller Aufsicht des Senats und der hauptstädtischen Beamten.

Die Provinzen waren in der Folge von Eroberungen gebildet worden und entsprechend verschieden groß. Einige waren ehemalige hellenistische Königreiche, wie Ägypten, Asia im heutigen Westanatolien, Bithynia (Landschaft östlich des Bosporus), Macedonia u. a.; die Provinz Africa umfaßte das karthagische Restreich von 146 v. Chr. Andere Gebiete waren nach langjährigen Kämpfen erworben und wegen ihres Umfangs dann geteilt worden, so von Anfang an Spanien, das zwei Provinzen bildete (Hispania Citerior bzw. Tarraconensis und Ulterior bzw. Baetica), von denen dann 27 v. Chr. noch eine dritte abgetrennt wurde (Lusitania), und das von Caesar eroberte sogenannte langhaarige Gallien *(Gallia comata*, nach der Haartracht der dortigen Kelten), das ca. 17/16 v. Chr. in die Provinzen Aquitania, Lugdunensis und Belgica geteilt und später durch die Bildung der beiden germanischen Provinzen (Germania Superior und Inferior) weiter gegliedert wurde. Die Anzahl der Provinzen betrug gegen Ende der Regierung des Augustus knapp 30 und wuchs bis zum 3. Jahrhundert auf über 40 an, und zwar teils durch Eroberungen (Eroberung von Britannien seit der Regierung des Kaisers Claudius, von Dakien, d. i. etwa das heutige Rumänien, und Arabien, d. i. die Sinai-Halbinsel und Ostjordanien, sowie dem Zweistromland durch Trajan und Marc Aurel), teils durch die Provinzialisierung von Gebieten, die bis dahin unter römischer Oberaufsicht von einheimischen Fürsten regiert worden waren (sogenannte Clientelfürstentümer, z. B. die beiden mauretanischen Provinzen in Nordwestafrika, die i. J. 40 n. Chr. Provinz wurden, ferner Thrakien, 46, Armenien, 115) oder auch durch Teilung bestehender Provinzen (so wurde Mösien unter Domitian, Pannonien unter Trajan geteilt). Einige der vom Senat verwalteten Provinzen hatten einen gegenüber den anderen herausgehobenen Rang. Das drückte sich darin aus, daß deren Statthalter, die Prokonsuln, auch wirklich das Konsulat bekleidet haben mußten und die Provinzen entsprechend *provincia proconsularis* genannt wurden. Solche Provinzen waren Africa und Asia.

Die Provinzen wurden gemäß der Übereinkunft, die der erste Kaiser Augustus i. J. 27 v. Chr. mit der Senatsaristokratie geschlossen hatte, teils vom Senat, teils vom Kaiser verwaltet. Der Statthalter der senatorischen Provinzen hieß *proconsul* und wurde vom Senat ernannt, der der kaiserlichen Provinzen, den der Kaiser bestellte, hieß als ihm gegenüber weisungsgebundener Beamter *legatus Augusti pro praetore*. Alle Statthalter waren senatorischen Standes. Faktisch übte der Kaiser auch auf die dem Senat zugewiesenen Provinzen einen großen Einfluß aus und verdrängte hier am Ende den Senat ganz. Unter den Severern gibt es dann nicht mehr die Unterscheidung zwischen senatorischen und kaiserlichen Provinzen. Damals ist auch die Sonderstellung Ägyptens, das von einem ritterständischen Beamten geleitet wurde, aufgegeben worden. Vom Rang des Statthalters her gesehen, gibt es im 1. und

2. Jahrhundert noch einen dritten Typ von Provinzen, nämlich die prokuratorischen. Sie gehörten zum kaiserlichen Bereich und waren einem ritterständischen Beamten, einem Prokurator, unterstellt. Die so verwalteten Provinzen waren meist erst jüngst provinzialisierte, kleinere Gebiete, die oft auch schon bald in größeren Provinzen aufgingen. Der prokuratorische Statthalter war nicht immer selbständig, sondern oft dem kaiserlichen Legaten einer Nachbarprovinz zugeordnet. Provinzen dieser Art waren z. B. Thracia von den Anfängen i. J. 46 bis auf Trajan und Judaea vom Jahre 6—41 und von 44—70.

Die Kompetenz der Statthalter umfaßte anfangs alle Belange der Verwaltung seines Sprengels. Mit der zunehmenden Spezialisierung und Erweiterung der Verwaltungsaufgaben behielt er im großen ganzen schließlich nur noch eine Oberaufsicht und bis zum 3. Jahrhundert das militärische Kommando. Letzteres ging mit der Trennung der militärischen von der zivilen Gewalt durch den Kaiser Gallienus verloren; seitdem haben die Militärbefehlshaber der Grenzprovinzen vielfach Gebiete befehligt, die mit den Provinzgrenzen nicht identisch waren. Einzelne neue Verwaltungszweige wurden schon mit ihrer Schaffung oder aber im Laufe der Zeit weitgehend aus der Provinzialverwaltung ausgegliedert und dem Kaiser direkt unterstellt. So ging die gesamte Finanzverwaltung an ritterständische Beamte *(procuratores)* über, die dem Kaiser direkt unterstanden und für die oft auch die Provinzgrenze nicht die Grenze ihrer Kompetenz war; hier zeigt sich eine Tendenz zur Auflösung der alten Verwaltungsbezirke durch die Betonung des Verwaltungsgegenstandes vor dem geographischen Bezirk als Grundlage der Verwaltungstätigkeit. Auch die Rechtsprechung in der Provinz wurde an einen oder drei Sonderbeamte *(legati iuridici)* übertragen; doch blieben sie dem Statthalter unterstellt.

Im Laufe des 2. Jahrhunderts verlor auch Italien mehr und mehr seine Sonderstellung. Bereits Augustus hatte damit begonnen, die Gerichtsbarkeit unter seinen Einfluß zu bringen und also die Aktivität des Senats und der für Italien zuständigen hauptstädtischen Beamten, besonders der Prätoren, einzudämmen.

Hadrian setzte diese Politik fort, indem er, wie er in seine Provinzen Legaten schickte, so in einigen Bezirken Italiens vier Kon-

Die Verwaltungsbezirke

1.—3. Jh.

Provinzen des Senats (provinciae populi Romani, bis zu 11) unter einem proconsul

Provinzen des Kaisers (provinciae Caesaris, bis zu 35) unter einem

a) legatus Augusti pro praetore (bis zu 24)
b) procurator (bis zu 11, z. T. sehr kurzlebig)
c) praefectus (nur Ägypten, als einziger ritterständisch)

4.—6. Jh.

2—4 *Präfekturen* unter je einem praefectus praetorio
12—14 *Diözesen* unter je einem vicarius
98—120 *Provinzen* unter je einem

a) proconsul
b) consularis
c) corrector
d) praeses

Rangklassen mit ursprünglichem Standesbezug

nobilissimi *(nur Mitglieder der kaiserlichen Familie)*

illustres gloriosissimi illustres magnificentissimi illustres spectabiles clarissimi	↑ } *Senatoren*
eminentissimi perfectissimi ducenarii centenarii egregii (sexagenarii)	} *Ritter*

sulare als Legaten für die Rechtsprechung einsetzte. Die finanzielle Schwäche der Städte führte ferner dazu, daß insbesondere seit Trajan die Kaiser sich veranlaßt sahen, außerordentliche Aufsichtsbeamte für das Finanzwesen in die Städte Italiens zu schicken *(curatores rei publicae)*. Seit Caracalla sind sogar geschlossene Gebiete in die reguläre Verwaltung kaiserlicher Beamter *(correctores)* gekommen, und Diocletian hat dann diese Neuordnung für ganz Italien verallgemeinert und fest institutionalisiert. Durch ihn wurde Italien auch formal in die allgemeine Provinzeinteilung einbezogen; es wurde entsprechend der großen Anzahl von Städten in verhältnismäßig viele, nämlich in 17 Provinzen eingeteilt. Von der Provinzialisierung blieb nur Rom ausgenommen; es behielt unter dem Stadtpräfekten, dem im 4. Jahrhundert alle anderen Beamten der Stadt untergeordnet waren, eine Sonderstellung.

Die Verwaltungsbezirke wurden durch den Kaiser Diocletian nicht nur in ihrem Umfang erheblich verändert, sondern durch die Einführung mehrerer Systeme von Bezirken, die in einer festen Beziehung zueinander standen, auch in ihrer Funktion gewandelt. Die in den ersten drei Jahrhunderten des Kaiserreiches ungemein angewachsene Verwaltungsmaterie, die auch die Bürokratie stark aufgebläht hatte, verlangte eine Verkleinerung der Provinzialeinheit. Sie hat Diocletian konsequent durchgeführt. Aus den ca. 50 Provinzen, die er vorfand, bildete er 98 neue Provinzen; die Zahl ist dann im 4. Jahrhundert bis über 120 gestiegen. Die Zerschlagung der alten Provinzen erfolgte sehr schematisch in der Weise, daß ungefähr gleich große Sprengel entstanden, wobei die Größe sich nicht nur nach dem geographischen Umfang, sondern auch nach der Bevölkerungszahl und der Anzahl von Städten bemaß. Weitaus die meisten neuen Provinzen entstanden durch Teilung der alten, so daß also die frühere Form noch in etwa herausschaute. Das zeigt sich u. a. auch in der Namengebung. So hießen die aus der alten Aquitania entstandenen drei neuen Provinzen Aquitania I, Aquitania II und Novempopulana, die aus Ägypten entwickelten Provinzen Aegyptus Iovia, Aegyptus Herculia und Thebais. Diocletian hat auch die Statthalter nach einer teils schon vor ihm bestehenden Rangordnung der Provinzen abgestuft. Nach ergänzenden Maßnahmen Constantins gab es schließlich als vornehmste Gruppe von Statthaltern die senatsständischen *proconsules* (nur für die drei Provinzen Africa, Asia und Achaia), darauffolgend die ebenfalls aus den Senatoren genommenen *consulares*, dann die *correctores*, die meist Senatoren, aber teils auch Ritter waren, und schließlich die ritterständischen *praesides*. Diese Einteilung ist gewiß nicht nur eine romantische Reminiszenz oder die Frucht von Titelsucht, sondern bezweckte auch eine Differenzierung der Statthalter, durch die eine Solidarisierung verhindert werden sollte.

Als Gegengewicht gegen die Verkleinerung der Provinz wurde das Reich in vier Großbezirke gegliedert, die jeweils einem Prätorianerpräfekten unterstanden. Der Prätorianerpräfekt war jetzt also der Chef einer reinen Zivilverwaltung, nicht mehr Gardekommandant. Diese Präfekturen waren auch eine Konsequenz der Vermehrung der Anzahl von Kaisern, die Diocletian zur Verhinderung von Usurpationen und zur besseren Verteidigung der Reichsteile gegen den äußeren Feind eingerichtet hatte. Die zunächst noch schwankende Anzahl von Kaisern ließ auch die Zahl der Präfekturen schwanken, da in aller Regel jedem Kaiser eine Präfektur unterstehen sollte; doch hat das Schwergewicht der Bürokratie verhältnismäßig schnell dahin geführt, daß sich eine feste Anzahl von vier Präfekturen herausbildete, die auch dann bestehen blieb, wenn es weniger als vier Kaiser gab. Die vier Präfekturen waren: Oriens und Illyricum (letztere umfaßte die Balkanhalbinsel einschließlich Noricum, aber ohne Thrakien; sie ist bisweilen aufgelöst worden) im Osten und Italia (mit Africa) und Gallia (mit Britannien und Spanien) im Westen. Jedem Präfekten unterstanden die Provinzen seiner Präfektur.

Diocletian schuf jedoch noch ein drittes Einteilungsprinzip, nämlich eine zwischen der Präfektur und der Provinz liegende Zwischeneinheit, die Diözese *(dioecesis)*. Sie diente einem doppelten Zweck. Sie sollte einmal dem Prätorianerpräfekten die Übersicht über die sehr große Anzahl der neuen, verkleinerten Provinzen dadurch erleichtern, daß 3—4 Zwischenbezirke jeweils eine Anzahl von Provinzen vereinigten und damit dem Präfekten eine bessere und effektivere Kontrolle ermöglichten. Zum anderen verlängerte die Schaffung einer zwischen Präfektur und Provinz liegenden Verwaltungseinheit den Instanzenweg von unten nach oben und den Befehlsweg von oben nach unten. Das hatte den Vorteil, daß die Beamtenschaft durch eine weitere Instanz kontrolliert wurde: Die sich selbst kontrollierende Verwaltung wurde hier weiter perfektioniert.

Diocletian schuf 12 Diözesen (4 für die Präfektur Oriens, 2 für Illyricum, 2 für Italia und 4 für Gallia). Der Umfang der Diözesen richtete sich mehr nach landschaftlichen Großräumen (z. B. die britannische Insel, die Pyrenäenhalbinsel, die Apenninenhalbinsel) als nach dem Areal und war daher verschieden groß. So hatte etwa die Diözese Oriens einen gewaltigen Umfang (Ägypten mit Kyrenaika, Syrien und Kilikien), während die Diözese Britannien verhältnismäßig klein war. Der Leiter der Diözese wurde als der Stellvertreter des Prätorianerpräfekten aufgefaßt und hieß darum *vicarius*. Diese Benennung stimmt damit überein, daß der Vikar ja nur als eine Instanz unter dem Prätorianerpräfekten eingeschoben wurde. Der Mangel einer Eigentitulatur spiegelt aber gleichzeitig auch den Tatbestand wider, daß nur die Provinz und die Präfektur geographisch wirklich lebendige Verwaltungseinheiten waren, die Diözese hingegen lediglich die aus verwaltungstechnischen Gründen — nämlich zum Zwecke der Schaffung einer besseren Kontrolle — erfolgte Zusammenlegung mehrerer Provinzen war; sie existierte sozusagen als eine reine, eher verwaltungstechnisch brauchbare als geographisch schaubare Verwaltungsgröße. Mit der Diözese war daher weniger ein neuer geographischer Verwaltungsbezirk als ein effektiverer Instanzenzug geschaffen worden. Seine verschiedenen Stufen drückten sich auch in der titularen Rangordnung der einzelnen Instanzenleiter aus: Der Prätorianerpräfekt war *vir illustris*, der Vikar hatte den rangniederen Titel eines *vir perfectissimus* bzw. später eines *vir spectabilis*, der Statthalter war *clarissimus*.

Das Büro des Beamten (officium)

Jeder höhere Beamte, ob nun Provinzstatthalter, hoher Finanzbeamter oder General, verfügte zur Erledigung der Verwaltungsgeschäfte über ein Büro (*officium*). Die in ihm beschäftigten Kräfte (*officiales*) waren anfangs von niederer Herkunft, meist kaiserliche Freigelassene oder sogar Sklaven; doch wurden schon früh auch Soldaten eingestellt. Das Büropersonal war zunächst nicht übermäßig umfangreich; erst mit der zunehmenden Verwaltungsintensität des Reiches wuchs es an Zahl und auch an sozialem Prestige. Seit der Zeit der Severer und insbesondere in der Anarchie der Soldatenkaiser waren die Beamten der Büros in aller Regel abkommandierte Soldaten, so daß der Bürodienst militärischer Dienst geworden war. Dies blieb im Prinzip auch in der späteren Zeit so, obwohl nur die Officialen der militärischen Würdenträger noch wirkliche Soldaten waren; die Zugehörigkeit zum Soldatenstand war seitdem für die meisten Beamten hingegen eher formaler Art: Sie trugen weiterhin die militärische Kleidung, darunter auch das Wehrgehenk (*cingulum*), das zum eigentlichen Amtsabzeichen wurde. In der späteren Kaiserzeit sind die Büros zu einer dem Verwaltungsdenken und der Verwaltungsintensität dieser Zeit entsprechenden Größe und Vielfalt ausgestaltet worden, die an moderne Zeiten erinnern. In ihnen wurde die praktische Verwaltungsarbeit geleistet, und da ohne sie kaum ein einziger staatlicher Akt durchgeführt werden konnte, spiegeln sie auch Art und Ziel der kaiserlichen Verwaltung wider; sie zeigen aber ebenso deutlich die Abhängigkeiten der höheren Verwaltung von dem subalternen Personal.

Die Bedeutung der Officialen ist schon daran zu erkennen, daß jeder von ihnen durch kaiserliches Reskript (*sacra probatoria*) eingestellt wurde; doch trugen nur die Ernennungsurkunden der höheren Officialen die eigenhändige Unterschrift des Kaisers (*authentica*). Dennoch blieben die Officialen Subalterne, die von den wirklichen Amtsträgern (*dignitates,* d. i. Würdenträger), wie Statthalter, General usw., durch einen tiefen Graben getrennt waren. Die andersartige Stellung der hohen Amtsträger drückte sich auch in einer anderen Ernennungsform aus: Dignitäten wurden durch ein kaiserliches Kodizill (*codicillus*) bestallt.

Die A m t s s t e l l u n g eines Officialen war genau geregelt. Der in ein Officium Aufgenommene wurde nach Ablegung eines Amtseides (*sacramentum*) in die Matrikelrolle des Officiums (*matricula*) eingetragen. Der Aufstieg innerhalb der zahlreichen Bürochargen erfolgte streng nach der Anciennität (*series matriculae*): Jeder

Officiale war nur ein, zwei oder höchstens drei Jahre auf einer Stelle und rückte dann in die frei gewordene höhere Position nach. Eine Abweichung von dem Prinzip der Anciennität kam nur sehr selten vor. Dem strengen Anciennitätsprinzip entsprach eine scharfe Durchgliederung der Rangordnung. Alle Beamten eines Officiums standen auf einer Stufenleiter, die durch die Stellung und die Zeit des Eintritts gebildet wurde und deren höchste Sprossen der *princeps* und der *cornicularius* einnahmen. Der Rang eines Beamten wurde jedoch nicht nur durch die jeweilige Amtsstellung, also *princeps, numerarius* usw., sondern auch durch die Matrikelnummer ausgedrückt. Danach hieß der ranghöchste Beamte in allen Officien sowie oft auch in dessen Unterabteilungen und in den Korporationen (*scholae*, s. u.) *primicerius* (von *primus* und *cera*, d. i. Wachstafel, auf der die Matrikel stand), in den Officien der unter dem Bürochef stehende und ihm also nächste Beamte auch *proximus;* es folgten der *secundicerius* (*melloproximus*), *tertiocerius, quartocerius* usw. Die strenge Eingliederung eines jeden Beamten in die hierarchische Ordnung zeigt sich auch darin, daß der Wechsel von einem Officium zu dem einer anderen Beamtengruppe, also etwa der Wechsel von dem Officium eines Statthalters zu dem eines Präfekten, in aller Regel ausgeschlossen war. Entsprechend waren die Officialen, abgesehen von ihrer Rangstufe, zusätzlich nach dem Beamtentyp unterschieden, zu dem ihr Büro gehörte; es gab *praefectiani* (die Officialen der Prätorianerpräfekten), *vicariani* (für die *vicarii*), *cohortales* (für die Provinzstatthalter), *duciani* (für die *duces*), *largitionales* (für den *comes sacrarum largitionum*), *privatiani* (für die *res privata*) usw.; die am Hofe dienenden Officialen wurden daneben auch noch *palatini* genannt.

Das Gehalt der Officialen war ihrem Rang nach gestaffelt und im ganzen gesehen nicht sehr hoch. Die meisten Officialen hatten zudem bei ihrer ersten Anstellung und bei jeder Beförderung Zahlungen an das Officium zu leisten. Dennoch waren die Stellungen sehr gewinnbringend; denn die Ausgaben kamen durch — später vom Kaiser legalisierte und normierte — Sporteln und durch den Verkauf der Stelle beim Ausscheiden sowie durch die kaiserliche Prämie bei der Entlassung (*honesta missio*) wieder heraus. Es drängten so viele in die Büros, daß die Zahl der Arbeitswilligen die der tatsächlich benötigten Kräfte weit überstieg. So hatte jeder Einstellungswillige zunächst lange in der Gruppe der „Überzähligen“ (*supernumerarii*) zu warten, bis er in die Matrikel aufgenommen wurde; auch der Aufgenommene (*statutus*) hatte erst eine Probezeit abzuleisten, bevor er endgültig übernommen wurde. — Die Anzahl der Officialen war entsprechend der Stellung des Würdenträgers, für den gearbeitet wurde, sehr verschieden groß. Ein Provinzstatthalter hatte im 4. Jahrhundert etwa 50 Officiale, ein Vikar bereits 300 und ein Prätorianerpräfekt sicher 2000. — Die Dienstzeit war entsprechend der Ochsentour im Büro lang; sie war keineswegs kürzer als die reguläre Dienstzeit eines Soldaten, also mindestens 20 Jahre, doch dienten die meisten länger. Johannes Lydus, der u. a. Autor einer Schrift über das Beamtenwesen war, diente in der ersten Hälfte des 6. Jahrhunderts über 40 Jahre, bis er die höchste Stelle im Büro des Prätorianerpräfekten (*cornicularius*) erhalten hatte.

Die Nachteile des starren Anciennitätsprinzips mit seinen sehr festen und engen Karrieren liegen auf der Hand: Die höheren Verwaltungsstellen der Büros waren stark überaltert. Eine andere, stärker am Leistungsdenken orientierte Lösung verhinderte das System selbst, das aus sich heraus eine Dynamik entwickelte, gegen die die Kaiser immer machtloser wurden: In dem aufgeblähten Riesenapparat wurden alle Ansätze zur Korrektur durch das Sicherheitsbedürfnis der breiten Massen von Verwaltungsfachleuten erstickt. Bedenklich war auch, daß wegen der Vorteile dieses niederen und mittleren Verwaltungsdienstes, der dem einzelnen ein sicheres Existenzminimum und oft auch sehr einträgliche Stellungen gab, die Büros durch Anwärter völlig verstopft waren. Die „Überzähligen“ drängten sich vor den Türen des Büros bzw. arbeiteten bereits (für Sporteln), ohne einen Posten zu haben; andere Posten wurden als Sinekuren von wohlhabenderen Personen, die sich das Amt gekauft hatten, freigehalten. Manche besaßen auch mehrere Stellen, die sie durch Substituten besetzten, und wieder andere, die sich einen weiteren, besseren Posten erstanden hatten, blieben dann fern, ohne die alte Stelle aufzugeben. Dies weist auf eine andere Schwierigkeit des Systems. Die steigenden Kosten der Bürokratie hatten dahin geführt, das Büropersonal entweder schlecht oder auch überhaupt nicht mehr (s. u.) zu bezahlen. Die Folge davon, nämlich der Ämterverkauf und das Sportelwesen, beides schließlich amtlich zugelassen und geordnet, wirkte auf die Struktur des Büros zurück und veränderte sie: Der materielle Wert des Amtes — ein für den Amtsinhaber selbstverständlich völlig legitimer Gesichtspunkt — trat stärker in den Vordergrund, als der Zweck des Amtes es eigentlich zuließ. Im allgemeinen mochte das System noch funktionieren, doch an manchen Punkten geriet es schon an die Grenzen seiner Wirksamkeit.

Die Organisation der Büros war im Prinzip sehr ähnlich, doch hatten einzelne Büros, wie z. B. die der hohen Finanzbeamten, aufgrund ihrer besonderen Kompetenzen manche Unterabteilungen, die sich anderswo nicht oder selten finden. Die Unterabteilungen hießen *scrinia* (von der zylinderförmigen Kapsel, in der Schriftstücke aufbewahrt wurden, also etwa: Aktenschränke). Den Vorstand eines Officiums hatten in aller Regel drei Personen inne (*primates officii*); der *princeps*, der vor allem auch Personalchef war, der *cornicularius*, in erster Linie der Schreibsekretär des Büros, und ein *adiutor* (Gehilfe). Die Trennung der sachlich und fachlich gegliederten Unterabteilungen (*scrinia*) war meist streng durchgeführt, so etwa besonders in dem Officium des Prätorianerpräfekten, das scharf geteilt war in eine allgemeine und juristische Verwaltung und in eine Finanzverwaltung. Fast überall begegnet als Vorsteher einer Unterabteilung der *commentariensis*, der vor allem für die Kriminalrechtspflege zuständig ist, ferner der *ab actis*, dem die Zivilprozesse obliegen, der *a libellis*, der die Gesuche an Beamte, die keine Prozeßsache waren, bearbeitete, der *ab epistulis*, der mit den förmlichen Erlassen zu tun hatte, und vor allem die *numerarii*, in deren *scrinium* die Rechnungsbücher geführt wurden. Die Zuständigkeiten der Fachressorts sind für uns noch immer nicht sehr klar abzugrenzen.

Neben den *scrinia* der Officien standen zunftartige Korporationen (*scholae*) von besonderen Fachleuten, die zu Dienstleistungen herangezogen wurden. Die Mitglieder der *scholae* gehörten im strengen Sinne nicht zum Büropersonal; sie trugen daher auch keine militärischen Rangabzeichen und wurden nicht besoldet, sondern nach Leistung entlohnt. Erst im späten 4. Jahrhundert wurden einige Gruppen in die *officiales* übernommen. Die *scholae* organisierten teils Fachpersonal, das mit spezialisierten Schreibarbeiten zu tun hatte (*ministeria litterata*), teils solches Personal, das diese Arbeiten nicht voraussetzte *(m. illitterata)*. Zu den ersteren gehörten die *exceptores* (Protokollschreiber, Aktenschreiber) und die *numerarii* (Kassen- und Rechnungsbeamte), zu den anderen die *singularii* (Boten), *praecones* (Herolde) u. a.

Die kaiserliche Zentrale

Das persönliche Büro, das der Kaiser zur Erledigung der ihm anvertrauten Verwaltungsaufgaben, insbesondere zur Lenkung und Beaufsichtigung seiner Beamten benötigte, entwickelte sich in dem Maße, in welchem alle Verwaltungsgeschäfte beim Kaiser konzentriert und deren Aufgaben erweitert wurden, zu einer komplexen Regierungszentrale, die ihrerseits wieder eine Bürokratie für sich wurde. Um nicht die Übersicht zu verlieren und damit die Regierungsgeschäfte den Zufälligkeiten und Eigenmächtigkeiten des bürokratischen Apparats zu überlassen, wurden schon im frühen Prinzipat einzelne Sachressorts geschaffen und allgemeine Arbeitsnormen für die Zentrale aufgestellt. Hatte der Kaiser ursprünglich noch vor allem seine Freigelassenen und Sklaven in der Zentrale beschäftigt, also gleichsam mit seiner Familie bzw. mit seinem „Haus“ regiert, wurde allmählich auch die Zentrale eine Bürokratie, die nach rationalen, nicht mehr durch die einzelne Person bestimmten Grundsätzen arbeitete.

Die kaiserliche Verwaltungszentrale lag dort, wo der Kaiser wohnte bzw. residierte. Das war anfangs nur Rom, seit dem 3. Jahrhundert, als sich die kaiserliche Spitze vervielfältigte, war es eine ganze Reihe von Städten. In der unruhigen Zeit der Soldatenkaiser und auch noch im 4. Jahrhundert wechselten die Residenzen der einzelnen Herrscher nach den jeweiligen politischen Notwendigkeiten (Nähe zu militärischen Krisenherden; Nähe zu der militärischen Anhängerschaft usw.) und Neigungen der einzelnen Kaiser zum Teil nicht unerheblich, auch wenn sich im Laufe der Zeit eine Reihe von bevorzugten Städten herausstellte. So gab es seit dem Ende des 3. Jahrhunderts Kaiserresidenzen in Augusta Treverorum (Trier), Mediolanum (Mailand), Ravenna, Sirmium (Sremska Mitrovica a. d. Save), Serdica (Sofia), Nicomedia (Izmit) u. a. Seit sich am Ende des 4. Jahrhunderts die Zweizahl der Kaiser endgültig eingespielt hatte, saßen die Kaiser auch wieder in festen Residenzen (in Oberitalien und in Konstantinopel). Da der Kaiser seit dem Ende der Severischen Dynastie (235) praktisch mit seinem Gefolge umhergezogen war, hatte sich für seinen Hof der Begriff *comitatus* (Gefolge) eingebürgert, der dann auch nach der Wiedereinführung fester Residenzen in Gebrauch blieb. Der Hof wurde auch nach dem Palatinhügel in Rom, auf dem in den ersten Jahrhunderten die Kaiser gewohnt und residiert hatten, *palatium* genannt, in der späteren Kaiserzeit auch *aula* (d. i. eigentlich der offene Hof, aber seit langem bereits für die Wohnung von Fürsten gebräuchlich, also: Schloß) und *sacrum cubiculum*; das letztere Wort drückt aus, daß „der Hof" die kaiserlichen Gemächer sind. Mit der persönlichen Überhöhung des Kaisertums und der damit verbundenen Institutionalisierung eines Zeremoniells ist schließlich der Hof im engeren Sinne von der Regierungs- bzw. Verwaltungszentrale getrennt worden. In den ersten Jahrhunderten der Kaiserzeit war beides jedoch noch eine Einheit.

Bereits im 1. Jahrhundert n. Chr. bildete sich in der Zentrale eine Reihe fester Sachressorts, die jeweils von einem Vertrauensmann des Kaisers geleitet wurden; dieser war früher oft ein Freigelassener, seit Hadrian ein Angehöriger des Ritterstandes (s. o.). Das wichtigste Ressort war das Finanzressort, durch das die Haupteinkünfte (Steuern aus den Provinzen, die indirekten Steuern, Domäneneinkünfte) verwaltet wurden. Die von Claudius ausgebildete zentrale Kasse hieß *fiscus* (d. i. Korb) *Caesaris* und wurde von einem „Rechnungsführer" (*a rationibus* auch *procurator a rationibus, pr. summarum rationum,* schließlich *rationalis* genannt) geleitet. Neben der zentralen Kasse entwickelte sich eine weitere Kasse für diejenigen Einnahmen, die aus dem persönlichen („privaten") Vermögen des Kaisers herrührten, also nicht dem Kaiser in seiner magistratisch-staatlichen Funktion zuzuweisen waren. In sie wurden u. a. die Einnahmen aus Ländereien, aus

Bergwerken, Salinen usw., die als persönliches Eigentum des Kaisers angesehen wurden, ferner die ihm zugedachten Erbschaften eingezahlt. Diese „kaiserliches Erbgut“ (*patrimonium Caesaris*) genannte Kasse war aber selbstverständlich auch eine zentrale Staatskasse; denn wie in dem Kaiser zu kaum einem Zeitpunkt der Privatmann sichtbar werden konnte — selbst soweit er als Magistrat galt, vermochte kaum jemand hinter seinem lebenslänglichen magistratischen Amt den privaten Menschen zu erkennen —, war auch sein Privatvermögen schwer von dem öffentlichen zu trennen. Die unlösliche Verknüpfung der kaiserlichen Person mit dem „Staat“ zeigt sich auch darin, daß die Einnahmen der Provinz Ägypten zu dem persönlichen Vermögen des Kaisers gezählt wurden: Die Ursache für diese Zuweisung lag in der aus hellenistischer Zeit stammenden Auffassung, daß der Herrscher Ägyptens das Land zu persönlicher Verfügung besaß, und in dem Bestreben der römischen Kaiser, die Einnahmen dieser reichsten Provinz des Reiches unter ihrer besonderen Kontrolle zu haben. Das besonders auch durch die Konfiskationen von Gütern hingerichteter Aristokraten ins Maßlose gestiegene kaiserliche Sondervermögen konnte schließlich nicht mehr als kaiserliches Privatvermögen gelten. Septimius Severus (193—211) hat es daher auch offiziell zu einer öffentlichen Kasse gemacht und von ihr als kaiserliches Sondervermögen (*res privata*) wieder eine besondere Kasse abgespalten. Das Eigenvermögen hatte, wie zu erkennen ist, den Charakter einer Privatschatulle, die nicht beanspruchte, ein privates, vom öffentlichen Vermögen getrenntes Vermögen zu sein; sie sollte lediglich einen mit der kaiserlichen Person enger verbundenen Vermögensteil für besondere oder auch persönliche Ausgaben reservieren. — Dem *patrimonium* stand ein *procurator patrimonii*, der *res privata* ein *procurator rationis privatae* vor.

Unter den anderen Sachbearbeitern der zentralen Ressorts war der *ab epistulis* die wichtigste Person. Er hatte die gesamte Korrespondenz mit den Beamten zu erledigen und dirigierte damit den größten Teil der kaiserlichen Beamtenschaft. Da auch die Korrespondenz der Städte und Völkerschaften des Reiches durch seine Hände lief, kann er als die Spitze der allgemeinen Verwaltung angesehen werden. Er stellte auch Ernennungsurkunden aus.

Die kaiserliche Regierungszentrale (1.–2. Jahrhundert)

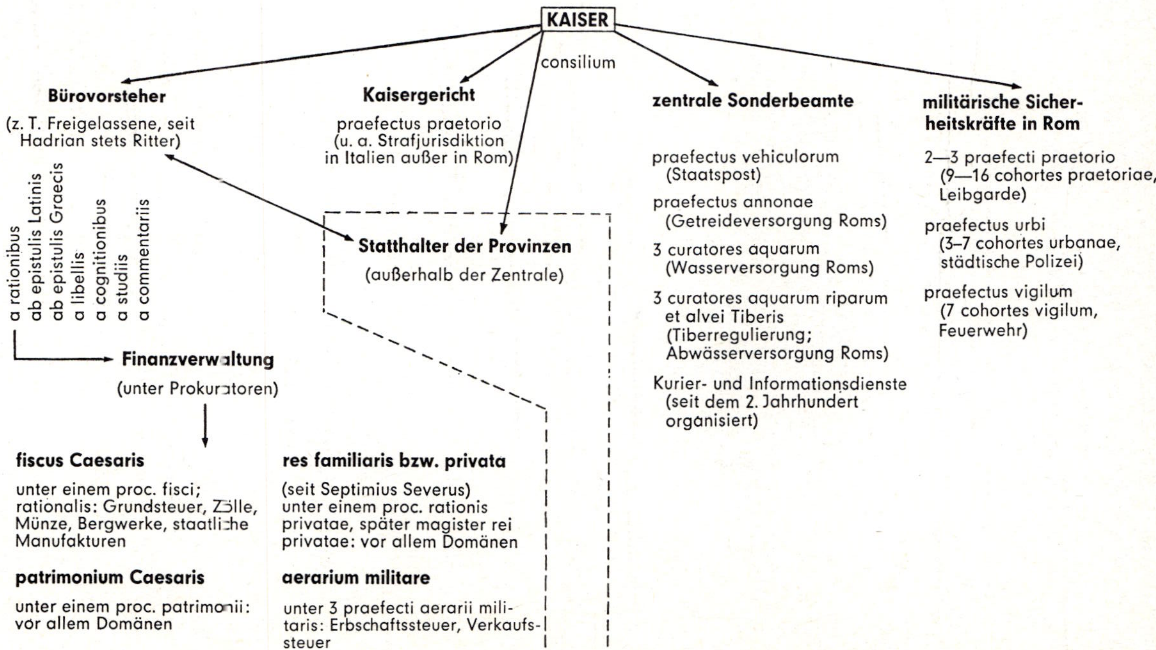

Wegen der Zweisprachigkeit der Reichskorrespondenz teilte sich schon vor Hadrian das Amt in zwei Abteilungen (*ab epistulis Latinis* und *Graecis*). Der Sachbearbeiter *a libellis* bearbeitete die Eingaben (*libelli, preces*) privater Personen. Hinter diesem letzteren Amt verbirgt sich mehr, als es auf den ersten Blick scheint; denn ein großer Teil der auf private Anfrage vom Kaiser getroffenen Rechtsentscheide (Reskripte) ging durch die Hände des *a libellis,* der somit u. a. auch an der Weiterentwicklung des römischen Privatrechts wesentlich beteiligt war (s. u. S. 267 ff.). Es gab ferner noch einen *a cognitionibus,* der für die kaiserliche Rechtsprechung bei Hofe zuständig war, einen *a commentariis* für die Ausfertigung öffentlicher Dokumente und für die Registerbücher, einen *a studiis,* der dem Kaiser gegebenenfalls gelehrtes Fachwissen beschaffte, und einen *a memoria* (erst seit Hadrian) für die Erledigung kürzerer Entscheidungen.

Neben den großen Fachressorts stehen eine ganze Reihe von kleineren Einzelressorts, die, von ritterständischen Präfekten geleitet, besonders wichtige, ihrer Natur nach zentral zu steuernde Sonderaufgaben hatten. Von den mannigfachen Ressorts seien nur einige genannt, nämlich die Staatspost (*cursus publicus)* unter einem *praefectus vehiculorum* („Fahrzeugmeister"), deren Netz mit eigenen Stationen für den Pferdewechsel das ganze Reich überzog, und die Präfektur für die Lebensmittelversorgung (*frumentatio*) vornehmlich der Hauptstadt Rom, die ein *praefectus annonae* (*annona* sind die Lebensmittel, insbesondere das Getreide) leitete. Andere Zentralämter hatten Aufgaben, die nur die Stadt Rom und deren Umgebung betrafen. So hatten drei *curatores aquarum* die Wasserversorgung, insbesondere die Wasserleitungen Roms zu betreuen und die *curatores riparum et alvei Tiberis* das Tiberbett, später auch die Abwässerregulierung zu beaufsichtigen.

Wichtig war auch ein anderer, erst im 2. Jahrhundert aufblühender Zweig der Verwaltungszentrale. Die wachsende Bürokratie und der komplexer werdende Verwaltungsgegenstand verlangten nach immer schärferer Kontrolle der Beamten und Privatleute. Es entwickelte sich daher seit Hadrian eine reguläre geheime Staatspolizei, die besonders die Beamten beobachtete. Die ursprünglich *frumentarii* genannten Spitzel waren aus dem Kurierdienst hervorgegangen und hatten das Aushorchen zunächst nur nebenher betrieben. Jetzt wurde es — neben dem Depeschendienst und der Inspektion der Post — ihr Hauptgeschäft. Durch Diocletian und seine Nachfolger ist diese Truppe weiterentwickelt worden. Die Kundschafter hießen seitdem *agentes in rebus* (*die in Geschäften tätig sind*) oder auch *curiosi* (*die Neugierigen*). Sie waren beritten und schwärmten im ganzen Reich umher. Sogar die Gesinnung der Beamten, nicht nur ihre Handlungen wurden erkundet. Diese Agenten blieben auch später Beamte der Zentrale und unterstanden dem obersten Büroleiter (*magister officiorum*, s. u.).

Ein wichtiges Element der kaiserlichen Zentrale war von Anfang an der persönliche Schutz des Kaisers. Er wurde bis zum Jahre 312 durch die Prätorianergarde (*praetoriae cohortes*, das sind die beim Standort des Feldherrn, dem *praetorium* — Zelt, Baracke, Kommandantur —, stationierten Kohorten) garantiert. Die Garde bestand aus 9—16 Kohorten und wurde von zwei, seltener drei Präfekten (*praefectus praetorio*) kommandiert. Nach der Auflösung der Prätorianergarde durch Constantin wurde eine neue Garde aufgestellt, die *scholae palatinae*. Ihre Nahestellung zum Kaiser gab der Garde einen u. U. starken Einfluß auf die Entscheidungen der Regierung, insbesondere wurden deren Kommandanten, die Prätorianerpräfekten, zu wichtigen Personen bei Hofe. Sie zogen sogar bald reguläre Verwaltungsgeschäfte an sich; seit dem 3. Jahrhundert waren sie für die Strafgerichtsbarkeit in Italien zuständig und fungierten als Stellvertreter des Kaisers für etliche Verwaltungsgeschäfte. — Zu den in der Zentrale liegenden Militäreinheiten gehörten, solange Rom Residenz war, also in den ersten drei Jahrhunderten des Kaiserreiches, auch die aus 7 Kohorten bestehende Feuerwehr, die gleichzeitig städtische Wachdienste versah (*cohortes vigilum*), unter einem Präfekten (*praefectus vigilum*) und die städtische Polizeitruppe, die *cohortes urbanae*, die einem senatsständischen *praefectus urbi* unterstanden. Beide Truppen hatten geringeren Einfluß auf die Regierung, doch waren ihre Kommandanten durch das Gewicht ihrer militärischen Stellung immerhin gelegentlich ein Faktor der Politik. Beide erhielten auch zivile Aufgaben; der Stadtpräfekt wurde in Rom und in einem Umkreis von 150 km um die Stadt für Strafsachen zuständig.

In der Spätantike ist die kaiserliche Zentrale entsprechend der mittlerweile zu sehr viel größeren Dimensionen ausgewachsenen Bürokratie umfangreicher und vielfältiger geworden. Sie war nicht mehr nur lenkender und kontrollierender Apparat, sondern bedurfte jetzt immer dringender auch selbst der Kontrolle.
Eine wesentliche Änderung gegenüber der älteren Zeit besteht zunächst in der Ausbildung eines besonderen kaiserlichen Hofes: Die institutionalisierte Würde des Kaisers hatte soweit Gewicht bekommen, daß sie sich zu einem eigenen Element in der Zentrale entwickelte. Die kaiserliche Person mit ihrem Haus und ihren persönlichen Bediensteten wurde als Hof ein besonderer, von der Zentralverwaltung getrennter Teil der Regierungsbürokratie: Da der Hof das institutionalisierte Kaisertum darstellte, war auch er ein Apparat, eine (Sonder)Behörde. An ihrer Spitze stand ein beamteter Oberkämmerer (*praepositus sacri cubiculi*), meist ein Eunuch, der durch die Abgeschlossenheit des Kaisers und die räumliche Nähe zu ihm starken Einfluß gewann. Er wurde Mitglied des Staatsrates (s. u.) und erlangte 412 sogar den Rang eines *illustris*, der den höchsten Verwaltungsspitzen vorbehalten war. Der *praepositus* konnte gegen Ende des 4. Jahrhunderts zur Versorgung des Hofes auch einen Teil der Domänenverwaltung an sich ziehen.
Neben dem Hof stand die eigentliche Regierungszentrale, die jetzt mehrere Zweige hatte. Die Verwaltungsspitze bildete seit den Unruhen des 3. Jahrhunderts, als es viele Kaiser gleichzeitig gegeben und der Kaiser in aller Regel nicht mehr in Rom residiert hatte, sondern mit der Armee im Reich umhergezogen war, der Chef bzw. die Chefs der Leibgarde (Prätorianerpräfekt). Er war auch zum Chef der kaiserlichen Ressorts bei Hofe aufgestiegen und somit nun gleichzeitig Chef der gesamten (provinzialen) Reichsverwaltung und Chef der Regierungszentrale. Durch Diocletian war dann dieser zunächst irreguläre, aus den besonderen Umständen mehr oder weniger erzwungene Zustand

formell anerkannt worden. Jeder aus dem nun auf 2—4 Personen vermehrten Kaiserkollegium hatte folglich einen Prätorianerpräfekten als Verwaltungschef. Nachdem sich die Verhältnisse konsolidiert hatten und der Kaiser wieder an einem festen Ort residierte, wurde jedoch das Bedürfnis stärker, diesen übermächtigen Mann aus der nächsten Umgebung des Kaisers zu entfernen und damit seinen Einfluß zu schwächen. Die Trennung der kaiserlichen Zentrale von der Zentrale des Prätorianerpräfekten wurde ferner auch dadurch nahegelegt, daß die Präfektur, wie oben dargelegt, mittlerweile ein fester geographischer Verwaltungsbezirk geworden war, der nicht immer mit dem Herrschaftsbereich eines Kaisers identisch war. So bestätigte Constantin der Große zwar den Prätorianerpräfekten als selbständige Verwaltungsspitze ausdrücklich dadurch, daß von ihm keine Berufung an den Kaiser mehr möglich sein sollte — er urteilte *vice sacra* —, aber gleichzeitig damit gliederte er ihn aus der Zentrale aus; der Prätorianerpräfekt gehörte konsequenterweise seitdem auch nicht mehr dem gleich zu behandelnden Staatsrat an. Seit es bei der Zweizahl der Kaiser blieb und die beiden Kaiser feste Residenzen in Oberitalien (Mailand, Ravenna) und in Konstantinopel hatten, also seit 395, saßen zwei der 4 Prätorianerpräfekten, nämlich der für Italien und Afrika und der für den Orient, wieder ständig am Kaiserhof (Mailand, Konstantinopel) und hießen als solche *pr. pr. in praesenti;* obwohl sie mit ihrem Verwaltungsbereich theoretisch von der Zentrale getrennt waren, übten sie durch ihre Gegenwart doch faktisch nun einen sehr starken Einfluß auf den Kaiser aus.

Der Prätorianerpräfekt war die Spitze einer geschlossenen Verwaltung, die von den Bürgern und Städten über den Statthalter und den Vikar bis zu ihm lief, er stand stellvertretend für den Kaiser, übte aber keinen direkten Einfluß mehr auf die Zentrale aus. In seinem Verwaltungsbereich hatte der Prätorianerpräfekt jedoch die gesamte Gerichtsbarkeit in der Hand, war für Ruhe und Ordnung zuständig und verwaltete die Staatspost sowie das Aushebungswesen; er führte ferner die Aufsicht über die Angelegenheiten der Städte (Kollegien, Markt) und zog vor allem als mächtiger Finanzchef die wichtigste Reichssteuer ein, die *annona.*

In diese geschlossene Kompetenz konnte selbstverständlich der Kaiser beliebig eingreifen. Seine Gewalt konkurrierte demnach mit der des Prätorianerpräfekten. Aber diese Kompetenzkonkurrenz bestand nur scheinbar, denn weder konnte der Präfekt ein wirklicher Konkurrent des Kaisers sein (der Kaiser war und blieb oberster Chef) noch war die Präfektur mit der ausgesprochenen Einschränkung, daß der Kaiser hier auf allen Verwaltungsebenen mitregieren sollte, eingerichtet worden. So ist die „Konkurrenz" des Kaisers lediglich Ausdruck seiner Allmacht und berührt nicht die Geschlossenheit der Präfektur und die Macht ihres Vorstehers.

Mit der Entfernung des Prätorianerpräfekten aus der Zentrale mußte eine neue Leitung für die Geschäfte der Zentrale und die dort bereits bestehenden zahlreichen Büros der einzelnen Sachgebiete geschaffen werden. Sie wurde bezeichnenderweise auf mehrere Chargen verteilt, die teilweise miteinander konkurrierten. Die neuen Chefs waren der *quaestor sacri palatii* als Leiter des neuen Staatsrates, der *magister officiorum* und die Chefs der Finanzverwaltung. Wie sah diese Zentrale jetzt im einzelnen aus und wie funktionierte sie?

Das wichtigste Glied der neuen Regierungszentrale wurde der reformierte Staatsrat bzw. Hofrat (*consistorium*). Einen Beirat (*consilium*) hatte früher jeder Beamte gehabt; auch die Kaiser hatten seit jeher einen solchen Rat besessen. Er war jedoch in der frühen Kaiserzeit noch eine mehr oder weniger unverbindliche Einrichtung gewesen, die nach Belieben herangezogen wurde. Erst Hadrian gab ihm eine strengere Form und beförderte nun zunehmend auch Ritter, unter ihnen vor allem Juristen, zu Mitgliedern des Rates (*consiliarii*). Seit dem Kaiser Commodus bezogen die *consiliarii* ein festes Gehalt, und als Vorsitzender fungierte damals der bei Hofe mächtigste Beamte, der Prätorianerpräfekt (s. o.). Nach den Wirren des 3. Jahrhunderts wurde der Rat reorganisiert. Er hieß jetzt *sacrum consistorium* und war zu dem zentralen kaiserlichen Entscheidungsorgan aufgestiegen: Durch das *consistorium* regierte der Kaiser die Welt. Mitglieder des Rates waren die dem Kaiser am nächsten stehenden beamteten Personen, weswegen sie — entsprechend der *cohors praetoria* des republika-

Die kaiserliche Regierungszentrale (4.–6. Jahrhundert)

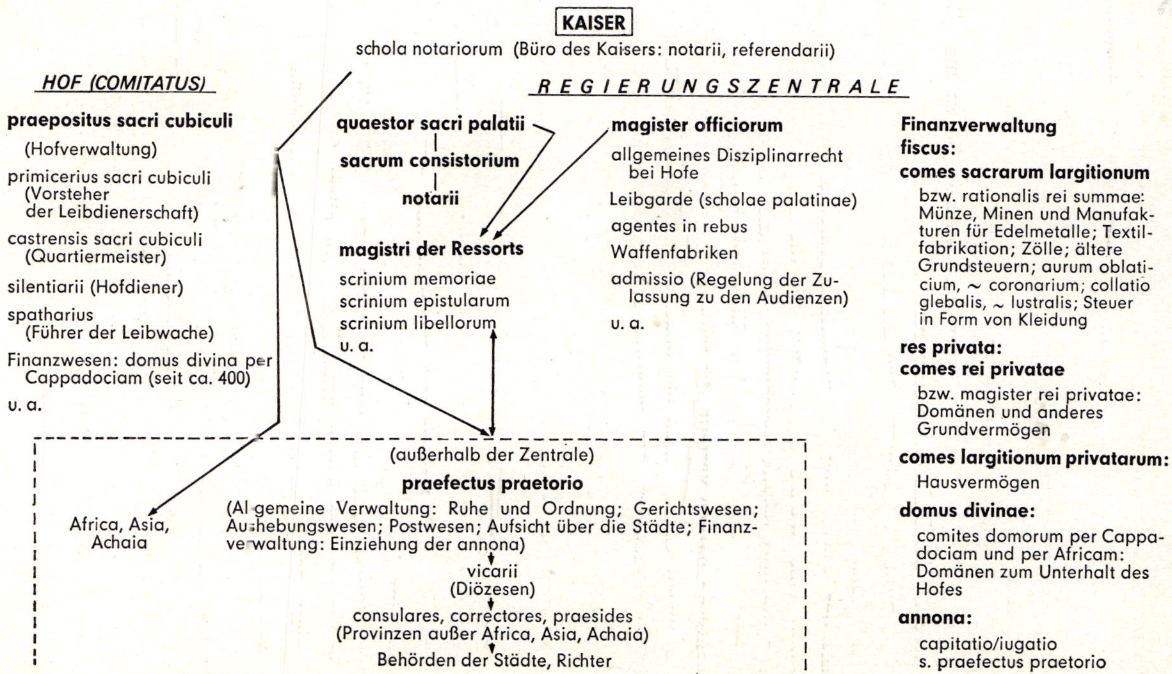

nischen Beamten — insgesamt als persönliche Begleitmannschaft des Kaisers, das einzelne Mitglied als „Begleiter" (*comes*) bezeichnet wurden. Da der Titel entsprechend der allgemeinen inflationären Entwicklung von Titeln später auf viele andere, dem *consistorium* nicht angehörende Personen übertragen wurde, hießen die Konsistorialräte dann *comites consistoriani*. Zu diesen Räten gehörten regelmäßig die gleich zu besprechenden Ressortminister, der Oberkämmerer und andere hohe Beamte und Offiziere kraft Amtes oder kaiserlicher Ernennung. Der Vorsitzende wurde ein neu geschaffener Beamter, nämlich der *quaestor sacri palatii*. Die Titulatur zeigt, daß er ein Hofbeamter (kein Beamter der reinen Verwaltungszentrale) war, und in der Tat ist auch der Staatsrat als Hofrat konstruiert und sollte als solcher gerade ein Gegengewicht gegen die Prätorianerpräfektur und die Verwaltungsbüros der Zentrale bilden. Er sollte als eine Art Hausministerium das Gewicht des Kaisers in der Regierungszentrale stärken. Der Hofrat ist die Konsequenz der neuen Entwicklung, in der der Kaiser sich durch die Institutionalisierung des Kaisertums dem Zugriff der Menschen und darunter auch der Verwaltung entzogen hatte (s. o. S. 72 f.) und nun neue Wege zur Erhaltung seines Einflusses auf die Regierung suchte und fand. Der Quästor war neben der Leitung des Rates für die Ausfertigung aller Entscheidungen und Gesetze des Kaisers zuständig, die in aller Regel im Consistorium vorberaten wurden; er bediente sich dabei der kaiserlichen Büros. Er führte ferner das *laterculum minus*, d. i. die Liste einer großen Reihe von Offizieren des mittleren Dienstes, die vormals der Prätorianerpräfekt in seiner Hand gehabt hatte; mit der Listenführung war ein Einfluß auf die Stellenbesetzung verbunden.

Das Consistorium ist bei all seinem Gewicht allerdings nicht, wie einst der römische Senat, ein Gremium, das mit Mehrheitsvotum rechtsgültige Beschlüsse faßt. Die Entscheidung bleibt beim Kaiser, und etwaige Mehrheiten im Meinungsbild des Consistoriums spielen nur insoweit eine Rolle, wie der Kaiser sich von ihnen beeindrucken läßt. Obwohl das Consistorium gegenüber dem Consilium der frühen Zeit eine formal gefestigtere Institution ist, wird in ihm doch vor allem beraten und auch einfach nur angehört; trotz eines festen inneren Kreises von Konsistorialräten, die der zentralen Bürokratie angehören (s. o.), wechselt denn auch der Kreis der Mitglieder z. T. nicht unerheblich. Die Entscheidung selbst fällt der Kaiser — sei es vor oder nach der Sitzung — meist in Einzelgesprächen mit einzelnen hohen Fachbeamten oder auch unter dem Druck von allzu mächtigen Hofbeamten und Generälen bzw. von Mitgliedern der kaiserlichen Dynastie. Der Weg der Entscheidung ist oft komplex und für uns auch nur selten noch nachvollziehbar. Immerhin ist das Gewicht des Consistoriums als Hofrat im 4. Jahrhundert groß, und es werden hier auch in der Tat wichtige politische Entscheidungen gefällt bzw. vorbereitet. Im 5. Jahrhundert berät und entscheidet sich der Kaiser jedoch immer öfter in seinen innersten Räumen, und die ihn hierbei umgebenden Personen gehören nun häufiger als früher der Hofbürokratie im engeren Sinne und der Generalität sowie der kaiserlichen Familie an, obwohl selbstverständlich auch jetzt noch die hohen Beamten der Regierungszentrale mitwirken. Das Consistorium wird durch diese Entwicklung zunehmend ein reines Organ zur Anhörung der bereits anderenorts gefällten kaiserlichen Entscheidungen oder der ehrenvolle Rahmen für formelle Staatsakte (Ernennungen, Übergabe von Geschenken usw.).

Neben dem Hofrat bestanden selbstverständlich die alten zentralen Büros *(officia)* weiter; sie hießen auch *scrinia* und waren im Prinzip selbständig geleitete Ressorts, über die der *quaestor sacri palatii* und damit das *consistorium* zur Exekution der Entscheidungen verfügten. Sie hatten ein zahlreiches, nach Rang und Tätigkeit abgestuftes Büropersonal. Jedes der 5 bis 6 *scrinia* unterstand einem *magister;* er ist als eine Art Reichsminister anzusehen. Die einzelnen Ressorts der *scrinia* unterschieden sich nicht unerheblich von denen der älteren Kaiserzeit. Die drei wichtigsten waren jetzt das *scrinium memoriae,* das mit kurzfristigen Entscheidungen, insbesondere auch Bittschriften *(preces)* zu tun hatte und wegen der Nähe seines Magisters zum Herrscher zum einflußreichsten Büro aufstieg, das *scrinium epistularum,* in dem die Beamtenkorrespondenz, ferner die Verhandlungen mit den Gesandtschaften von Städten und ebenfalls Bittschriften bearbeitet wurden, und schließlich das *scrinium libellorum,* dessen wichtigste Aufgabe in der Hilfe bei der kaiserlichen Rechtsprechung lag. Die *scrinia* empfingen zur ständigen Information der Zentrale auch regelmäßige Berichte der Provinzgouverneure und obersten Militärbeamten über die Lage in deren Verwaltungsbereichen, und sie stellten die Ernennungsurkunden aus. Im Gegensatz zur frühen Kaiserzeit hatte die Finanzverwaltung sich zu einer bzw. mehreren Sonderbehörden entwickelt, die den Rahmen der übrigen *scrinia* sprengten; über sie wird noch zu sprechen sein.

Die Büros hatten zunächst keinen Generalminister, sondern unterstanden dem Prätorianerpräfekten, solange dieser Hofbeamter war. Nach seiner Verdrängung vom Hof (s. o.) wurde kein neuer Kanzleichef für alle Büros der Zentrale geschaffen. Der zuerst von Constantin I. ernannte *magister officiorum* (s. u.) war nicht Verwaltungschef im eigentlichen Sinne. Er beaufsichtigte die *officia* bzw. *scrinia* der Zentrale vor allem als oberster Disziplinarbeamter bei Hofe, lenkte nicht die in den *scrinia* geleistete Arbeit. Wenn einem Hofbeamten der Titel eines „Generalministers“ gebührt, kommt er daher wohl am ehesten dem *quaestor* zu. Dieser aber benutzte die Büros eher, als daß er sie als eine Gesamtheit lenkte und führte. Da der *magister officiorum* die Beaufsichtigung und Kontrolle, u. U. auch die Koordination der Büros innehatte, konkurrierte er zudem in gewissen Grenzen mit dem *quaestor* in der Leitung der *scrinia*. Die Kompetenzkonkurrenz war kaum unbeabsichtigt, auf jeden Fall bedeutete sie im Effekt eine in die Institution selbst gelegte gegenseitige Kontrolle dieser beiden einflußreichen, ja übermächtigen Hofbeamten.

Der *magister officiorum* wurde von Constantin als zentraler Hofbeamter eingesetzt, als mit der Verdrängung des Prätorianerpräfekten aus der Zentrale (s. o.) neben der Lenkung und Beaufsichtigung vieler einzelner Zuständigkeiten vor allem der den gesamten Hofstaat bindende und alle Hofbeamten zusammenhaltende und kontrollierende oberste zivile und militärische Chef verschwunden war. Der *magister officiorum* erhielt nun in dessen Nachfolge diese Funktion und wurde so der höchste Disziplinarbeamte bei Hofe. Als Polizei- und Disziplinarchef übernahm er dann auch die älteste Zuständigkeit seines Vorgängers, des Prätorianerpräfekten: das Kommando über die kaiserliche Leibgarde *(scholae palatinae),* welche die von Constantin I. aufgelöste Prätorianergarde ersetzte. Auch die Führung des Kurier- und Spionagekorps *(agentes in rebus),* von dem bereits gesprochen wurde, lag in seiner Hand. Neben manchen anderen Einzelkompetenzen erhielt er ferner die Verwaltung der kaiserlichen Waffenfabriken. Die Überwachung der Zulassungen zu den kaiserlichen Audienzen *(admissiones),* die er als oberster Aufsichtsbeamte und Koordinator bei Hofe erhalten hatte, gab ihm einen besonders starken Einfluß nicht nur auf alle Verwaltungsgeschäfte, sondern auch auf die Leitung der äußeren Belange, denn alle Gesandtschaften gelangten nur über ihn an den Kaiser.

Eine wichtige Behörde der Zentrale ist auch das Notariatsbüro. Es war das persönliche Büro des Kaisers, das ihm unmittelbar unterstand, und trat als solches in eine gewisse Konkurrenz zu den großen Büros der einzelnen Ressorts, die bereits ein bürokratisches Eigengewicht erhalten hatten und darum als persönliche Instrumentarien vom Kaiser schwieriger zu verwenden waren. Die Notare *(notarii)* waren Schreiber (Sekretäre) des Hofrates; sie fertigten die Urkunden aus — der Chef der Notare führte das *laterculum maius,* d. i. das Verzeichnis aller hohen zivilen und militärischen Beamten —, erledigten im Sonderauftrag des Kaisers diplomatische und verwaltungstechnische Aufgaben und fungierten als Beamte mit Sonderwissen politischer und fachlicher Art auch als eine Art vortragender Räte. Aus den Notaren nahm der Kaiser seit dem frühen 5. Jahrhundert auch eine zahlenmäßig nicht sehr hohe Anzahl von Sonderbeamten, die *referendarii,* die als Gesandte und Gerichtsbeamte des Kaisers tätig waren. Alle Notare waren in einer festen Gruppe *(schola notariorum)* zusammengefaßt und einem Chef, dem *primicerius notariorum,* unterstellt. Gegen Ende des 4. Jahrhunderts nahmen Ansehen und Einfluß der Notare sehr zu. Auch deren Zahl stieg von ursprünglich nur wenigen bis auf mehrere hundert, von denen jedoch viele dem Korps wohl nur nominell angehörten. Durch ihre Nähe zum Kaiser ebenso wie durch ihr Fachwissen und ihre Kenntnisse von den politischen Interna übten die Notare über die ihnen zukommenden engeren Kompetenzen hinaus einen nur sehr schwer abzuschätzenden, aber wohl kaum leicht zu unterschätzenden Einfluß auf die allgemeine Politik und die Personalentwicklung innerhalb der Bürokratie aus.

Entsprechend ihrer Bedeutung war die am Hof etablierte oberste Finanzverwaltung umfangreich und hatte politisches Gewicht. Sie war in der späteren Kaiserzeit eine zweigeteilte Verwaltung, die sich als solche erst im 3. Jahrhundert herausgebildet hatte. Die Trennung war sachlich unbegründet, aber trotzdem änderten die Kaiser daran nichts, und dies sowohl wegen der ungeheuren administrativen und personalpolitischen Schwierigkeiten, die eine Umstellung mit sich gebracht hätte, als auch wegen der in diesem Zweig angesiedelten politischen Macht, die eine bleibende Trennung geraten erscheinen ließ. Der eine der beiden Finanzzweige stand in der direkten Nachfolge der frühkaiserzeitlichen Finanzverwaltung, deren zentrale Kassen der *fiscus Caesaris* und das *patrimonium Caesaris* sowie die *res privata* gebildet hatten (s. o.). Der andere, jüngere Zweig war erst im 3. Jahrhundert entstanden und wurde vom Prätorianerpräfekten geleitet. Zunächst zu ersterem.

Der Zweig der Finanzverwaltung, der in der älteren Kaiserzeit *fiscus Caesaris* geheißen hatte und von dem *a rationibus* gelenkt worden war, verwaltete wie früher die allgemeinen Reichssteuern (Kopfsteuer bzw. Grundsteuer), die Zölle und Sondersteuern (Erbschaftssteuer, Sklavenverkaufssteuer, allgemeine Verkaufssteuer, Freilassungssteuer); ihr Chef hieß seit dem Kaiser Marc Aurel *rationalis*. Da für die Grund- und Kopfsteuer feste Geldansätze bestanden (dies nicht z. B. für Zölle und Verkaufssteuer, die sich auf den Warenwert bezogen), geriet die Finanzverwaltung in der Inflation des 3. Jahrhunderts in die größte Bedrängnis: Das Geld und damit die Steuer war kaum noch etwas wert. Es wurde daher eine neue Grundsteuer auf Naturalienbasis eingerichtet, und schließlich, nach der Beruhigung der Verhältnisse seit dem Ende des 3. Jahrhunderts, mußte sich dieser Zweig der Finanzbürokratie ganz neu organisieren. Der Einzug der neuen Naturaliensteuer *(annona)*, die an die Stelle der entwerteten alten Grund- bzw. Kopfsteuer getreten war, wurde dem *rationalis* entzogen; im übrigen aber blieb er einer der zentralen Finanzminister. Er hatte zwar die alte Hauptsteuer, die nunmehr als *annona* der Prätorianerpräfekt einzog, verloren. Aber er behielt die anderen älteren Steuern und übernahm seit der Wende vom 3. zum 4. Jahrhundert, als durch die Münzreform Diocletians und Constantins die Edelmetallwährung sich wieder konsolidiert hatte, darüber hinaus, grob gesagt, alle Finanzgeschäfte, die mit der Einnahme, Ausgabe und Verarbeitung von Edelmetallen zu tun hatten. So war er zuständig für die neuen Edelmetallsteuern, nämlich das bereits länger gezahlte *aurum coronarium,* das beim Regierungsantritt und allen fünfjährigen Regierungsjubiläen eines Kaisers von den Dekurionen bzw. Großgrundbesitzern, soweit sie nicht Senatoren waren, gezahlt wurde, ferner das *aurum oblaticium,* das bei denselben Gelegenheiten die Senatoren zahlten, weiter die *collatio glebalis,* die seit Constantin I. alle Senatoren jährlich nach der Größe ihres Grundbesitzes bzw. sonstigen Vermögens (im Osten nur bis ca. 450) zu zahlen hatten, und schließlich die alle fünf Jahre für sämtliche Geschäftsleute (einschließlich Prostituierte) und Handwerker fällige *collatio lustralis.* Da seit dem 4. Jahrhundert die Besoldung wiederum in Währung erfolgen konnte, war der *rationalis* für die Auszahlung von Löhnen für die Beamten und die militärischen Ausgaben, in erster Linie für den Sold und vor allem die Donative der Soldaten (Sonderzahlungen in Edelmetall bei Regierungsantritt und den fünfjährigen Jubiläen) und die Kleidung der Soldaten zuständig. Ferner unterstanden ihm die Thesaurierung und Ausmünzung der gesamten Reichswährung sowie die Organisation und Verwaltung zahlreicher kaiserlicher Manufakturen (Webereien, Färbereien u. a.), der Steinbrüche und Bergwerke. Als ständiger Hofbeamter erhielt der *rationalis* zu Beginn des 4. Jahrhunderts den Titel *comes* und hieß dann *comes sacrarum largitionum;* auch aus dem Titel ersieht man, daß von diesem Beamten u. a. die Zahlung an Beamte und Soldaten geleistet wurden.

Neben dem *comes s. l.* stand in diesem Zweig der Finanzverwaltung der *magister rei privatae,* der in direkter Deszendenz das *patrimonium* und die *res privata* der frühen Kaiserzeit leitete. Er hieß jetzt *comes rerum privatarum* und verwaltete, wie früher, die Domänen, die aus altem Staatsland, kaiserlichem Familienvermögen, aus Erbschaften, Konfiskationen und Gütern von ohne

Erben verstorbenen Personen, ferner später noch aus eingezogenem städtischen Grundbesitz und aus den Gütern heidnischer Tempel zu riesigen Flächen zusammengewachsen waren; besonders in Nordafrika, wo in einigen Gebieten dem Kaiser 1/4 bis 1/3 des ganzen Landes gehörte, ferner in Italien, Sizilien, Bithynien und Kappadokien war der kaiserliche Landbesitz umfangreich. Die *res privata* hatte trotz des öffentlichen Charakters auch dieser Kasse einen engeren Bezug zur kaiserlichen Person als die vom *comes sacrarum largitionum* verwaltete Kasse. Das ist daran zu erkennen, daß aus den Einnahmen der *res privata* die Ausgaben für den Hof, insbesondere das Hofpersonal beglichen und darüber hinaus aus ihr in der Regel keine regulären Zahlungen geleistet wurden. Obwohl die allgemeine Haushaltsführung hier nicht starr war und auch aus der *res privata* ordentliche und ebenso aus anderen Kassen außerordentliche Ausgaben, wie persönliche Geschenke, bezahlt wurden, hat man die *res privata* als eine Kasse anzusehen, die zur gefälligen Disposition des Kaisers stand. Aber insofern die außerordentliche Ausgabe, insbesondere das Geschenk, durch die persönlich-patronale Herrschaftsstruktur anders als heute eine legitime Ausgabe und die Freigebigkeit nicht nur eine beiläufige und angenehm begrüßte, sondern eine vom Kaiser erwartete und mit dem Kaisertum unlöslich verbundene Eigenschaft war, ist der „öffentliche" Charakter der Ausgaben auch dieser Kasse deutlich.

Aus der *res privata* wurde in späterer Zeit ein besonderes Hausvermögen ausgegliedert, das ausschließlich die Kosten der Hofhaltung befriedigen sollte. Der Chef dieses Sondervermögens erhielt den Namen *comes largitionum privatarum*.

Der zweite Finanzzweig war in den Wirren des 3. Jahrhunderts entstanden, als mit dem Zusammenbruch der Zentralgewalt der bzw. die umherziehenden Kaiser von ihrem Verwaltungschef, dem Prätorianerpräfekten, die Steuern einziehen ließen, die damals in erster Linie zur Bezahlung bzw. Versorgung der Armee dienten (s. o.). Der Prätorianerpräfekt sorgte insbesondere für die Eintreibung der Naturalsteuer *(annona)*, die als Ersatz für die in der Inflation wertlos gewordene alte Hauptsteuer getreten war (s. o.). Er behielt die Eintreibung dieser neuen Grundsteuer, die durch Diocletian reorganisiert wurde (s. u. 195 ff.), auch nach der Wiederherstellung der Ordnung und der Etablierung der Prätorianerpräfektur als ordentlicher Verwaltungsspitze.

Der Umfang und die Komplexität der kaiserlichen Verwaltungszentrale sind nicht nur einfach eine Konsequenz der Größe der Verwaltungsaufgaben und des historischen Wachsens. Die Buntheit der Formen, die teilweise gegen die Logik der Verwaltungsnotwendigkeiten konstruiert zu sein scheinen, war zwar zunächst das Ergebnis einer historischen Entwicklung. Aber wenn sie nicht verändert wurde, lag das doch meist nicht an einer Bequemlichkeit des Denkens, die sich in das Vorhandene einbettet, oder an einer Unfähigkeit, etwas historisch Gewordenes den aktuellen Bedingungen anzupassen. Es stand viel zu viel auf dem Spiel, als daß der menschliche Geist sich nicht hier, in der politischen Zentrale der Welt, um eine den Interessen des Kaisers bestens angepaßte Formung der Institutionen gemüht und den Wandel der Verwaltungsformen in diesem Sinne gelenkt hätte. Das, was von den vielen Veränderungen des bürokratischen Apparates blieb, blieb darum in aller Regel, weil es in dieser Form nützlich war. So steht darum hinter den teils bizarren Formen der spätkaiserzeitlichen Zentrale auch ein lenkender Wille, der die Vielheit zu einem durchdachten System verband. Der Ausbau der Zentrale verlangte in der Tat auch einen klaren Verstand und einen festen Willen; denn es war das Problem des Kaisers, die Regierungsmannschaft eines Weltreiches zu beherrschen, die nicht nur sehr umfangreich, sondern auch ohne eine sichere moralische Grundhaltung war, ja sich sehr oft und in manchen Zeiten fast ausschließlich von Machtgier und materiellem Eigennutz leiten ließ. Der Kaiser konnte sein Ziel nur erreichen, wenn er die Zentrale aufgliederte und die einzelnen Bereiche der obersten Verwaltung zu Konkurrenten um Kompetenzen und Einfluß machte. In dieses komplexe System von Ämtern und Zuständigkeiten, das als solches bereits ein sich kontrollierendes System war, ließen sich dann noch zusätzlich weitere Kontrollen einbauen, und alles zusammen lenkte die Dynamik des Apparates vom Kaiser ab und hielt die Vielheit im Gleichgewicht der Kräfte. Die Zentrale ist auf diese Weise, wie die gesamte übrige Verwaltung, Gegenstand der Kontrolle geworden, und es wurden auf sie dieselben Grundsätze der Kontrolle angewandt, die auch für die allgemeine Verwaltung galten und von denen weiter unten noch gesondert gehandelt werden wird. Hier sei nur bereits an dem besonderen Fall der Zentrale auf einige dieser Mechanismen hingewiesen, die eine Kontrolle ermöglichten. Da ist zunächst die Tendenz nach Teilung an sich zusammengehöriger Sachaufgaben zu beobachten, wie sie uns z. B. bei der geteilten obersten Finanzverwaltung begegnet. Ferner finden wir hier besonders ausgeprägt die Kompetenzkonkurrenz, die die spätantike Verwaltung so unübersichtlich macht. Der Kanzleichef und der Chef des Hofrates z. B. sind in einem sehr allgemeinen Rahmen, der als allgemeine politische Führung bezeichnet werden kann, konkurrierende Beamte; sie behandeln vielfach die gleichen Gegenstände, nur wirkt der eine *(quaestor)* stärker direkt, der andere *(magister officiorum)* indirekt auf die Entscheidungen ein, aber genau sind die Gewichte nicht zu bestimmen. Ferner besteht die Neigung, von einem persönlichen inneren Kreis (Hofverwaltung, Hofrat) auf einen äußeren Kreis (Kanzlei, Prätorianerpräfekt) zu wirken, aber gleichzeitig die Übergänge nicht so scharf zu ziehen, daß das Verhältnis der Institutionen sich automatisch regelt. Das Prinzip besteht darin, die Institutionen so zu gestalten, daß eine persönliche, für den einzelnen Beamten schwer abschätzbare Einwirkung des Kaisers überall möglich und sogar notwendig ist. Der Apparat ist also in seinen Funktionen bewußt nicht völlig durchrationalisiert, damit sein Eigengewicht nicht zu groß wird und er von oben lenkbar bleibt.

Die Stadt als Verwaltungsträger

Die überwiegende Form der Siedlung war im römischen Reich die Stadt, und sie wurde es im Laufe der Kaiserzeit immer mehr, so daß schließlich, etwa im 4. Jahrhundert, fast das ganze Reichsgebiet in Städte mit ihrem dazugehörigen Landgebiet gegliedert war. Auf diese Verhältnisse sowie auf die Organisation der Stadt und deren Entwicklung wird 2, 14 ff. ausführlich eingegangen. Hier sollen lediglich einige Überlegungen vorausgeschickt werden, die den Stellenwert der Stadt als Teil der allgemeinen Reichsverwaltung beleuchten.

In den ersten Jahrhunderten des Kaiserreiches, als noch die Römer, die damals vor allem in Italien wohnten, den als Untertanen aufgefaßten Bewohnern der Provinzen gegenüberstanden, haben die diesen Bevölkerungsgruppen entsprechenden Stadttypen eine grundsätzlich unterschiedliche Verfassung besessen. Die römischen Städte *(municipia, coloniae)* waren ihrer Form nach überhaupt keine Städte im stadtrechtlichen Sinne. Denn da Rom selbst auch ein Stadtstaat war und alle Römer, auch wenn sie in städtischen Siedlungen wohnten, doch Bürger der einen Stadt Rom waren, konnten die auf römischem Territorium liegenden Städte keine souveränen Gebilde sein, sondern waren der Form nach von Rom abhängige Siedlungen. Lediglich weil ein ausgedehnter bürokratischer Apparat in Rom fehlte, von hier aus also die volle Verwaltung auszuüben unmöglich war, erhielten die römischen Städte städtische Form und Aufgaben der Selbstverwaltung bzw. behielten sie mit der Aufnahme in das römische Bürgergebiet. Die eigentlichen Hoheitsrechte, insbesondere die Verwaltung der städtischen Wehrkraft, die Strafjurisdiktion und (bis auf eine niedere Gerichtsbarkeit) auch die Ziviljurisdiktion blieben bei der Stadt Rom mit ihren Organen, welche sich dabei gegebenenfalls auf besondere, aus der Hauptstadt entsandte Hilfsbeamte (Präfekten und Einzelrichter) stützten. Aber die den lokalen Behörden eingeräumten Aufgabenbereiche waren doch nicht ohne Gewicht. So war ihnen neben der niederen Zivilgerichtsbarkeit und der sogenannten freiwilligen Gerichtsbarkeit (Adoption, Emanzipation aus der väterlichen Gewalt, Freilassung) sowie einigen strafrechtlichen Kompetenzen insbesondere die Aufrechterhaltung der Ordnung mittels besonderer Organe (Polizei), die Aufsicht über den Markt und die öffentlichen Spiele, ferner die Sicherstellung der Lebensmittel- und Trinkwasserversorgung überlassen.

Die nicht von Römern bewohnten Städte in den Provinzen hingegen behielten zunächst weitgehend ihre Kompetenz aus der Zeit der einstigen Unabhängigkeit. Die ehemalige Wehrhoheit und die außenpolitische Aktivität wurden selbstverständlich aufgehoben, aber die gesamte Verwaltung und Versorgung der Bürgerschaft hatten weiterhin die traditionellen Behörden in ihrer Hand. Rom drang nur sehr allmählich in die innere Verwaltung dieser

Städte ein, und dies auch nur dort, wo das eigentliche Herrschaftsinteresse berührt wurde. Das war einmal bei den Streitigkeiten der Städte untereinander der Fall; hier entschieden die römischen Behörden, nämlich der Statthalter oder, wenn der Fall schwierig war, auch der Kaiser oder der Senat. Naturgemäß war auch die Strafgerichtsbarkeit ein die Römer interessierender Verwaltungszweig, da die Strafjurisdiktion zu politischen Zwecken mißbraucht werden konnte. Hier wurde daher gelegentlich schon stärker eingegriffen. Ebenso wurde das Finanzwesen von den römischen Behörden beaufsichtigt und Prozesse mit dem Fiscus vor ihnen verhandelt.
Mit dem Ausbau der Reichsverwaltung und der allgemeinen Nivellierung zwischen römischen und peregrinen Städten regierten die Reichsbehörden stärker in die Stadt hinein. Die zunehmende Einflußnahme ist zu einem Teil auch von den Städten selbst insbesondere wegen ihrer schwierigen finanziellen Probleme herausgefordert worden. In römische wie nichtrömische Städte wurden daher oftmals Sonderbeamte zur Lösung besonderer Verwaltungsprobleme gesandt, wie etwa auch der jüngere Plinius zwischen 110 und 112 als außerordentlicher Beauftragter des Kaisers Trajan und des Senats die durcheinander geratenen Verhältnisse der bithynischen Städte ordnen sollte; seine diesbezügliche Korrespondenz mit Trajan ist uns jedenfalls teilweise im 10. Buch seiner Briefe erhalten. Aber nicht nur die Zentrale, auch die Statthalter und Finanzprokuratoren redeten stärker in die Belange der Städte hinein. Als dann zu Beginn des 3. Jahrhunderts die ganze Reichsbevölkerung das römische Bürgerrecht besaß und nun also alle Städte römische Städte waren, hatten sich die vormals peregrinen Städte längst den römischen Städten mit ihrer stark eingeschränkten Kompetenz angeglichen und waren darüber hinaus zusammen mit den seit altersher römischen Städten auf Grund der allgemeinen wirtschaftlichen Lage in so große Schwierigkeiten gekommen, daß die Reichsbehörden zur Sicherstellung von Ordnung, Versorgung und Steueraufkommen immer tiefer in die Stadt hineinregierten; die kaiserlichen Erlasse machten den städtischen Behörden immer neue Vorschriften und durchlöcherten damit zunehmend die städtische Selbstverwaltung. Mit der Not und der Bedrängnis durch die Reichsbürokratie schwand schließlich vielfach auch der Wille zur

Selbstverwaltung, und es löste sich damit der alte städtische Geist allmählich auf.

Da die Reichsverwaltung sowohl wegen der personell und finanziell beschränkten Möglichkeiten des Kaiserreiches als auch wegen der festen Vorstellung von der Stadt als dem wichtigsten Träger menschlicher Organisation keinen Instanzenzug schaffen konnte, durch den sämtliche Reichsbewohner für alle Verwaltungsbelange, insbesondere auch für die Besteuerung, zentral erfaßt worden wären, blieb die Durchdringung der städtischen Selbstverwaltung durch die Reichsbehörden aber nur unvollkommen; die Zentrale, die Statthalter, Finanzprokuratoren und anderen Beamten wurden nur auf besonderen Anlaß hin aktiv. Der war allerdings oft gegeben, und es konnten die städtischen Organe wegen des Drucks der Reichsbehörden ihre Verwaltungsgeschäfte zeitweilig nur noch unvollkommen in eigener Regie durchführen. Die städtische Selbstverwaltung war in einem Ausmaß in Auflösung begriffen und von den zentralen Behörden bedrängt, daß sie kaum noch Freiheit oder persönliche Initiative mehr widerspiegelte, sondern die Selbstverwaltung vielfach sogar ein gern verschenktes Gut gewesen wäre, wenn der Kaiser es sich hätte schenken lassen. Immerhin haben die zentralen Behörden die Not der unter einer zudem oft korrupten Beamtenschaft ächzenden Städte gesehen und Abhilfe zu schaffen gesucht. Wenn zwar gegen die Reichsbeamten, die ja auch das Interesse des Kaisers vertraten, auf die Dauer wenig auszurichten war, haben die Kaiser doch seit Anfang des 4. Jahrhunderts zumindest in einem Punkte die Bedrückung der städtischen Bevölkerung zu lindern versucht. Da nämlich die Steuereintreibung den Ratsherren der Stadt *(decuriones)* bzw. der vermögendsten Gruppe unter ihnen übertragen war und sie als solche auch das Steueraufkommen aller Stadtbewohner zu garantieren hatten, war der Druck auf den weniger vermögenden Teil der städtischen Bevölkerung noch erheblich gewachsen; denn die Honoratioren versuchten, den auf ihnen selbst lastenden Steuerdruck auf die Massen abzuwälzen. Der Kaiser, dem es auf das Steueraufkommen ankam, hat zunächst wenig dagegen getan. Aber gelegentlich schon früher, systematischer dann seit Anfang des 4. Jahrhunderts half er den bedrängten Bürgern durch die Einrichtung eines regulären städtischen

Amtes, das die Bürger vor ungerechter Besteuerung schützen sollte. Der Inhaber des Amtes *(defensor civitatis)* wurde vom Prätorianerpräfekten, also dem obersten Chef der Verwaltung, ursprünglich lebenslänglich, später für eine feste Anzahl von Jahren ernannt. Im Laufe der Zeit zog der *defensor* immer mehr Aufgaben an sich heran, so eine niedere Gerichtsbarkeit und vor allem die Eintreibung der Steuern von der ärmeren Bevölkerung, die damit also den städtischen Honoratioren genommen wurde. Das gegen die Mächtigen *(potentiores)* der Stadt und gegen die mit ihnen oft zusammenarbeitenden Reichsbehörden (die Statthalter und deren Gehilfen; Prokuratoren) gerichtete Amt konnte seinen ursprünglichen Sinn aber nicht bewahren. Unter dem Druck von Reichsbürokratie und städtischer Honoratiorenschaft und durch die Korruption der einzelnen Amtsinhaber wurde es allmählich in die allgemeine Verwaltung integriert und war dann nur ein Bedrücker mehr.

Der Kastengeist der Bürokratie

Viele Berufsstände entwickeln ein eigenes Selbstverständnis, das von den anderen Gruppen als Korpsgeist empfunden wird. Haben die römischen Beamten sich auch als geschlossener Berufsstand gefühlt und also Korpsgeist entwickelt?

Die römische Beamtenschaft war als Berufsgruppe nicht so stark differenziert wie die heutige Beamtenschaft. Vor allem war die Einheit des Verwaltungsgeschäftes noch vorhanden, auch wenn die einen Beamten dies, andere jenes besorgten; die Karrieren beweisen, daß derselbe Mann immer wieder andere Gegenstände verwaltete und er sich also in neue Aufgaben ohne große Mühe einarbeiten konnte. Das für den Verwaltungsdienst notwendige Fachwissen war noch nicht so schwierig, als daß es der Durchschnittsbeamte nicht in verhältnismäßig kurzer Zeit lernen konnte, und wenn es notwendig war, zog der Beamte eben Spezialisten hinzu, wie der Gerichtsbeamte sich gegebenenfalls von Juristen beraten ließ und jeder Beamte sich in zunehmenden Maße auf ein spezialisiertes Subalternpersonal in den Büros stützte. Das Maß für die Einstellung eines Beamten war daher nicht, wie heute, sein Spezialwissen, sondern seine Zuverlässigkeit, Ehrlichkeit und Ergebenheit; es lag also in moralischen Kategorien.

Trennte somit nicht das Fachwissen die Beamtenschaft, wäre es doch denkbar, daß soziale, insbesondere ständische Formen und Interessen die Einheitlichkeit aufgehoben und die Entwicklung eines Korpsgeistes verhindert hätten. Das war nun in dem ersten Jahrhundert des Kaiserreiches nicht der Fall, weil die maßgeblichen Verwaltungsposten weitgehend von den Mitgliedern eines einzigen, nämlich des höchsten Standes besetzt wurden. Senatorenstand und Beamtenschaft waren, wie in republikanischer Zeit, noch eine Einheit. Allerdings ist von Anfang an auch der Ritterstand schon an der Verwaltung beteiligt gewesen, und dies nicht nur durch die Übernahme niederer, sondern gerade auch sehr wichtiger Ämter, die der Kaiser wegen des mit ihnen verbundenen besonderen Einflusses den Senatoren entziehen wollte. In dem Maße, wie der Kaiser seinen Verwaltungsbereich ausbaute und neue Aufgaben schuf, zog er weiter Ritter heran, so daß am Ende die Senatoren nur noch die höchsten Ämter einer im übrigen weitgehend ritterständischen Verwaltungspyramide innehatten. Jetzt durchzog eine ständische Trennlinie die Beamtenschaft, und doch konnte auch sie deren innere Geschlossenheit nicht aufbrechen. Denn auch für die Ritter war der Aufstieg in den Senatorenstand möglich und erstrebenswert, und wenn auch insbesondere den im Heeresdienst von den unteren Rängen aufgestiegenen ritterständischen Beamten eine Welt von den Senatoren trennen mochte, war der Senatorenstand doch nicht sein Gegner, sondern gerade der Stand, zu dem er aufschaute und in den er hineindrängte. Senatoren und Ritter bildeten also eine Einheit, die bei aller Verschiedenheit im Prinzip dieselbe wirtschaftliche Grundlage (Grundbesitz) hatte und von derselben Ideenwelt beherrscht wurde. Es war eine Reichsaristokratie, deren Spitze dem Kaiser oft unbehaglich war, die jedoch, soweit sie als Beamtenschaft tätig war, eine grundsätzlich geschlossene Gesellschaft darstellte.

Als die beiden Stände, die die Beamten gestellt hatten, im 3. Jahrhundert zu einem großen Teil auch physisch untergegangen waren, bildete sich eine neue Beamtenschaft, die von dem Geist des Heeres geprägt war. Sie trat, was Titulaturen und Vermögensstruktur anbelangt, schnell in die Fußstapfen der älteren Bürokratie; sie entwickelte die alten Ansätze eher noch krasser, und dies sowohl im Hinblick auf Titelsucht und Rangabstufung (hier wirkte auch die Rangordnung der Armee mit) als auch im Hinblick auf den materiellen Egoismus. Durch die Herkunft aus dem Heer war die Einheitlichkeit dieser Beamtenschaft sogar noch viel größer. Denn es wurde das Denken und Handeln nicht nur weiterhin von dem normierten Geist der Armee beherrscht; dieser Geist prägte sogar die Sprache und die äußere Erscheinung des Beamten. Es fehlte auch jede Differenzierung durch Bildung, und selbst die Neigung dazu hatte der rohe Kommißgeist erstickt. War die innere Geschlossenheit der Bürokratie schon früher stark gewesen, war sie jetzt in der denkbar größten Dichte vorhanden. Der ständische Geist war ersetzt durch den Geist des Soldaten.

Die Einheitlichkeit der Beamtenschaft hatte große Konsequenzen sowohl für die Reichsbevölkerung als auch für denjenigen, dem die Bürokratie dienen sollte, für den Kaiser. Zunächst zu letzterem.

Der Aufbau einer ritterständischen Verwaltung war gegen den Senatorenstand gerichtet gewesen, und wenn die Ritter auch kein durchschlagendes Gegengewicht sein konnten, erkennt man schon aus der Absicht, daß der Kaiser von der Gefährlichkeit einer geschlossenen Beamtenschaft sehr wohl wußte. Er suchte sie dadurch zu mindern, daß er mit den Rittern den Heeresgehorsam in die Verwaltung hineinnahm; er baute die Kontrolle also nicht in erster Linie auf der anderen (niederen) Standeszugehörigkeit, sondern auf der militärischen Kommandogewalt auf. Aber die Ritter verstanden den Aufstieg von der Armee in die Beamtenschaft gerade auch als einen gesellschaftlichen Aufstieg, der sie dem höchsten Stand näher brachte. Hatte der Kaiser die Stände gegeneinander ausspielen wollen, war das jedenfalls gescheitert. Die Gefahr, die von einer in sich selbst ruhenden Beamtenschaft drohen konnte, war nicht beseitigt, und es bestand darum weiter die Möglichkeit, an sie die politische Initiative zu verlieren, ihr Spielball und sogar von ihr persönlich gefährdet zu werden (letzteres war allerdings weniger der Fall und berührt auch nicht den Kern des Problems; denn hier geht es um die Wirkung der Beamtenschaft auf die

Regierung, nicht um die Sicherheit des einzelnen Regenten). Um die Funktionstüchtigkeit der Beamtenschaft im Sinne des Kaisers zu sichern, blieb nur die Einrichtung institutionalisierter Kontrollmechanismen, die den möglichen Eigensinn von Beamten, gegensätzliche Auffassungen und den Mißbrauch der Amtsgewalt zu persönlichem Nutzen aufdecken und damit bekämpfen konnten. Solche Mechanismen sind nun in der Tat auch in den Verwaltungsapparat eingebaut worden, und dies in einem Ausmaß, wie es größer kaum denkbar ist. Kontrollen und Sicherungen durchziehen die gesamte Bürokratie, und alle Kaiser haben an ihnen gearbeitet; es wurden immer neue Kontrollen gegen neue und immer raffiniertere Insubordinationen erfunden. Von den Prinzipien, durch die der Apparat kontrolliert wurde, wird in einem besonderen Abschnitt gehandelt werden, da sie für die Reichsverwaltung so überaus wichtig und jedenfalls z. T. noch heute die die Verwaltung beherrschenden Kontrollmechanismen sind.

Die Reichsbewohner konnten sich nicht in demselben Ausmaße gegen die Bürokratie wehren, wenn sie sich nicht von ihr geschützt und umsorgt, wie es der Idee nach hätte sein sollen, sondern bedrängt und drangsaliert fühlten. Es gab die Möglichkeit der Beschwerde an die Zentrale, aber sie mußte in der Regel über die Bürokratie laufen, gegen die sie sich gerade richtete. Bisweilen nützten die soeben beschriebenen Kontrollmechanismen, um den Widerstand des Apparates zu überwinden, aber das war nicht immer der Fall. Ein wirksames Instrument der Kontrolle war etwa der Instanzenzug; doch auch er konnte gelegentlich versagen, eben weil er ein innerhalb des bürokratischen Apparates liegendes Instrument war. Bei dem Clienteldenken der Römer, in das auch die Peregrinen hineinwuchsen, lag es nahe, sich gegen die Beamtenschaft dadurch zu wehren, daß man sich an Personen der Heimatstadt, die der Beamtenschaft angehörten, oder gar an bekannte Angehörige der höchsten Stände wandte und sie um Abstellung der Mißstände, etwa durch Intervention bei höheren Beamten oder gar beim Kaiser, bat. Das wurde in der Tat auch oft und häufig mit Erfolg getan. Doch konnten Patrone nur in sehr eingeschränktem Maße eine wirkliche Hilfe bedeuten, weil sie selbst in aller Regel dem Stand angehörten, aus dem sich die höheren Beamten rekrutierten. Denn selbstverständlich fühlten sich in den ersten Jahrhunderten des Kaiserreiches, als Senatoren und Ritter die Verwaltung beherrschten, Angehörige dieser Stände, die jeweils kein Amt innehatten, eher ihren beamteten Standesangehörigen als den Massen der Bevölkerung verpflichtet. Die Honoratioren der Städte aber, die seit jeher die von der Zentrale gestützte Schicht gewesen waren, weil der römische Staat aristokratisch ausgerichtet war und die Honoratioren als Helfer in der Verwaltung brauchte, standen ebenfalls in aller Regel den Senatoren und Rittern näher als der Bevölkerung ihrer Stadt. Sie alle, Senatoren, Ritter und städtische Oberschicht, bildeten eine Reichsaristokratie, die ein einheitliches Standesbewußtsein miteinander verband. Und in der Spätantike war die Phalanx der Reichen und Einflußreichen eher noch fester. Bürokratie und Armee waren eins, und die reichen Großgrundbesitzer waren zu einem guten Teil ein Stück von ihnen. Trotz aller Bemühungen der Kaiser war die Bürokratie den Honoratioren der Städte selbst dann noch in stärkerem Maße als der ärmeren Stadtbevölkerung gewogen, als seit dem 3. Jahrhundert die städtische Oberschicht genauso unter dem Steuerdruck ächzte wie die Masse; im Zweifelsfall schonte die Bürokratie die Honoratioren auf Kosten der übrigen Stadtbevölkerung.

Aus dem geschlossenen bürokratischen Apparat gab es kaum soziale Kontakte zu der Masse der Bevölkerung. Die ständische Bürokratie der ersten Jahrhunderte und die militärische der Spätantike stehen den verwalteten Menschen beinahe wie Angehörige getrennter Gesellschaften gegenüber, wenn nicht sogar der eine den anderen als Tyrannen und Feind bzw. als bequemes Ausbeutungsobjekt ansah.

Angesichts dieser Gegebenheiten konnten ideale Ziele und Zwecke der Regierung und Verwaltung allenfalls durchdringen, wenn einigermaßen normale Zeiten herrschten. Die wirtschaftliche Blüte und die allgemeine Freizügigkeit der ersten Jahrhunderte der Kaiserzeit ließen allen Kräften genug Spielraum und verhinderten, daß die Mängel des Systems kraß zutage traten. Zunächst arbeitete daher die Verwaltung durchaus auch zum Vorteil der Bevölkerung, war sie nicht nur der Eintreiber von Steuern. Unter dem Druck der außenpolitischen und wirtschaftlichen Notlage, also seit dem 3. Jahrhundert, wurde das dann anders. Der Apparat wurde jetzt zu einem System von Zwängen, dem keiner entrinnen konnte und demgegenüber der Mensch völlig hilflos war. Angesichts des Drucks, den der Apparat ausübte, war es auch einerlei und zudem kaum mehr zu erkennen, was eine reguläre Forderung des Kaisers und was ein Willkürakt der Beamten war. Für diesen unausweichlichen staatlichen Zwangsapparat, der jeden und alles sich unterordnete und die Ausführung jedes Befehls gleichsam schicksalhaft erzwingen konnte, gibt es nur eine einzige Rechtfertigung: Die Gefahren, die dem Reich von dem äußeren Feind drohten, und die durch wirtschaftliche Not, religiösen Fanatismus und politischen Ehrgeiz gefährdete innere Ordnung verlangten von der Zentrale alle Kraft, und da für die Wiederherstellung von Sicherheit und Ordnung Geld und Soldaten beschafft werden mußten, war die Regierung auf die Bürokratie angewiesen. Das Wohlbefinden der Reichsbewohner mußte vor den größeren Aufgaben zunächst zurückstehen. Und Rom war die Welt: Die Welt mußte erst wieder auf ihren Füßen stehen, bevor an das Glück der Menschen gedacht werden konnte. Wenn die Menschen an ein Weiterleben menschlicher Organisation glauben und daran nicht verzweifeln wollten, waren der Kaiser und seine Bürokratie daher die einzig denkbaren Retter aus der Not. Von den Feinden des Reiches erwartete niemand eine Ordnung, unter der zu leben sich lohnen würde; denn die Zerstörung des Reiches war für die Menschen gleichbedeutend mit der Zerstörung der Welt. Die Rettung war darum ohne den Zwang der Bürokratie nicht möglich. Angesichts dieser Lage dachten die meisten Menschen nicht mehr an das Glück dieser, sondern an das der jenseitigen Welt und wandten sich Erlösungsreligionen zu. Man kann es ihnen nicht verdenken!

c) Der Gegenstand der Verwaltung

1. Die Justizverwaltung

Eine der grundlegenden staatlichen Aufgaben waren in Rom wie in allen staatlichen Organisationen die Wahrung des sozialen Friedens und die Durchsetzung der Gerechtigkeit. Die erste Aufgabe der römischen Verwaltung lag daher in der Sorge für die Rechtspflege, welche die genannten Grundsätze verwirklichen sollte. Das Rechtswesen war in Rom allerdings in einem sehr starken Ausmaß der privaten Initiative und dem privaten Schiedsspruch überlassen gewesen. Die Prozeßinitiative und die richterliche Urteilsfindung wurden sowohl für die Privat- als auch für die Strafprozesse von den privaten Parteien bzw. von dem privaten Richter getragen. Die staatlichen Beamten waren selten selbst Gerichtsherr; meist, insbesondere auf dem Gebiete des Privatrechts, hatten sie als die den Rechtsstreit autorisierende Behörde eher eine das Rechtsverfahren einleitende und beaufsichtigende Funktion; vor allem waren sie in der Regel keine richtende Instanz. Diese Verhältnisse hatten sich in der Republik nur gering gewandelt, und sie bilden darum auch den Ausgangspunkt für die Verwaltung der Rechtspflege in der Kaiserzeit.

Am Beginn der Kaiserzeit war das Rechtswesen der Römer noch von dem freien Geist der privaten Initiative bestimmt. Im Privatrecht wurde der Streit der Parteien vor dem Prätor ausgetragen, der nach der Festlegung des juristischen Tatbestandes (Verfahren *in iure*) die Angelegenheit zur Wahrheitsfeststellung und endgültigen Beurteilung an einen privaten Richter (*iudex privatus*) verwies (Verfahren *in iudicio*); nach der Feststellung des juristischen Tatbestandes, den der Prätor den Parteien in Form einer Rechtsformel (*formula*) für das Verfahren vor dem Richter mitgab, wird diese Prozeßform Formularverfahren genannt. Dasselbe Verfahren wurde auch, in etwas freieren Formen, bei Prozessen zwischen Römern und Peregrinen angewandt. Der Gerichtsmagistrat, der Prätor, tritt hier, wie zu sehen ist, in erster Linie als die das Verfahren autorisierende Behörde auf. Daneben aber, und das machte diesen Magistrat so wichtig, wirkte er rechtsschöpferisch; denn bei der Feststellung des juristischen Tatbestandes suchte und fand er gegebenenfalls ganz neue, dem besonderen Fall angemessene Formeln, die bei künftig ähnlich gelagerten Fällen wiederverwandt werden konnten (kasuistisches Recht). Auch der Strafprozeß war wie der Privatprozeß durch den privaten Richter charakterisiert. Es gab in Rom für die einzelnen Straftatbestände, wie Mord, Hochverrat, Fälschung usw., jeweils besondere, von einem Prätor geleitete Gerichtshöfe, in denen nach der den privaten Parteien vorbehaltenen Anklage (es gab also nicht das Institut des Staatsanwalts) eine Bank privater Richter (Geschworene) urteilte. — Da das römische Bürgergebiet schon am Beginn des Prinzipats die Apenninenhalbinsel einschließlich Oberitalien umfaßte und über dieses geschlossene Bürgergebiet hinaus es in den Provinzen zahlreiche römische Städte und auch innerhalb peregriner Städte und Stammesorganisationen wohnende römische Bürger gab, mußten die Gerichtsbehörden, die anfangs lediglich in Rom saßen, sich über Italien und das ganze Reich ausdehnen. In Italien sorgten Beamte, die von den Prätoren in Rom entsandt wurden, dafür, daß die Rechtspflege alle Römer erreichte; in den Provinzen war der Statthalter zuständig, der aus den in der Provinz ansässigen Römern eine Richterliste aufstellte, die er für Privat- und Strafprozesse unter Bürgern und zwischen Bürgern und Peregrinen heranziehen konnte. Auf dem Gebiet der niederen Gerichtsbarkeit unterstützten auch die auf dem Bürgergebiet liegenden römischen Städte (Munizipien, Kolonien) die überlasteten hauptstädtischen Behörden: Privatprozesse bis zu einem bestimmten Streitwert, ferner die sogenannte freiwillige Gerichtsbarkeit (Freilassung, Adoption, Emanzipation aus der väterlichen Gewalt) und Ordnungswidrigkeiten lagen in der Hand der lokalen städtischen Behörden.

In den nichtrömischen, also peregrinen Städten und Stämmen liefen im Prinzip die einheimischen Rechtsverhältnisse wie z. Z. der Unabhängigkeit weiter. Die Römer zogen nur diejenigen Bereiche des Rechtslebens an sich, die ihr Herrschaftsinteresse berührten. So wurden Prozesse zwischen Römern und Peregrinen, wenn die römische Partei es wünschte, grundsätzlich vor dem römischen Magistrat (Statthalter) verhandelt. Rechtshändel unter

Peregrinen aber zog der Statthalter nur dann vor seinen Stuhl, wenn die Peregrinen verschiedenen Städten oder Stämmen angehörten — hier urteilte der römische Magistrat über die früher, in der Zeit der Unabhängigkeit der Peregrinen, von dem Völkerrecht abgedeckten Streitigkeiten —, ferner wenn es um Straftatbestände ging, die die römische Ordnungsmacht angingen (Hochverrat, Majestätsbeleidigung, unter Umständen auch kriminelle Delikte, die verdeckt politische Tatbestände enthalten konnten), und wenn es sich um Streitfälle zwischen den römischen Behörden und den Peregrinen handelte (Verwaltungsgerichtsbarkeit), unter denen die Steuergerichtsbarkeit den ersten Rang hatte. Die Einflußnahme des Statthalters auf die peregrinen Gerichtsbehörden war noch über das Genannte hinaus stark, und der Tendenz nach nahm auch die direkte Ingerenz in das lokale Gerichtswesen einer peregrinen Stadt zu, aber grundsätzlich wurde an der Selbständigkeit der peregrinen Justizverwaltung bis an den Anfang des 3. Jahrhunderts, als mit der Verleihung des römischen Bürgerrechts an alle Reichsbewohner das peregrine Rechtswesen gänzlich wegfiel, festgehalten.

Der Kaiser war als Statthalter vieler Provinzen und als Inhaber von amtlichen Funktionen in der Stadt Rom in vielfacher Weise auch Gerichtsmagistrat. Er erhielt keine gerichtliche Sondergewalt. Seine gerichtlichen Befugnisse waren also aus seinen einzelnen magistratischen Kompetenzen ableitbar; doch hat die Konzentration einer Vielzahl von einzelnen Funktionen auf dem Gebiet der Rechtspflege und das wachsende Gewicht der kaiserlichen Gewalt, die das Bündel von Einzelkompetenzen zu einer einheitlichen Gewalt zusammenballte und die alte „republikanische" Rechts- und Gerichtsorganisation auflöste, dazu geführt, daß sich bereits in den ersten beiden Jahrhunderten des Kaiserreiches die Ordnung des Rechtswesens grundlegend änderte.

Eine der wesentlichen Neuerungen ist zunächst die Herausbildung eines besonderen Kaisergerichts. Es war in erster Linie das Ergebnis der erwähnten Konzentration der zahlreichen Einzelkompetenzen des Kaisers auf dem Rechtssektor, die schon bald den Eindruck einer rechtlichen Gesamtkompetenz hervorrief, bei der nicht mehr nach dem bestimmten Rechtstitel für die jeweils anliegende Sache gefragt wurde. Daneben haben Sonderrechte, aber auch die dem Kaiser gleichsam durch die faktischen Verhältnisse gegebene Monopolisierung ganzer Rechtsbereiche in seiner Person bei der Ausbildung eines zentralen Kaisergerichts mitgewirkt. Den Anfang nahm dieses Gericht ohne Zweifel von der Verwaltungsgerichtsbarkeit, innerhalb der der Kaiser auf Anfragen der ihm unterstellten Beamten oder privater Parteien richtete. Daneben wirkte die freiwillige Gerichtsbarkeit und vor allem die Strafgerichtsbarkeit auf die Konzentration der kaiserlichen Gerichtskompetenz. Auf dem Sektor der Strafjustiz urteilte der Kaiser zunächst über die Mitglieder der höheren Stände, hier konkurrierend mit dem Senat, dann auch über Personen, die dem ihm übertragenen Verwaltungsbereich angehörten. Da auch die vom Senat verwalteten Provinzen mehr und mehr unter die Regie des Kaisers gerieten (s. o. S. 37 ff.), war das Kaisergericht bald für das gesamte Kriminalrechtswesen in höchster Instanz zuständig. Als schließlich die kaiserlichen Einzelgewalten zu der einzigen zentralen Reichsgewalt zusammengeflossen waren, konnte der Kaiser im Kaisergericht sämtliche Prozesse an sich ziehen und wurde er die für alle Zivil-, Straf- und Verwaltungssachen oberste Instanz. Im Grundsatz bildet dabei die bestehende Rechtsordnung auch für den Kaiser den Rahmen der Urteilsfindung, doch kann er in diesem zentralen Gericht, wie unten noch weiter auszuführen sein wird, von den allgemeinen Prozeßnormen abweichen. Da er selbst rechtsetzende Quelle ist, erfährt das Kaisergericht aber nicht nur an den geltenden Rechtsnormen keine unüberwindbare Barriere, sondern setzen die kaiserlichen Urteile, wenn sie von der bestehenden Norm abweichen, in dem kasuistischen Rechtssystem sogar neues Recht. Dabei bedient sich der Kaiser sowohl zur Wahrheitsfindung auf Grund der bestehenden Gesetze als auch gegebenenfalls zur Schöpfung neuen Rechts eines Rates (*consilium*), in dem zunehmend auch Rechtsgelehrte sitzen. Da zu den ständigen Mitgliedern des Rates die Prätorianerpräfekten als die höchsten Beamten seiner engeren Umgebung gehören, werden diese im 2. und 3. Jahrhundert oft aus den berühmtesten Rechtsgelehrten ausgewählt. Ein Prätorianerpräfekt ist in dieser Zeit auch der ständige Vertreter des Kaisers in Rechtssachen.

Eine weitere wichtige Neuerung ist die Schaffung eines Instanzenzuges. In der Republik hatte die Idee vorgeherrscht, daß dieselbe Sache nicht noch einmal verhandelt werden könne (*de eadem re ne bis agatur*), und folglich hatte es keine Berufung gegeben. In der Kaiserzeit entwickelte sich das Berufungswesen daraus, daß der Kaiser als Inhaber zunächst zahlreicher einzelner, dann aller staatlichen Aufgaben seine Entscheidungsgewalt im konkreten Falle an viele Beamte übertragen (delegieren, mandieren) mußte; die Amtsgewalt der Mandatare aber war aus der zentralen kaiserlichen Gewalt abgeleitet und deren Entscheidungen daher latent der Revision des Inhabers der ursprünglichen Gewalt, also des Kaisers, unterworfen. Die Berufung (*appellatio*) an den Kaiser hat in den meisten Fällen gar nicht einmal die Zentrale auf Bitten der privaten Parteien erzwungen; meist verwiesen die Beamten selbst unsichere Fälle von sich aus an den Kaiser. Da aber auch die Beamten und Rechtsuchenden der vom Senat verwalteten Provinzen und selbstverständlich auch die Bewohner der Stadt Rom und Italiens die Vorteile dieses neuen Rechtsmittels zu erlangen suchten und darum — bisweilen trotz Fehlens einer formalen, d. h. „republikanischen“ Rechtsgrundlage (für die Provinzbewohner wäre der Senat zuständig gewesen, der jedoch als Körperschaft schon aus rein praktischen Gründen keine Gerichtsinstanz für eine große Anzahl von Prozessen sein konnte) — ebenfalls an den Kaiser appellierten, bildete sich durch das Schwergewicht der faktischen Verhältnisse ein alle Reichsbewohner erfassender Instanzenzug aus, der von den Beamten an den Kaiser, bei Bestehen komplizierterer Verwaltungspyramiden, die hierarchisch abgestufte Beamten hatten, sogar über mehrfache Verwaltungsebenen an den Kaiser ging. Da der Kaiser wegen der Vielfalt der Fälle bald nur noch in Ausnahmefällen persönlich den Vorsitz der höchsten kaiserlichen Instanz übernehmen konnte, wurde der Prätorianerpräfekt die Spitze des Instanzenzuges. Der Prätorianerpräfekt bildete schließlich auch formal dadurch das Ende des Instanzenweges, daß von ihm keine Appellation mehr an den Kaiser gestattet wurde; er richtete also an Stelle des Kaisers, *vice sacra*, wie es in der Spätantike heißt. — Die unter dem Kaiser stehende Instanz bildeten in Rom und Italien seit dem

2. Jahrhundert für die Zivilgerichtsbarkeit (in der Nachfolge der von den städtischen Prätoren eingesetzten Präfekten) vier Sonderbeamte mit dem Titel eines *iuridicus,* für die Strafgerichtsbarkeit in Rom und einem Umkreis von 100 Meilen um die Stadt der Stadtpräfekt (*praefectus urbi*) und der Präfekt der Polizei und Feuerwehr (*praefectus vigilum*), im übrigen Italien der Prätorianerpräfekt. In den Provinzen waren in aller Regel die Statthalter der Provinzen für alle Zivil- und Strafsachen die erste Instanz (*iudices ordinarii*). In den ersten Jahrhunderten der Kaiserzeit hat es auch besondere Gerichtsbeamte neben dem Statthalter gegeben (*legati iuridici*), die sich jedoch in den verkleinerten Provinzsprengeln der späteren Kaiserzeit nicht mehr finden.

Eine weitere Neuerung der kaiserlichen Gerichtsorganisation griff tiefer in das Wesen der allgemeinen Rechtspflege ein. Es handelt sich um eine grundsätzliche Wandlung des Prozeßverfahrens; aus ihm verschwanden die private Initiative und der private Richter (Geschworener), die das republikanische Prozeßwesen gekennzeichnet hatten, und machten einem rein staatlichen Verfahren Platz. Das Verfahren, das sich aus Ansätzen in der Republik zu Beginn der Kaiserzeit entwickelte und am Ende des 2. Jahrhunderts dann bereits das gesamte Zivil-, Verwaltungs- und Strafrecht beherrschte, begann als ein außerordentliches Verfahren, also als ein außerhalb des traditionellen, auf Volksrecht bzw. prätorischem Recht beruhenden und durch die private Initiative gekennzeichneten Formular- und Geschworenenverfahrens; es heißt darum auch *cognitio* (d. i. „richterliche Untersuchung") *extra ordinem.* Dieses neue Verfahren, das, wie der Name sagt, an die bestehenden Normen des prozessualen und materiellen Rechts nicht gehalten ist, entwickelte sich überall dort, wo eine neue Rechtsmaterie oder ein neues Verfahren dem Kaiser eine freiere Rechtsfindung erlaubte. Da der Verwaltungsbereich des Kaisers zahlreiche neue, bislang nicht gekannte Verwaltungssituationen schuf und darüber hinaus der Kaiser öfter auch einfach eine Änderung erzwingen wollte und auf Grund seines Gewichts auch durchsetzen konnte, die vom Standpunkt der Opportunität oder auch der Gerechtigkeit wünschenswert, aber im Rahmen des ordentlichen Verfahrens nicht zu erreichen war, gehörte dem neuen Verfahren die Zukunft. Es nahm seinen Ausgangspunkt vor allem von den Prozessen zwischen Peregrinen, die vor den Statthalter gebracht wurden und von ihm an den Kaiser weitergeleitet werden konnten; hier gab es ja keine römische Gerichtstradition, und es konnte sich darum das neue Verfahren als ein römisches — es wurde ja vom Statthalter getragen — voll entfalten. Eine weitere Quelle des neuen Verfahrens war das Kaisergericht, in dem vor allem die Verwaltungsprozesse, die den zivilrechtlichen Normen kaum oder gar nicht unterworfen waren, ferner auch solche Privatrechtsverhältnisse, die nach dem ordentlichen Zivilrecht nicht behandelt werden konnten, weil es um die Schaffung neuer Rechtsverhältnisse ging, nach dem neuen Verfahren verhandelt wurden. Schließlich hat auch das Kaisergericht als Strafbehörde auf die Ausbreitung und Entwicklung der *cognitio extraordinaria* gewirkt. — Hatte sich in den Provinzen das neue Verfahren schnell durchgesetzt, dauerte die Entwicklung in Rom und Italien etwas länger; doch auch hier ist am Ende des 2. Jahrhunderts das alte Verfahren, also der zivilrechtliche Formularprozeß und das strafrechtliche Geschworenenverfahren vor Geschworenenhöfen (*quaestiones*), weitgehend zurückgedrängt worden. Als der Kaiser Caracalla alle Reichsbewohner zu römischen Bürgern machte (212), hatte sich das neue Verfahren im gesamten Reichsgebiet durchgesetzt und kann seitdem als das eigentliche ordentliche Verfahren gelten.

In dem neuen Kognitionsverfahren urteilt der Vorsitzende des Gerichts freier; er ist nicht an die Normen des alten Zivilverfahrens (Formularverfahren) und des strafrechtlichen Geschworenenverfahrens (Quästionenverfahren) gebunden. Er findet das Recht ferner nun allein in einem einzigen (nicht mehr zweigeteilten) Verfahren, und zwar entweder er selbst oder ein von ihm beauftragter und eingesetzter Richter (*iudex pedaneus*). Der private Richter und die Parteieninitiative sind verschwunden. Der Gerichtsbeamte tritt damit stärker als Gerichtsherr auf; das staatliche Element hat in diesem Verfahren endgültig den Sieg über die Beteiligung des Bürgers an der Rechts- und Urteilsfindung davongetragen. Das neue Verfahren brachte aber für den Rechtsuchenden auch Vorteile. Die nun ungeteilte Autorität des Gerichtsherrn und die Formlosigkeit des Verfahrens kam der Schnelligkeit der Verfahrensabwicklung sehr zugute. Sie konnte zur Hebung der Rechtssicherheit ebenso beitragen wie die große Anpassungsfähigkeit an sich ändernde Verhältnisse zu größerer Gerechtigkeit führen mochte. Es gab Möglichkeiten der Differenzierung, die das alte Verfahren nicht erlaubt hatte, so z. B. bei der Zumessung des Strafmaßes: Die Strafen wurden vielfältiger; die Relegation (Ortsverweis bzw. Internierung an einem bestimmten Ort) und deren schwerere Form, die Deportation (Verbannung; schließt die Vermögenskonfiskation ein) an einen entlegenen Ort wurden jetzt reguläre Strafen und konnten u. U. ein Todesurteil ersetzen. Das neue Rechtssystem wirkte sich jedoch für die Reichsbewohner nur solange günstig aus, als die Verwaltung und mit ihr die Gerichtsverwaltung die Wohlfahrt der Menschen als ihre erste und wesentlichste Aufgabe ansah. Als das nicht mehr der Fall war und wegen der großen Bedrängnis des Reiches auch nicht mehr der Fall sein konnte, mußten die beinahe unbeschränkten Möglichkeiten des freieren Verfahrens aber für das jeweilige Interesse der Verwaltungsträger und gegen das Interesse der rechtsuchenden Bevölkerung wirken. Zu diesem Zeitpunkt war das neue Verfahren dann nur ein Instrument des Kaisers mehr, um die für die Regierung notwendigen Mittel aus den Römern herauszupressen und dazu auch ein wirksames Instrument für alle diejenigen Beamten, die sich persönlich bereichern wollten.

2. *Die Finanzverwaltung*

Bis in das 3. vorchristliche Jahrhundert hinein hatte der römische Staat keiner Finanzverwaltung in strengem Sinne bedurft. Das Heer war ein Milizheer gewesen und die Beamten ehrenamtlich tätige Aristokraten, welche die wenigen anfallenden bürokratischen Arbeiten mit ihrem Hauspersonal erledigten. Das einkommende Geld war in erster Linie Beute (Geld, Land, bewegliche Habe) gewesen, die nach einem Feldzug gleich unter die Bürger verteilt worden war. Hatte der Staat Geld gebraucht, war eine außerordentliche Umlage unter den Bürgern angeordnet worden; regelmäßige Grundsteuern wurden nicht erhoben. Erst der expandierende Staat der späten Republik hatte ein größeres Geldbedürfnis und benötigte daher auch regelmäßige Einnahmen. Er besorgte sie sich bei den Untertanen der Herrschaftssprengel (Provinzen), die in aller Regel auch schon früher ihren vorrömischen Herren gesteuert hatten. Die Einziehung und Verwaltung des Einkommengefälles erforderte schließlich den allmählichen Aufbau einer Finanzverwaltung. Die aristokratische Herrschaftspraxis der Republik, die eine starke Vermehrung der Beamtenschaft nicht zuließ, mußte sich dabei allerdings auf eine staatliche Oberaufsicht beschränken; nur wenige Finanzbeamte wurden direkt mit dem Geschäft der Steuereinziehung beschäftigt. Um diesen für eine große Herrschaft unentbehrlichen Verwaltungszweig überhaupt bewältigen zu können, waren die regierenden Aristokraten auf die Privatwirtschaft angewiesen gewesen: Sie verpachteten den größten Teil des Steueraufkommens und der Zölle an private Personen und Gesellschaften, die ihre Pacht beim staatlichen Beamten (Zensor) durch Höchstgebot erhandelten.

Das römische Kaiserreich hatte einen gegenüber der Republik wesentlich erhöhten Geldbedarf, der zur ausgehenden Antike hin stetig zunahm. Die größte Ausgabe waren die Kosten für das gewaltige stehende Heer: Ca. 250 000 Soldaten wollten kontinuierlich besoldet, verpflegt, ausgerüstet und untergebracht sein. Der nächstgrößte Posten war die Bürokratie, die schon durch Augustus zu einem großen Teil, später dann ohne Ausnahme besoldet wurde; der riesige, ständig wachsende bürokratische Apparat verschlang ungeheure Summen. Daneben standen die großen Ausgaben für die fürsorgliche Tätigkeit des Kaisers gegenüber Römern und Peregrinen, also die Ausgaben, wenn man so will, für das eigentliche „Regierungsprogramm". Dazu gehörten die Aufwendungen für den Straßenbau, die Post und andere, dem Verkehr (und dem Kriegswesen) dienende Projekte, ferner der Ausbau und die Überwachung der Wasserversorgung der Städte (Wasserleitungen), die Versorgung der Veteranen, der versorgungsbedürftigen Kinder und überhaupt aller, etwa durch Epidemien, Erdbeben oder durch Feindeinwirkung geschädigten Personen. Die Bautätigkeit des Kaisers, durch die nicht nur Monumente zur Dokumentation der kaiserlichen Größe, sondern auch städtische

Versorgungseinrichtungen erstellt wurden (Bäder, Gymnasien, Theater usw.), gehört auch hierher. Die kaiserliche Hofhaltung kostete ebenfalls Geld, obwohl sie unter den genannten Posten gewiß nicht die erste Stelle einnahm.

Die Einnahmen setzten sich aus sehr verschiedenen Quellen zusammen. Die Haupteinnahme war die — unserer Einkommen- bzw. Lohnsteuer entsprechende — Grundsteuer. Sie wurde bis auf Diocletian nicht in Italien erhoben, das in Erinnerung an seine frühere Vormachtstellung also zunächst noch steuerfrei blieb, ebenso nicht in einigen Städten außerhalb Italiens, die als Italien gleichgestellt gedacht wurden (sie hatten das Privilegium des „Italischen Rechts", *ius Italicum*); hingegen mußte sie von allen Bewohnern der Provinzen entrichtet werden. Diese Grundsteuer wurde teilweise nach dem Ernteertrag in Naturalien erhoben, so auf Sizilien als Zehnter, in Ägypten und Afrika mit einem höheren Satz. In den meisten Provinzen aber war sie eine feste Geldsteuer *(stipendium, tributum)*, die sowohl dem Boden *(tributum soli,* Bodensteuer) als auch den Personen *(tributum capitis,* Kopfsteuer) auferlegt wurde. Zum Zwecke einer gerechten Veranlagung zu dieser Steuer wurden alle Personen im Reich und der gesamte Reichsboden in einem großen Kataster erfaßt. Augustus begann mit den entsprechenden Verwaltungsmaßnahmen, wovon die im Lukas-Evangelium berichtete Zählung der Menschen (sie erfaßte entgegen dem Wortlaut bei Lukas wohl nur die Provinz Syrien und ist erst nachträglich mit der Geschichte von der Geburt Jesu verbunden worden) ein Reflex ist; spätere Generationen haben an dem Generalkataster weitergearbeitet. In jeder Provinz wurden für den Zensus kompetente Beamte eingesetzt *(censitores)* und immer neue, den einzelnen örtlichen Bezirken und den unterschiedlichen Veranlagungsvermögen angemessene Vorschriften erlassen, und das Bemühen um Steuergerechtigkeit war bei allem Mangel der Organisation und trotz vielfachen Mißbrauchs gewiß nicht vergeblich.

Diese wichtigste, jahrhundertelang bestehende Steuerquelle zerfiel in dem großen Zusammenbruch der Geld- und Wirtschaftsordnung im 3. Jahrhundert. In der hochinflationären Entwicklung dieses Jahrhunderts waren die festen Steuersätze bald so gut wie nichts mehr wert, und es konnte das alte Steuersystem wegen der völligen Hilfslosigkeit gegenüber einer Anpassung der alten Steuersätze an die im Kurs sinkende Währung auch nicht regeneriert werden. Die Behörden gingen daher allmählich zu einer mehr oder weniger improvisierten Naturalsteuer *(annona)* über, die deswegen, weil sie in erster Linie der damals so überaus wichtigen Armee diente, auch *annona militaris* genannt wurde. Das in dieser Zeit völlig verfallende Steuerwesen hat erst der Kaiser Diocletian wieder auf eine neue Grundlage gestellt. Diocletian machte die alte Grundsteuer in veränderter Form erneut zur ersten und wichtigsten Einnahmequelle des Reiches. Sie lastete ihrem ursprünglichen Charakter entsprechend auf dem agrarischen Grundbesitz, doch wurde später auch die städtische Bevölkerung in sie hineingenommen (nur zur *capitatio* = *c. plebeia*), und es zahlte die erneuerte Steuer somit schließlich die gesamte Reichsbevölkerung, und zwar jetzt einschließlich der Bewohner Italiens, die ihr Steuerprivileg verloren, aber ohne die Einwohner Roms, das als ehemalige Reichshauptstadt nach wie vor steuerfrei blieb. Die reorganisierte Steuer war eine Grundsteuer wie vorher auch, doch wurde das Steuersystem wesentlich verfeinert. Die Steuereinheit war ein Stück Land, das von einem Mann mit Gespann bearbeitet werden konnte und zu seinem Unterhalt ausreichte *(iugum)*. Es wurde dabei die Bodenqualität (Bonität) berücksichtigt; Boden von schlechter Qualität bildete ein größeres *iugum*, das folglich keine absolute, sondern eine relative Größe war: Ein *iugum* konnte z. B. aus fünf Morgen (*iugera*, im Unterschied zu *iugum* eine feste Maßeinheit) Weinpflanzungen oder aus 20, 40, ja 60 Morgen Bodens verschiedener Bonität bestehen. Zur Feststellung der Bodenqualität wurde eine neue Aufnahme des gesamten Reichsbodens notwendig, die auch in der Zukunft ständig ergänzt und korrigiert werden mußte. Diocletian hat folgerichtig die Aufstellung eines Reichskatasters wieder aufgenommen und zu dessen ständiger Korrektur wurde beschlossen, alle fünf Jahre eine Zensur der Katasterangaben zu machen. Seit 297 fand dieser Zensus dann regelmäßig statt. Das Reichskastaster ist allerdings niemals ganz fertig geworden. Während z. B. in Syrien das Kataster angelegt worden ist, wurde in Afrika schematisch eine feste Einheit (1 *centuria* = 0,505 qkm) zur

Steuereinheit gemacht und mithin die verschiedene Bodenqualität nicht berücksichtigt. Als Berechnungseinheit der Grundsteuer wurde jedoch nicht allein das Land, sondern auch die Arbeitskraft der Person *(caput)* genommen. Je nachdem ob es sich um einen erwachsenen Mann, eine Frau oder einen Sklaven handelte, gingen auf ein *caput* mehr oder weniger Personen; eine Frau zählte z. B. 1/2 *caput*, doch waren die Relationen nicht einheitlich (in Syrien z. B. zählte das *caput* von Mann und Frau gleich). Auch das Vieh *(capitatio animalium)* wurde wie der Mensch *(capitatio humana)* veranlagt. Kinder, Greise, Witwen und einige privilegierte Personengruppen (Soldaten, später auch Kleriker) waren von der *capitatio* befreit. Die Steuereinheit wurde nun aus einer Kombination von Land und Arbeitskraft errechnet, und die Steuer war folglich eine kombinierte Boden- *(iugatio)* und Kopfsteuer *(capitatio)*. Sie hatte den wesentlichen Vorteil, daß sie an die sich ändernden wirtschaftlichen Verhältnisse und auch an die jeweiligen finanziellen Bedürfnisse des Kaisers angepaßt werden konnte. Denn einmal waren Boden und Arbeitskraft nach Maßgabe ihres jeweiligen Vermögens (Bodenqualität; unterschiedliche Bewertung der Arbeitskraft) unterschieden und die Veränderungen des Vermögensstandes durch kaiserliche Beamte *(censitores)* jedenfalls der Absicht nach regelmäßig festgehalten, zum anderen war die aus Boden und Arbeitskraft kombinierte Steuergrundlage kein absoluter Geldbetrag und keine absolute Menge von Naturalien wie früher, sondern lediglich eine Meßeinheit (Steuermeßbetrag), für die erst der jeweilige Geldbetrag pro Einheit für einen bestimmten Zeitraum angesetzt werden mußte *(indictio)*. Da der Zensus und mithin die Bewertung des Bodens und der Arbeitskraft (Veranlagung) alle fünf Jahre korrigiert wurde, ist in aller Regel für fünf Jahre im voraus ein unveränderlicher jährlicher Steuersatz festgelegt worden; seit 312/313 wurde dieser fünfjährige Indictionenzyklus in einen 15jährigen verwandelt. Nach ihm ist dann auch datiert worden (auch noch im Mittelalter und für kalendarische und finanzwirtschaftliche Zwecke sogar noch bis 1806). Die Steuer, die anfangs durchweg in Naturalien gezahlt wurde, ist seit dem 4. Jahrhundert zunehmend wieder in Geld entrichtet worden. — Das Steuersystem Diocletians bemühte sich um eine größere Steuergerechtigkeit, und es hat sich auch durchgesetzt. Es hatte manche Belastungen zu bestehen, so durch korrupte Behörden, die die Bodenqualität nicht angemessen berücksichtigten oder die *capita* falsch berechneten. Aber der Mißbrauch der Beamtengewalt sagt noch nichts über das System aus, und die römischen Kaiser haben sich große Mühe gegeben, dem Mißbrauch durch den Einsatz kontrollierender Behörden *(inspectores, peraequatores)* zu beseitigen oder wenigstens zu mildern.

Neben dieser Hauptsteuer gab es noch eine ganze Reihe weiterer direkter und indirekter Steuern, die zum großen Teil in der Kaiserzeit eingerichtet wurden. Unter ihnen ist die Erbschaftssteuer, die Augustus den römischen Bürgern — gleichsam als Ausgleich für die Freiheit von der Grundsteuer — 6 n. Chr. auferlegte, besonders wichtig. Sie betrug 5% auf alle Erbschaften und Vermächtnisse *(vicesima hereditatum et legatorum)*, doch waren die nächsten Blutsverwandten und die kleineren Erbschaften (unter 100 000 Sesterzen) frei. Die Einnahmen aus dieser Steuer waren nicht gering. Im 6. Jahrhundert ist sie verschwunden. Augustus führte ebenfalls eine allgemeine Verkaufssteuer (Umsatzsteuer) von 1% des Warenwertes ein *(centesima rerum venalium)*; mehrfach abgeändert (seit 444 betrug sie im Westen eine *siliqua*, d. i. 1/24 für jeden *solidus* auf alle Verkaufsgeschäfte, daher *siliquaticum*) blieb sie die ganze Kaiserzeit hindurch erhalten. Eine gegenüber dieser erhöhte Verkaufssteuer lag auf dem Verkauf von Sklaven; sie betrug 4% und war ebenfalls von Augustus eingerichtet worden *(quinta et vicesima venalium mancipiorum)*. Sinngemäß ist auch die Freigelassenensteuer hier anzufügen, die als 5%ige Steuer vom Wert des freizulassenden Sklaven bei der Freilassung erhoben wurde *(vicesima libertatis)*. Sie war schon in der Republik verlangt worden. Caracalla erhöhte sie auf 10%, doch wurde sie nach seiner Ermordung wieder auf den alten Satz gebracht. Die Steuer mußte der Freigelassene in aller Regel selbst aufbringen.

Unter den indirekten Steuern nahmen die Zölle den größten Posten ein. Sie gab es selbstverständlich bereits z. Z. der Republik. In der Kaiserzeit wurden sie sowohl an den Reichsgrenzen *(limes imperii)* als auch an manchen Provinzgrenzen und an den

Grenzen besonderer, mehrere Provinzen umfassender Zollbezirke erhoben. Die durch das Reich gehenden Zollinien waren, was immer sie ursprünglich einmal dargestellt haben mögen, später rein fiskalische, keinem anderen als dem Besteuerungswillen dienende Zollgrenzen. So bildeten die drei von Caesar eroberten gallischen Provinzen (Lugudunensis, Aquitania und Belgica) einen Zollbezirk, an dessen Grenzen ein $2^1/_2$%iger Zoll *(quadragesima Galliarum)* erhoben wurde; derselbe Zollsatz galt z. B. auch für den Bezirk der Provinz Asia und für den bithynisch-paphlagonisch-pontischen Bezirk. Die Zollsätze schwankten zwischen 2 und 5% in der frühen Kaiserzeit und stiegen im 4. Jahrhundert bis auf 12% des Warenwertes und höher. Die Höhe des Zollsatzes hing von dem Erhebungsort und von der Art der zu verzollenden Waren ab. In der Spätantike wurden die Sätze stärker vereinheitlicht.

Neben den genannten direkten und indirekten Steuern, die regelmäßig eingezogen wurden, flossen noch außerordentliche Einnahmen in die zentralen Kassen. So hatte der Kaiser das Salzmonopol: Alles für den Handel bestimmte, also nicht zu privatem Verbrauch geförderte Salz wurde in kaiserlichen Salinen gewonnen. Ferner warf auch die Münze Einnahmen ab. Über die bei der Geldherstellung gewöhnlich für den Münzherrn abfallenden Einnahmen hinaus diente die Münze zeitweise geradezu als Financier des Kaisers, da von ihr mittels Münzverschlechterung bei gleichbleibendem Nennwert kurzfristig ungeheure Summen zur Verfügung gestellt werden mußten. Diese Manipulationen halfen allerdings nur für den Augenblick aus der Finanznot und ruinierten sehr schnell die Währung.

Zu den außerordentlichen Einnahmen sind auch die unregelmäßig angeordneten Umlagen zu zählen, die allerdings dahin neigten, zu nicht immer jährlich, aber doch periodisch erhobenen Regelsteuern zu werden. Unter ihnen nimmt das Krongold *(aurum coronarium)* die erste Stelle ein, das seit Beginn der Kaiserzeit nach Siegen und anderen Anlässen als „freiwillige“ Gabe *(munus, collatio)* von den Städten bzw. Provinzen dem Kaiser angeboten wurde; die Freiwilligkeit wurde nicht selten nachdrücklich erzwungen. In der Spätzeit zahlten das Krongold nur die wohlhabende-

ren Schichten der Städte (Dekurionen), doch waren die Senatoren von ihr befreit. Dafür zahlten die Senatoren beim Regierungsantritt und bei Jubiläen des Kaisers eine Steuer in Gold *(aurum oblaticium)* und eine Abgabe, die auf ihrem Grundbesitz ruhte und in Kupfer bzw. Gold gezahlt werden mußte *(glebalis collatio*, von *gleba*, Ackerscholle). Die Handel- und Gewerbetreibenden zahlten seit Constantin I. ferner eine alle fünf Jahre *(= lustrum)* in Gold bzw. Silber zu zahlende Steuer *(lustralis auri argentive collatio)*. In der Erfindung neuer Steuern waren die römischen Kaiser unermüdlich. Die in Edelmetallen bzw. in Kupfer zu zahlenden *collationes glebales* und *lustrales* sowie das *aurum coronarium* und *oblaticium* dienten vor allem zur Zahlung des Soldes und der Donative der Armee, die im 4. Jahrhundert wieder in Gold ausgezahlt werden mußten.
Zu den außerordentlichen Einnahmen sind auch die dem Kaiser zufallenden Erbschaften zu zählen, ferner auch die auf ihn fallenden herrenlosen Güter *(caduca)*, die Strafgelder *(multae)* und vor allem die vom Staat eingezogenen Güter von Personen, die mit dem Tode bestraft oder exiliert worden waren. Die großen, bedeutende Teile ganzer Provinzen umfassenden kaiserlichen Domänen sind in allererster Linie durch Güterkonfiskationen entstanden und zeigen somit die Bedeutung auch dieses „Einnahmezweiges".

Die Verwaltung des Finanzgefälles erforderte in der Kaiserzeit eine komplizierte Bürokratie. In der Republik hatten sich die regierenden Familien mit wenigen Finanzbeamten im eigentlichen Sinne begnügt; es gab lediglich einige Verwalter (Quästoren) der zentralen Kasse in Rom, des *aerarium Saturni* (nach dem Tempel des Saturnus auf dem Forum Romanum benannt, in dessen Kellern das Geld lagerte), und der Provinzialkassen. Im übrigen war die Eintreibung der Steuern durch Verpachtung auf private Gesellschaften abgewälzt worden (s. o.). Die in der Person des Kaisers zentralisierte Verwaltung konnte sich eine größere Bürokratie leisten, und sie war wegen des sehr stark gestiegenen Geldbedarfs der Regierung auch notwendig. Schon die ersten Kaiser begannen mit dem Aufbau einer besonderen Finanzverwaltung; der Kaiser Claudius (41—54) war einer ihrer eifrigsten Förderer, und die Flavier standen ihm darin kaum etwas nach. Anfangs erfaßte diese Finanzverwaltung nur den kaiserlichen Kompetenzbereich sowie die neu eingerichteten direkten und indirekten Steuern; aber das Machtgefälle führte dahin, daß schon früh, in den entscheidenden Schritten schon seit Claudius, die kaiserliche Finanzverwaltung auch die vom Senat verwalteten Gebiete an sich zog.

Die kaiserliche Finanzverwaltung wurde von einem neuen Beamtentyp getragen, den Prokuratoren. Die ganz auf die Person des Kaisers ausgerichtete prokuratorische Finanzverwaltung (*procurator* ist technisch der Begriff für den persönlichen Vermögensverwalter eines Herrn) wurde zunächst von Freigelassenen, dann, jedenfalls in den höheren Chargen, von ritterständischen Personen besorgt. Die Prokuratoren wurden besoldet und waren rangmäßig nach ihren verschiedenen Tätigkeiten abgestuft. Der Sold bemaß sich nach den Tätigkeitsmerkmalen. Der Kompetenzbereich eines Prokurators war entweder durch einen lokalen Bezirk, z. B. eine Provinz, oder durch eine Steuerart bestimmt. Entsprechend dem doppelten Bezug ihrer Kompetenz waren auch ihre Benennungen unterschiedlich. Es gab einerseits z. B. *procuratores provinciae Asiae, proc. prov. Bithyniae Ponti Paphlagoniae* usw., die meist für die Einziehung der Hauptsteuer zuständig waren, andererseits aber auch *procuratores quadragesimae Galliarum* (für die Zölle dieses Zollbezirks), *proc. argentariarum, ferrariarum* (für die Silber- bzw. Eisenbergwerke jeweils verschiedener Distrikte) u. a. In den Provinzen konkurrierten diese Finanzbeamten zunächst noch mit dem Statthalter. Die dadurch entstehenden Spannungen wurden in dem Maße abgebaut, wie die gesamte Finanzverwaltung aus der allgemeinen Provinzialverwaltung herausgenommen und in die Hände der kaiserlichen Prokuratoren gelegt wurde. Bald schon steht die Finanzverwaltung als ein besonderer und in sich selbst ruhender Verwaltungszweig vor uns, der dann weiterhin konsequent ausgebaut wird: Schon Claudius gab den Prokuratoren eine auf Fiskalprozesse beschränkte Jurisdiktion, so daß die Finanzgerichtsbarkeit nun neben der übrigen Gerichtsbarkeit nebenherläuft. Es entwickelte sich auch schnell ein Instanzenzug vom Steuerzahler über die Prokuratoren bis zum Finanzminister und dem Kaiser. Die staatliche Seite wurde bei diesen Prozessen von besonderen Advokaten *(advocati fisci)* vertreten, die ebenfalls fest besoldete Beamte waren und als Kenner des Finanzrechts gegenüber jeder privaten Partei eine gute Position hatten. Wie es in der staatlichen Finanzverwaltung so zu gehen pflegt, gab es hier nicht nur den Standpunkt der Finanzverwaltung gegenüber dem Steuerzahler, sondern auch den nicht minder heftig umfochtenen zwischen den einzelnen Zweigen der Finanzverwaltung, so daß auch für diese Prozesse genaue Prozeßvorschriften geschaffen werden mußten. — Im Zuge des Ausbaus der Finanzverwaltung wurde auch die Verpachtung der Gefälle an Steuerpächter, die in der Republik die Finanzverwaltung weitgehend ersetzt hatte, abgebaut. Besonders im 1. Jahrhundert des Kaiserreiches konnte auf sie noch nicht ganz verzichtet werden, doch wurden die Gesellschaften der Pächter jetzt genauer überwacht. So mußten die Kontrakte mit den Prokuratoren geschlossen werden, und die willkürliche Eintreibung war jetzt nicht mehr möglich. Die Pächter zogen in aller Regel nur einen von den Prokuratoren festgelegten Steuersatz ein und behielten lediglich einen bestimmten Prozentsatz der eingetriebenen Summe. Der Bereich, in dem Pachtungen möglich waren, wurde zudem ständig kleiner. Der Zehnte in Sizilien wie überhaupt die Grund-/Kopfsteuer im ganzen Reich wurde vom Beginn der Kaiserzeit an der ordentlichen Finanzverwaltung reserviert. Manche Steuerarten, wie die Freilassungssteuer, vor allem aber die Zölle sowie die Einnahmen aus den Bergwerken, Steinbrüchen und Domänen wurden hingegen weiterhin verpachtet. Gegen Ende des 2. Jahrhunderts sind jedoch den Pächtern nur wenige Einnahmeposten geblieben; vor allem die Zoll- sowie Bergwerks- und Domänenverpachtung hat das 2. Jahrhundert überdauert.

Mit dem Zusammenbruch von Währung und Wirtschaft im 3. Jahrhundert und dem gleichzeitigen Verfall der politischen Macht der Zentrale ging das alte System der Finanzverwaltung weitgehend zugrunde. Die in festen Geldbeträgen normierten Sätze der Hauptsteuer waren kaum noch etwas wert, da sie auf sehr alten Berechnungen beruhten und den Sesterzen — eine im 3. Jahrhundert bald wertlose Münze — als Recheneinheit hatten. Die zerfallende Zentralgewalt konnte das riesige Netz der komplexen prokuratorischen Finanzverwaltung zudem nicht mehr dirigieren. Die Kaiser trieben daher die benötigten Steuern nunmehr durch die allgemeine Verwaltung, die über die städtischen Behörden und den Statthalter lief, ein; der spezielle Zweig der Finanzverwaltung war damit zunächst weitgehend suspendiert. Die Spitze des allgemeinen Verwaltungszweiges wurde der Prätorianerpräfekt *(praefectus praetorio)*, der wegen der wachsenden Bedeutung des Heeres und der wechselnden Residenzen des Kaisers der höchste und mächtigste Mann in der nächsten Umgebung des Kaisers war und in dem unruhigen 3. Jahrhundert sich zu einer Art Regierungschef aufschwang. Da die von der präfektorischen Verwaltung eingetriebenen Steuern in dieser schlimmen Zeit meist in Naturalien bezahlt und auch die Zahlungen an die Soldaten vielfach als Unterhalt verstanden wurden, heißt die von ihr eingetriebene Steuer *annona* (d. i. Lebensmittel, insbesondere Getreide). Sie wird nun also von den Statthaltern mittels der städtischen Behörden *(susceptores, exactores)* eingezogen; die städtischen Honoratioren *(decuriones)* haften für das Steueraufkommen ihrer Stadt. Seit dem Ende des 3. Jahrhunderts beruhigt sich die Situation; die Zentralgewalt, die nunmehr aus mehreren regierenden Kaisern besteht, setzt sich erneut durch. Doch behält der Präfekt denjenigen Teil der Finanzverwaltung, den er in der Zeit der Unruhe an sich gezogen hatte, also vor allem die Verwaltung der Grund- und Kopfsteuer *(annona)*, und bleibt damit der, wenn nicht einzige, so doch wichtigste Finanzbeamte. Die *annona* wurde seit der zweiten Hälfte des 4. Jahrhunderts wieder weitgehend in Geld eingezogen. Mit den Einnahmen wurde vor allem die Verpflegung der Armee und der zivilen Beamtenschaft, einschließlich der Beamten der kaiserlichen Zentrale, gesichert und damit ein sehr großer Teil der Personalbezüge von Heer und Verwaltung abgedeckt.

Neben dem Apparat der präfektorischen Finanzverwaltung stand in der späteren Kaiserzeit der Verwaltungsapparat der *res privata*, der teilweise auf die frühkaiserzeitliche Finanzbürokratie zurückging. In dieser über das ganze Reich ausgebreiteten Verwaltung arbeiteten die Finanzbeamten *(rationales, procuratores, actores rei privatae)* teils nach regulären Verwaltungsbezirken, teils nach Domänen getrennt. Wegen der hier ziemlich aufgeblähten Bürokratie funktionierte der Einzug der Einnahmen aber mehr schlecht als recht.

Der Verwaltungsapparat des dritten großen zentralen Finanzbeamten, des *comes sacrarum largitionum,* war demgegenüber nicht sehr umfangreich, da die von ihm verwalteten Steuern teils von den Betroffenen selbst (Senate, Kurien der Städte), teils, wie z. B. die Zölle, von den Organen der präfektorischen Verwaltung (s. o.) eingezogen wurden. Es gab folglich in der späteren Kaiserzeit drei zentrale Finanzchefs, aber nur zwei durchgehende, parallel laufende Finanzverwaltungen: Die präfektorische Verwaltung und die Domänenverwaltung *(res privata).*

Die Organisation der z e n t r a l e n Kassen am Hof des Kaisers und deren Entwicklung ist oben im Zusammenhang der Überlegungen zur kaiserlichen Regierungszentrale behandelt worden; es sei hier auf das dort Ausgeführte verwiesen.

Wie aus den vorangehenden Ausführungen ersichtlich, war die öffentliche Finanzgebarung im Römischen Kaiserreich nicht nach wirtschafts- und finanzpolitischen Gesichtspunkten durchgebildet. Sie war aus unmittelbaren finanziellen Bedürfnissen heraus entstanden und gewachsen, und sie hat diesen Charakter improvisierter Geschäftsgebarung selbst in ihrem entwickelten Stadium nicht völlig verloren. Es fehlte dem Finanz- und Steuerwesen vor allem das Haushaltsdenken, das die periodische Aufstellung der absehbaren Einnahmen und Ausgaben sowie deren Ausgleich verlangt. Zwar hatten die römischen Kaiser selbstverständlich eine ganze Reihe von Erfahrungswerten jederzeit zur Hand, doch führte das nicht zu einer grundsätzlichen Abstimmung der ein- und ausgehenden Gelder. Es ging vielmehr trotz aller Ansätze in dieser Richtung niemals ein für die meisten antiken Monarchien typisches Denken verloren, das von dem Wunsche nach Aufhäufung einer möglichst großen Menge Geld (Thesaurierung) und, bei akutem Geldmangel, von der Vorstellung nach sofortiger Deckung des fehlenden Betrages durch eine ad hoc befohlene, also außerordentliche Umlage, die dann die Behörde gegebenenfalls wiederholen und schließlich bisweilen sogar regelmäßig erheben läßt, beherrscht wird. Allerdings beobachten wir, daß besonders dringliche und politisch wichtige Ausgaben gelegentlich durch feste Einnahmeposten gedeckt und also wenigstens in Teilbereichen so etwas wie ein Haushaltsdenken im Ansatz verwirklicht wird. So wurde die Veteranenversorgung von Augustus durch einzelne, bestimmte Sondersteuern abgedeckt (die Erbschaftssteuer und die allgemeine Verkaufssteuer; die Kasse dieser Steuer, der Augustus bei ihrer Gründung i. J. 6 n. Chr. 170 Millionen Sesterzen zuwies, hat bis in das 3. Jahrhundert hinein bestanden); ferner ist die kaiserliche Hofhaltung in der ausgehenden Antike aus bestimmten Domäneneinkünften finanziert worden, und auch etwa die Versorgung von Kindern verarmter Bürger ist auf einer festen Finanzierungsbasis, sie allerdings in anderer Form, nämlich durch die Errichtung von Stiftungen aus kaiserlichem Vermögen (hypothekarische Kredite), aber im Prinzip nicht anders als die kaiserliche Hofhaltung gesichert worden.

Der kaiserlichen Finanzgebarung fehlt ferner jede Reflexion auf das Verhältnis von wirtschaftlicher Möglichkeit und staatlicher Besteuerung. Zwar gab es ungefähre Vorstellungen darüber, bis wohin ein Bauer belastet werden konnte. Der Zehnte der Ernte war schon damals eine Richtgröße. Aber alle Ansätze waren nur der Tradition und dem durchschnittlichen Geldbedürfnis des antiken Staates abgelesen; sie nahmen nicht Bezug auf die Möglichkeiten und Notwendigkeiten wirtschaftlichen Lebens. Ungerechtigkeiten der Besteuerung suchten die Behörden möglichst abzustellen, aber ob dieser oder jener Wirtschaftszweig mehr litt als ein anderer oder ob die Entwicklungsmöglichkeiten einer Wirtschaftsform unter einem bestimmten Steuerdruck verloren gingen, interessierte die Behörden im allgemeinen nicht. Diese und andere ökonomische Überlegungen mochten bisweilen angestellt werden, aber sie beherrschten nicht das öffentliche Steuerwesen. Staat und Ökonomie wurden als verschiedene, zumindest nicht prinzipiell zusammengehörige Seiten des menschlichen Daseins angesehen: Die Wirtschaft stellte die Mittel zur Finanzierung der staatlichen Organisation, aber sie wurde von der öffentlichen Hand kaum beobachtet oder gar dirigiert. Wirtschaftspolitik war eine allenfalls gelegentliche, zu keiner Zeit eine als unabdingbar betrachtete politische

Tätigkeit. Die Wirtschaft und die Währung hatten darum auch keinen grundsätzlichen Schutz; da sie nicht als wesentlicher Teil der kaiserlichen Politik galten, bestand ihre staatliche Funktion darin, dem Kaiser nach Bedarf zur Verfügung zu stehen. Nötigenfalls beutete der Kaiser daher die Wirtschaft und die Währung des Reiches rücksichtslos aus, und in der Spätantike geschah das sogar bis zur völligen Erschöpfung der wirtschaftlichen Möglichkeiten und bis zur völligen Vernichtung der Währung. Zwar kommt dies auch heutzutage vor, doch geschieht es heute (was wohl noch schlimmer ist) gegen den politischen Grundsatz. Diesen gab es in der Antike nicht. Den Reichsbewohner schützte nicht ein wirtschaftspolitisches Denken der Regierung, ihn rettete allenfalls das moralische Gewissen des fürsorglichen kaiserlichen Patrons.

Schließlich ist noch ein abschließendes Wort zur Finanzverwaltung zu sagen. Sie ist, von heute aus gesehen, der modernste Teil der kaiserzeitlichen Verwaltung. Die Finanzverwaltung bildete eine in sich selbst ruhende, mit eigener Gerichtsbarkeit versehene und hierarchisch gegliederte Bürokratie. Ihre Beherrschung durch den Kaiser bzw. durch die Zentrale und ihre Effektivität verlangte eine besonders scharfe Kontrolle, auch dies ein dem heutigen System vergleichbares Phänomen.

3. *Die Verwaltungseinrichtungen der sozialen Fürsorge*

Der Kaiser verkörperte nicht nur die befehlende Staatsgewalt (Magistrat, Herrscher), sondern er war gerade auch von der Entstehung des Kaisertums her der für die römischen Bürger und die Provinzialen sorgende Vater. Das patronale Denken war ein Erbe der aristokratisch-republikanischen Tradition und konzentrierte sich zunächst vornehmlich auf die Soldaten und die hauptstädtische Bevölkerung, schloß aber sehr schnell und noch z. Z. des Augustus auch die Bewohner ganz Italiens und aller Provinzen ein. Die Hineinnahme der gesamten Reichsbevölkerung in die kaiserliche Clientel nahm dem Patronat jedoch die persönliche Note. Der Kaiser verkörperte gegenüber den unübersehbaren Massen, die zu ihm aufschauten, eher die unpersönliche herrscherliche Gewalt als den Patron, an den sich der einzelne um Hilfe wandte.

Auch das Fehlen jeglicher mit dem Kaiser konkurrierender Patrone, gegenüber denen er sich durch die besonders eifrige Pflege seiner Pflichten hätte absetzen können, nahm dem kaiserlichen Patronat jede Lebendigkeit und Verbindlichkeit. Allenfalls die Soldaten, die für den Kaiser auch politisch viel, ja bisweilen alles bedeuteten und eine übersichtliche Gruppe darstellten, und vielleicht auch die Bevölkerung von Rom als die dem Kaiser räumlich am nächsten stehende Gruppe mochten mit dem Patronat noch etwas Persönliches verbinden.

Nichtsdestoweniger ist festzuhalten, daß die römischen Kaiser in der Tradition des aristokratischen Patronatsdenkens die Pflichten eines Patrons stets als für sie verbindliche Normen des Verhaltens und folglich auch als unverlierbaren Teil ihrer herrscherlichen Tätigkeit betrachtet haben. Die patronalen Pflichten wurden somit Bestandteil der offiziellen kaiserlichen Politik, und Sozialpolitik war im römischen Kaiserreich aus ihnen zu verstehen und auch auf sie beschränkt.

Es ist bei dieser Fürsorgepolitik zu beachten, daß sie, ihrer Herkunft entsprechend, nicht systematisch betrieben, also der zu versorgende Client nicht aufgesucht wird; die Fürsorge tritt auf Anruf und nur gelegentlich, so etwa bei offensichtlichem Notstand (Erdbeben, Hungersnot, Epidemie), auf Initiative des Kaisers ein. Allerdings haben die Kaiser gewisse Bereiche der patronalen Fürsorge dann systematischer betrieben, wenn der Gegenstand häufig zum Eingreifen zwang. In solchen Fällen ist wohl auch zur Bewältigung der gleichsam ständig anstehenden Pflichten ein besonderer Verwaltungszweig aufgebaut worden. Da nur sie ins Auge fallen und auch nur sie von einiger Breitenwirkung waren, so daß wir von Politik sprechen können, beschränkt sich der folgende kurze Überblick auf die mit der staatlichen Fürsorge betrauten Verwaltungszweige. Es werden hier an die im engeren Sinne patronalen Verwaltungsdienste (Lebensmittelversorgung, Alimentationen, Schulwesen) einige weitere Verwaltungszweige angereiht, die nur zu einem Teil dem patronalen Denken verpflichtet sind, zum überwiegenden Teil anderen Überlegungen (öffentliche Sicherheit) ihre Entstehung verdanken.

Ein Überblick über die kaiserliche Fürsorgepolitik hat ferner zu berücksichtigen, daß der Kaiser zwar der oberste und mächtigste Patron ist, der insbesondere alle etwaige in dem Institut der Clientel steckende politische Energie absorbiert, daß aber in der Gesellschaft das patronale Denken auch unabhängig von der kaiserlichen Spitze vorherrscht und hier folglich viele reiche und mächtige Herren von denen, die sich ihnen abhängig fühlen, ebenfalls als Patrone angesehen werden. Diese noch meist ganz persönlichen Beziehungen geben dem einzelnen u. U. den unmittelbaren Schutz und die sofortige Hilfe, die der ferne Kaiser nicht geben kann. Daneben ist vor allem auch die Stadt als Institution nach alter Tradition zur Fürsorge gegenüber den Stadtbewohnern verpflichtet und besitzt auch in Gestalt von Institutionen (Beamte) und baulichen Einrichtungen (Bäder, Theater, Gymnasien) die Mittel zur Verwirklichung ihrer sozialen Pflichten (s. 2, 25 ff.). Der Kaiser tritt als fürsorgender Vater erst in zweiter Linie, sei es ergänzend, sei es beaufsichtigend, auf: Er hilft dann, wenn die Masse der Hilfsbedürftigen die Möglichkeiten der Stadt und der privaten Patrone übersteigen oder wenn weder die Stadt noch der einzelne Patron sich zuständig fühlen (z. B. beim überregionalen Straßenbau). Allerdings wird in solchen Fällen auf seine Hilfe auch vertraut, wie umgekehrt der Kaiser von allen Reichen und von allen Städten eine wetteifernde Gesinnung in der Versorgung der Bevölkerung erwarten kann.

Eine besonders sorgsame Beachtung schenkte der Kaiser der Lebensmittelversorgung Roms (und nach 330 auch der Konstantinopels). Diese Aufgabe erbte der erste Kaiser, Augustus, von der Republik. Schon i. J. 22 v. Chr. übernahm er sie offiziell als *cura annonae* und delegierte das Geschäft an außerordentlicherweise ernannte Präfekten (*praefecti/curatores frumenti dandi;* bis in das 3. Jahrhundert hinein nachweisbar; sie waren Senatoren) und schließlich auf einen ritterständischen *praefectus annonae,* der bis in die konstantinische Zeit der zentrale Beamte für die Sicherung der Lebensmittelversorgung der Hauptstadt war. Er kontrollierte den Markt, besorgte in Italien und in den Provinzen Lebensmittel, insbesondere Getreide, beaufsichtigte den Umschlag und die Lagerung der Waren in Ostia und Rom und besaß überhaupt alle Kompetenzen, die zur Durchsetzung seiner Aufgabe notwendig waren. Da er auch in den Provinzen tätig werden mußte, erstreckte sich seine Beamtengewalt gegebenenfalls bis dorthin. Außerhalb Roms hatten die Behörden der einzelnen Städte die Aufsicht über die Versorgung der Bevölkerung mit Lebensmitteln. Allerdings war sie wohl nirgendwo so gut durchorganisiert wie in Rom, und vor allem erhielt auch nur die Bevölkerung der Stadt Rom in einem so großen Ausmaße Verbilligungen oder gar Gratis-Zuteilungen an Getreide (*frumentatio*) oder anderen Lebensmitteln, wie Öl, Salz, Wein, Fleisch, später auch Kleider (*congiarium,* von *congius,* ein Hohlmaß für flüssige Waren) und schließlich sogar Bargeld.

Einen wesentlichen Raum nahm in der fürsorglichen Tätigkeit des Kaisers die Unterstützung armer Kinder ein (*alimentatio*). Schon Augustus hatte mit ihr begonnen; erst durch Nerva jedoch ist sie auf eine breitere Grundlage gestellt worden, die einen programmatischen Willen zur besonderen Pflege der Aufgabe verrät. Die kaiserliche Freigebigkeit beschränkte sich auf Italien, doch folgten in den Provinzen Privatleute der kaiserlichen Initiative, die ohne Zweifel auch bewußt als Muster zur Nachahmung hingestellt worden ist. Der Verwaltungsaufwand wurde so gering wie möglich gehalten: Die Alimentationsgelder flossen aus den Zinsen von Stiftungskrediten, die der Kaiser zur Verfügung stellte. Die Auszahlung übernahmen in aller Regel die Städte (bei kaiserlicher Alimentation), die Überwachung des ganzen Verwaltungszweiges *praefecti alimentorum,* die allerdings selten allein mit dieser Aufgabe befaßt wurden; sehr oft wurde das Geschäft von den Straßenmeistern mit übernommen. *Praefecti alimentorum* sind bis in diokletianische Zeit nachweisbar. Die Alimentation hat demnach das 3. Jahrhundert überdauert, doch ist die Aufgabe der Kinderfürsorge später weitgehend von der Kirche übernommen worden.

Die größte Sorge gehörte indessen der Versorgung der Veteranen. Für sie hatte Augustus eigens eine Pensionskasse eingerichtet (*aerarium militare*) und ihr bestimmte Einnahmen zugewiesen. Die Versorgung erfolgte in Land und Geld, und sie erforderte große Mittel. Um die entlassenen Soldaten bemühte sich der Kaiser auch unabhängig von der rein materiellen Versorgung. Sie galten als seine besondere Clientel, auf die er immer zurückgreifen konnte, und genossen in ihren Städten und Dörfern ein so großes Ansehen, daß sie sich zu dem sozial angeseheneren Teil der Bevölkerung zählen durften.

Das Schulwesen erfreute sich nicht gleicher Fürsorge. Um die Elementarschule, die in Rom eine reine Schreib- und Leseschule war, haben sich die römischen Behörden nur wenig gekümmert. Die weiterführende Schule, nämlich die Grammatikerschule, in der vor allem Literatur gelesen wurde, interessierte den Kaiser stärker. Sie blieb zwar zunächst im Prinzip eine private Schule, doch waren die Grammatiklehrer seit Vespasian durch Steuerfreiheit privilegiert. Seit dem 4. Jahrhundert wurden Grammatiklehrer auch öffentlich angestellt, und der Kaiser Theodosius II. (408—450) verbot sogar für den Bereich der Stadt Konstantinopel jeden öffentlichen Unterricht von Personen, die nicht staatlich angestellt waren (cod. Theod. 14, 9, 3). Die Hochschulbildung, die in Rom weitgehend mit der Rhetorik identisch war, dann aber auch einzelne Fachdisziplinen, wie Jurisprudenz und Medizin, mit einschloß, begann ebenfalls seit Vespasian das kaiserliche Interesse zu erregen. Die Rhetoren wurden zunächst wie die Grammatiklehrer privilegiert, später auch von Staats wegen eingestellt; das Gehalt war allerdings meist gering, und daher spielten die Hörgelder für den Professor eine große Rolle. Seit dem 2. Jahrhundert gab es kaiserliche Hochschulen, an denen Rhetorik und Philosophie, dann auch Medizin und Jurisprudenz gelehrt wurden; die erste, das Athenaeum in Rom, stiftete der Kaiser Hadrian, weitere wurden bis zum 4. Jahrhundert in mehreren Provinzen errichtet, so in Konstantinopel, Berytus, Alexandria und Antiochia am Orontes. Die beiden ersten erlangten vor allem als Rechtsschulen große Berühmtheit, und in ihnen wurden auch die Grundlagen für das gewaltige Werk der Kodifikation des geltenden Rechts unter Justinian gelegt; Alexandria war wegen seiner Medizinerschule besonders angesehen. — Auch in der Sorge für das Schulwesen war die kaiserliche Tätigkeit nur subsidiärer Natur. Denn die griechische Stadt in der Osthälfte des Reiches hatte seit der Zeit der Unabhängigkeit das gesamte Schulwesen in öffentlicher Regie gehabt, und die römische Stadt hat manches von ihr übernommen. Auch war die Privatinitiative im Schulwesen besonders groß, erklärlicherweise im lateinischen Sprachbereich wegen der fehlenden staatlichen Schultradition stärker.

Ein besonderer Bereich kaiserlicher Fürsorge betraf die Ausrichtung von Spielen, sowohl von Spielen im eigentlichen Sinne (*ludi*, das sind circensische und szenische Spiele) als auch von Gladiatorenkämpfen und Tierhetzen (*munera*). Sie wurden in republikanischer Zeit von Spezialbeamten, den Ädilen, besorgt, die auch den größten Teil der oft hohen Kosten der aufwendigen Spiele übernehmen mußten. Im Kaiserreich traten in Rom senatorische Beamte (Prätoren, Quästoren), in den zahlreichen Städten die munizipalen Magistrate (Ädile) das Erbe der republikanischen Ädile an. Ihnen wurde jetzt selbstverständlich ein größerer Teil der Aufwendungen aus der Staatskasse gezahlt, doch konnte z. B. Augustus den Prätoren noch zumuten, das Dreifache des öffentlichen Zuschusses selbst zu übernehmen. Der Kaiser trat nicht nur als Teilhaber der Kosten auf, sondern veranstaltete auch selbst Spiele, für deren Kosten er dann allein aufkam, aber im Prinzip war er auch auf diesem Sektor öffentlichen Lebens lediglich Helfer in einem auch ohne ihn laufenden und funktionierenden Aufgabenbereich. Die Ausrichtung der vom Kaiser veranstalteten Spiele besorgten *curatores ludorum* und *curatores munerum*. Abgesehen von der Unterstützung der Spiele selbst taten sich viele Kaiser auch in dem Ausbau der Spiel- und Kampfstätten hervor, vor allem in Rom, wo das Colosseum, ein von Vespasian begonnener und von seinem Sohn Titus vollendeter Bau, alle Maße bisheriger Amphitheater sprengte.

Die Bautätigkeit ist desgleichen ein wesentlicher Teil öffentlicher Fürsorgepolitik. Theater, Bäder, Gymnasien, Rathäuser, Bibliotheken, Tempel und andere, dem Gemeinwohl dienende Bauten erstellten sowohl die städtischen Behörden aus der städtischen Kasse als auch die Vornehmen und Reichen einer Stadt aus ihrer Privatschatulle; beide waren nach allgemeiner Vorstellung dazu verpflichtet: Der einzelne Reiche übernahm die hohen Kosten für öffentliche Bauten als eine Verpflichtung (*officium*), die als nicht weniger verbindlich angesehen wurde als die den städtischen Behörden aufgebürdete Sorge für die Gemeinschaft. Der Komplex schließt selbstverständlich auch die Reparatur und den Unterhalt der öffentlichen Gebäude ein. Für das gesamte Bauwesen und den Unterhalt der staatlichen Liegenschaften sorgten, soweit sie nicht in privater Regie waren, die städtischen Baubehörden, in Rom in erster Linie der Kaiser, der die Baubeaufsichtigung auf zwei Kuratoren (*curatores aedium sacrarum et operum locorumque publicorum tuendorum*) delegiert hatte. Die Bautätigkeit des Kaisers, die zeitweilig außergewöhnlich rege war und alle Provinzen einschloß, ist, wie in den meisten anderen Bereichen der Fürsorgepolitik auch, bei allem Umfang doch subsidiärer Art.

Ein besonders wichtiger Zweig öffentlicher Bautätigkeit lag in der Versorgung der Städte mit ausreichenden Wasserleitungen und Brunnen. Die gesamte Wasserversorgung oblag den städtischen Behörden; die privaten Wasserleitungen und Brunnen hatten sich nach den Vorschriften der öffentlichen Wasserverwaltung zu richten. In der Stadt Rom war das Geschäft sehr schnell in die Hände des Kaisers gekommen. Augustus schuf bereits 11 v. Chr. eine besondere Wasserbehörde unter einem senatsständischen *curator aquarum publicarum.* An die Aufsicht über die neun Wasserleitungen Roms schloß sich dann die über die Abwässer Roms und die Regulierung des Tiberbettes an, die der Kaiser Tiberius i. J. 15 n. Chr. in einem kaiserlichen, von Senatoren verwalteten Amt institutionalisierte (*curatores riparum et alvei Tiberis*, seit Trajan: *alvei et riparum Tiberis et cloacarum*).

Bauwerke eigener Art sind die Straßen. Für die Pflasterung der städtischen Straßen sorgten selbstverständlich die städtischen Behörden. Die großen Überlandwege baute der Kaiser. Das öffentliche Straßennetz unterstand Straßenmeistern (*curatores viarum*) senatorischen und ritterlichen Standes, und zwar in Italien für je eine Straße einem Straßenmeister *(curator viae).*

Schließlich sei hier noch die kaiserliche Reichspost angefügt. Sie wurde von den Kaisern im Laufe der Zeit zu einem das gesamte Reich erfassenden und sehr effektiven Verwaltungsbereich ausgebaut. Das Reich war postalisch in Bezirke gegliedert, denen jeweils ein „Fahrzeugmeister“ *(praefectus vehiculorum)* vorstand.

Die Post durfte nur von dazu autorisierten Personen benutzt werden. Sie beförderte sowohl Nachrichten als auch Personen und Waren. Im ganzen Reich gab es in regelmäßigen Abständen Stationen für den Pferdewechsel (*mutationes*) und Herbergen (*mansiones*). Die Beförderung erfolgte mit dem Pferd, dem Reise- und dem Gepäckwagen (letzterer: *angaria*). Die Reisegeschwindigkeiten waren z. T. erheblich; die Boten schafften bis zu 200 km pro Tag. Die Kosten für die Post wurden weitgehend als außerordentliche Last den Straßenanliegern aufgebürdet (Gestellung von Pferden, Menschen, Wagen usw.), und also erfreute sich die Post nicht der gleichen allgemeinen Zustimmung wie heute.

4. Das stehende Heer

Entstehung und Problematik des stehenden Heeres

Das römische Heer war in republikanischer Zeit ein Milizheer gewesen. Die Soldaten waren für einen Feldzug aus den wehrpflichtigen Bürgern ausgehoben und nach dem Krieg, mit einem Beuteanteil beladen, wieder auf ihren Hof zurückgeschickt worden. Da der Bürgersoldat sich selbst ausrüsten mußte — es fehlte das Zeughaus wie überhaupt die Vorstellung einer der Armee dienenden Verwaltungsorganisation —, konnte nur Soldat werden, wer ein Vermögen besaß, das die teure Selbstausrüstung gestattete. Nachdem Rom im 2. Jahrhundert v. Chr. Herr über alle Länder des Mittelmeerraumes geworden war, konnte das Milizsystem den veränderten Verhältnissen nicht mehr genügen. Die gewaltige Dimension der Herrschaft verlangte von den Soldaten, daß sie gegebenenfalls mehrere Jahre hindurch im Felde blieben und auch in überseeischen Ländern kämpften, Forderungen, die der Bauer auf die Dauer nur erfüllen konnte, wenn er seinen Hof verkommen ließ und ganz auf die Beute als Lebensunterhalt vertraute. Die meisten Bauern, insbesondere soweit sie schon Familie hatten, wollten aber das ungewisse Soldatenleben nicht mit ihrem angestammten Beruf vertauschen, und in der Tat gab es auch keine Garantie für eine fortwährende Beschäftigung von Soldaten. Denn die regierenden aristokratischen Familien dachten gar nicht daran, aus der veränderten Herrschaftssituation die militärpolitischen

Konsequenzen zu ziehen und ein den Bedürfnissen angepaßtes stehendes Heer aufzustellen, und sie konnten dies auch nicht ohne Aufgabe ihrer selbst tun. Die aristokratische Gesellschaft, die auf der grundsätzlichen Gleichheit ihrer Standesgenossen beruht, konnte sich nämlich kein ständiges Heereskommando schaffen; es hätte die bestehenden ausgewogenen Machtverhältnisse innerhalb der regierenden Schicht gestört, ja wohl bald aus den Angeln gehoben. Schon der karthagische Staat war an diesem Problem, das aristokratische Regiment mit den Kommandanten eines stehenden Söldnerheeres zu verbinden, gescheitert, und wenn die römischen Aristokraten bei ihren Überlegungen sich seiner auch nicht erinnern mochten, standen ihnen doch die Bilder zahlreicher widerspenstiger Generale aus ihren eigenen Reihen vor Augen, die nur mit Mühe wieder in die Standesordnung zurückgeführt worden waren. Die seit den Gracchen beginnende innere Krise schärfte noch den Widerwillen gegen jedes militärische Sonderkommando eines einzelnen Mannes.

Die Aufgaben, die Rom als einem Weltenherrscher gestellt waren, verlangten jedoch ein jederzeit und allerorts zur Verfügung stehendes Heer. Die Einfälle der germanischen Stämme am Ende des 2. Jahrhunderts v. Chr. (113—101) machten die ganze Misere deutlich; auch der langjährige Krieg gegen den König Jugurtha (112—105) offenbarte die Schwächen des Milizheeres, das mit der lächerlich kleinen Macht des numidischen Königs nur mühsam fertig geworden war. Die Römer entschlossen sich daher zu einer Reform des Heeres, die wenigstens für den Augenblick Hilfe bringen sollte, ohne das für die Verfassungsordnung gefährliche stehende Heer zu schaffen: Es sollten künftig auch besitzlose römische Bürger, die ja, anders als die Bauern, unbefristet Militärdienst leisten konnten, in den Soldatendienst übernommen werden können; ihnen mußte die Ausrüstung jetzt vom Staat gestellt werden. Die Reform schuf jedoch neue Probleme. Denn da das stehende Heer unter keinen Umständen gewünscht war, mußten die Soldaten nach einem Feldzug wieder entlassen und, da sie besitzlos waren (wohin sollten sie entlassen werden?), auch versorgt werden. Die Versorgung der Soldaten, die nach den Vorstellungen der Zeit nur in Form eines Landstückes bestehen konnte, das für den

Lebensunterhalt des Soldaten und einer etwaigen Familie ausreichte, übernahmen die Feldherren, unter denen die Soldaten gedient hatten; sie stießen dabei jedoch auf den erbitterten Widerstand der gesamten aristokratischen Gesellschaft, die nicht zulassen konnte, daß einzelne Männer als Patrone einer großen Clientel von Soldaten sich einen übermächtigen Einfluß im Staat verschafften. Die Folge war, daß diese Feldherren/Patrone versuchten, ihre Forderungen nach Versorgung der Soldaten, an die sie andere, persönliche Wünsche anschlossen, unter dem Druck ihrer Soldaten-Clientel mehr oder weniger gewaltsam durchzusetzen. Da die äußere Lage Roms, um derentwillen Heere aufgestellt werden mußten, sich nicht grundsätzlich änderte, wurden der mächtige Feldherr und sein Heer, das nach Versorgung rief, zu einem Dauerproblem. Ehrgeizige Politiker, wie Caesar und Crassus, konstruierten schließlich willkürlich außenpolitische Problemlagen, um zu der Stellung eines mächtigen Feldherrn und damit zu innenpolitischem Einfluß zu gelangen. In dem Kampf der Feldherren mit der Aristokratie ging die Republik schließlich unter. Am Ende standen sich nur noch die verschiedenen mächtigen Feldherren gegenüber, die sich gegenseitig aus dem Feld schlugen. Aus diesem Kampf ging Octavian als Sieger hervor und wurde damit unter dem Namen Augustus der erste Kaiser.

Mit dem Sieg über die Konkurrenten war jedoch die Heeresfrage nicht gelöst. Octavian hat zunächst einen großen Teil seines in den Bürgerkriegen unmäßig angewachsenen Heeres demobilisiert und die Soldaten mit Land und Geld versorgt. Er mußte dazu große Teile Italiens plündern und hat das unbedenklich getan; einen nicht geringen Teil seiner Soldaten siedelte er aber auch außerhalb Italiens an, so daß von nun an das römische Bürgergebiet sich über die Grenzen Italiens auszudehnen begann. Einen Teil seiner Armee behielt er aber unter Waffen, und dies aus nunmehr doppeltem Grund.

Der wichtigste Grund war der, daß Octavian/Augustus seine politische Stellung allein der Armee verdankte. Er mußte daher die Soldaten jedenfalls zum Teil unter Waffen halten, wenn er die Macht nicht verlieren wollte. Er hatte ja die Stellung des republikanischen Feldherrn, der für die Zeit eines Feldzuges besondere Macht besessen hatte, gleichsam perpetuiert, und das stehende Heer war darum die Konsequenz der neuen herrschaftlichen Struktur. Der zweite Grund lag in den außenpolitischen Problemen des Reiches, die eine ständige Präsenz oder doch sofortige Verfügbarkeit von größeren Heeresverbänden verlangten. Das riesige Reich war kein Stadtstaat mehr, für den es hinreichte, bei gegebenem Anlaß, etwa für einen Krieg gegen eine Nachbarstadt, ad hoc Soldaten zu mobilisieren. Die Anmarschwege waren jetzt sehr weit; sie dauerten bisweilen Monate. Eine außenpolitische Notlage konnte daher nicht mehr auf eine umständliche Mobilmachungsmaschinerie warten. Und das ausgehobene Heer mußte zeitlich unbeschränkt zur Verfügung stehen; denn die Kriege währten oft Jahre.

Das stehende Heer aber brachte fast unlösbare Probleme. Es gab z. B. nicht in jedem Jahr kriegerische Verwicklungen, die ein großes Heer beschäftigt hätten. So war zunächst die große Frage, wo denn dieses Heer zu lagern sei, in welcher Form das zu geschehen habe und was denn die Soldaten tun sollten, wenn sie nicht kämpften. Das alles waren Fragen, die sich niemals, auch nicht am Ende der Republik, gestellt hatten. Die Soldaten gehörten nach dem Krieg auf ihren Hof, hatte jeder gedacht. Womit sollten sie sich nun beschäftigen, ja was stellten sie denn überhaupt dar, wenn sie in ihren militärischen Lagern standen? Der Soldat im friedlichen Dienst war eine unbekannte Figur.

Der erste Kaiser, Augustus, hat die Frage jedenfalls zunächst sehr einfach dadurch gelöst, daß er, ganz im traditionellen Denken befangen, das Heer als das auffaßte, was es immer gewesen war, nämlich als eine marschierende und kämpfende Truppe. Er setzte es also zur Verteidigung und, da es an den Grenzen kaum etwas zu verteidigen gab, zur Eroberung ein. In keiner Periode der Reichsentwicklung ist das Römische Reich so gewachsen wie unter Augustus. Nordwestspanien, das Alpengebiet, das Alpenvorland und der gesamte innere Teil der Balkanhalbinsel südlich der Donau kamen unter die römische Herrschaft. Auch das germanische Gebiet zwischen Rhein und Elbe sollte erobert werden, und erst als dieses Unternehmen unter schwersten Verlusten scheiterte (9 n. Chr.) — die Römer verloren damals bekanntlich drei Legionen —, ging Augustus zu einer zurückhaltenderen Außenpolitik über. Die Eroberungspolitik als Konsequenz des stehenden Heeres war damit aber noch nicht aufgegeben. Die am Rhein stehenden Legionen waren noch bis auf den Kaiser Domitian (81—96) ein Expeditionskorps, das zur Eroberung Germaniens bereitstand, und auch die vom Standpunkt der Reichsverteidigung nicht vertretbare Eroberung Britanniens unter Claudius und Domitian ist nur daraus zu verstehen, daß die Heere bewegt werden sollten.

Die Eroberungspolitik ist jedoch nicht allein aus dem Umstand zu erklären, daß ein Römer sich damals das Heer nicht in Ruhe vorstellen konnte; die fortwährende Bewegung des Heeres in z. T. sinnlosen Eroberungen hatte auch sehr massive machtpolitische Gründe. Der Kaiser, für den das Heer die Basis seiner politischen Macht war, mußte stets den persönlichen Kontakt zu seinen Soldaten bewahren. Das war in republikanischer Zeit für den jeweiligen Feldherrn deswegen kein Problem gewesen, weil das Heer ja stets zu einer bestimmten kriegerischen Aktion aufgestellt worden war, in der der Befehlshaber den Soldaten ununterbrochen nahe war. Augustus und seine Nachfolger, die die Armee ständig zur Verfügung hatten, mußten diese Nähe z. T. erst künstlich schaffen. Die Eroberungen, die Augustus selbst oder durch Mitglieder seiner Familie durchführte, festigten das persönliche Band, und wenn später die Kaiser auch nicht mehr immer persönlich ins Feld zogen, deklarierten sie doch, um ihre Nahestellung zum Heer zu demonstrieren, den Feldzug als den ihrigen. Auch der eher lächerliche Feldzug des Gaius gegen Germanien und Britannien ist aus dieser Perspektive begründet und vernünftig. Der Kaiser mußte der Feldherr nicht nur sein, sondern sich auch als solcher darstellen, damit nicht Konkurrenten unter den vornehmen Generälen auf den Gedanken kamen, in seine Stelle zu rücken.

Erst im Laufe etlicher Jahrzehnte löste sich das Problem der Kasernierung. Die Truppe wurde an den gefährdeten Stellen der Reichsgrenzen aufgestellt. Das hielt sie einmal von Rom fern, wo sie u. U. dem Kaiser gefährlich werden konnte, zum anderen war sie damit dort verfügbar, wo sie gegebenenfalls gebraucht wurde. Die Hauptmasse wurde an der germanischen Grenze stationiert, wo bis z. Z. Domitians noch ein Vorverlegen der Grenze geplant war; andere starke Einheiten wurden später nach Britannien verlegt, und auch an der Donau, über die ständig barbarische Stämme drängten, und in Syrien, wo das Reich gegen die parthische Großmacht abzuschirmen war, standen bedeutende Teile der Armee. Die Verteilung der Armee über eine sehr ausgedehnte Grenze hatte für den Kaiser den Vorteil, daß ehrgeizige Generäle immer nur einen Teil der Soldaten gegen ihn mobilisieren konnten, wenn sie nach dem Thron strebten. Trotzdem blieb die Lage für den Kaiser nicht ungefährlich. Denn an den Schwerpunkten der Grenze lagen doch verhältnismäßig kompakte Truppenmassen, so in der frühen Zeit vor allem an der Rheinfront. Es ist sehr wahrscheinlich, daß die Eroberung Britanniens, die schon Gaius plante, Claudius dann begann und Domitian vollendete, wesentlich darin begründet ist, daß die Rheinarmee, die für dieses Unternehmen starke Verbände bereitstellen mußte, geschwächt werden sollte. Eine weitere Möglichkeit, die Gefahr zu bannen, die von den konzentrierten Truppen und ihren Generälen drohte, war die Möglichkeit, die Kommandeure häufiger zu wechseln und die Truppen gelegentlich auch zu verlegen (Dislokation), wodurch das persönliche Band zwischen General und Truppen und zwischen den einzelnen Truppenabteilungen untereinander gelöst wurde.

Das andere Problem, nämlich was der Soldat in Friedenszeiten denn nun darstellte und womit er beschäftigt werden sollte, blieb bis zu einem gewissen Grade ungelöst, und dies nicht nur bei den Römern, sondern in allen Staaten mit stehenden Heeren. Die Römer suchten das Problem dadurch zu bewältigen, daß sie ihre Armee in eine rigorose Disziplin nahmen, die den Soldaten die meiste Zeit des Tages in einen Dienstplan zwang. Da es hierin eine römische Tradition gab, brauchten die Generäle nur die Disziplin von einer zeitlich beschränkten in eine immerwährende Pflicht zu verwandeln. Im übrigen zwang schon die finanzielle Not die Kaiser dazu, die Soldaten auch mit allen Arbeiten zu belasten, die bei einer Kasernierung anfallen (Bauarbeiten, Ziegelherstellung, Holzfällen usw.). Auch früher hatten die römischen Soldaten ihr tägliches Lager ja selbst gebaut; jetzt, in der Kaserne, wurde der improvisierte Lagerbau zu einer mehr und mehr reglementierten Bautätigkeit: Der Soldat war gleichzeitig Pionier.

Berufsstand des Soldaten. Umfang des Heeres

In dem stehenden Heer versah der Soldat seinen Dienst als Beruf; er war nicht ein auf Zeit eingezogener Wehrpflichtiger, sondern Berufssoldat. Er trat daher auch im allgemeinen freiwillig in das Heer ein; er wählte sich also das Soldatendasein als Lebensziel. Abgesehen von den Senatoren, die die höchsten Kommandostellen nur auf Zeit innehatten, waren jedenfalls im Prinzip auch die Angehörigen des niederen und höheren Offizierskorps Berufssoldaten. Die Freiwilligkeit des Eintritts in das Heer konnte in Zeiten der Not nicht immer aufrecht erhalten werden. Augustus z. B. rekrutierte nach dem Verlust der drei Legionen in der Schlacht im Teutoburger Wald (9 n. Chr.) junge Soldaten, ohne sie nach ihrem Wunsch zu fragen, und sicherlich ist beim Eintritt in das Heer die Grenze zwischen der Freiwilligkeit und dem Zwang verwischt gewesen, ganz zu schweigen von den besonderen Bedingungen, die den einzelnen etwa bei wirtschaftlicher Not eher in die Armee trieben als ihn dorthin führten.

Als Berufssoldat diente der Soldat den größten Teil seines Lebens in der Armee. Die Dienstzeit betrug in der Legion 20 Jahre, in den nichtrömischen (bundesgenössischen) Formationen (*auxilia*) 25 Jahre, bei der Flotte 26, seit dem Ausgang des 2. Jahrhunderts sogar 28 Jahre. Der Dienst bei der Garde in Rom (Prätorianer) war kürzer; er dauerte nur 16 Jahre. Die nach dem Ende der ordentlichen Dienstzeit an sich fällige ehrenvolle Entlassung aus dem Militärdienst (*missio honesta*) wurde dazu von der Truppenführung häufig noch hinausgezögert, um das Problem des Ersatzes zu mildern; so diente der Soldat tatsächlich meist länger, als die Regel auswies, und er wurde bei Bedarf auch wieder zur Truppe zurückgeholt („zurückgerufen“, *evocatus*). Eine vorzeitige Entlassung gab es nur in begründeten Ausnahmefällen (*missio causaria*), z. B. bei Wehrdienstunfähigkeit und selbstverständlich bei der unehrenhaften Ausstoßung aus der Armee (*missio ignominiosa*). Wenn der Soldat entlassen wurde, war er demnach zwischen 40 und 50 Jahre, bisweilen auch älter. Für Offiziere, die nicht, wie vielfach das ritterständische mittlere Offizierskorps, in die zivile Verwaltung überwechselten, gab es überhaupt keine

Dienstgrenze. Die Hauptleute (*centuriones*) dienten oft bis ins hohe Alter, manche noch als Siebzigjährige.

Als Berufssoldaten bezogen alle Angehörigen der Armee eine Entlohnung (Sold, lat. *stipendium*). Soldzahlungen hatte es bereits in der Republik gegeben; doch waren sie früher als Unterhaltsgeld, Beutevorschuß oder Handgeld, nicht als Lohn für geleistete Dienste aufgefaßt worden. Das hatte sich schon gegen Ende der Republik, als sich das Milizsystem langsam auflöste, etwas geändert, und mit der Einführung des stehenden Heeres hatte sich die Vorstellung der Soldzahlung als Entlohnung für Dienstleistungen dann durchgesetzt. Der Sold betrug unter Augustus 225 Denare im Jahr (zum Vergleich: Der Tageslohn eines Landarbeiters oder Stadtschreibers betrug in der frühen Kaiserzeit 1 Denar) und wurde von Domitian auf 300 Denare, unter Septimius Severus auf 500 und unter Caracalla auf 750 Denare erhöht; bei der letzten Erhöhung spielte jedoch die Inflation schon eine gewisse Rolle. Manche Soldaten erhielten als Belohnung doppelten Sold. Auch gewisse Chargierte und sogar ganze Gruppen von Soldaten bezogen erhöhten Sold; so bekam der Gardesoldat (Prätorianer) seit Augustus 750 Denare. Der Sold der Offiziere war um ein Vielfaches höher; die Offiziere des niederen (Centurionen) und mittleren Dienstes (Militärtribune, Präfekten) bezogen das Zehn- bis Zwanzigfache des Grundbetrages.

Der verhältnismäßig hohe Sold gewinnt noch an Gewicht, wenn man bedenkt, daß der Soldat für seine Unterkunft nichts und für die Verpflegung nicht alles bezahlte. Auch wenn er für einen Teil der Verpflegung, für den Ersatz von Waffen u. a. Ausgaben hatte, die ihm vom Sold abgezogen wurden, hatte er mehr übrig, als ein Mann im Zivilberuf nach Abzug seiner Grundlebenskosten noch vorweisen konnte, und vor allem: Er hatte die Gewißheit, daß er dieses Geld bis an das Ende seiner Dienstzeit bekam. Über den Sold hinaus gab es noch besondere Geldgeschenke, z. B. beim Regierungsantritt eines Kaisers (Donative), ferner ein System von Belohnungen im Dienst und Beuteanteile auf Feldzügen, die den Soldaten gegenüber der übrigen Bevölkerung sehr gut stellten. Im 4. Jahrhundert spielten die Donative und sonstigen Sonderzahlungen sowie die dem Soldaten zugeteilten Lebensmittel

(annona) eine größere Rolle als der eigentliche Sold. — Zu allem war der Soldat auch im Alter versorgt. Er erhielt bei ehrenvoller Entlassung entweder einen Geldbetrag, der ihm das weitere Leben sichern sollte, oder ein Landstück, das ihn ernähren konnte. Die Pensionsgrenze war so gesetzt, daß der Soldat nach der Dienstzeit noch einen zweiten Lebensabschnitt als Bauer, Handwerker oder niederer bzw. auch höherer Beamter beginnen konnte: Mit 40 bzw. 50 Jahren begann noch nicht der Lebensabend, sondern ein neues Leben, das den Veteranen durch das hohe Ansehen des Soldatenstandes von den Mühen des langen Dienstes belohnte; respektiert von seiner neuen, zivilen Umgebung konnte er die rohe Heeresdisziplin vergessen oder sie mythisch verklären.
Der Berufssoldat hatte während seiner langjährigen Dienstzeit keine andere Heimat als seine militärische Einheit. Da diese seit Augustus und in gewissem Umfang auch noch in der Spätantike an einen festen Standort gebunden war, wurde der Lagerort sein Zuhause. Vor dem Lager wuchsen Zivilsiedlungen empor, welche die religiösen und familiären Bedürfnisse des Soldaten befriedigten. Da das Soldatsein aber im Prinzip ein Familienleben ausschließt und dies auch im stehenden römischen Heer ein fester Grundsatz war, durfte der Berufssoldat nicht heiraten. Die Ehelosigkeit war daher ohne Ausnahme zumindest von den Gemeinen und dem niederen Offizierskorps gefordert. Bei der langen Dienstzeit war das jedoch nicht völlig aufrechtzuerhalten. Die Kaiser gestatteten daher, was sie ohnehin nicht verhindern konnten, nämlich das wilde Zusammenleben mit einer Frau. Die Konkubinen lebten mit ihren Kindern vor dem Lagertor in den Zivilsiedlungen, und ihre Lebensgemeinschaft mit einem Soldaten wurde in aller Regel nach Ablauf der Dienstzeit des Familienvaters vom Kaiser legalisiert.

Der Umfang des kaiserlichen Heeres ist nur für die ersten Jahrhunderte der Kaiserzeit genauer zu fassen, doch lassen sich ungefähre Zahlen auch für die Spätzeit angeben. Augustus hatte zunächst 27—28 Legionen mit einer Sollstärke von ca. je 6000 Mann unter Waffen; nach dem Verlust der 3 Legionen des Varus (17. 18. und 19. Legion) blieben ihm 25 Legionen, die dann bis auf die

Zeit des Kaisers Vespasian auf 30 stiegen und schließlich unter Septimius Severus auf 33 erhöht wurden. Bei einer angenommenen Stärke von 5000—6000 betrug die Anzahl römischer Soldaten demnach 125 000—150 000 Mann. Dazu kamen noch 6000 bis 12 000 Gardesoldaten in Rom sowie die auf der Flotte dienenden Bürger (meist Freigelassene). Wenn wir die römische Bevölkerung z. Z. des Augustus mit 5 Millionen Personen (ohne Kleinkinder) ansetzen, entsprach das einem Anteil von ca. 3% der Bevölkerung; die Belastung war also im Vergleich zu heute (in der Bundesrepublik Deutschland ca. 1% der Bevölkerung) groß. Die aus dem Tatenbericht des Augustus entnommene Zahl von 5 Millionen Bürgern (genau: 4 937 000), die beim Zensus des Jahres 14 n. Chr. festgestellt worden war, ist allerdings eine etwas unsichere Grundlage für die Berechnung, da nicht ganz klar ist, welche Teile der römischen Bevölkerung hier gezählt wurden. — Neben den Legionen dienten im römischen Heer noch Kontingente der Bundesgenossen, also Nichtrömer (Peregrine). Die Gesamtzahl der in diesen Formationen *(auxilia)* dienenden Soldaten war der der römischen etwa gleich; doch war die Belastung der peregrinen Bevölkerung prozentual sehr viel geringer. Bei der Annahme einer peregrinen Gesamtbevölkerung des Reiches von 40 Millionen machten die ca. 150 000 *auxiliarii* lediglich ¹/₃% aus. Es war daher nicht schwer, für die Hilfstruppen Freiwillige zu erhalten, zumal mit dem Heeresdienst materielle Sicherung und sozialer Aufstieg verbunden waren; doch erfolgte die Rekrutierung nichtsdestoweniger vielfach in Form der Aushebung.

In der Krise des 3. Jahrhunderts hat die Anzahl der Soldaten stark geschwankt und ist zeitweise außergewöhnlich hoch gewesen. Seitdem sich im 4. Jahrhundert die wirtschaftlichen und politischen Verhältnisse im Reich dann wieder einigermaßen stabilisiert hatten, normalisierte sich auch die Stärke des Heeres; doch hat sich der durchschnittliche Gesamtumfang der Armee wegen der anhaltenden inneren und äußeren Unsicherheit nicht unerheblich erhöht. Er wird für das frühe 4. Jahrhundert auf gut 400 000, für das frühe 5. Jahrhundert gar auf gut 600 000 Mann (Sollstärke) geschätzt, wovon ¹/₃ auf das mobile Heer *(comitatenses)* kam. Man hat aber bei diesen Zahlen zu bedenken, daß zahlreiche Soldaten für innere Aufgaben (Sicherung der Ordnung, Hilfe bei der Steuereintreibung u. a.) abgestellt wurden und darum für den Wehrdienst nur bedingt zur Verfügung standen. Zu einer zahlenmäßigen Schwächung der Einheiten führte auch — ganz abgesehen von dem Problem der Finanzierung — der Engpaß in der Rekrutierung: Die meisten Bauern und Handwerker lebten in Zwangsverbänden, die sie aus steuerlichen Rücksichten nicht verlassen durften, und es standen folglich zur Ergänzung der Truppe in erster Linie nur der Nachwuchs der Soldaten selbst und Wehrdienstwillige aus Gebieten außerhalb der Reichsgrenze, meist Germanen, zur Verfügung; letztere waren zwar gute Soldaten und darum gern gesehene Rekruten, aber sie minderten das römische Element im Heer. Entlassungen ausgedienter Soldaten und Verluste konnten so nicht mehr angemessen ausgeglichen werden. Die Folge war, daß die Sollstärken der Einheiten kaum je erreicht wurden. In der Praxis wurden die Grenztruppen *(limitanei)* zugunsten des Bewegungsheeres *(comitatenses)* und innerhalb des letzteren die in der Provinz stehenden zugunsten der am Hofe kasernierten Einheiten *(praesentales)* geschwächt.

Die soziale Herkunft der Soldaten (Rekrutierung)

Das römische Heer bestand im Prinzip zu jeder Zeit seiner Entwicklung aus Römern und aus Angehörigen nichtrömischer (peregriner) Stämme, die in besonderen Formationen als Hilfstruppen dienten. In den ersten Jahrhunderten des Kaiserreiches dienten die Soldaten römischer Herkunft in den Legionen, die Nichtrömer in den Auxilien.

Die Legionäre stammten in der frühen Kaiserzeit meist aus Italien, dem alten geschlossenen römischen Bürgergebiet; manche kamen auch aus den römischen Städten in den Provinzen, die seit Caesar und Augustus im ganzen Reich gegründet worden waren, besonders aus Südgallien *(provincia Narbonensis)*, wo bereits in der Frühzeit des Kaiserreiches viele Römer lebten. Diese Soldaten waren durchweg Bauern, die als zweite oder dritte Söhne kleiner Güter ihre materielle Sicherheit im römischen Heer suchten. Die Ergänzung der Legionen erfolgte im allgemeinen durch Freiwillige *(voluntarii)*. Bei akutem Mangel an Ersatz war jedoch auch die

Aushebung *(inquisitio)* durch kaiserliche Beamte *(dilectatores)* üblich; es wurde demnach auch noch in der Kaiserzeit im Prinzip an der allgemeinen Wehrpflicht aller Römer festgehalten. Der Ausgehobene durfte aber jedenfalls zeitweise einen Stellvertreter *(vicarius)* stellen. Für den Dienst war körperliche Tüchtigkeit Voraussetzung, wozu übrigens auch eine Mindestgröße (1,725 m, später nicht mehr beachtet) gehörte. Die Ausbreitung des römischen Bürgerrechts brachte es mit sich, daß zunehmend auch Römer aus den Provinzen des Reiches in den Legionen dienten. Während im 1. Jahrhundert die westlichen Provinzen noch weit überwogen, finden wir seit dem 2. Jahrhundert in den Legionen zunehmend auch Bürger aus Afrika, aus dem Balkangebiet und aus den östlichen Provinzen. Eine große Rolle spielte für den Ersatz der jeweilige Standort der Legion. Denn eine Legion war oft viele Jahrzehnte an ein und demselben Ort stationiert, verwuchs dadurch stärker mit ihrer Umgebung und rekrutierte dann in wachsendem Umfang aus ihrem Einzugsgebiet, zu einem Teil aus den Lagerkindern. Als es schwieriger wurde, Freiwillige zu finden und auch die Aushebungen wegen der damit verbundenen wirtschaftlichen Schwächung der Landwirtschaft, welche die Bauern als Arbeitskraft entbehrte, auf Widerstand stießen, wichen die römischen Behörden den Rekrutierungsschwierigkeiten dadurch aus, daß sie auch Nichtrömern den Eintritt in die Legionen gestatteten. Da mit dem Legionärsdienst jedoch der Bürgerstatus verbunden war, erhielten diese Rekruten bei ihrem Eintritt in die Legion das Bürgerrecht geschenkt. Die assimilierende Kraft der Truppe hat diese Soldaten schnell in den römischen Verband integriert. Der römische Bürgerstatus verlor dann für den Legionär in dem Maße an Bedeutung, wie immer mehr Reichsbewohnern das römische Bürgerrecht übertragen wurde. Als i. J. 212 die gesamte Reichsbevölkerung durch kaiserlichen Erlaß *(constitutio Antoniniana)* das römische Bürgerrecht erhielt, kam faktisch jeder Reichsbewohner für den Dienst in der Legion in Betracht. — Für die Rekrutierung der kaiserlichen Garde in Rom, also der *cohortes praetoriae* und *cohortes urbanae,* haben die Kaiser im Prinzip daran festgehalten, daß der Soldat aus Italien oder doch wenigstens aus den romanisierten Provinzen des Westens stammen müsse. Erst Septimius Severus wich davon ab, als er i. J. 193 die damals total verlotterten Gardesoldaten entließ und sie durch ihm treu ergebene Römer vornehmlich aus dem pannonisch-illyrischen Raum ersetzte.

Die Hilfstruppen *(auxilia)* wurden aus der peregrinen Bevölkerung der Provinzen ausgehoben. Die einzelnen Abteilungen wahrten meist noch lange den Charakter des Stammes, aus dem sie sich bei ihrer ersten Aufstellung rekrutiert hatten (Thraker, Kelten usw.). Die „nationale" Sonderstellung zeigte sich oft in der landesüblichen Bewaffnung (Pfeil und Bogen, Schleuder, Pike usw.). Das römische Reglement und die lateinische Kommandosprache führten dennoch verhältnismäßig schnell zu einer Angleichung an die römischen Formationen. Die Ergänzung der Einheiten, die bei häufiger Verlegung zunehmend aus der Umgebung des neuen Standortes erfolgte und dadurch die „nationale" Geschlossenheit des Verbandes sprengte, sorgte dann schnell für die weitere Auflösung des ethnischen Kolorits; das Lateinische gewann in dieser Situation als lingua franca noch größere Bedeutung. Wenn die Auxiliarsoldaten nach ihrer langen Dienstzeit entlassen wurden, waren sie daher nach Sprache, Lebensgewohnheiten und Denken Römer. Die Verleihung des römischen Bürgerrechts an sie und ihre unehelich geborenen Kinder, die seit Claudius als Belohnung für den Militärdienst üblich wurde, war nur die formelle Anerkennung dieser Entwicklung.

Mit der Ausbreitung des römischen Bürgerrechts über das ganze Reich i. J. 212 verloren die Auxilien ihren Charakter als peregrine Hilfstruppen. An ihre Stelle waren schon seit dem 2. Jahrhundert zunehmend Verbände getreten, die ihren „nationalen" Charakter stärker bewahrten. Diese als *numeri* bezeichneten Einheiten waren in der frühen Zeit des Prinzipats irreguläre, nach Bedarf ausgehobene Truppen, die dann aber nach der akuten Lage, der sie ihre Aufstellung verdankten, im Heer behalten wurden. Für ihre Aufstellung spielten vielfach auch waffentechnische Rücksichten mit. Sie waren meist leichte Truppen, oft Reiter, die u. a. als Aufklärer und Plänkler eingesetzt wurden. Sie kamen sowohl aus den Randprovinzen als auch gelegentlich aus Gebieten außerhalb des Reiches oder aus dessen Grenzzonen (Germanen, Brittonen, Palmyrener, Mauren). Der „nationale" Charakter dieser Einheiten zeigt sich schon darin, daß sie nicht nach der betreffenden Waffengattung bezeichnet und auch nicht numeriert, sondern stets nach dem Volk benannt wurden, dem sie angehörten (z. B. *numerus Palmyrenorum*). Im 3. Jahrhundert tendierten auch diese „nationalen" Verbände indessen dahin, sich den übrigen römischen Heeresverbänden anzugleichen. Wir finden jetzt oft schon römische Bürger in ihnen, so daß am Ende dieses Jahrhunderts nur noch schwer ein Unterschied zwischen ihnen und den anderen (ehemaligen) Hilfskontingenten, den Auxilien, festzustellen ist.

Durch die Vereinheitlichung des Reichsgebietes als eines geschlossenen Gebietes römischer Bürger und durch die politische und wirtschaftliche Krise, die das Römische Reich im 3. Jahrhundert erschütterte, änderten sich auch die Bedingungen für die Ergänzung des römischen Heeres. Da ferner seit dem Ende dieses Jahrhunderts grundsätzlich zwischen an der Grenze stationierten Truppen und einer mobilen Armee in den Zentren des Reiches unterschieden wurde, änderten sich die Probleme des Ersatzes zusätzlich noch aus dieser Reform des Heeres. Für die an den Grenzen liegenden Truppen *(limitanei)* löste sich die Frage des Nachwuchses ziemlich einfach. Sie, die zum großen Teil nicht mehr ausschließlich in militärischen Lagern lebten, sondern als eine Art Wehrbauern das Soldatenleben nicht als die einzige und nicht einmal als die zentrale Tätigkeit ansahen, mußten im großen ganzen ihre Kinder als die allein verfügbaren Rekruten ansehen. Für die mobilen, an zentralen Plätzen der Provinzen und am Kaiserhof stationierten Truppen *(comitatenses)* war die Frage des Truppenersatzes schwieriger.

In der Zeit der großen Unruhe im 3. Jahrhundert und bis in die diokletianische Zeit hinein war das Hauptrekrutierungsgebiet für die mobilen kaiserlichen Truppen der nördliche Teil der Balkanhalbinsel gewesen. Aus diesem illyrisch-pannonischen Raum waren etliche tüchtige Kaiser der unruhigsten Jahre des 3. Jahrhunderts (Decius, Aurelianus) hervorgegangen, und auch die Kaiser der Tetrarchenzeit stammten aus dieser Gegend (Diocletian, Maximian, Galerius, Constantius Chlorus, der Vater Constantins des Großen u. a.). Die Erneuerung des Reiches nach den Wirren dieses

Jahrhunderts hatte von hier ihren Ausgang genommen, wo die jung romanisierten Provinzen die ganze Kraft des alten Römertums noch einmal in sich versammelt zu haben schienen. Mit der Beruhigung der Lage im 4. Jahrhundert festigte sich wie in allen anderen so auch in den illyrisch-pannonischen Provinzen das System der Zwangskollektive, das die meisten Bauern und Stadtbewohner in gleicher Weise zur Sicherung der wirtschaftlichen Kraft und des steuerlichen Aufkommens in Berufsverbände zwang, aus denen sie nicht heraustreten durften und in denen viele mit ihrer Familie schließlich sogar erblich eingebunden wurden. Die freie Rekrutierung wurde dadurch schwierig, fast unmöglich. Als Rekrutierungsreservoir diente somit auch für die mobile Armee in erster Linie das Soldatenlager selbst: Die Soldatenkinder waren der Ersatz für die Truppe, und die durch die Geburt vorbestimmte Berufswahl erstreckte sich folglich nun auch auf die Armee. Allerdings reichte dieser Ersatz nicht aus. Daher wurde den Großgrundbesitzern jährlich nach Bedarf die Gestellung von Rekruten aus den von ihnen abhängigen Bauern (Kolonen) auferlegt. Zur Erhaltung der wirtschaftlichen Kraft der Großgrundbesitzer durfte jedoch die Rekrutengestellung durch Geld abgelöst werden, mit dem die Rekrutierungsbehörden dann oft Barbaren für den Soldatendienst anwarben. Aber es waren nicht nur wirtschaftliche bzw. steuerliche Rücksichten, welche die Kaiser zur Schonung der zwangskollektivierten Römer bei der Rekrutierung zwangen, sondern es führten auch die Rücksicht auf militärische Tüchtigkeit sowie waffentechnische Erfordernisse immer stärker dahin, Fremde, vor allem Germanen anzuwerben. Die Germanen waren nicht nur die kriegstüchtigsten Soldaten der Zeit, deren Tapferkeit und Kampferfahrung die Disziplin der römischen Soldaten weitgehend ausglichen; sie waren auch seit jeher hervorragende Reiter, und die Reiterei, die in den ersten Jahrhunderten des Kaiserreiches kaum etwas gegolten hatte, wurde in zunehmendem Maße eine wichtige, ja kampfentscheidende Waffe. Das hatte sich bereits in den Kriegen gegen die Perser gezeigt, die u. a. eine schwere Kavallerie, eine Art Panzerreiter, besaßen *(cataphractarii);* die Römer hatten zur Abwehr dieser Truppe ähnliche Formationen aufstellen müssen. Nachdem die Germanen, welche die Reiterei als herausragende

Waffengattung einsetzten, zur größten Gefahr für das Reich geworden waren, erwies sich dann die Aufstellung von starken, aus Germanen rekrutierten Reiterformationen als unumgänglich. Schon der Kaiser Constantin der Große stellte daher in größerem Ausmaße Germanen in die Armee ein. Sie dienten in den regulären Einheiten, zunächst vor allem in der von Constantin nach Auflösung der Prätorianergarde (312) neu gegründeten Palastgarde *(scholae palatinae)*. Diese Entwicklung beschleunigte sich gegen Ende des 4. Jahrhunderts und führte schließlich zu einer weitgehenden Barbarisierung des Heeres. Germanen rückten sogar in hohe Kommandostellen und besetzten vor allem im Westen schließlich die oberste Heeresleitung *(magisterium militum)*. Es kam hinzu, daß durch die Übernahme ganzer Stammesverbände auf Reichsboden, denen der Kaiser als Bundesgenossen *(foederati)* größere Gebiete als dauernde Wohngebiete zuwies, auch zunehmend geschlossene germanische Verbände zu einem festen Bestandteil des römischen Heeres wurden. Diese Verbände sind nicht als Hilfstruppen aufzufassen; denn sie bildeten den Kern des mobilen Heeres. Im Westen des Reiches führte diese Entwicklung zur Auflösung der römischen Zentralgewalt und zur Aufrichtung germanischer Reiche auf römischem Boden. Im Osten gelang es mit Hilfe anderer barbarischer oder halbbarbarischer Stammesverbände, das germanische Element zurückzudrängen; dabei spielten die Isaurier, ein Stamm aus dem Bergland nördlich der kilikischen Ebene (heute Tauros-Gebirge, Türkei), eine größere Rolle. Seit dem Kaiser Zenon (474—491), der selbst Isaurier war, konnte die Gefahr einer Germanisierung auch des Ostheeres als abgewehrt gelten.

Organisatorische Gliederung und militärischer Aufgabenbereich des Heeres

Die organisatorische Gliederung einer Armee in besondere Verbände und deren militärische Verwendung stehen in einer unmittelbaren Wechselbeziehung zueinander und können daher nicht voneinander getrennt behandelt werden.

Das Schwergewicht der Armee lag wie in der Republik auf den

Fußtruppen, und die militärische Grundeinheit bildete daher weiterhin die Legion. Die Legionen entwickelten sich im stehenden Heer zu Traditionseinheiten mit festen Nummern und ehrenden Beinamen; so hießen die von ca. 100—400 n. Chr. am Rhein stehenden Legionen: *VIII Augusta* (Straßburg), *XXII Primigenia Pia Fidelis* (Mainz), *I Minerva Pia Fidelis* (Bonn) und *XXX Ulpia Victrix* (bei Xanten). Die Legion hatte eine Sollstärke von ca. 6000 Mann. Sie war in zehn Kohorten und jede Kohorte *(cohors)* wiederum in 6 Centurien gegliedert. Die Legion war wie die Centurie jedoch in erster Linie eine Verwaltungseinheit. Die eigentliche militärisch-taktische Grundeinheit war die Kohorte (etwa mit unserem Bataillon gleichzusetzen) und die aus je zwei Centurien gebildeten Manipel (etwa: Kompanie). Zu jeder Legion gehörte eine kleinere Reiterabteilung von 120 Mann, die in 4 Züge gegliedert war. Sowohl die Legion als auch die taktischen Kampfeinheiten, Kohorte und Manipel, hatten eigene Feldzeichen *(signa)* und Signalhörner *(tuba, cornu)*; alle Einheiten führten auf einer Stange das Bildnis des Kaisers *(imago)* mit sich. — Jede Legion hatte auch eine nicht unbeträchtliche Anzahl von Soldaten, die für spezielle Bauten, insbesondere den Brückenbau (Pioniere), und für die Ballisten (Artillerie) zuständig waren. Sie hießen, wie noch in der preußischen Armee, „Handwerker" *(fabri)*.

Die nichtrömischen (peregrinen) Verbände *(auxilia)* waren in Fuß- und Reiterformationen gegliedert. Die ersteren hießen auch Kohorten und wurden sehr oft nach den Völkern benannt, aus denen sie zuerst rekrutiert worden waren, und gegebenenfalls durchnumeriert. So gab es z. B. eine *cohors VII Raetorum equitata*, die vom 1.—3. Jahrhundert in Obergermanien lag (in Flavischer Zeit in Mainz-Weisenau, später in dem Kastell Niederberg bei Ehrenbreitstein). Die Auxiliarkohorte war in der frühen Kaiserzeit eine leichtere Waffengattung als die Legionskohorte. Die bundesgenössische Fußtruppe hatte nämlich ihre heimatlichen Waffen weitgehend behalten (Schleuder, Pfeil und Bogen, Pike u. a.); doch glich sie sich allmählich der Legionskohorte an. Die Auxiliarkohorte hatte entweder 480/500 *(cohors quingenaria)* oder 1000 Soldaten *(c. miliaria)* mit 6 bzw. 10 Centurien, und es gab auch gemischte Formationen, die entweder 6 Centurien Infanterie (380

Mann) und 6 Turmen Kavallerie (120 Reiter) *(cohors quingenaria equitata)* oder 10 Centurien Infanterie (760 Mann) und 10 Turmen Kavallerie (240 Reiter) *(c. miliaria equitata)* besaßen. Die reine Kavallerieeinheit der Bundesgenossen hieß *ala.* Sie gab es ebenfalls als *ala quingenaria* (480 Reiter) und als *ala miliaria* (960 Reiter) und galt als die angesehenste Waffeneinheit unter den nichtrömischen Kontingenten.

In dem Maße wie sich die Auxiliarkohorten den Legionskohorten in der Waffenausrüstung anglichen, wurden zur Füllung der Waffenlücke von der römischen Truppenführung neue Hilfskontingente mit einheimischer leichter Bewaffnung oder auch — als Reiter — mit schwerer Sonderausrüstung aufgestellt. Diese Einheiten, die vor allem seit dem 2. Jahrhundert häufiger zu finden sind, hießen *numeri. Numerus* heißt an sich nur „Schar", „Einheit", und es kann folglich jede Formation als *numerus* bezeichnet werden. Für diese militärischen Einheiten, die anfangs einer besonderen Formationsbezeichnung entbehrten und darum mit dem generellen Begriff bedacht worden waren, wurde *numerus* zum technischen Begriff.

Die Legionen, die peregrinen Kohorten und Alen sowie die *numeri* standen seit Beginn der Kaiserzeit fast alle an den langen Grenzen des Imperiums im Norden Britanniens, an der Rhein-Donau- und Euphratlinie sowie an den Südgrenzen Afrikas. Die Legionen waren in größeren Lagern, die Auxilien in kleineren Standorten längs der Grenze stationiert. Oft bildete auch ein ad hoc zusammengestelltes Detachement eine Lagerbesatzung. Solche Sonderabteilungen konnten u. U. recht lange bestehen. Da sie als Detachement keine Feldzeichen, sondern nur eine Fahne *(vexillum)* zur Benennung ihrer Sondereinheit hatten, wurden sie *vexillationes* (Fähnlein) genannt.

Zu diesen Formationen trat noch die Leibgarde in Rom. Sie bestand aus der Leibgarde im engeren Sinne, den 9—12 *cohortes praetoriae,* und der Stadtwache von Rom, den 3 *cohortes urbanae;* die auch militärisch organisierte Feuerwehr der Hauptstadt, die 7 *cohortes vigilum,* zählte nicht zur Leibgarde und war wegen der niederen Herkunft der Feuerwehrleute — sie waren in der Regel Freigelassene — nicht sehr angesehen. Zur Leibwache des Kaisers gehörten ferner noch Reiter, die sich ausschließlich aus Peregrinen rekrutierten (Germanen, Thraker, Mauren, Brittonen usw.). Sie hießen *equites singulares Augusti* und waren schon von Augustus eingerichtet worden. Die Truppe war eine angesehene Einheit.

Schließlich verfügte die Armee noch über eine große Anzahl von Flotten *(classes)*. Die beiden zentralen Mittelmeerflotten waren in Misenum (gegenüber Ischia) und Ravenna stationiert; an der Atlantischen Küste war Gesoriacum (Boulogne) als Flottenstützpunkt sehr wichtig. Doch gab es darüber hinaus zahlreiche kleinere Flotillen mit wechselndem Standort an den Küsten des Mittelmeeres, des Atlantiks und des Schwarzen Meeres. Große Bedeutung hatten auch die Flußflotten, unter denen die Rhein- *(classis Germanica)* und Donauflotte *(classis Pannonica* und *Moesica)* herausragten; auch auf manchen Binnengewässern (z. B. auf dem Comer See) fuhren Wachschiffe. Der Dienst auf der Flotte war weniger angesehen. Das hängt auch damit zusammen, daß Kriegsschiffe zur besseren Manövrierfähigkeit neben den Segeln auch ein Ruderwerk brauchten, für das Sklaven verwendet wurden. Die Flottensoldaten selbst waren in aller Regel Freigelassene, zum Teil auch freie Nichtrömer. — Die römische Flotte wurde nur selten als Kriegsinstrument benötigt. Bis auf die piratenähnlichen Einfälle von Goten, Herulern und kilikischen Isauriern, die im 3. Jahrhundert die Küsten des Schwarzen Meeres, der Meerengen und des östlichen Mittelmeeres heimsuchten, herrschte Friede auf See, und die Flotte war daher jahrhundertelang in der Garnison. Das hat ihre Kampfkraft nicht gestärkt, und so stand sie denn in der Mitte des 5. Jahrhunderts den Wandalen ziemlich hilflos gegenüber, die mit ihren Schiffen das westliche Mittelmeer beherrschten, u. a. Afrika eroberten und Rom plünderten.

Schon im 2. Jahrhundert einsetzend, aber erst seit der Severerzeit wirklich spürbar veränderten sich allmählich die Grundlagen der Heeresorganisation. Die Ursache war eine doppelte. Einmal wandelte sich die Kampfesweise. Durch die Kämpfe mit den sich auf Reitermassen stützenden persischen und germanischen Reichsfeinden wurde die Reiterei eine wichtige Waffe. Die bis dahin bedeutungslose römische Reitertruppe wurde darum von Grund auf neu aufgebaut. Der Kaiser Gallienus zog schließlich die Reiter ganz aus der Legion heraus und stellte eine besondere Kavallerie für die Schlacht auf. Auch die Fernwaffen gewannen an Bedeutung. Die schwerbewaffnete, schwerfällige Legion, die, ausgerüstet mit dem kurzen Schwert *(gladius)* und der kurzen Wurflanze *(pilum)*, eine nach einem festen Reglement kämpfende Nahkampftruppe war, zeigte sich der neuen Kampfestechnik nicht mehr gewachsen; sie mußte umgegliedert und umgerüstet werden. Sie wurde jetzt kleiner und beweglicher, und die Soldaten wurden entsprechend leichter ausgerüstet: Sie trugen nicht mehr den langen schweren Kettenpanzer, sondern den leichteren Schienenpanzer *(lorica)*, ersetzten das *pilum* durch die zum Stoß und Wurf geeignete *lancea* und tauschten den *gladius* gegen die dem Germanenschwert nachgebildete zweischneidige *spatha*. Die Aufstellung von Abteilungen mit Schleudern, Pfeil/Bogen und Ballisten vervollständigt das Bild eines wesentlich differenzierteren Heeres. — Die Wandlungen im Heer waren zum anderen durch die große innen- und außenpolitische Krise im 3. Jahrhundert bedingt. Die Kämpfe der zahlreichen Prätendenten um den Kaiserthron und die Abwehrkämpfe gegen die nunmehr in größeren Verbänden ins Reich einbrechenden fremden Völker (Germanen, Perser) verlangten eine beim Kaiser oder an zentralen Plätzen der Provinzen stationierte, jederzeit einsatzfähige mobile Armee, der gegenüber die alten Grenztruppen an Bedeutung und Ansehen zurücktraten. Die an den Grenzen stehenden Verbände entwickelten sich mehr und mehr zu Formationen von Wehrbauern, die nur noch potentiell Soldaten waren, aber in militärischer Ordnung lebten. Schon der Kaiser Septimius Severus hatte den an den Reichsgrenzen stationierten Soldaten gestattet, mit ihren Frauen in den Siedlungen vor dem Lager zu wohnen, und es waren ihnen dann auch Landstücke zur Bearbeitung zugewiesen worden, als ob sie bereits entlassen wären. Der militärische Status dieser Soldaten ist aber u. a. deutlich daraus zu erkennen, daß sie steuerfrei und ihre Äcker keinem städtischen Territorium zugewiesen waren. Die Bauern/Soldaten waren weiterhin nach Legionen, Kohorten und Alen gegliedert; daneben gab es *auxilia*, *cunei* und *equites* genannte Formationen. Die Kommandanten hießen *dux*. Diese auch *limitanei* genannten Soldaten lagen in etwa an den Linien, an denen früher die Hauptarmee gestanden hatte.

Die mobile Armee hieß im Unterschied zur Grenzarmee *comitatenses* (davon, daß sie zur Begleitung, *comitatus*, des Kaisers gehörte). Sie gliederte sich in Fußtruppen, die weiterhin *legiones* hießen, und in Reiterabteilungen, den *vexillationes* (500 Reiter). Die Reiterei wurde nun mehr und mehr zur wichtigeren Waffengattung. Die Legion war gegenüber einst ein sehr viel kleinerer Verband geworden; sie zählte 1000 Mann und entsprach also einer Doppelkohorte, welche jetzt die bevorzugte Kampfeinheit war. Entsprechend ihrer kleineren Mannschaftszahl war die Anzahl der Legionen stark erhöht worden (auf weit über 100). Die Neuordnung der Fußtruppe hatte Diocletian vorgenommen. Außer dieser Reiter- und Fußtruppe gab es noch eine leichte Infanterie aus vornehmlich germanischen und keltischen Soldaten. Sie hatte die alte Bezeichnung für die peregrinen Hilfstruppen, *auxilium*, übernommen und war in Einheiten von 500 Mann gegliedert.

Als im 4. Jahrhundert der Kaiser wieder in einer festen Residenz saß, lag meist nicht mehr die gesamte Feldarmee bei ihm, sondern war auf mehrere Zentren verteilt. Die am Hof *(palatium)* selbst stehenden Formationen wurden als eine Elitetruppe angesehen und dann i. J. 364 von der übrigen Feldarmee getrennt; sie hießen nun *legiones palatinae* und behielten diese Bezeichnung auch dann noch bei, wenn sie verlegt wurden. In das palatine Korps wurden alle *auxilia* übernommen. Am Hofe stand auch die Leibgarde, die Constantin der Große nach Auflösung der seinem Gegner Maxentius ergebenen Prätorianergarde neu aufgestellt hatte. Sie war eine reine Reitertruppe und setzte sich ausschließlich aus Barbaren zusammen. An dem Unterschied in der Zusammensetzung der früh- und spätkaiserlichen Garde kann der Wandel des römischen Heeres, insbesondere der Wandel in der Kampftechnik am deutlichsten abgelesen werden. Die Garde bestand anfangs aus 5 *scholae* genannten Einheiten von 500—1000 Mann *(scholae palatinae)* und war dem Kanzler *(magister officiorum)* unterstellt; im 5. Jahrhundert wurde ihr Umfang stark erhöht.

Kommando- und Rangverhältnisse

Der oberste und uneingeschränkte Befehlshaber aller Truppen war der Kaiser. Die Offiziere und Soldaten gehorchten ihm nicht nur als dem mit sakraler Autorität ausgerüsteten Patron, der für ihr Wohl und ihre soziale Sicherung sorgte; er war auch im rechtlichen Sinne die oberste Instanz des militärischen Gehorsams: Der Kaiser war von Rechts wegen der Kommandeur der Armee (s. o. S. 27 ff.). Die höchsten Generalsstellen unter dem Kaiser blieben in den ersten Jahrhunderten dem senatorischen Stand reserviert: Die senatsständischen Statthalter des Kaisers befehligten die Legionen und Hilfstruppen in ihren Provinzen und, sofern es mehrere Legionen unter ihrem Kommando gab, befehligte ein ebenfalls senatsständischer Legionskommandant, der *legatus legionis,* die einzelne Legion. Nur einige wenige selbständige Kommandostellen unter dem Kaiser waren von ritterständischen Offizieren, den Präfekten, besetzt. So kommandierte der ritterständische Statthalter der Provinz Ägypten die dort liegende Legion, weil der Kaiser diese reichste Provinz des Reiches nicht einem Angehörigen des höchsten Standes anvertrauen mochte; auch die Leibgarde unterstand Präfekten *(praefectus praetorio)* und ebenso die Flotten. Vor allem aber waren sämtliche Befehlshaber der Kohorten und Alen der Hilfstruppen ritterständische Präfekten und (seltener) Tribune.

Die Befehlsverhältnisse innerhalb der Legion waren klar durchgegliedert. Das Offizierskorps des mittleren Dienstes unterhalb des Legionsgenerals bestand aus 6 Militärtribunen, von denen jeweils nur einer dem senatorischen Stand angehörte. Letzterer hieß wegen des diesem Stand vorbehaltenen Standeszeichens, des breiten Streifens an der Tunica, *tribunus laticlavius;* die anderen Tribune wurden entsprechend dem schmalen Streifen der Ritter *tribuni angusticlavii* genannt. Zu dieser Gruppe von Offizieren trat am Ende des 1. Jahrhunderts n. Chr. noch der Platzkommandant der Legion, der durch die Kasernierung an einem festen Ort an Bedeutung gewonnen hatte. Er hieß *praefectus castrorum* bzw. *praefectus legionis* und war einer der wichtigsten Offiziere der Legion. Ihm unterstand die gesamte organisatorische Leitung und darunter auch die Lenkung des eigentlichen Dienstbetriebes (Wachdienst, Instandhaltung des Lagers usw.). Die Stelle unterschied sich auch sonst von den anderen ritterständischen Offiziersposten. Denn während die Stellen des mittleren Dienstes vielfach mit Rittern besetzt wurden, die lediglich wegen ihres Standes und meist ohne die Bekleidung niederer militärischer Funktionen gleich in die höheren Offiziersstellen einrückten, war die Platzkommandantur die Endstufe einer Karriere des niederen Offizierskorps (Centurionen), und da der Centurio meist aus dem Mannschaftsstand kam, konnte u. U. zu ihr sogar ein Gemeiner aufsteigen. Der *praefectus castrorum* war darum der erfahrenste Offizier der Legion.

Das niedere Offizierskorps einer Legion bestand aus 50 bzw. 60 Centurionen. Sie befehligten die Centurien der Legion; der Manipel, der aus zwei Centurien bestand, wurde von einem der beiden Centurionen, dem *centurio prior*, gleichzeitig geführt. Diese für die Ausbildung und Führung der Soldaten wichtigsten Offiziere stiegen meist vom Mannschaftsstand auf; teils rekrutierten sie sich auch aus den Unteroffizieren der Garde in Rom, die als eine Art Offiziersschule fungierte, oder waren, seltener, der Ausgangspunkt für die militärische Laufbahn eines Ritters. Sie waren in sich dadurch stark gegliedert, daß die Manipel und Centurien einer Legion und mit ihnen auch die sie befehligenden Centurionen in drei Rangklassen eingeteilt waren, nämlich in die *hastati, principes* und *triarii* oder *pili.* Diese Bezeichnungen hatten ursprünglich einmal eine waffentechnische bzw. kampftechnische Bedeutung gehabt, doch lag ihre Funktion in der Kaiserzeit allein in dem Wunsch nach Gliederung und Abstufung der Kohortenmanipel. Der angesehenste Manipel einer Kohorte war der der Triarier und innerhalb der Legion der Triariermanipel der 1. Kohorte. Der Centurio dieses Manipels hieß *primipilus* und war der geachtetste Centurio der Legion. Innerhalb des Centurionenstandes war mittels dieser Rangabstufung eine Karriere eingerichtet worden, in die sämtliche Centurionenstellen eingegliedert waren und die theoretisch jeder von der letzten bis zur ersten Stelle durchlaufen konnte.

Der reich gegliederte Mannschaftsstand ist ein Musterprodukt römischen militärischen Denkens. Er offenbart aber nicht nur den militärischen Geist der Truppe, sondern dekouvriert auch die verschlungenen Wege, durch die die oberste Truppenführung den riesigen und gefährlichen militärischen Apparat in der Hand zu behalten suchte. Innerhalb des Mannschaftsstandes bildete die große Gruppe der *principales* den Unteroffiziersstand (Chargierte). Zu ihnen gehörten zunächst der Stellvertreter des Centurionen, der *optio,* ferner, unter den Ranghöheren, der Unteroffizier, der die Parole abholte *(tessarius),* und der Fähnrich (*signifer, vexillarius;* der Legionsfähnrich, *aquilifer,* und der Träger des Kaiserbildes, *imaginifer,* waren noch ranghöher). Unter ihnen stand eine Fülle von rangniederen Chargen, so u. a. Ordonnanzen *(cornicularii),* Kuriere *(speculatores),* Exerziermeister *(campidoctores, exercitatores),* Schreiber, Verwaltungs- und Intendanturbeamte, Musiker *(aeneatores),* Techniker, Ärzte und eine zahlreiche Gruppe von Chargierten, die einem Offizier für die verschiedensten Arbeiten zugewiesen waren *(beneficiarii).* Alle diese Chargen waren durch ihren Rang unterschieden; viele, aber nicht alle bildeten ein Avancement. Ferner durchzog dieses Korps eine Fülle von Privilegien, an denen entweder alle Chargierten oder nur bestimmte Gruppen von ihnen teilhatten. So waren alle Chargierten von den schweren Schanz- und Wachdiensten befreit (*immunes*) und bezogen doppelten Sold (*duplarii*).

Fast mit Verwunderung nimmt der Historiker wahr, daß es auch noch Gemeine gab (*gregarii*). Der Dienst des Gemeinen hieß *militia caligati* (*caligatus* ist der „Gestiefelte“, von *caliga,* dem Soldatenschuh). Das System der Belohnungen und Privilegien gliederte jedoch auch sie. Dienstalter und die Aufgliederung der Truppe auf die verschiedenen Arbeiten trugen weiter zur Differenzierung bei.

In der Spätantike haben sich die Kommando- und Rangverhältnisse in der Armee z. T. stark geändert. Vor allem das höhere Kommandowesen wurde umorganisiert. Mit der Verkleinerung der Legion wird eine Charge des mittleren Offiziersdienstes, der *tribunus legionis,* Legionskommandant; der frühere Legionsgeneral (der senatsständische *legatus,* später ritterständische *praefectus)* und die Gruppe des mittleren Offizierskorps sind

verschwunden. Wichtiger jedoch war der Wandel in der obersten Truppenführung.
Durch die Trennung einer Grenztruppe von der mobilen Armee war die Truppenführung zunächst in die Befehlsstellen für die Grenztruppen, die jeweils für eine Provinz oder auch für ein größeres Gebiet *duces limitum* genannten Kommandeuren anvertraut wurde, und in das Kommando über die mobile Armee getrennt worden. Die letztere war die um ein vielfaches wichtigere Truppe. An ihre Spitze traten seit Constantin dem Großen zwei Heermeister (*magistri militum*), die jeweils eine der nunmehr gleichwertigen Heeresgattungen, das Fußvolk und die Reiterei, kommandierten (*magister peditum* und *magister equitum*). Eine solche zentrale Zusammenfassung des Armeekommandos unter dem Kaiser hatte es bisher nicht gegeben. An sie hatte früher schon deswegen niemand gedacht, weil sie bei dem politischen Gewicht der Armee mit der kaiserlichen Gewalt identisch gewesen wäre. Die Zentralisierung hatte erst die Krisenzeit des 3. Jahrhunderts gebracht, in der zahlreiche Kaiser gegen Thronprätendenten und gegen äußere Feinde mit den gerade verfügbaren Truppen im Reiche umhergezogen waren und, da sie selbst meist keine militärischen Fachleute waren, dem obersten Zivil- und Militärkommandanten bei Hofe, dem Prätorianerpräfekten, die Führung der Armee übertragen hatten. Nach der Konsolidierung der inneren Verhältnisse wurde dieser für den Kaiser gefährliche Generalissimus entmachtet: Constantin der Große machte ihn zum Chef des rein zivilen Verwaltungszweiges und gliederte ihn sogar aus der Regierungszentrale völlig aus: Der Prätorianerpräfekt hatte seinen Verwaltungssitz nicht mehr bei Hofe, selbst wenn er in derselben Stadt wie der Kaiser saß. Die militärische Spitze wurde darauf auf die zwei genannten *magistri militum* verteilt und deren Gewicht durch das kollegiale Kommando geschwächt. Zudem sorgte die weitere Vermehrung der *magister*-Stellen bald nach Constantin für eine zusätzliche Schwächung der *magistri:* Diejenigen Teile der Armee, die nicht bei Hofe lagen (z. B. in Illyricum, Thrakien, Oriens und Gallien), erhielten ebenfalls *magistri* zu Befehlshabern; da diese Sprengelgenerale meist beide Heeresgattungen gleichzeitig befehligten (*magistri equitum et peditum*) wurden sie auch *magi-*

stri utriusque militiae genannt. Allerdings standen diese regionalen Generäle zunächst noch unter dem Oberbefehl der am Hofe stehenden Heermeister; doch machte der Kaiser Theodosius sie i. J. 388 zu selbständigen Truppenführern. Die Heermeister bei Hofe hießen im Unterschied zu den regionalen Kommandeuren dann *magistri praesentales.* Diese letzteren verloren, neben dem Oberkommando über die Regionalstreitkräfte, schließlich noch ein weiteres Kennzeichen ihrer Selbständigkeit: Sie befehligten nicht mehr getrennt und selbständig Fußvolk und Reiterei, sondern es wurden beide Gattungen zusammengelegt, diese kombinierte Einheit darauf wieder in zwei gemischte Armeekorps geteilt und jedes einem *magister* unterstellt. Diese *magistri* waren also jetzt stets *magistri utriusque militiae (praesentales)* und nun, da sie völlig gleichartige Verbände führten, in einem reineren Sinne Kollegen. Trotz dieses Versuchs, die Generalität in der Balance zu halten, wurde der Heermeister der eigentliche Herr im Staat. Die am Kaiserhof mächtigsten Persönlichkeiten, insbesondere die germanischen Generäle des Westreiches (z. B. Arbogast, Merobaudes, Ricimer) benutzten das ranghöchste *magister*-Amt bei Hofe als formale Plattform ihrer Macht. Der Inhaber dieser Stelle, der seit 416 in der Regel den Titel *patricius* erhielt (die anderen *magistri* waren *illustres*), hatte in dem Kampf um die Macht faktisch keinen Konkurrenten mehr.

Von den Veränderungen in den n i e d e r e n R ä n g e n sticht vor allem eine heraus. Die Centurionen, einst das Rückgrat der Armee, aber ihrer sozialen Stellung nach nicht zu dem mittleren Offizierskorps zu rechnen, erhielten durch ihre Zusammenfassung zu den „Beschützern" (*protectores*) des Kaisers erhöhtes Ansehen. Es wechselten die Centurionen jetzt auch zur Garde und wieder zurück, und diejenigen Protektoren, die den Kaiser unmittelbar umgaben, erhielten den noch ehrenvolleren Rang von *protectores domestici.* Aber gleichzeitig haben die Centurionen ihre alte zentrale Aufgabe der Ausbildung der Soldaten offenbar so gut wie vollkommen verloren, denn es erscheint in der Spätantike ein Exerziermeister (*campidoctor*), der die gesamte Ausbildung einer Einheit bei sich konzentrierte. Der frühere Centurio ist danach nur noch ein Offizier in der Hierarchie wie andere auch, nicht mehr der eigentliche Bezugspunkt der Soldaten und das soldatische Fundament der Armee.

Die Kommando- und Rangverhältnisse der römischen Armee spiegeln die Probleme dieser wie beinahe jeder Armee in besonders krasser Weise wider, nämlich einmal den durch das Befehl-Gehorsam-Verhältnis und die militärische Spezialaufgabe erzeugten militärischen Geist und zum anderen das durch das politische Gewicht der Armee gespannte Verhältnis zwischen staatlicher und militärischer Gewalt. Über den Kastengeist der Armee wird weiter unten noch gesondert gehandelt werden. Hier seien darum nur noch einige Bemerkungen zu dem Verhältnis von Staat bzw. hier: Kaiser und Armee unter dem Gesichtswinkel der Kommando- und Rangordnung angefügt.

Zur Schwächung des politischen Gewichts, welches das stehende Heer von seinem Wesen her hatte, trug zunächst die Verteilung der Militärgewalt auf eine Vielzahl von Legionskommandanten bei, später, nach einer kurzfristigen Ausbildung der Prätorianerpräfektur zu einem zentralen Militärkommando im 3. Jahrhundert, die Vermehrung, ja Vervielfältigung der Stelle des Oberbefehlshabers (*magistri*). Daneben wurde die Gefahr eines gegen den Kaiser gerichteten militärischen Sondergeistes dadurch herabgesetzt, daß die oberen und mittleren Offiziersstellen durch Angehörige rivalisierender Stände (Senatoren, Ritter) besetzt wurden. Eine noch größere Rivalität wurde durch das Karrieredenken erzeugt, das alle Offiziere und Soldaten vom Gemeinen bis zum General beherrschte. Das Avancement war bis ins Kleinste durchgebildet und wurde getragen von dem Gedanken der Belohnung für treue Dienste. In das Avancement griff der Kaiser selbst auch immer wieder ein, er ernannte persönlich alle Offiziere, auch die Centurionen. Das höhere und mittlere Offizierskorps hatte auf diesen Ernennungsvorgang keinen direkten Einfluß. Die Karriere beförderte den Gemeinen zum Chargierten und weiter zum Offizier und den Offizier (oder gar Gemeinen) in die höhere Laufbahn und in höhere Stände. Wie das Avancement dienten auch die Rangverhältnisse demselben Zweck, nämlich der Differenzierung und damit auch Entsolidarisierung der Armee. Der Rang ergab sich selbstverständlich einmal aus dem Befehl-Gehorsam-Verhältnis und der auf ihm beruhenden Titelpyramide (Gemeiner — Chargierter — Centurio — Tribun/Präfekt — Legat — Kaiser). Aber neben diesen sich aus den Kommandoverhältnissen ergebenden Rängen gab es andere, z. T. künstlich geschaffene Abstufungen, die keine organisatorische Funktion hatten, sondern deren Zweck allein in einer stärkeren Differenzierung der Armee lag. Dahin gehört die Gliederung der Legion in *hastati, principes* und *triarii* ebenso wie zahlreiche Rangabstufungen unter den Gemeinen und Chargierten, die z. T. schon von ihrer Natur her keine Kommandoverhältnisse widerspiegeln konnten.

Wie das Avancement und die Rangpyramide gliederte das Heer auch die Spezialisierung der Waffengattungen, Dienstleistungen und Arbeiten. Eine Armee, die nur kämpft, ist eine übersichtliche, nur für die Schlacht nach Reitern, Fußsoldaten, Schleuderern usw. gegliederte Einheit. Die römische Armee war zwar aufgestellt worden, um zu kämpfen, aber sie lag die weitaus meiste Zeit und oft Jahre hindurch in der Garnison. In ihr spezialisierten sich die Dienste; der Spezialist wurde das Charakteristikum der Armee, mochte er nun Hornbläser, Paroleempfänger, Vorsteher der Waffenkammer oder anderes sein. Rang- und Karrieredenken taten ein übriges, um die Neigung zur Spezialisierung zu stärken, denn der Spezialist ist immer mehr als der, der nur weiß oder kann, was alle wissen oder können.

Ein ausgeklügeltes System von Belohnungen, militärischen Auszeichnungen und Privilegien, wie höherer Sold, Ehrenkränze der verschiedensten Art, Freistellungen von bestimmten Diensten u. a., ergänzte das Differenzierungspotential der Truppe. Im römischen Heere war jeder Mann durch das System darauf ausgerichtet, nach oben zu schauen und den Nebenmann als Konkurrenten anzusehen. Die Solidarität, die sich im Kampf einstellen mochte (und sollte), war in der Garnison kein Wert, und sie sollte es auch nicht sein: Der die Armee in Ruhestellung beherrschende Wert war einzig der Blick nach oben auf die Spitze der Armee und die Disziplin, die dem Soldaten dorthin zu schauen befahl. Es ist nur konsequent, wenn wir hören, daß die Disziplin als *Disciplina Romana* bzw. *militaris* im Heer kultische Verehrung genoß.

Das Heer als sozial geschlossener Körper

Die in die Armee eintretenden Rekruten waren meist bäuerlicher Abstammung, und sie besaßen in aller Regel kein Vermögen, denn die meisten traten in das Heer ein, um in ihm ihre materielle Versorgung zu finden. Sie unterschieden sich daher in den römischen Formationen allenfalls durch das Lokalkolorit, u. U. durch den Dialekt ihrer Heimat, in den peregrinen Einheiten jedoch im allgemeinen nicht unerheblich durch die oft bunte „nationale“ Mischung. Alle diese Besonderheiten der Herkunft und darüber hinaus viele persönliche Eigenheiten eines Soldaten hoben sich aber in dem täglichen Einerlei des Lagerdienstes auf. Die Erfordernisse des Dienstbetriebes, die in rigoroser Härte von allen in gleicher Weise erzwungen wurden, und das für alle gleiche Lebensschicksal schufen gleiche Gewohnheiten, gleiche Bedürfnisse und gleiche Denkschemata. Das Individuelle war in dieser Gemeinschaft kein Wert, und soweit der einzelne einen nur ihn selbst betreffenden Eifer entwickelte, galt er dem Aufstieg innerhalb der gegebenen Ordnung: Er wollte nicht aus ihr ausbrechen, sondern mehr in ihr gelten. Das Privatleben, das sich der Soldat zur Befriedigung familiärer, sexueller, religiöser und rein auf Erholung und Amüsement gerichteter Bedürfnisse gestaltete, war desgleichen kein „zweites Dasein“, das seine Wurzeln außerhalb des Lagers, etwa in der Tradition der früheren Heimat, gehabt hätte. Dieses „Privatleben“ war überhaupt ein später Zweig des Soldatenlebens, der erst nach einer Phase der Eingewöhnung eingerichtet wurde, weil entsprechende Bedürfnisse in der Regel erst wirklich virulent werden, wenn das Bewußtsein von der (vorläufigen) Endgültigkeit des Soldatenlebens vorhanden ist. Der Soldat war daher schon vom militärischen Dasein geprägt, wenn er an eine geordnetere Befriedigung seiner persönlichen Wünsche dachte, und folglich spielten in diesen privaten Bereich dieselben Normen hinein, die auch das militärische Leben beherrschten. Die Befriedigung der nichtmilitärischen Bedürfnisse erfolgte nur deswegen nicht im Lager, sondern in kleinen Siedlungen (*canabae, vici*) vor dem Lagertore, weil das Dienstreglement es nicht anders zuließ. Die Religiosität war daher durch das Soldatenleben bestimmt — u. a.

waren der römische Kriegsgott Mars und Mithras, ein Erlösungsgott mit betont kämpferischen Zügen, die von den Soldaten bevorzugten Götter —, ebenso die Spiele, die der Soldat in der Freizeit betrieb, und das Familienleben. Das Paradoxon der Verbindung des Soldatendaseins mit einem Familienleben bestand weitgehend nur scheinbar: Der Geist der Armee herrschte überall.

Das Ergebnis des Entwicklungsprozesses (um das Wort Erziehungsprozeß zu vermeiden) der langjährig dienenden Soldaten war daher nicht nur die Angleichung aller peregrinen Soldaten an die römischen Lebensformen und an die lateinische Sprache. Die Romanisierung war nur ein, und zwar das auffälligste und daher heute fast ausschließlich beachtete Ergebnis der langen Dienstzeit des Soldaten. Die mindestens ebenso folgenreiche Konsequenz bestand darin, daß eine große Gruppe von Personen, die für die Dauer einer ganzen Generation aus der sie umgebenden Gesellschaft gleichsam herausgeschnitten und in besonderer Weise ausgebildet und „gebildet“ worden war, sich auch als ein besonderer, n e b e n und u. U. auch der übrigen Gesellschaft g e g e n ü b e r stehender Teil zu fühlen begann, und dies nicht nur während der Dienstzeit, sondern auch nach der Entlassung, denn mit 45/50 Jahren lernten diese Soldaten nicht mehr um, und sie hatten auch keinerlei Veranlassung dazu. Die Veteranen bildeten daher in den Städten, wohin sie entlassen worden waren, unter den Mitbürgern einen Fremdkörper, der nicht nur durch das Ansehen, das der Militärdienst gab, oder durch den materiellen Wohlstand der Soldaten, sondern auch durch die Soldaten selbst vermittelt wurde, die sich ihrer Sonderstellung durchaus bewußt waren. Die Entfremdung des Soldatenstandes von der Zivilbevölkerung wurde besonders in Bürgerkriegszeiten allen sichtbar, und sie konnte sich dann auch verhängnisvoll auswirken. Die grausame Art, in der i. J. 69 während des Kampfes der Thronprätendenten vier Tage lang das unglückliche Cremona, auf das sich die Legionen des Vitellius gestützt hatten, von den Soldaten Vespasians behandelt wurde, entsetzte ganz Italien, aber sie war nur ein Vorgeschmack für das Leid, das im 3. Jahrhundert viele Jahrzehnte hindurch die Heere der Soldatenkaiser zahllosen römischen Städten antaten. Die Stadt war für die Soldaten eben Beute wie anderes auch; der Mitbürger war allenfalls der Soldat, und so fanden etwa die Soldaten Vespasians i. J. 69 größeres Verständnis für die besiegten Soldaten des Vitellius als für die Bewohner der Städte, die überhaupt keine Kombattanten waren, sondern lediglich zufällig im Operationsgebiet der beiden Heere lagen.

Die Geschlossenheit des Heeres ergab sich auch aus dem besonderen Verhältnis zwischen dem Kaiser und den Soldaten. Der Kaiser war nicht in derselben Weise Patron der Soldaten wie er Patron der anderen Bürger und der Peregrinen war. Er nahm nämlich den Soldaten gegenüber seine Patronatspflichten auch wirklich ernst und genau. Er sicherte ihren Unterhalt während der Dienstzeit und versorgte sie nach der Entlassung; er gab ihnen u. U. das römische Bürgerrecht und bei vielen Gelegenheiten außerordentliche Geschenke. Er war ihr Vater in dem Sinne, daß er ihre wirtschaftliche Existenz mit allem Nachdruck umsorgte und garantierte. Die Soldaten waren faktisch das, was wir heute einen „Beamten auf Lebenszeit" nennen, und das war in dieser mit sozialen Einrichtungen noch nicht so lückenlos gesegneten Welt sehr viel. Der Kaiser war daher für die Soldaten mehr als nur Autorität; er war von einer Heiligkeit umgeben, die ihn — und damit auch die soziale Existenz der Soldaten — unantastbar machte. Das Bild des Kaisers (*imago*) wurde vor jeder Einheit einhergetragen, und das war nicht nur eine formelle Ehrung des Monarchen.

Die Sonderstellung der Armee schloß auch das niedere und mittlere Offizierskorps ein, und dies sowohl in dem Sinne, daß auch sie sich den in etwa sozial gleichgestellten zivilen Bürgern immer weniger zugehörig fühlten — sie dienten ja in aller Regel ein Leben lang —, sondern auch in dem Sinne, daß die Sorge des Kaisers sie mehr als andere umgab und also das Band zu ihm besonders eng war. Wenn daher seit dem Ende des 1. Jahrhunderts n. Chr. der Kaiser in zunehmendem Maße seine Beamten aus den Offizieren auswählte, bedeutete das für das Reich mehr als nur die Schöpfung einer besonderen Karriere zum Besten der Verwaltung. Wie bereits in anderem Zusammenhang ausgeführt worden ist (o. S. 140 ff.), wurde mit diesem neuen Beamtentyp der militärische Geist in die Verwaltung herübergenommen und, was schwerer wog, gleichzeitig damit die Verwaltung von Personen beherrscht, die ihrer inneren Einstellung nach den von ihnen verwalteten Menschen entfremdet waren. Die aus der Armee übernommenen Beamten verstanden die Probleme des zivilen Lebens kaum noch, und auf jeden Fall reagierten sie im Zweifelsfall stets im Sinne bürokratisch-fiskalischen Denkens und verteidigten die Akte der anderen Beamten u. U. um jeden Preis gegen den „Zivilisten". Die Bürokratie wurde — zusammen mit der Armee und unter der kaiserlichen Führung — ein in sich selbst ruhender sozialer Körper, dessen politische und moralische Gesinnung sich aus den Normen speiste, welche die Armee und das besondere Verhältnis der Beamten zum Kaiser lieferten. Die idealen Ziele der Verwaltung, die nicht nur die Bedürfnisse der staatlichen Organisation, sondern auch das Wohl der in dem staatlichen Verband organisierten Menschen zum Inhalt hatten, traten demgegenüber zurück, und also waren für die Beamten Friedenswahrung, öffentliche Ordnung und die Erhaltung des Steueraufkommens wichtiger als Rechtssicherheit, sozialer Wohlstand und Steuergerechtigkeit. Dazu kam, daß die mit so großer Macht ausgestattete Beamtenschaft in dem Maße, wie sie sich den verwalteten Bürgern entfremdete, weniger Bedenken trug, sich an ihnen zu bereichern. Die Mahnungen der Kaiser an die Beamten, die ihnen eingeräumte Macht nicht zu mißbrauchen, nützten wenig, weil das Übel systemimmanent war, und die ständigen Wiederholungen der Mahnungen und die immer schärferen Drohungen gegen die Übeltäter zeigen nur die Unabänderlichkeit des Phänomens.

In der Spätantike haben sich die geschilderten Verhältnisse zu noch krasseren Gegensätzen ausgebildet. Die Verwaltung war nunmehr weitgehend von ehemaligen Heeresangehörigen besetzt, und dies nicht mehr nur in den höheren und mittleren Chargen, sondern bis in die letzten Verzweigungen der Büroangestellten hinein. Gleichzeitig damit schloß sich das Heer weiter ab. Wie alle Berufsstände wurde auch der Soldaten- und Offiziersstand zu einem erblichen Beruf, und wenn auch gerade die Armee noch andere Rekrutierungsquellen als nur die Familien der Soldaten benötigte, wurde doch damit die Sonderstellung der Armee weiter unterstrichen.

Die Armee war innerhalb des Reiches kein Fremdkörper, aber

sie war ein von der übrigen Gesellschaft weitgehend abgetrennter Körper. Es gab hundert Fäden zwischen den Angehörigen der Armee und der Zivilbevölkerung, aber die Sonderstellung der Armee als eine in sich selbst ruhende Gemeinschaft von Menschen war vorhanden und wurde zunehmend deutlicher. Die Auswirkungen dieses Tatbestandes auf die innenpolitische Lage und auf den Charakter der staatlichen Organisation ganz allgemein waren ungemein schwerwiegend. Das Gewicht der Armee gegenüber dem Kaiser, das von der Entstehung des Kaisertums her schon sehr groß war, nahm im Laufe der Zeit eher noch zu, weil die Armee mit dem Verlust des Kontaktes zu der übrigen Gesellschaft den Kaiser mehr oder weniger als eine ausschließlich oder doch vornehmlich sie angehende Institution betrachtete. Insbesondere in der Frage der Nachfolge eines Kaisers wurde ihr Einfluß überstark; darüber ist oben bei der Darstellung des Nachfolgeproblems ausführlich gehandelt worden. Aber auch abgesehen von dem Verhältnis zum Kaiser prägte die soziale Sonderstellung der Armee die gesamte staatliche Organisation. Sie wirkte dahin, daß Staat und Gesellschaft stärker auseinandertraten: Die Reichsbewohner betrachteten die Armee und die sich aus ihr rekrutierende Bürokratie nicht mehr als für sie tätige und ihr zugehörige Einrichtungen, sondern als einen ihnen fremden, sie bedrängenden Apparat, dem sie zu entlaufen oder den sie wenigstens zu unterlaufen suchten.

d) Die Verwaltungsprinzipien

Sowohl die Größe des Römischen Kaiserreiches als auch der Tatbestand, daß hier zum ersten Male in der Weltgeschichte komplexe Regierungsgrundsätze in einem großen Territorialreich durchgesetzt werden sollten, machten aus der kaiserlichen Verwaltung einen Apparat, dessen politische Bedeutung und dessen Wirkung alle seine Vorgänger weit überragten. Die Grundsätze, nach denen er arbeitete, spiegeln die besonderen politischen und sozialen Bedingungen wider, unter denen das Römische Kaiserreich stand; sie sind aber auch gleichzeitig Ausdruck von Bemühungen, die gegenüber älteren Zeiten und Kulturen veränderte Situation der Verwaltung zu bewältigen, insbesondere neue Grundsätze zu entwickeln, die den erklärten Verwaltungszweck und die Effektivität der Verwaltung sichern konnten. Die Gesamtheit der Verwaltungsgrundsätze verdient auch deswegen Beachtung, weil das Römische Kaiserreich sich zu dem ersten klassischen Verwaltungsstaat entwickelte und seine Grundlagen über die Rechtskodifikationen der Spätantike auch Teil des mittelalterlichen und frühneuzeitlichen Verwaltungsdenkens wurden.

Als erstes ist herauszuheben, daß die Masse der Beamtenschaft in einer geschlossenen Hierarchie übersichtlich geordnet war. Die verschiedenen Rangstufen der Pyramide von Beamten reflektieren eine verschieden starke Entscheidungsgewalt der einzelnen Beamten bzw. Beamtengruppen. In der Hierarchie ist der niedere Beamte gegenüber dem höheren weisungsgebunden. Der Gehorsam ist innerhalb der Pyramide das diese konstituierende Prinzip, und dies soweit, daß der mögliche Ungehorsam den gegen den ausdrücklichen Willen des höheren Beamten zustande gekommenen Verwaltungsakt aufhebt. Diese Verhältnisse sind in der Kaiserzeit nicht mehr so juristisch klar wie in der Republik ausgebildet, in der der Einspruch (*intercessio*) des höheren Beamten (sein „*veto*") den kritisierten Akt von Rechts wegen kassierte, aber nichtsdestoweniger gelten sie als ein faktisch bestehender Grundsatz. Der Gedanke der Weisung, auf dem der gesamte bürokratische Apparat ruht, ist noch dadurch gestärkt worden, daß seit dem Ende des 1. Jahrhunderts n. Chr. die Beamten zunehmend ehemalige Offiziere und Soldaten sind. Die Militarisierung der Verwaltung, die am Ende des 3. Jahrhunderts schon weitgehend durchgeführt ist, gibt der Weisung den Charakter eines militärischen Befehls. Die Durchdringung der Bürokratie mit militärischem Geist zeigt sich seitdem auch äußerlich darin, daß die meisten Beamten militärische Kleidung tragen; der Soldatengürtel, das *cingulum,* wird zum Erkennungszeichen auch des zivilen Beamten. In der Spätantike trägt von den höheren Beamten allein noch der höchste Verwaltungsbeamte der Stadt Rom, der Stadtpräfekt (*praefectus urbi*), als Repräsentant der alten Zeit und gleichsam aus Protest gegenüber der neuen Entwicklung, welche die Stadt Rom aus dem Zentrum der Politik gerückt hatte, das Zivilkleid, die Toga. Charakteristischerweise wird auch der Verwaltungsdienst mit dem für den Militärdienst üblichen Wort (*militia*) bezeichnet. Der eigentliche Militärdienst mußte dann mit einem zusätzlichen Distinktiv versehen werden; er heißt in der Spätantike „Militärdienst in Waffen“ (*militia armata*).

Eine wesentliche Neuerung gerade auch gegenüber der republikanischen Verwaltungspraxis lag in der durchgängigen Besoldung der Beamten (*salarium*, von *sal*, Salz, weil früher die Soldaten und reisenden Beamten eine Salzzuteilung erhielten). In der Republik hatte mit wenigen Ausnahmen die gesamte Beamtenschaft zu den höheren Ständen gehört, und die wichtigsten Stellen waren in der Hand einer kleinen Führungsschicht (Nobilität) gewesen. Diese Herren hatten ihr Amt selbstverständlich als Ehrenamt betrachtet und für die subalternen Verwaltungsarbeiten Personen, darunter auch Sklaven, aus ihrer Familie mitgebracht. Mit dem Kaiserreich löste sich die Identität von hoher Beamtenschaft und regierender Klasse, in den ersten Jahrhunderten allerdings noch nicht die Identität von hoher Beamtenschaft und vermögender Klasse. So hätten es die Kaiser angesichts des Reichtums ihrer hohen Beamten bei der Auffasung des Amtes als eines Ehrenamtes belassen können. Es zwangen sie jedoch zwei Umstände zur Einführung der Besoldung. Sie wurde einmal durch die veränderte Zielsetzung der Verwaltung gefordert. In republikanischer Zeit hatten die regierenden Herren, welche die in den Provinzen lebende Bevölkerung als Untertanen behandelte, das Amt als eine Möglichkeit angesehen, sich zu bereichern, um mit dem so erworbenen Vermögen im innenpolitischen Raum wirken zu können (das luxuriöse Leben war nur ein Nebeneffekt des Reichtums). Mit der Vorstellung, daß das Regiment über die Provinzen auch die Sorge um das Wohlergehen der in ihnen lebenden Menschen einschloß, verbanden nun die Kaiser die Verpflichtung, der Ausplünderung der Provinzialen durch die Beamten entgegenzuwirken, und da sie auch kein besonderes Interesse an der Bereicherung der höheren Stände hatten, wurde die ordentliche Verwaltung ein hoher Wert und die Auspressung der Provinzialen ein nicht nur deklarierter, sondern nun auch wirklich energisch bekämpfter Un-

wert. Der Kampf gegen den Mißbrauch des Amtes zu persönlichem Vorteil konnte jedoch nur dann mit Aussicht auf Erfolg geführt werden, wenn der Beamte so gut gestellt wurde, daß er es nicht nötig hatte, sich mit Hilfe seiner Stellung unrechtmäßig zu bereichern. Ein weiterer Grund für die Einführung der Besoldung ist darin zu sehen, daß sich der Kaiser eine neue Verwaltungsschicht schuf, mit der er neu aufgebaute Verwaltungszweige versorgen und die alte führende Schicht der Senatoren, die am Anfang die einzige zur Verfügung stehende Gruppe mit Verwaltungserfahrung gewesen war, in ihrem Gewicht schwächen wollte. Die neuen Beamten aber kamen aus dem zweithöchsten Stand (Ritterstand) und besaßen meist nur kleinere Vermögen; manche waren sogar relativ arm an Besitz. Sie befreite der Sold von dem Zwang, sich um eines standesgemäßen Lebens willen die fehlenden Mittel auf unrechte Weise beschaffen zu müssen; oft gab er ihnen auch überhaupt erst die Möglichkeit, sich selbst und ihre Familie der durch den Stand geforderten Würde gemäß zu unterhalten.
Schon Augustus begann mit der Besoldung zunächst eines Teils der damals noch weitgehend dem senatorischen Stand angehörenden Beamtenschaft, und es waren charakteristischerweise die Statthalter, die als erste ein Gehalt empfingen. Um die vornehmen Herren nicht zu beleidigen, wurde es nicht *salarium,* sondern „Weggeld" (*vasarium,* von *vas*, Gerät, also eigentlich „Gerätegeld" für den Transport von Einrichtungsgegenständen beim Umzug) genannt. Es war sehr hoch. Für Statthalter, die das Konsulat bekleidet hatten, betrug es 1 Million Sesterzen im Jahr (= 250 000 Denare; zum Vergleich: Der Legionär erhielt unter Augustus 225 Denare jährlich), d. i. die als Mindestvermögen für den senatorischen Stand geforderte Summe. Damit waren diejenigen Beamten, die durch ihre Stellung die größten Möglichkeiten zur Bereicherung hatten, mit einem so hohen Gehalt versehen, daß sie die Taschen der von ihnen verwalteten Personen in Ruhe lassen konnten. Die Soldzahlung an Beamte erfaßte schon im 1. Jahrhundert n. Chr. den größten Teil der Beamtenschaft, insbesondere auch die höheren Beamten, die der Kaiser für den Ausbau seines Verwaltungszweiges einsetzte und für diese Aufgabe aus dem Ritterstand auswählte. Auch sie, die vornehmlich die höheren Chargen der

Finanzverwaltung einnahmen, wurden gut bezahlt; sie erhielten zwischen 60 000 und 300 000 Sesterzen jährlich (= 15 000 bzw. 75 000 Denare). Für sie wurde das Gehalt so charakteristisch, daß die verschiedenen Rangstufen nach den Gehaltsklassen benannt wurden, eine auch heute nicht unbekannte Art der Abstufung der Beamtenpyramide (*sexagenarii, centenarii, ducenarii, trecenarii).*

Auch die kleinen und mittleren Beamten in den Büros *(officia),* die jetzt nur noch in Ausnahmefällen von den höheren Beamten mitgebracht wurden, waren bald zum großen Teil vom Kaiser eingestellte und besoldete Personen. Ein Teil des Büropersonals, wie die Schreiber, bestand jedoch auch später noch aus freien Arbeitskräften, die für die jeweils geleisteten Dienste bezahlt wurden; sie waren also „freie Mitarbeiter". In der Spätantike sind jedoch auch sie zum größten Teil in die Büros hineingenommen worden, empfingen aber trotz ihrer Stellung als Officiale kein Gehalt, sondern zogen ihr Geld von denen ein, die ihre Dienste beanspruchten. Da das meist die bittsuchenden Bürger waren, wurden die Ausgaben für die Besoldung auf diese Weise auf die Bevölkerung abgewälzt. Auch viele der schlecht bezahlten anderen Officialen gingen später dazu über, von den Besuchern Gebühren zu erheben, und das ganze Sportelwesen mußte dann von der Zentrale genau geregelt werden. Aber diese späten Versuche, die wachsenden Kosten für die Besoldung gering zu halten, bestätigen nur den mittlerweile festen Grundsatz, daß alle Beamten bezahlt wurden. — Das Gehalt wurde in aller Regel in Geld, in wirtschaftlichen Krisenzeiten, wie im 3. Jahrhundert, gelegentlich auch in Naturalien geleistet.

Die Befristung des Amtes, die in der aristokratischen Gesellschaft der Republik die Konzentration von Macht in den Händen einzelner verhindern sollte, war in der Kaiserzeit kein unabdinglicher Bestandteil des Amtsrechts mehr, da unter dem Kaiser alle Beamten abhängige und jederzeit absetzbare Mandatare waren. Die Befristung galt anfänglich noch für die alten, republikanischen Magistraturen der Stadt Rom; insbesondere wurde bis in die späteste Zeit für die beiden Konsuln das Annuitätsprinzip (bei meist früherer Amtsniederlegung, um durch Ersatzwahl weiteren Personen die Ehre des Konsulats zu ermöglichen) anerkannt. Im übrigen trat an die Stelle der Befristung die Karriere, die ein zeitliches Nacheinander der bekleideten Ämter bedeutete, ohne sie an feste Fristen zu knüpfen. Es bildeten sich jedoch allmählich Vorstellungen darüber aus, wie lange dieses oder jenes Amt mindestens oder längstens auszuüben war, und wenn auch zahlreiche Not- und Sonderfälle oder auch die Laune des Kaisers keine Sicherheit für die Zeit der nächsten Stufe gaben, konnte der einzelne doch von Erfahrungsgrößen ausgehen. Die zeitliche Normierung ist in der späteren Kaiserzeit vor allem auf der unteren Verwaltungsebene, wo Tausende von kleinen Beamten drängten und vorwärts strebten, ziemlich weit getrieben worden; die auf den einzelnen Stufen der Karriere zu verbringende Zeit war in den verschiedenen Sparten dieser subalternen Beamten zwar nicht gleich, doch ging sie kaum irgendwo über drei Jahre hinaus. Vor allem auf dieser niederen und mittleren Verwaltungsebene hatte das Karrieredenken die Vorstellung von einer automatischen, von der Leistung ganz oder weitgehend absehenden Beförderung erzeugt — das Schicksal eines jeden Karrieredienstes. Die Folge war ein gleichzeitiges Aufrücken aller, weil sonst die weiter unten Stehenden durch das Fehlen von alternativen Karrieren und durch die Starre des Systems überhaupt nicht weitergekommen wären: Die Eingliederung aller Beamten in eine feste Karriere und das damit verbundene strenge Anciennitätsprinzip verlangten die Befristung, wenn denn die Karriere und nicht die statuarische Festlegung auf ein und dieselbe Stelle und Zuständigkeit das Lebensschicksal des Beamten sein und bleiben sollte. Die Konsequenz der durchgebildeten, auf dem Anciennitätsprinzip beruhenden Karriere in den Büros war dann allerdings, daß es zu viele hohe Posten gab, da automatisch alles von unten nach oben rückte, zur Erhaltung des Karrieresystems an der Spitze Posten freigebig zugesetzt und darüber hinaus noch viele hohe, aber auch mittlere Stelleninhaber von der Arbeit freigestellt werden mußten *(vacantes)*, weil es für sie keine Arbeit gab.

Ein wesentliches Charakteristikum einer jeden Verwaltung liegt in der Art und Weise, wie sie kontrolliert wird. Die Kontrolle der Verwaltung ist jedenfalls überall und immer gefordert, damit die dem Beamten übertragene öffentliche Gewalt nicht zu privatem Vorteil mißbraucht wird (Korruption), sondern voll dem jeweiligen Verwaltungszweck zugute kommt. Die in den bürokratischen Apparat eingebauten Kontrollmechanismen wollen aber nicht nur den Mißbrauch der Beamtengewalt verhindern oder zumindest einschränken; sie dienen oft gleichzeitig auch einer weiteren Differenzierung der Verwaltungsvorgänge und sorgen dadurch für eine größere Gerechtigkeit der durch die Verwaltung getroffenen Entscheidungen. Es ist oft nicht zu unterscheiden, ob ein kontrollierender Faktor eher der Überwachung der Beamten (und dem Schutz der Verwaltungsobjekte vor Übergriffen) oder einer erweiterten Gerechtigkeit dient. Der weiter unten behandelte Instanzenzug z. B. ist ebensogut ein Element der Überwachung wie eines zur Gewährleistung gerechterer Gerichtsentscheide, und es ist schwer zu überblicken, was von beidem auf die Ausbildung des Instanzenwesens stärker gewirkt hat.

In der Zeit der Republik war der Beamtenapparat bereits durch eine Vielzahl von Kontrollen gebremst und eingeschränkt gewesen. Die verschiedenen Mechanismen der Kontrolle, wie die Kollegialität, die Jährlichkeit des Amtes (Annuität), das Verbot der Häufung (Kumulation) von Ämtern, das Verbot, an ein Amt unmittelbar ein anderes anzuschließen (Verbot der Kontinuation des Amtes) usw., verfolgten hingegen gegenüber der kaiserzeitlichen Beamtenkontrolle grundsätzlich andere Ziele. Denn die republikanischen Kontrollen galten für eine Schicht regierender Herren, die alle höheren Beamtenposten besetzten, und sie sollten verhindern, daß diese Schicht durch einzelne Standesvertreter mit Hilfe eines Amtes unter Druck gesetzt oder gar in ihrem Regiment gefährdet würde: Die regierende Klasse sicherte sich dadurch gegen einen möglichen Usurpator aus ihren eigenen Reihen ab. Die kaiserliche Beamtenschaft war demgegenüber keine regierende Klasse. Sie war nach der Entmachtung der Senatsaristokratie eine dem Kaiser dienende, ihm gegenüber weisungsgebundene Gruppe von Helfern in der Verwaltung. Die kaiserzeitlichen Beamten waren also rein ausführende Organe und entsprechen somit übrigens auch eher unserer heutigen Vorstellung von Beamten. Der Beamte heißt darum in der Kaiserzeit auch nicht mehr Magistrat (*magistratus*); der Begriff haftet an der republikanischen Magistratur, obwohl er bisweilen, besonders für die Inhaber der alten, aus der Republik stammenden Ämter auch noch in der Kaiserzeit verwendet wird. Die Kontrolle dient in der kaiserzeitlichen Bürokratie, soweit sie nicht die Verwaltungsgerechtigkeit erweitern soll, in erster Linie dazu, den großen und stets wachsenden Verwaltungsapparat zu beherrschen, und dies in dem doppelten Sinne, daß der Apparat dem Verwaltungszweck entsprechend funktionieren soll und daß er dem Kaiser als der die Verwaltung lenkenden Spitze nicht über den Kopf wächst, also lenkbar bleibt.

Von den mannigfachen Grundsätzen der Kontrolle seien hier nur einige wichtigere genannt. Da ist zunächst die Kollegialität, die unter den veränderten Verhältnissen noch eine gewisse, wenn auch nicht mehr, wie in der Republik, die entscheidende Rolle spielt. Wir finden sie in der Kaiserzeit vor allem noch bei hohen und besonders einflußreichen Generalsstellen, wo sie eindeutig eine Schwächung der militärischen Macht bewirken soll. So ist das Kommando über die kaiserliche Leibgarde in Rom, die Prätorianerpräfektur, in aller Regel auf zwei, gelegentlich drei Offiziere *(praefecti praetorio)* verteilt worden. Ferner sind die Oberbefehlshaber des mobilen Heeres der Spätantike, die *magistri militum*, schon gleich bei der Schaffung des neuen Amtes stets zwei Generäle, von denen der eine die Fußsoldaten, der andere die Reiterei führt. Anders als in der Republik führen jedoch diese Generäle die Truppe nicht in einer Gesamtverantwortung gemeinsam, sondern jeder von ihnen befehligt jeweils einen Teil; die Kollegialität besteht hier folglich in einer Aufsplitterung der Truppenführung. Auch eine andere wichtige Institution der Verwaltung ist durchweg kollegialisch organisiert gewesen: Das Büro (*officium*), das jedem höheren Beamten zur Durchführung seiner Aufgaben beigegeben ist, besaß stets zwei Bürovorsteher, nämlich den *princeps*, der Personalchef — er stellte die Anstellungs- und Entlassungsurkunden aus — und der eigentliche Kanzleichef war, und den *cornicularius*, den Schreibsekretär des Büros. Sie hatten als die Vorsteher der untersten Verwaltungseinheiten, in denen die Kleinarbeit geleistet wurde und der Kontakt mit den Verwalteten am engsten war, für die Effektivität und für das ordnungsgemäße Funktionieren der Verwaltung größtes Gewicht.

Auch diese Kollegialität kennt keine Gesamtverantwortung (Kollegialität zu gleicher Verantwortung), sondern beruht auf der Teilung der Kompetenz, hier des Kanzleichefs.

Ein weiteres wichtiges Instrument zur Kontrolle der Beamten bedeutete der Instanzenzug, durch den Berufungen *(appellationes)* von den untersten Beamten (Richtern) über die Stufen der Beamtenhierarchie bis hinauf zum Kaiser möglich wurden. In der Berufung konnte jede Entscheidung reformiert werden. Das Berufungswesen war selbstverständlich nicht nur ein Instrument der Beamtenkontrolle, sondern sollte gleichzeitig der größeren Gerechtigkeit der Urteile dienen. In republikanischer Zeit hatte es keine Berufungen gegeben (Grundsatz: *de eadem re ne bis agatur = über dieselbe Sache darf nicht zweimal verhandelt werden);* das war schon deswegen ausgeschlossen gewesen, weil die Gerichtsbeamten und Konsuln vom Volk gewählt und also in sich selbst ruhende, keiner höheren Person verantwortliche Beamte gewesen waren und der das Urteil fällende Privatrichter (s. u. S. 263 f.), der kein Beamter war, sich ebenfalls vor keiner Instanz verantworten konnte. In der Kaiserzeit waren demgegenüber alle Entscheidungsebenen mit Beamten besetzt, die allein vom Kaiser abhingen, und so war mit der Schaffung eines differenzierten Verwaltungsapparates die Berufung von den Beamten an die ursprüngliche Quelle aller Amtshoheit, den Kaiser, möglich geworden. Appellationen konnten daher bald gegen alle Entscheidungen aller Beamten eingelegt werden, und das Appellationswesen wurde so ein wesentliches Charakteristikum des kaiserzeitlichen Verwaltungsrechts. Der Instanzenzug lief z. B. im Privatprozeß vom nunmehr staatlichen Einzelrichter *(iudex datus)* über den Statthalter an den Kaiser, im Verwaltungsverfahren vom Finanzprokurator an den Kaiser usw. Seit dem 3. Jahrhundert wurde er durch die Schaffung zusätzlicher Stellen in der Beamtenhierarchie, nämlich des Vikars der Diözese und des Prätorianerpräfekten, noch verlängert; er ging nunmehr vom Richter über den Statthalter, den Vikar und den Prätorianerpräfekten an den Kaiser.

Eine Fülle von Kontrollmechanismen sollte vor allem das ständig wachsende Personal des niederen und mittleren Verwaltungsdienstes in den Büros zu sachgemäßer Erfüllung ihrer Zuständigkeit anhalten. Die in der späteren Kaiserzeit zunehmende Korruption zwang zu immer neuen Kontrollen gegen immer findigere Versuche, das System zu unterlaufen. So wurde z. B. festgesetzt, daß die Karrieren von Beamten, insbesondere von Finanzbeamten, durch Intervalle zu unterbrechen seien, damit die Amtsinhaber eine Zeitlang außerhalb ihres Zuständigkeitsbereiches stünden und damit mögliche Unregelmäßigkeiten nicht decken konnten. Auch die Gegenzeichnung von Verfügungen insbesondere des Finanz- und Rechnungswesens war üblich, und hier hatten nicht nur alle, die an der in Frage stehenden Angelegenheit mitgearbeitet hatten, sondern u. U. sogar Officiale verschiedener Büros die Urkunde gegenzuzeichnen. Der Zwang zur kollektiven Unterschrift ist ein rigoroser Versuch der Einschüchterung der Beamten. Er zielte dahin, daß Gruppen von Beamten, die zusammenarbeiteten, solidarisch für alle Handlungen des einzelnen hafteten. Da hier alle Beamten jede Unregelmäßigkeit eines einzelnen zu büßen hatten, beaufsichtigten sich alle in allen Geschäften und redete jeder in das Geschäft des anderen hinein. Das mit dieser Maßregel angestrebte Ziel, den gemeinschaftlichen Mißbrauch der Amtsgewalt oder die Deckung des einzelnen korrupten Beamten durch die Kollegen zu verhindern, wurde nur unvollkommen erreicht. Denn der übermäßige Druck, den der Grundsatz erzeugte, schuf als Abwehrreaktion eher eine Solidarität in der Korruption.

Neben den indirekten, in das Verwaltungssystem selbst eingebauten Kontrollmechanismen gab es selbstverständlich auch die direkte Überwachung durch eigens dafür bestellte Beamte. Wir finden sie an vielen Punkten der Verwaltung, insbesondere wieder in der Finanzverwaltung, wo der Griff in die Staatskasse verhindert werden mußte. Kontrolleure wurden sowohl außerhalb der Ordnung, also lediglich auf den bestimmten Fall hin, eingesetzt als auch als ständige Behörde in den Apparat eingebettet. So wurden seit dem Beginn des 2. Jahrhunderts häufig außerordentliche Kontrolleure zur Ordnung und Sanierung der Finanzen von Städten (*curatores rei publicae* bzw. *civitatis*) vom Kaiser abgesandt; der jüngere Plinius, den der Kaiser Trajan nach Bithynien schickte (110—112), war ein solcher Sonderbeamter. Diese ursprünglich außerordentliche Kontrolle der städtischen Finanzgebarung wurde dann schließlich wegen der andauernden Finanzkrise der Städte zu einer ordentlichen, und zwar zu der höchsten städtischen Behörde; der *curator* wurde nun von den städtischen Honoratioren gewählt, blieb aber weiterhin stärker der Reichsbürokratie (Kaiser) als dem städtischen Organisationsapparat verhaftet. Man sieht, wie hier durch die allgemeine Finanzschwäche die städtische Selbstverwaltung über eine zunächst außerordentliche Kontrollinstanz dann in dem allgemeinen Reichsapparat aufgeht und sich am Ende in diesem Apparat weitgehend auflöst. Unter vielen anderen kennen wir ferner als außerordentliche Aufseher in den späteren Jahrhunderten der Kaiserzeit *inspectores* und *peraequatores* genannte Finanzbeamte, die auf Anfrage oder auch von sich aus die Maßnahmen der ordentlichen Finanzbehörde überprüften und gegebenenfalls änderten. — Die auf Dauer eingerichteten direkten Kontrollorgane sind nicht weniger wichtig. Das auffälligste unter ihnen war hier das seit dem 2. Jahrhundert sich allmählich entwickelnde Korps amtlicher „Aufpasser". Diese ursprünglich *frumentarii* genannten — der Name verweist darauf, daß sie irgendwann einmal mit dem Verpflegungswesen zu tun gehabt hatten —, später *agentes in rebus* (etwa: Sachwalter, Kommissare) bezeichneten Beamten wurden als berittene Nachrichtentruppe eingesetzt, die Meldungen weitergab und die Post überwachte, ferner aber auch aus dem ganzen Reich Beobachtungen an den Hof meldete, die nicht nur Verbrechen gegen den Staat, sondern eventuell auch besondere Stimmungen und jede Art brauchbarer Information umfaßten. Im höheren Alter setzten sie ihre Tätigkeit als Bürovorsteher *(principes)* und damit in Schlüsselpositionen der niederen Verwaltungsorgane fort. Die *agentes* waren bei Hofe in einem Korps *(schola)* organisiert; ihre Zahl betrug etwa 1200 Mann. Sie waren für die Bevölkerung eine rechte Plage, da sie ihre Aufgaben teilweise offenbar sehr willkürlich wahrnahmen; die Korruption, die sie aufspüren sollten, haben sie jedenfalls nur unvollkommen eindämmen können.

Ein wichtiges Mittel zur Kontrolle und zur Beherrschung des riesigen Beamtenapparates lag in der Ausnutzung der Standesunterschiede und Standesinteressen. Bereits Augustus, zu dessen Zeit die meisten hohen Beamten dem Senatorenstand angehörten, hatte mehrere hohe Generalsstellen (Kommando der Leibgarde und der städtischen Polizei) und wichtige Statthalterschaften (Ägypten und die prokuratorischen Provinzen) Rittern anvertraut; durch sie war somit ein Keil in die Beamtenschaft geschoben und eine mögliche Solidarisierung erschwert worden. Der Aufbau einer sich aus dem Ritterstand rekrutierenden kaiserlichen Verwaltung diente demselben Zweck. Als diese vom Kaiser geförderte Entwicklung dann aber zur völligen Ausschaltung des Senatorenstandes aus der Verwaltung führte, hob sich der im Standesunterschied liegende Kontrollfaktor auf und mußte durch andere Kontrollmechanismen ersetzt werden. Der Standesunterschied ist auch sonst in der vielfältigsten Weise bewußt zur Kontrolle der Bürokratie eingesetzt worden. So sind öfter Personen verschiedenen Standes, ein Senator und ein Ritter oder auch Freigelassener, als ein Beamtenpaar derselben Aufgabe zugeteilt und damit der Kontrollfaktor, der in der Kollegialität liegt, mit dem aus dem Standesunterschied herrührenden kumuliert worden. Diese Form der Kontrolle ist auch in den niederen Rängen der Verwaltung mannigfach ausgebildet gewesen. So finden wir z. B. in der früheren Kaiserzeit in den Büros nebeneinander kaiserliche Freigelassene und Sklaven, deren verschiedener Personenstand geradezu zur Schnüffelei herausgefordert haben muß.

Ein wesentliches Charakteristikum der kaiserzeitlichen Verwaltung ist die außergewöhnlich stark gegliederte Abstufung der Ränge; sie drückt sich aus in der Hierarchie der Ämter und in Ehrentiteln, die einzelnen oder Gruppen von Beamten verliehen werden. Die Rangordnung ist zunächst eine Funktion der Verwaltung: Durch sie wird der Befehlsweg und die Zuständigkeit des einzelnen klar und damit die komplexe Bürokratie durchsichtig. Sie dient gleichzeitig, auch ohne daß es beabsichtigt wäre, einer Entsolidarisierung der auf einzelnen Verwaltungsebenen nicht ungefährlichen Beamtenschaft und bedeutet somit im Endeffekt auch Kontrolle; tatsächlich ist die Rangordnung oft auch bewußt zur Schwächung der bürokratischen Solidarität eingesetzt worden. Schließlich verfolgt die Rangordnung und die Schaffung immer neuer Titel und Würden das Ziel, die Beamten zu befriedigen und für ihre Dienste zu belohnen. Die verschiedenen Beweggründe für die Schaffung und den Ausbau der Rangordnungen sind nicht immer klar zu scheiden. Es darf jedoch als sicher gelten, daß für die Menschen, die in die höheren Ränge drängten, gerade in der wirtschaftlichen Not und der politischen Bedrängnis der späteren Kaiserzeit neben dem allgemeinen sozialen Prestige die mit den einzelnen höheren Rangklassen verbundenen Privilegien, so die Befreiung von bestimmten Strafen (Auspeitschen, Zwangsarbeit) und Hinrichtungsarten (Kreuzigung) und vor allem die Immunität von den munizipalen Lasten, der tiefere Grund ihrer Titelsucht waren.

Die durch die Ämterhierarchie der Bürokratie gesetzte Rangordnung erfaßte alle Beamten; am wichtigsten und bekanntesten ist hier die bereits in der frühen Kaiserzeit bestehende und in der späteren Zeit weiterentwickelte Beamtenpyramide von den Statthaltern über die Vikare bis zum Prätorianerpräfekten (bzw. Kaiser). Es ist nun für die kaiserliche Verwaltung charakteristisch, daß die einzelnen Gruppen von Beamten innerhalb der Pyramide mit Ehrentiteln verbunden wurden, die den Ehrentiteln von Angehörigen des Senatoren- und Ritterstandes entsprachen. Doch gab es nicht nur eine, sondern bald eine Vielzahl von Ranggruppen innerhalb der beiden Stände, und nachdem in der späteren Kaiserzeit die Bedeutung der Stände zurückgegangen war, traten diese Ehrentitel immer schärfer als eine reine Rangstufenfolge hervor, die zwar durch die Bekleidung von Ämtern gebildet, aber doch neben dem Amt als ein zusätzliches Instrument der Gliederung der Bürokratie existierte.

Die drei höchsten Rangklassen waren (in fallender Folge) die *illustres, spectabiles* und *clarissimi* (zu letzteren gehörten in der frühen Kaiserzeit alle Senatoren). Die unter ihr stehende Ranggruppe, die dem Ritterstand gleichgesetzt wurde, fächerte sich in *eminentissimi, perfectissimi* und *egregii* auf und zerfiel noch in weitere Untergruppierungen. Zu den *clarissimi* gehörten in der Spätzeit z. B. die Statthalter, *viri illustres* waren etwa die höchsten zivilen (Prätorianerpräfekten) und militärischen Spitzen (Heermeister). In der späteren Kaiserzeit differenzierten sich die Titel immer stärker: Manche Titulaturen bildeten in sich wieder Klassen; so hatte die *comitiva,* die im 4. Jahrhundert aus einer Auszeichnung für dem Kaiser nahe stehende Beamte zu einer reinen Titulatur wurde, drei Klassen *(comes primi, secundi, tertii ordinis)* gebildet, und zwischen die *perfectissimi* und die *egregii* hatten sich die alten ritterständischen Gehaltsklassen der *ducenarii* und *centenarii* (die *sexagenarii* waren die *egregii)* als Rangklassen eingeschoben. Die Bedeutung der Ehrentitulatur für den einzelnen führte zu einem Druck auf die Verleihung immer höherer Würden; die dadurch entstehende Titelinflation entwertete die unteren Ränge und zwang zur Schaffung immer höherer Würden. So war der Perfectissimat in der nachkonstantinischen Zeit nur wenig mehr begehrt, der Titel *egregius* ist sogar nach Constantin I. nicht mehr belegt. Als, am anderen Ende der Skala, im 5. Jahrhundert die Klasse der *illustres* von Beamten überquoll — sogar höhere Beamte der Hofverwaltung, wie die *silentiarii*, waren jetzt hier zu finden, wie denn der Hofdienst durch die persönlichen Beziehungen zum Kaiser in aller Regel einen schnelleren Aufstieg und immer höhere Ehren versprach —, mußten die einflußreicheren unter ihnen wiederum besonders hervorgehoben werden: Sie durften sich *magnificentissimus, gloriosus* bzw. *gloriosissimus* nennen. Die Titelinflation zeigt auch deutlich den Verfall des Standesgedankens, wie denn in der späteren Kaiserzeit die Titulatur allen Zusammenhang mit dem Stand verlor. Die allgemeine Titel- und Rangsucht führte schließlich dahin, daß es in der späteren Kaiserzeit nicht nur Titel auf Grund tatsächlich bekleideter Ämter gab, deren Inhaber *in actu positi* heißen, sondern auch Ämter und damit deren Ehrentitel lediglich titular *(dignitas vacans)* verliehen wurden, also als Stelle ohne Amtsführung (gleichsam ohne Portefeuille) oder auch nur ehrenhalber *(honorarii)*; die Inhaber solcher Scheinämter werden faktisch wie Personen angesehen, die das betreffende Amt einmal bekleidet hatten, also als Amtsträger im Ruhestand *(ex comitibus, ex rationalibus* usw.). Auch zwischen diesen Ämterklassen bildete sich sofort eine Rangordnung, indem nämlich das tatsächlich bekleidete Amt vor den beiden anderen Gruppen, das titulare wiederum vor dem ehrenhalber verliehenen Amt rangierte; unter den beiden letzteren Gruppen wird dann noch unterschieden, ob die Verleihung in Gegenwart des Kaisers bei Hofe erfolgt war oder nicht.

Aber nicht nur in der höheren, auch in der niederen Beamtenschaft gab es hunderterlei verschiedene Ränge, die teilweise verschiedene Kompetenzen widerspiegelten, teilweise aber überhaupt keine sachliche Funktion hatten, sondern ausschließlich der Trennung der Beamten dienten. Die funktionslose Rangabstufung war besonders scharf im Heer ausgebildet; bei der Darstellung des Heeres wurde bereits davon gesprochen. Aber nicht nur im Heer, überall in der Verwaltung, auch in den untersten Rängen blühte das Titelwesen. Selbst die Sklaven waren untereinander im Rang nicht gleich; sie waren sogar ausgesprochen titelsüchtig, wodurch sie die Verhaltensweise der Gesellschaft, in die sie hineinstrebten, besonders scharf reproduzierten. Die Ränge, die wie Standesgrenzen behandelt wurden, obwohl sie keine waren, trennten die verschiedenen Gruppen der Beamten voneinander, und bisweilen wurde die titulare Rangklasse noch zusätzlich zur besonders scharfen Abgrenzung von Beamten eingesetzt, die an sich schon verschiedene Positionen hatten: Der Inhaber einer auf dem Befehl-Gehorsam-Verhältnis beruhenden Rangposition der Ämterhierarchie (Statthalter, Vikar usw.), der in aller Regel einen aus dieser hierarchischen Stellung abgeleiteten titularen Rang *(clarissimus, spectabilis* usw.) besaß, konnte gelegentlich einen anderen (höheren bzw. niederen) titularen Rang erhalten; die damit erzeugte künstliche Spannung zwischen hierarchischer und titularer Rangstellung erzeugte einen u. U. nicht unbedeutenden Kontrolleffekt. So war z. B. der spätantike Vikar, der in der Hierarchie zwischen dem Statthalter der Provinz und dem Prätorianerpräfekten stand, dem Range nach zunächst ein *vir perfectissimus* und stand damit in niedrigerem Rang als die Statthalter (sie waren *clarissimi),* denen er vorgesetzt war (später wurden die Vikare dann auch *clarissimi* und schließlich sogar *spectabiles).*

Die Verwaltung des römischen Kaiserreiches zeichnete sich zunehmend auch durch die Spezialisierung der Beamten aus. Bereits die Verwaltungsgeschichte der Republik war eine Geschichte der Spezialisierung des Amtes gewesen; doch hatte es am Ende der Republik noch große kompakte Ämter gegeben, die von einer politischen Zuständigkeit her gedacht (Provinzstatthalter; Konsul) und folglich, vom Verwaltungsgegenstand her gesehen, außergewöhnlich komplex waren. In der Kaiserzeit war hingegen der Kaiser bald der einzige „Beamte“, dessen Zuständigkeit politisch zu verstehen war; alle anderen Beamten wurden mehr und mehr Spezialisten, und je weiter sich die Verwaltung differenzierte und dabei auch an Umfang wuchs, desto feiner wurde die Spezialisierung. Das Heer war bis in die untersten Chargen nach abgegrenzten Aufgaben durchgegliedert, ebenso die Zivilverwaltung bis hinab zu den Büroangestellten, und sogar die Sklavenschaft in den Büros war nach ihren Arbeitsfeldern bis ins kleinste unterschieden. Mit der Spezialisierung wurden die einstmals für alle oder fast alle Verwaltungsbelange zuständigen Beamtenstellen zugunsten eines Heeres von Fachbeamten aufgelöst. Die einst geschlossenen zentralen Ämter, in denen der leitende Beamte alles selbst entschieden hatte, wurden zunehmend Aufsichtsorgane, die den Verwaltungsablauf nur noch überwachten und über welche die Beschwerden (Appellationen) liefen; die eigentliche Arbeit verrichteten hingegen Fachkräfte. Manche Zuständigkeiten wurden auch gänzlich aus einem Amt herausgenommen und als ein besonderes Sachgebiet anderen Beamten übertragen. Diese Kompetenzaufsplitterung wurde, soweit sie durch das Spezialistenwesen entstand, nur selten bewußt als Mittel der Kontrolle vollzogen. Sie erfolgte meist aus sachlichen Notwendigkeiten oder war eine Konsequenz des historischen Wachsens der Zuständigkeiten; doch hat bei der Aufsplitterung der Kompetenzen bisweilen auch eine deutliche Absicht zur Schwächung der einzelnen Beamtengewalt mitgespielt, naturgemäß vor allem dort, wo dem Kaiser von der Bürokratie Gefahr drohen konnte. So ist, um das wichtigste Beispiel herauszugreifen, im Laufe des 3. Jahrhunderts — Kaiser Gallienus (253—268) zog hier den Schlußstrich — die zivile von der militärischen Gewalt getrennt worden, welche bis dahin — z. B. bei den Statthaltern — immer eine Einheit gewesen war. Seitdem konnte die hohe Beamtenschaft in Würdenträger des Zivil-, Militär- und Hofdienstes geschieden werden: *dignitates civiles, militares* und *palatinae*.

Bei aller hierarchischen Durchgliederung der Bürokratie und bei allem Spezialistenwesen, das den Apparat in inhaltlich klare Bereiche zu gliedern schien, erweckt der kaiserliche Verwaltungsapparat bisweilen doch den Eindruck von Unübersichtlichkeit und von einem allgemeinen Kompetenzengerangel; oft scheinen die Zuständigkeiten in der Tat ganz willkürlich verteilt zu sein. So wird eine geschlossene Sachkompetenz bisweilen verschiedenen Beamten gegeben: Die Waffenfabriken z. B. unterstanden in der späteren Kaiserzeit zunächst dem Prätorianerpräfekten, seit ca. 390 dem *magister officiorum,* also Zivilbeamten; in der Rüstung waren folglich die Generale von Zivilisten abhängig, ebenso übrigens im Aushebungswesen, das in der Hand des Prätorianerpräfekten lag. Für eine solche Kompetenzkonkurrenz können leicht historische, meist auch sachliche Gründe beigebracht werden; aber es bleibt der Eindruck einer oft schwer einsehbaren Aufteilung der Verwaltungsgegenstände. Ein Grund für diese oft kaum erklärbaren Verhältnisse mag in dem historischen Wachsen der Verwaltung gefunden werden; es gab keine generelle Verwaltungsordnung, und selbst die Grundgedanken der Verwaltung wurden eher praktiziert als ein für alle Mal normiert. Auch die Verwaltung entwickelte sich kasuistisch, war abhängig von den politischen Wechselfällen, den politischen Notwendigkeiten und dem Sicherheitsbedürfnis des Kaisers, und sie wurde — wie alle entwickelten Verwaltungen — in ihrer Wirkung auch von den Interessen der in der Verwaltung selbst tätigen Menschen eingeschränkt. Aber nicht immer reicht die Erklärung des historischen Charakters der Ordnung aus, um zu begründen, daß der Kaiser und seine Beamten so lange an einer scheinbar reformbedürftigen Einrichtung festhielten. Oft erweist sich der scheinbare Mangel dann jedoch als ein bewußt hingenommener, weil er eine Kontrollfunktion enthielt, die für den Verwaltungszweck weit wichtiger war als der bei einer „klaren Lösung" gewonnene Durchblick. So war die sachlich unbegründete Kompetenzkonkurrenz zwischen der zentralen (palatinen) und präfektorischen Finanzverwaltung, die sich im 3. Jahrhundert herausgestellt hatte, offenbar erwünscht, weil sie die Konzentration des Finanzwesens bei einem übermächtigen Finanzminister verhinderte.

Die hier dargestellten Prinzipien der kaiserzeitlichen Reichsverwaltung sind nicht alle zu jeder Zeit voll eingesetzt worden; das eine Prinzip wurde stärker in einer früheren, ein anderes in einer späteren Zeit als wirksames Instrument zur Beherrschung des bürokratischen Apparates angesehen. Der Wechsel der Formen ist deutlich, aber auch das Festhalten an gewissen Grundgedanken. Aber so gut die verschiedenen Grundsätze auch durchdacht worden waren und so rigoros sie angewandt wurden, sie waren nicht immer sehr wirkungsvoll. Im ganzen gesehen ist die Verwaltung durch sie zwar zusammengehalten worden, und sie können also wohl auch als ein wirksames Herrschaftsinstrument des Kaisers gelten: Ohne die dargelegten Grundsätze wäre eine konstruktive Arbeit der Verwaltung gar nicht möglich gewesen. Aber es gab schwer überschreitbare Grenzen ihrer Wirksamkeit. Insbesondere war das Zusammengehörigkeitsgefühl der Beamten untereinander stärker als gegenüber der übrigen Bevölkerung, und der Graben zwischen den Beamten und den von ihnen verwalteten Menschen im Reiche wurde mit der Militarisierung der Verwaltung seit dem 3. Jahrhundert noch sehr viel tiefer. Wie bereits dargelegt, wurde die Bürokratie zusammen mit dem Heer ein in sich ruhender sozialer Körper, der sich der Masse der Reichsbewohner entfremdete und kaum noch eine Verpflichtung ihr gegenüber spürte. Die Verwaltungsprinzipien mochten daher insoweit funktionieren, als der Apparat durch sie zusammengehalten wurde und arbeitete, er insbesondere beherrscht werden konnte und die notwendigen Mittel zur Regierung des Reiches verschaffte; doch insofern der Apparat gegenüber der Reichsbevölkerung zunehmend als ein Instrument der Unterdrückung auftrat, dienten auch die Prinzipien, nach denen er gelenkt wurde, immer ausschließlicher der Durchsetzung der politischen Herrschaft und immer weniger demjenigen Verwaltungszweck, der auf die Wohlfahrt der Menschheit und auf die Durchsetzung von Gerechtigkeit gerichtet war.

e) Die Entwicklung von Privatrecht und Strafrecht

Die privat- und strafrechtlichen Verhältnisse änderten sich in der Kaiserzeit zunächst nur wenig; durch die neue herrschaftliche Situation wurde jedoch bereits unter Augustus vor allem auf prozessualem Gebiet ein allmählicher Wandel spürbar, und im Laufe der ersten Jahrhunderte der Kaiserzeit bahnten sich dann auch grundlegende Veränderungen an.

Das frühkaiserzeitliche römische Privatrecht war noch beherrscht von den rechtlichen Grundsätzen, die in der ausgehenden Republik entwickelt worden waren. Der privatrechtliche Prozeß war danach ein zweigeteiltes Verfahren. In ihm erschienen die streitenden Parteien zunächst vor dem römischen Gerichtsmagistrat, dem Prätor, und erhielten von ihm eine Rechtsformel bzw. einigten sich unter dem Druck des Prätors auf eine Formel, nach der sie ihren Streit ausfechten wollten (Verfahren *in iure*). Der eigentlich rechtlich wesentliche Teil wurde also, anders als heute, zu Beginn des Prozesses und demnach vor der Beweisführung erledigt. Die staatliche Beteiligung beschränkte sich auf dieses erste Verfahren. Zur Beweisführung und Beurteilung der strittigen Sache verwies der Prätor die Parteien dann an einen Laienrichter (*iudex privatus*) weiter (Verfahren *in iudicio*). Den entscheidenden Teil des Prozesses, die Findung der Rechtsformel, unter der der Rechtsfall ausgefochten werden sollte, bewältigte der Prätor mit Hilfe einer Sammlung von Rechtsformeln *(formulae)*, die ihm von seinen Amtsvorgängern hinterlassen waren und die er seinerseits wieder in Form eines Ediktes an seinen Nachfolger weitergab (*edictum tralaticium;* nach der *formula* heißt diese Prozeßform Formularverfahren). Jeder Prätor konnte seinen Formelbestand nach Belieben verändern; vor allem erweiterte bzw. korrigierte er ihn dadurch, daß er für neu auftretende Rechtslagen neue Formeln schuf. Der Prätor schöpfte dadurch neues Recht, ja er war sogar die eigentliche Quelle neuen Rechts. Da er selbst nicht immer sachkundig war, bediente er sich zur Weiterentwicklung des Rechts der Hilfe rechtskundiger Männer (*iuris consulti, iuris prudentes*). Bei dieser Form der Rechtsentwicklung vermochte sich die geltende Rechtsordnung jeder neuen Situation anzupassen und war darum fähig, den jeweiligen Stand der sozialen und wirtschaftlichen Entwicklung in sich aufzunehmen; sie war also immer aktuell. Das Recht, das sich hier über den Prätor an jeweiligen Einzelfällen *(casus)* fortbildete und durch das tralatizische Edikt des Prätors dauernde Geltung erhielt, ist seiner Struktur nach ein kasuistisches, also auf den konkreten Streitfall zurückgehendes Recht (vgl. Paulus, Dig. 50, 17, 1: *non ex regula ius sumatur, sed ex iure quod est regula fiat*).

Das römische Privatrecht tritt uns hier als ein vom staatlichen Zwang freies, betont „liberales“ Recht gegenüber. Die Parteien sind bei der Feststellung der Streitformel beteiligt und das Urteil fällt ein Laienrichter. Die staatliche Gewalt hilft dem Recht dadurch zu seiner Verwirklichung, daß sie die Parteien zum Streit vor Gericht zwingt und durch ihre Autorität zur Annahme der Bedingungen des Streits veranlaßt. Ein ähnlicher Geist herrscht auch im Strafrecht der Zeit. Strafrechtliche Delikte werden vor großen Geschworenenhöfen (*quaestiones*) unter Vorsitz eines Prätors, der selbst an dem Urteil nicht beteiligt ist, abgehandelt; die Geschworenenhöfe sind nach den einzelnen Deliktkategorien, z. B. für Mord (*inter sicarios*), Veruntreuung staatlichen Vermögens (*peculatus*) und Ehebruch (*adulterium*), getrennt, doch ist das Delikt hier nicht als ein abstrakter Strafrechtsbegriff, sondern durch die Summierung zahlreicher Einzeltatbestände, also auch hier wiederum kasuistisch bestimmt.

Galt dieses Verfahren zunächst zwischen Bürgern, konnte es schon in der Republik auch für Prozesse zwischen Römern und Nichtrömern (Peregrinen) angewandt werden. Das prätorische Prozeßverfahren hatte sogar gerade aus diesen „Fremdenprozessen“, für die größere Freiheiten möglich waren, seinen Ausgangspunkt genommen und erhielt weiterhin aus ihnen starke Impulse. Neben dem prätorischen Recht, das deswegen, weil hier der Träger eines Amtes (*honos*) die Rechtsentwicklung trug, Honorarrecht hieß (*ius honorarium*), gab es noch das alte Zivilrecht (*ius civile*), das seit immer bestehend gedacht und gelegentlich auch durch Volksgesetze (*leges*) ergänzt worden war. Dieser Teil des Rechts trat jedoch in der Kaiserzeit hinter dem Honorarrecht zurück, und seitdem unter dem Kaiser Tiberius (14—37) die Volksversammlungen auf den Senat übertragen worden waren, wurde es auch nicht mehr durch Volksgesetze ergänzt.

Der Prätor war zu Beginn der Kaiserzeit also das Zentrum der Rechtsentwicklung. Große Bedeutung hatten dabei die ihn beratenden Juristen. Sie waren es und nicht die Amtsträger selbst, die die Fortbildung des Rechts in Händen hatten. Die Schriften, die diese Juristen publizierten, waren daher auch mehr als bloße gelehrte Traktate über Rechtsprobleme: Die Richter zogen sie in zweifelhaften Fällen für ihre Urteilsfindung heran. Die von den Juristen vertretene Rechtswissenschaft wurde nun seit Augustus dadurch noch stärker zur Ausgestaltung des Rechts herangezogen, daß etliche von ihnen, als erster Masurius Sabinus, das Recht erhielten, unter der ausdrücklichen Autorisierung durch den Kaiser öffentlich als Rechtsgutachter tätig zu sein (*ius respondendi ex auctoritate principis*); kaum ein Richter hat sich dem Einfluß der Respondierjuristen, deren Gutachten (*responsa*) gesammelt und veröffentlicht wurden, entziehen können. Die Rechtsgelehrten wurden dadurch zu einem beherrschenden Element der Rechtspraxis; sie stellten die Weichen und dirigierten den Fluß der Entwicklung. Die Ausbildung des römischen Rechts zu einer hochdifferenzierten Wissenschaft, in der die Rechtsfiguren und Institutionen auf die Gewinnung von Klarheit, Rechtssicherheit und Gerechtigkeit ausgerichtet waren, hat den Aufstieg der Juristen zu den anerkannten Vertretern des Rechts zur Voraussetzung.

Die neuen Formen nahmen ihren Ausgang von dem Tatbestand, daß die beherrschende politische Mitte nicht mehr eine Gruppe von Aristokraten, sondern nunmehr eine einzelne Person, der Kaiser, war. Eine der wichtigsten Konsequenzen der neuen Situation war die Ausbildung eines neuen, bereits in der Republik bekannten, aber nunmehr für immer weitere Bereiche der Rechtspflege angewandten Prozeßverfahrens, in dem nicht mehr in einem zweigeteilten Verfahren Magistrat und Laien in einem ausgewogenen Verhältnis an der Rechtsfindung beteiligt waren, sondern der Magistrat das Verfahren vom Beginn bis zur Urteilsfindung lenkte, wobei er die Urteilsfällung meist an einen von ihm beauftragten Richter (*iudex pedaneus, iudex datus*) delegierte. Dieses neue Amtsverfahren wurde zunächst noch als ein außerordentliches, also das ordentliche (Formular)Verfahren nur gelegentlich ersetzendes Verfahren (*cognitio*) angesehen und hieß darum *cognitio extra ordinem.* Das Amtsverfahren (Kognitionsprozeß) trat aber zunehmend an die Stelle des alten Formularverfahrens und hat es bereits im 2. Jahrhundert

dann überall verdrängt. Auch auf dem Gebiet des Strafrechts errang es den Sieg und beseitigte die Geschworenenhöfe. Für den Bereich der Stadt Rom war der Stadtpräfekt (*praefectus urbi*) und für das übrige Italien der Prätorianerpräfekt (*praefectus praetorio*) der Exponent dieser Entwicklung des Strafprozeßrechts.
Die Gründe für den Wandel der Prozeßformen sind vor allem darin zu suchen, daß der Kaiser so gut wie alle Aufgaben seines riesigen Amtsbereiches an von ihm abhängige Beamte delegieren mußte und daß diese delegierte richterliche Gewalt eine abgeleitete Gewalt war: Der kaiserliche Beamte urteilte also nicht als unabhängiger Beamter, wie der Prätor, und konnte darum auch nicht rechtsschöpferisch, sondern nur im Rahmen seines Auftrags tätig sein; sein Prozeß war mit dem ordentlichen Verfahren gar nicht meßbar und mußte also als ein ‚untergeordnetes', abhängiges Verfahren schon ein ungeteiltes sein. Es kam hinzu, daß das ordentliche (prätorische) Verfahren nach strenger Auslegung nur in Rom und Italien galt, in den Provinzen aber, wo das militärische Kommando des Kaisers bzw. seiner Statthalter die maßgebende Kraft war (die Provinzen galten ja als Militärbezirke), nicht verbindlich war. Da die Prozeßverfahren der kaiserlichen Beamten naturgemäß besonders auch Fragen der Verwaltung betrafen, also es hier oft um Streitfälle zwischen dem Bürger und den Behörden ging, bildete sich das Kognitionsverfahren vor allem auf dem Gebiet der Administrationsgerichtsbarkeit aus und griff von hier aus auf die zivilen und strafrechtlichen Verfahren über.
Das Amtsverfahren war ein rein staatliches Verfahren; der Laienrichter hatte in ihm keinen Platz. Der Beklagte wurde nun auch nicht mehr von dem (privaten) Kläger vor Gericht gerufen *(in ius vocatio)*, sondern von dem Beamten vor Gericht gefordert *(evocatio)*. Was diese Prozeßform an freiheitlichem Geist verloren hatte, wurde jedoch bis zu einem gewissen Grade durch offensichtliche Vorteile wieder ausgeglichen. Vor allem garantierte die neue Prozeßform eine große Schnelligkeit in der Abwicklung der Verfahren und erhöhte damit die Rechtssicherheit. Auch die Anpassungsfähigkeit der Rechtsordnung war jetzt nicht minder stark als bei dem prätorischen Verfahren, unter Umständen durch die völlig freie Handhabung der prozessualen Formen sogar noch

größer. Im Strafrecht wurden z. B. durch das Kognitionsverfahren eine große Anzahl neuer Tatbestände und Strafformen entwickelt, die durch die Differenzierung der Gegenstände u. U. eine größere Gerechtigkeit schaffen konnten. Die Durchsetzung von Gerechtigkeit und Rechtssicherheit war denn auch das Ziel des neuen Verfahrens.

Eine weitere wichtige Konsequenz der neuen politischen Situation im Kaiserreich war die Ausbildung eines durchgebildeten Instanzenzuges. Die Berufung (*appellatio*) hatte es in republikanischer Zeit nicht gegeben, weil das Laiengericht als eine vom Volk abgeleitete Institution sie nicht zuließ (der Grundsatz hieß: *de eadem re ne bis agatur*). Der kaiserzeitliche Beamte aber war in aller Regel ein vom Kaiser abhängiger, von ihm für bestimmte Aufgaben eingesetzter Delegatar (Mandatar), dessen Amtsgewalt eine vom Kaiser geliehene war. Der Gedanke, daß von dieser abhängigen Gewalt an die ursprüngliche appelliert werden konnte, bildete sich schnell, und so entwickelte sich in dem kaiserlichen Aufgabenbereich allmählich ein Instanzenzug, und zwar zunächst, wie bei der Ausbildung des Kognitionsverfahrens, vor allem auf dem Sektor der Verwaltungsgerichtsbarkeit, dann aber auf jedem Gebiet der Rechtspflege. In dem Maße, wie alle, auch die zunächst noch dem Senat unterstellten Beamten vom Kaiser abhängig wurden, bildete sich das Appellationswesen zu einer die gesamte Jurisdiktion des Reiches umfassenden Rechtsinstitution aus, die gegebenenfalls vom untersten Beamten über mehrere Instanzen hinweg bis hinauf zum Kaiser lief. Da der Kaiser schon sehr früh nicht mehr imstande war, alle Berufungen an ihn selbst zu behandeln, mußte er die Berufungsjurisdiktion wieder delegieren.

Der wesentlichste Wandel in der allgemeinen Rechtsentwicklung ist aber darin zu sehen, daß der Kaiser zu einer und schließlich zur einzigen Quelle des Rechts wurde. Der lange Weg, der dahin führte, nahm von den magistratischen Befugnissen, aus denen sich die kaiserliche Gewalt anfangs zusammensetzte, seinen Ausgang. Die Entscheidungen, die der Kaiser auf Grund seiner magistratischen Rechte fällte, waren nach dem jeweiligen Anlaß von verschiedener Form und Wirkung. Einen großen Raum nahmen die Dienstanweisungen an die dem Kaiser untergebenen Beamten ein (*mandata*), die als Fallrecht teils gesammelt und, in *libri mandatorum* zusammengefaßt, für alle Beamten verbindlich wurden. Einen eher noch größeren Umfang hatten die schriftlichen Rückäußerungen auf Anfragen von Beamten, Städten und Landtagen (*rescripta*). Diese Reskripte, die in Form des Briefes (*epistula*) gegeben wurden, betrafen die vielfältigsten Gegenstände, und unter ihnen auch Fragen des Privat-, Straf- und Verwaltungsrechts. Soweit die Reskripte Rechtsentscheide enthielten, wurden sie über den aktuellen Fall, für den sie erteilt waren, hinaus auch auf entsprechende künftige Fälle angewendet und folglich auch gesammelt. Wie den Beamten und öffentlichen Körperschaften antwortete der Kaiser auch auf Eingaben privater Personen (*libelli, preces*), darunter auch auf solche rechtsuchender Parteien. Die privaten Eingaben wurden meist nicht durch offiziellen Brief, sondern durch bloßen Aktenvermerk auf der Eingabe (*subscriptio*) erledigt. Auch diese Antworten erhielten für entsprechende andere Fälle Bedeutung. Neben den Anweisungen an die Beamten und den Rückäußerungen auf Anfragen von Beamten und Privatpersonen stehen als dritte Kategorie kaiserlicher Entscheidungen die Urteile, die der Kaiser in Ausübung richterlicher Funktionen gefällt hatte (*decreta*). Der Kaiser konnte als der Mandant seiner persönlichen und schließlich aller Reichsbeamten jeden Prozeß, sei es von sich aus oder auf Bitten der Parteien bzw. der staatlichen Richter, an sich ziehen. Wie die Reskripte dienten auch die kaiserlichen Urteile bei entsprechenden künftigen Prozeßlagen den Richtern als Urteilshilfe. Neben Mandaten, Reskripten und Dekreten stand schließlich noch das kaiserliche Edikt (*edictum*), durch das der Kaiser Fragen des öffentlichen Rechts und (seltener) des Privat- und Strafrechts generell regelte. Obwohl, wie stets, auch dem kaiserlichen Ediktrecht konkrete Fälle zugrunde lagen, wurde durch Edikt doch nicht ein bestimmter Fall entschieden, nach dem dann entsprechende Fälle zu behandeln waren, sondern wurde gleich die generelle Regel zur verbindlichen Norm erhoben. Da die Struktur des römischen Privatrechts in aller Regel, d. h. mit Ausnahme gewisser Prozeßmaterien, wie z. B. des Erbrechts, kasuistisch war und blieb, sind generelle Entscheidungen auf dem Gebiete des Privatrechts durch Edikt allerdings nur selten getroffen worden; das Edikt war vielmehr die klassische Form für die Erledigung verwaltungsrechtlicher Belange.

Alle kaiserlichen Entscheidungen wurden unter dem Begriff der Konstitution (*constitutio principis*) zusammengefaßt. Sie galten formell zunächst für die Dauer der Regierung des Herrschers, der die Entscheidung gefällt hatte; faktisch übernahmen jedoch die Nachfolger alle Konstitutionen der Vorgänger, sogar die derjenigen, deren Andenken ausdrücklich vernichtet worden war (*damnatio memoriae*). Die Rechtsentscheide waren offensichtlich ein Gebiet, das die politische Beurteilung eines Herrschers nicht berührte, und man ersieht daraus, daß die hinter diesen Entscheidungen stehenden politischen Grundanschauungen nicht strittig waren. Die kaiserlichen Konstitutionen hatten folglich dauernde Geltung; sie wurden erst durch eine neue Konstitution aufgehoben bzw. abgeändert.

In dem Maße, in dem die kaiserlichen Befugnisse zu einer einheitlichen Zentralgewalt zusammenwuchsen, der alle anderen Amtsträger unterstellt waren, wurde der kaiserliche Entscheid in Rechtsfragen zu einer Norm, die von allen anerkannt und befolgt wurde. Dieser Prozeß der Anerkennung kaiserlicher Willensentscheide als dauernd geltendes Recht wurde dadurch gefördert und beschleunigt, daß die älteren Quellen, die Recht geschaffen und korrigiert hatten, allmählich schwächer wurden und schließlich gar verschwanden, so daß am Ende der Kaiser als einzige Recht setzende Quelle zurückblieb: Die Volksgesetzgebung hatte bereits seit Tiberius zu existieren aufgehört. Der Senat ferner, der vielfach an die Stelle der alten Volksgesetzgebung getreten war, schränkte seine Aktivität in Rechtsfragen, die er seit jeher auch nur subsidiär wahrgenommen hatte, mit der zunehmenden Schwächung seiner politischen Stellung immer mehr ein und war, wenn er einmal auf diesem Gebiet tätig wurde, nicht viel mehr als ein Sprachrohr für den Willen des Kaisers. Der Prätor schließlich, der die wichtigste Recht setzende Quelle gewesen war, konnte unter dem Druck der kaiserlichen Allmacht seine alte Position ebenfalls nicht mehr behaupten; die Flut von Anfragen, die an ihm vorbei an den Kaiser gingen, zeigen deutlich, daß er mit dem Verlust der politischen

Unabhängigkeit seine zentrale Stellung in der Rechtsentwicklung verloren hatte. Die Juristen, die ihn früher beraten hatten, waren auch längst zum Kaiser abgewandert, dem sie nun bei der Erledigung seiner wachsenden Rechtsgeschäfte halfen. So kam es, daß das prätorische Edikt, in dem der Formelschatz des römischen Rechts enthalten war, unter Hadrian veröffentlicht und also allen Richtern zugänglich gemacht, gleichzeitig damit aber der Weiterentwicklung des Rechts durch den Prätor ausdrücklich ein Ende gesetzt wurde. So blieb als einzige Rechtsquelle neben dem Kaiser noch die private Gutachtertätigkeit der Juristen. Sie hörte erst in der Mitte des 3. Jahrhunderts auf, und seitdem lag die Weiterentwicklung des Rechts allein in der Hand des Kaisers. Diese Entwicklung findet rein formal auch darin ihren Niederschlag, daß die alte Rechtstradition, deren Quellen das Volk und der Prätor gewesen waren, nämlich das Zivil- und Honorarrecht, nun als *ius vetus* dem Kaiserrecht als *ius novum* gegenübergestellt und damit abgegrenzt wurde.

Obwohl die kaiserlichen Rechtsentscheide verbindlich waren, zögerten die römischen Juristen lange, sie auch als *leges* zu bezeichnen, weil dieser Begriff an dem Volksentscheid hing. Schon in der Mitte des 2. Jahrhunderts hingegen maßen sie ihnen quasigesetzliche Kraft zu *(constitutio principis legis vicem obtinet)*, und in Severischer Zeit nennen sie sie dann auch *leges* und zählen sie zum „Volksrecht" *(ius civile)*. Ihr juristisches Gewissen veranlaßte sie jedoch, für die Grundlage der kaiserlichen Gesetzestätigkeit ein Volksgesetz zu konstruieren, das den Kaiser zur Erlassung von Gesetzen ermächtigt haben soll.

In der späteren römischen Kaiserzeit sind die Formen der kaiserlichen Entscheidungen sehr vereinfacht und auch im Grundsätzlichen nicht unwesentlich verändert worden. Am wichtigsten war, daß gegenüber der in der frühen Kaiserzeit vorherrschenden kasuistischen Struktur des Kaiserrechts jetzt die generelle Regel stärker in den Vordergrund rückte. Das trat auch darin deutlich hervor, daß nun das Kaiserrecht in allgemeine Entscheidungen *(leges generales;* im Osten auch als *canones* bezeichnet) und solche auf Grund von Einzelfällen *(rescripta)* getrennt wurde.

Wie das prätorische Recht war auch das Kaiserrecht fähig, die geltende Rechtsordnung den wechselnden Bedürfnissen der Gesellschaft anzupassen und schnell auf jede Veränderung zu reagieren. Der Gefahr, daß in der künftigen Rechtsentwicklung das feine Gewebe des Rechts sowie die Klarheit seiner Formen und dadurch die Rechtssicherheit und Gerechtigkeit durch eine allzu grobe Interessenlage der kaiserlichen Zentrale leiden könnte, war dadurch begegnet, daß der Juristenstand, der ehemals dem prätorischen Honorarrecht gedient hatte, nun in des Kaisers Dienst trat und entweder durch gutachterliche und schriftstellerische Tätigkeit oder durch seinen Rat in den kaiserlichen Gremien der die Rechtsentwicklung beherrschende Stand blieb. Insbesondere als Ratgeber in den kaiserlichen Konsilien *(consilium,* später *consistorium)* und als hohe Gerichtsbeamte (vor allem als Prätorianerpräfekt) haben Juristen im engsten Umkreis des Kaisers gewirkt.

Der absolute Höhepunkt der römischen Rechtsentwicklung war in der Severischen Zeit erreicht. Die eigentlich klassische Zeit des römischen Rechts lag allerdings im 1. und 2. Jahrhundert, in der die großen Juristen die Privatrechtsmaterie geformt und zur höchsten Vollkommenheit entwickelt hatten, unter ihnen P. Juventius Celsus, von dem das berühmte Wort stammt, Gesetze zu kennen, heiße nicht, von deren Wortlaut, sondern von deren innerem Gefüge zu wissen *(scire leges non hoc est verba earum tenere, sed vim ac potestatem,* Dig. 1, 3, 17), und P. Salvius Julianus. Die bedeutenden Juristen der Severerzeit (193—235), also vor allem Aemilius Papinianus, Julius Paulus und Domitius Ulpianus, zählen bereits zur Spätklassik. Seit der Mitte des 3. Jahrhunderts bricht die lange Reihe der großen Juristen dann ab, und dies nicht allein oder in erster Linie, weil das Kaiserrecht immer mehr an Bedeutung gewann und die feinsinnigen Juristen aus Gründen der Opportunität verdrängte, sondern vor allem weil der allgemeine politische und wirtschaftliche Zusammenbruch des Reiches die Ruhe der Entwicklung störte und die Fragen nach Rechtssicherheit und Gerechtigkeit zugunsten des Dranges nach einem bloßen Überleben zurückstellte. Viele der Vornehmen und Gebildeten kamen auch um, Traditionen brachen ab und vor allem stockte die Kommunikation und Information: Die Richter, die in den fernen Provinzstädten nicht immer gerade sehr rechtskundige Leute und oft auch einfach ungebildet und unwissend waren, standen vielfach ohne Hilfe Aufgaben gegenüber, die ihnen unlösbar erschienen. Sie fanden in der Masse der Rechtsliteratur, die aus einem für sie undurchdringlichen Wust von Juristenschriften und Kaisergesetzen bestand, nicht mehr durch und wurden unsicher, ob sie den ihnen von den Parteien vorgelegten Quellen Vertrauen schenken durften.

Eine Reaktion auf diese Verhältnisse war das Vordringen vulgarrechtlicher Formen: Angesichts der geschwächten staatlichen Autorität und angesichts eines schwindenden Juristenstandes, der hätte helfen können, treten an die Stelle der nicht mehr verstandenen Rechtsformen Anschauungen, die die praktischen Probleme aus Mißdeutungen des klassischen Rechts und, bei völliger Gleichgültigkeit gegenüber der Überlieferung, stärker aus gefühlsmäßiger Einschätzung des Rechtsproblems zu lösen suchen. Rechtsfiguren und Rechtsinstitute werden preisgegeben und mit ihnen der rationale Geist des klassischen Rechts; so wird zwischen Eigentum und Besitz nicht mehr unterschieden und das Eigentum ganz naiv als eine absolute Größe verstanden, in der sich alle feinen Nuancen auflösen. Zwar entwickelte das Vulgarrecht aus den praktischen Bedürfnissen der Zeit auch Rechtsformen, die von der Sache her als eine Weiterentwicklung der alten Formen angesehen werden dürfen, doch im ganzen gesehen bedeutete es einen Verfall der hohen Rechtstradition.

Das Vordringen vulgarrechtlicher Formen hatte jedoch im 3. Jahrhundert noch nicht seinen Höhepunkt erreicht. Zunächst bemühten sich die Kaiser und ihre Verwaltungsbeamten, neben ihnen aber auch Privatpersonen, der allgemeinen Rechtsunsicherheit zu steuern. Das geschah vor allem durch die Sammlung von Kaisergesetzen und von Juristenrecht für den praktischen Gebrauch vor Gericht. Ein privates Sammelwerk aus Juristenschriften ist uns in den *fragmenta Vaticana* (so genannt nach dem Palimpsest aus der Vatikanischen Bibliothek, in der sie 1821 von Angelo Mai gefunden wurden) erhalten, die Auszüge aus Papinianus, Paulus und Ulpianus enthalten. Kaisergesetze sind im *codex Gregorianus*, der Gesetze von Hadrian bis Diocletian enthielt, und im *codex Hermogenianus*, der nur Gesetze Diocletians aufgenommen hatte, zusammengestellt worden; beide Sammelwerke erschienen bald nach 294. Während diese letzteren nur in Fragmenten auf uns gekommen sind, ist uns die große amtliche Sammlung von Kaisergesetzen des oströmischen Kaisers Theodosius II., der nach ihm *codex Theodosianus* genannt wird, wenn auch lückenhaft erhalten; sie enthält Kaiserkonstitutionen von Constantin I. an und wurde 438 im Osten und im darauf folgenden Jahr auch im Westen als geltendes Kaiserrecht veröffentlicht. — Neben den Sammlungen suchten die Kaiser auch dadurch Ordnung in die überlieferte Rechtsmaterie zu bringen, daß sie den Richtern für die Beurteilung der gewaltigen, unübersichtlich gewordenen Juristenliteratur praktische Hilfen gaben: Gewisse Juristenschriften wurden offiziell durch Gesetz für rechtsunverbindlich erklärt (kassiert), andere Schriften, wie die des Papinianus, ausdrücklich als maßgebendes Recht anerkannt. Nachdem Constantin I. hier einen Anfang gemacht hatte, wurde das Problem i. J. 426 durch die Kaiser Theodosius II. und Valentinian III. grundsätzlicher angepackt. Diese Kaiser gaben ausschließlich den Schriften des Papinianus, Paulus, Ulpianus und Modestinus (letzterer auch ein Spätklassiker) sowie denen des Gaius (ein Jurist des späten 2. Jahrhunderts, dessen uns erhaltenes Kurzlehrbuch, die *institutiones*, damals große Verbreitung gefunden hatte) gesetzesgleiche Kraft. Wenn diese Juristen verschiedener Meinung waren, sollte die Mehrheit, bei Gleichheit der Stimmen die Meinung Papinians entscheiden; war bei Stimmengleichheit keine Äußerung Papinians vorhanden, konnte der Richter der Meinung beitreten, die er für richtig hielt (Zitiergesetz).

Die nach dem Versiegen der schöpferischen Kräfte zunehmende Neigung zur Rechtskodifikation, die nach der inneren Not auch ganz einfach um der allgemeinen Rechtssicherheit willen gefordert war, führte schließlich im 6. Jahrhundert zu dem Versuch der Zusammenfassung des gesamten geltenden Rechts, insbesondere des Juristenrechts, durch den Kaiser Justinian. Zunächst war lediglich eine neue Sammlung von Kaisergesetzen vorgesehen gewesen, die die alten, überholten Corpora (s. o.) ersetzen sollte. Bereits ein Jahr nach seinem Regierungsantritt setzte der Kaiser eine Kommission für diese Aufgabe ein. Schon ein weiteres Jahr später (529) war die Arbeit beendet und konnte die Sammlung als *codex Iustinianus* veröffentlicht werden; 534 wurde dieser *codex* durch eine neue Redaktion ersetzt. Bereits 530 setzte Justinian dann eine weitere Kommission nieder, die das gesamte Juristenrecht kodifizieren sollte. Die gewaltige Arbeit — 2000 Bücher (ein antiker *liber* hatte den Umfang von ca. 2½ modernen Druckbogen) mit insgesamt 3 Millionen Zeilen waren aufzuarbeiten; sie wurden auf ca. 150 000 Zeilen gekürzt — hat die Kommission unter der Führung des *magister officiorum* Trebonianus in verhältnismäßig kurzer Zeit bewältigt. Schon 533 wurde das Werk als *digesta* (von *digerere*, einteilen, ordnen) oder *pandectae* (von πᾶν δέχεσθαι, alles aufnehmen) publiziert und war damit rechtsverbindlich. Gleichzeitig wurden alle Juristenschriften außer Kraft gesetzt, weswegen sie uns heute auch nicht mehr erhalten und durchweg lediglich noch indirekt durch die Digestenexzerpte greifbar sind. Das große Werk konnte aber nur deswegen so schnell vollendet werden, weil die Vorarbeit zu ihm längst in den großen Rechtsschulen in Berytus (Beirut) und Konstantinopel geleistet worden war. Diese Schulen hatten nämlich seit Jahrhunderten, besonders dann seit dem 5. Jahrhundert die gesamte Rechtsliteratur, in erster Linie aber das Juristenrecht aufgearbeitet: In fünfjährigen Kursen wurden in ihnen die Studenten der Jurisprudenz von beamteten Professoren *(antecessores)* ausgebildet. Da hier das Recht nicht schöpferisch weiterentwickelt wurde — die Lehre diente ja der Ausbildung, nicht der unmittelbaren gerichtlichen Rechtspraxis —, lag das Schwergewicht der Arbeit auf der Interpretation und dem Verständnis des Vorhandenen, und entsprechend wurde die Tradition stärker als eine Überlieferungsmasse aufgefaßt, die es zu klassifizieren, zu systematisieren und zu beherrschen galt. Übersicht und Materialbeherrschung standen daher im Mittelpunkt; das Kurzlehrbuch war wichtiger als das gelehrte Einzeltraktat. Für die Kodifikation Justinians lag also das Material — gleichsam das auf Zettelkästen verteilte und in ihnen systematisierte Juristenrecht — bereit, und es überrascht nicht, wenn wir in der Kommission Justinians je zwei Professoren aus Berytus und Konstantinopel finden. Die großen Rechtsschulen brachten auch den klassizistischen Geist mit, in dem die Hochschätzung der großen Juristen die vulgarrechtlichen Traditionen unterdrückte: Die Rechtsschulen haben die Juristentradition über den Verfall des 3. und 4. Jahrhunderts in das 6. Jahrhundert gerettet. — Neben die Digesten stellte Justinian noch ein Kurzlehrbuch, die Institutionen (533 publiziert), und die Novellen *(novellae leges)*, das sind Einzelgesetze des Kaisers, die nach der Publikation des *codex* erlassen worden waren. Die Novellen wurden jedoch nicht offizieller Bestandteil des Gesamtwerkes, und konsequenterweise hat der große römische Jurist des 16. Jahrhunderts, Dionysius Gothofredus, der 1583 eine Gesamtausgabe der Justinianischen Kodifikation herausgab, nur die ersten drei Teile *(codex, digesta* und *institutiones)* unter dem (erst von ihm erfundenen) Begriff des *corpus iuris civilis* zusammengefaßt.

Die Digesten, der zentrale Teil der großen Kodifikation, sind eine der größten Leistungen der römischen Juristen. In ihnen ist die Klassische Jurisprudenz über die Jahrhunderte hinweg erhalten worden. Die Systematik der Kodifikation hat auch den kasuistischen Grundzug des römischen Rechts nicht aufheben können, auch wenn die Neigung zu generellen Regeln bereits seit dem 3./4. Jahrhundert stärker geworden war. Der Klassizismus der oströmischen Rechtsschulen hat dafür gesorgt, daß die Kasuistik und die aus ihr geborene Ausgewogenheit und Gerechtigkeit der Rechtsordnung durch die systematische Ordnung des Materials nicht erstickt wurde. Der Satz des großen Celsus, daß das Recht die *ars boni et aequi* (Dig. 1, 1, 1 pr.), also eine Kunst sei, die das Gute und Billige immer wieder hervorholen müsse, galt auch für sie und war auch als eine Absage an die generelle Regel zu verstehen, die den Sinn des Rechts eher unterdrückt, als daß sie ihn hervorbringt. Auch die Abneigung gegen Definitionen, die als normative Größen ein Eigenleben gewinnen können, haben diese Schuljuristen trotz aller Begriffe, die auch gerade sie in der Tradition der Klassiker für ihre Figuren verwendeten, mit den von ihnen verehrten großen Juristen geteilt: *omnis definitio in iure civili periculosa est (jede Definition im Privatrecht ist gefährlich,* Javolenus, Dig. 50, 17, 202).

Die Digesten haben für das römische Reich keine große Wirkung mehr gehabt. Als ein klassizistisches Werk fanden sie nicht das Verständnis der Menschen, insbesondere nicht das der Richter. Das Niveau war zu hoch, die Verbindungen zur klassischen Jurisprudenz abgerissen, der Stand der Juristen selbst geschwächt, und vor allem war auch der Friede und die Einheit des Reiches nicht soweit gesichert, daß Rechtssicherheit und Gerechtigkeit als die obersten Werte gelten konnten und daß überhaupt das Werk bis in alle Teile des Reiches durchdringen konnte. Im Westen siegte daher das Vulgarrecht; die klassischen Rechtsformen wurden immer mehr verdrängt. Die gesamte Rechtstradition ging nach dem Zusammenbruch der römischen Zentralverwaltung dann eine innige Beziehung zu den germanischen Rechten ein, und diese Entwicklung, die zu den großen Kodifikationen der Germanenreiche auf römischen Boden führt, leitet bereits zum Frühmittelalter über. Im Osten, im Byzantinischen Reich, lebten die Digesten jedoch weiter. Kommentare (Paraphrasen) und die griechische Übersetzung der Digesten im 9. Jahrhundert (die Basiliken, von βασιλικά, d. i. Kaiserrecht) bedeuteten jedoch, vom Standpunkt der Justinianischen Juristen her gesehen, eine Verkürzung und Abschwächung der überlieferten Formen. Immerhin lebte hier die römische Rechtstradition weiter. Einen wirklichen Aufschwung erlebte die Justinianische Kodifikation jedoch erst im 11./12. Jahrhundert, als mit der Wiederentdeckung der Digesten in Oberitalien eine neue Rechtsschule entstand, von der ausgehend dann in einem langen Prozeß schließlich das römische Recht im Abendland als geltendes Recht aufgenommen (rezipiert) wurde. Da diese Rezeption die Grundlage für alle abendländischen und von der abendländischen Tradition abhängigen Privatrechte bildet, wirkt die Kodifikation Justinians auf die Regelung der Lebensverhältnisse von großen Teilen auch der heutigen Erdbevölkerung.

III. Die soziale Gliederung im Reich

a) Der Senatorenstand (bis zum 3. Jahrhundert)

Die Senatsaristokratie oder, in genauerer Übersetzung des lateinischen Terminus, der Senatorenstand *(ordo senatorius)*, ist die ranghöchste Schicht in dem sozialen Aufbau des römischen Kaiserreiches. Ihre Mitglieder gehören, wie der Name sagt, zu dem Kreis derjenigen, die in der zentralen Institution des Reiches, dem Senat in Rom, sitzen bzw. sind deren Familienangehörige. Der Senatorenstand ist seinem Selbstverständnis nach der unmittelbare Nachfolger der führenden Gesellschaftsschicht der Republik, in der ein innerer Kern, die Nobilität *(nobilitas)*, als regierende Gruppe die Geschicke der Welt gelenkt hatte. In der sehr komplexen Regierungspraxis der republikanischen Nobilität hatte der Senat eine gewichtige Rolle gespielt; er war das Organ gewesen, durch das sie ihren Willen kundgetan und die Beamten angewiesen hatte, diesen Willen zu exekutieren.

In der Kaiserzeit konnte die Senatsaristokratie nicht mehr die Regierung des Reiches sein; selbst die Vorstellung, daß sie gemeinsam mit dem Kaiser regierte, war sehr problematisch, denn das Gewicht des Kaisers war so groß, daß ein ihm gegenüber geäußerter eigenständiger Wille automatisch als ein Sonderwille, also als eine Ausnahmesituation erscheinen und folglich das Mißtrauen des Kaisers auf sich ziehen mußte. Trotzdem ist das römische Kaisertum nicht in einer Spannung zu der Senatsaristokratie ins Leben getreten, sondern ist es gerade umgekehrt aus einem Akt der Versöhnung mit ihr geboren worden. Wie o. S. 20 ff. bei der Darlegung der Anfänge des Kaisertums ausgeführt worden ist, hat Augustus in einem formellen Gründungsakt am 13. und 16. Januar 27 v. Chr. seine tatsächliche Herrschergewalt rechtlich legitimieren lassen, und dies durch dasjenige Gremium, das der Bezug und die Quelle der öffentlichen Rechtsordnung war: durch den Senat.

Damit hatte Augustus vor der Öffentlichkeit dokumentiert, daß er seine politische Macht nicht als eine Herrscherwürde im Stile usurpierter Militärgewalt oder gemäß einer sakralen Herrschaftsauffassung, sondern als eine Rechtsgewalt in der Tradition der aristokratisch-republikanischen Welt verstanden wissen wollte. Innerhalb dieser Tradition war er zwar eine herausragende, ja sogar eine alles überragende (Rechts)Macht, aber da diese Macht als Rechtsmacht begriffen wurde, überragte seine Person im Prinzip nicht die anderen Personen (Aristokraten), sondern war ihnen gleichgestellt. Wie das öffentliche Recht unter Bürgern wohl unterschiedliche Machtträger, aber keine der Qualität nach unterschiedlichen Personen kennt, war auch Augustus zwar der Inhaber besonderer Gewalt (ein Sondermagistrat), aber im übrigen doch nur ein Aristokrat unter anderen.

Diese deutliche, für die Gründungsphase des römischen Kaisertums konstitutive Wendung zur Aristokratie war notwendig gewesen, weil keine andere Schicht mit Verwaltungserfahrung existierte, die den Monarchen in der Regierung der Welt hätte unterstützen können: Beamte, insbesondere Personen für die Leitung des Heer- und Gerichtswesens, also höhere Offiziere, Generäle und Gerichtsbeamte, konnte zunächst nur diese Gruppe stellen, in der sich eine vielhundertjährige Erfahrung gesammelt hatte. Ferner besaß sie, wie die letzten Bürgerkriege, insbesondere auch das Scheitern Caesars gezeigt hatten, noch großen sozialen Einfluß, der nicht mit einer Handbewegung auf die Seite geschoben werden konnte. Da auch die Herrschaft des Augustus, wie gezeigt wurde, weitgehend auf seinem Patronat über Soldaten und römische wie nichtrömische Zivilisten, also auf einem Sozialprestige ruhte, mußte er die konkurrierenden Mächte im sozialen Bereich mit besonderer Sorgfalt beachten. Da er sie nicht von einem auf den anderen Tag unterdrücken konnte, mußten diffizilere Mittel, mögliche Gefahren zu paralysieren, angewandt werden, die erst mit der Zeit wirksam werden konnten und die denn auch den Zeitfaktor bewußt einkalkulierten. Zunächst jedenfalls profitierte diese Schicht einflußreicher Herren von ihrer sozialen Machtstellung und ihrer Unentbehrlichkeit, und sie war darum in der Frühphase des Kaisertums ein wesentliches politisches Element.

Unter den Familien der Senatsaristokratie gab es allerdings bereits bei Begründung des Prinzipats nicht mehr viele, die noch der führenden Schicht der Republik, der Nobilität, zugerechnet werden konnten. Die Nobilität war schon in den letzten Jahrzehnten der Republik, seit der Sullanischen Zeit, durch politischen Mord und durch Kriege arg dezimiert worden; die letzten Bürgerkriege seit 49 v. Chr. hatten weitere große Lücken unter die vornehmen Geschlechter gerissen. In der frühen Kaiserzeit ferner fielen gerade auch die Männer mit den klangvollsten Namen dem Mißtrauen der Kaiser zum Opfer; mochten sie nun ordentliche Prozesse erhalten oder ein Willkürakt kaiserlicher Tyrannis sie dahingerafft haben, die Vernichtung gerade der ältesten, in die Republik, also in die Zeit unbegrenzter aristokratischer Freiheit zurückreichenden Familien ist im großen ganzen als ein mehr oder weniger bewußter Akt der Ausrottung potentieller Konkurrenten durch die Kaiser anzusehen. Die Kaiser Gaius und Nero waren in dieser Hinsicht besonders skrupellos, aber auch für Augustus zählte der Mord zum politischen Geschäft. Am Ende der Regierung des Kaisers Nero gab es nur noch wenige Personen, die sich auf ein republikanisches Geschlecht zurückführen konnten, das zur Nobilität gezählt worden war; die altpatrizischen Geschlechter, eine besondere, in der Republik sehr einflußreiche Gruppe von Familien der Nobilität, waren bereits in der ersten Hälfte des 2. Jahrhunderts ausgestorben. Allerdings waren an die Stelle dieser traditionsreichen Familien neue getreten, die, obwohl sie erst durch den Kaiser in den höchsten Stand gekommen waren, doch in die Bewußtseinslage des Standes hineinwuchsen und dessen Ideale vertraten, als hätten sie immer dazugehört. Die Integrationskraft dieser Gesellschaftsschicht war sehr groß — sie ging nicht nur auf wirtschaftliche Interessen zurück, sondern ruhte insbesondere auch auf dem Bewußtsein eines sozialen Ranges und auf einer Verpflichtung gegenüber der Tradition —, so daß wir heute kaum einen Unterschied zwischen den politischen Vorstellungen der neuen und der alten Angehörigen des *ordo senatorius* erkennen können.

Da die Angehörigen der Senatsaristokratie die Verwaltungsträger des Reiches waren, auf die sich der Kaiser stützte und auf die er angewiesen war, war das politische Gewicht des Standes groß.

Theodor Mommsen hat es sogar so stark eingeschätzt, daß er von dem römischen Kaisertum als von der Herrschaft zweier politischer Gewalten, Kaiser und Senat (Dyarchie), gesprochen hat. Diese Vorstellung kommt dem historischen Betrachter wohl nur dann, wenn er von dem rechtlichen Rahmen ausgeht, den Augustus seit dem Jahre 27 v. Chr. geschaffen hatte. Dieser Rahmen ordnete den Kaiser ja in die allgemeine öffentliche Rechtsordnung ein und erweckte den Eindruck, als ob es einen kaiserlichen und einen senatorischen Machtbereich gäbe und also alles in einer Samtherrschaft von Kaiser und Senat zusammenklinge. Es wurde demgegenüber bereits oben S. 83 ff. darauf hingewiesen, daß die Rechtsordnung zwar eine Einschränkung der kaiserlichen Gewalt bedeutete und sie diese Gewalt berechenbar und überschaubar machen sollte, daß dadurch jedoch keineswegs der Tatbestand vertuscht werden konnte und dies auch gewiß gar nicht sollte, daß die politische Ordnung jetzt anders „verfaßt", nämlich monarchisch geordnet sei.

Die Monarchie war nicht nur von den Monarchen gewollt, sie wurde auch von der Senatsaristokratie anerkannt, zumindest hingenommen. Das zeigt sich am deutlichsten in den Hiaten nach dem Ableben eines Kaisers. Denn theoretisch konnte die Rechtsordnung der Republik nach dem Tode eines Kaisers wieder aufleben, dies jedenfalls dann, wenn der alte Kaiser nicht durch die rechtzeitige Übertragung einer Teilgewalt (*imperium proconsulare* bzw. *tribunicia potestas*) an den gewünschten Nachfolger den reibungslosen Übergang gesichert hatte. Nur einmal, nach dem Tode des Kaisers Gaius (41 n. Chr.), dachten indes ein paar Schwärmer an die Wiederherstellung der Republik; die Masse der Senatoren blieb damals nüchtern, und als dann die Soldaten den Onkel des ermordeten Gaius, Claudius, aus einem Winkel des Palastes hervorzerrten und zum Kaiser ausriefen, haben ohne Zweifel auch alle Senatoren aufgeatmet, denn es fehlten mittlerweile alle Voraussetzungen für eine Regierung der Welt durch den gesamten Stand. Es waren nicht nur die sozialen Voraussetzungen für die Etablierung der kollektiven Herrschaft durch die Aristokratie nicht mehr vorhanden — die Senatoren besaßen kaum noch große politische Clientelen —, es waren in fast hundert Jahren Monarchie auch die komplexen Handlungsweisen politischer Willensbildung, durch die eine aristokratische Gesellschaft zur kollektiven Regierung befähigt wird, vergessen und verloren. Vor allem aber war auch der politische Wille zu regieren in den vergangenen Generationen geschwunden, denn die Passivität war schon seit Octavian/Augustus Voraussetzung für die Erhaltung der politisch-sozialen Existenz eines Senators gewesen. Dazu noch einige Erklärungen.

Die Etablierung der monarchischen Gewalt als eine Rechtsordnung hatte den Monarchen nominell zu einem Gewaltenträger unter anderen (geringeren) gemacht. Der Monarch hatte ein gewaltiges und immer wachsendes Bündel von Rechtsgewalten, aber er wuchs als Person und Inhaber von Rechtsmacht doch nicht soweit über seine Mithelfer in der Regierung, die Senatoren, hinaus, daß seine Macht in eine andere Qualität umschlug, etwa zu der herrschaftlichen Macht einer charismatischen Führergestalt wurde. Das Recht band den Mann, der faktisch Monarch war, an die Gesellschaftsschicht, die seit Jahrhunderten Rom regiert hatte. Allerdings war das rechtliche *(potestas)* und das dahinter stehende politisch-soziale Gewicht *(auctoritas)* des Monarchen so groß, daß er jederzeit alles durchsetzen konnte, was er durchsetzen wollte. Mit anderen Worten: Die Rechtsordnung, mit der sich der Monarch umkleiden ließ, war zu jeder Zeit davon abhängig, daß dieser Monarch sie auch respektierte. Wollte er es nicht, trat sein militärdespotischer Charakter, trat gleichsam die nackte Gewalt, wie sie vor dem 13. 1. 27 v. Chr. bestanden hatte, wieder hervor. Die Rechtsordnung erzeugte, wie man sieht, also nicht aus sich selbst heraus die Kraft, die sie im Gleichgewicht hielt; sie existierte ausschließlich, weil der Kaiser es wollte, daß sie existieren sollte. Die öffentliche Rechtsordnung war demnach monarchische „Gewährung“: Der Monarch trug sie, nicht eine andere breite Schicht (wie in der Republik die Nobilität) oder gar das Recht selbst (als Tradition, Gewohnheit). Auch die politisch-soziale Stellung der Senatsaristokratie und darunter auch deren Funktion als Verwaltungsträger des Reiches lebte folglich aus dieser Gewährung. Zwar konnte diese Schicht auf den Versöhnungsakt vom Jahre 27 v. Chr. verweisen, wenn ein Kaiser den Rechtsrahmen verließ, aber das war auch alles.

Die Anerkennung der Monarchie als eine Rechtsordnung blieb jedoch bei aller Problematik der Rechtsverwirklichung der Rahmen, der den Monarchen und die Senatoren zusammenhielt. Der Monarch mußte, wollte er den gegebenen Rahmen erhalten und damit die Aristokratie an sich ziehen, ständig dafür sorgen, daß er als Exponent der Rechtsordnung und damit des Versöhnungsaktes auftrat. Er mußte sich gleichsam immer auf dem Boden des Rechts bewegen, und mochte er auch tun und lassen, was er wollte: Es kam darauf an, daß er dem Senat klar machte, daß all sein Tun und Lassen im Rahmen des Rechts blieb. Und die Aristokratie mußte ihrerseits hinnehmen, daß die Rechtsordnung und damit auch ihre soziale und politische Stellung eine Gewährung war: Sie mußte ihre Passivität ebenso hinnehmen wie sie alle kaiserliche Gewährung, die im Rahmen des Rechts erfolgte, tatsächlich als eine Gnade aufzufassen hatte.

Es versteht sich von selbst, daß in der praktischen Politik diese Verhältnisse starke Spannungen hervorrufen konnten. Es kam vor, daß Aristokraten ihre politische Stellung anders verstanden als eben dargelegt. Wenn aber ein Senator eine „freiere“ Rede verlangte, war da von einer Freiheit die Rede, die nicht mehr aktuell war. Freiheit war jetzt Sicherheit durch kaiserliche Gnade. Öfter kam es vor, daß die Monarchen sich nicht in dem vorgeschriebenen Rahmen bewegten. In der Tat war es nicht leicht, den diffizilen Mechanismus zu beherrschen, den Augustus so meisterhaft eingerichtet hatte. Ein junger Mann wie Gaius (37—41 n. Chr.) mochte gar nicht begreifen, warum er in seiner Machtfülle so viele Formalitäten zu erfüllen hatte, die ausdrückten, daß er das, was er war, nicht sein wollte. Umgekehrt wünschten andere, wie Tiberius (14—37 n. Chr.), der Senatsaristokratie mehr zu geben, als es nach dem von Augustus gesteckten Rahmen möglich war; das erzeugte ganz besonders große Spannungen und Mißverständnisse, denn niemand begreift, warum der starke Mann Macht abgeben, aber gleichzeitig doch der starke Mann bleiben möchte. Häufiger benahmen sich allerdings die Kaiser wie Gaius; manche erkrankten gar an einer durch die Größe der Macht hervorgerufenen geistigen Verwirrung (Caesarenwahn), in der alle Maßstäbe verschwammen. In solchen Zeiten bildete sich dann eine Opposition unter den Aristokraten, die bisweilen die Mehrheit der Senatoren und auch

Mitglieder des zweiten Standes, des Ritterstandes, erfassen konnte. Diese Opposition war besonders in der Zeit der Julisch-Claudischen Dynastie (u. a. unter Gaius und Nero), ferner am Ausgang der Flavischen Dynastie (unter Domitian) und am Ende des 2. und zu Beginn des 3. Jahrhunderts (unter Commodus und in der Severischen Dynastie) stark. Wir kennen diese oppositionellen Stimmungen verhältnismäßig gut aus der römischen Historiographie, deren Vertreter ausnahmslos der Senatsaristokratie angehörten (Tacitus!). Die Opposition ist indessen nicht Ausdruck des Freiheitswillens einer aristokratischen Gesellschaft, die sich gegen die Monarchie wehrt. Sie setzt vielmehr die Monarchie voraus und richtet sich ausschließlich gegen den unrechten Gebrauch der monarchischen Macht oder anders ausgedrückt: gegen die Aufhebung der Monarchie als einer Rechtsordnung, die mit Bezug auf die Aristokratie eingerichtet worden war. Die „guten" Kaiser waren danach von der Senatsaristokratie aus gesehen diejenigen Kaiser, die die Monarchie als Rechtsordnung anerkannten und sie in diesem Sinne zu praktizieren verstanden. Diese Kaiser waren dadurch nicht weniger Monarch und ihre Herrschaft nicht weniger effektiv; sie betonten lediglich gegenüber der Senatsaristokratie weniger den herrschaftlichen Aspekt ihrer Stellung als die anderen. Da unsere Quellen von Aristokraten geschrieben wurden, sind in unserem (nicht reflektierenden) historischen Bewußtsein die römischen Kaiser der ersten Jahrhunderte gute oder schlechte Kaiser gewesen, je nachdem wie gut oder schlecht sie die Monarchie als Rechtsordnung praktizierten. Diese Ansicht der Dinge verkürzt das Urteil über die Kaiser darauf, wie sie sich gegenüber der Senatsaristokratie verhielten.

Die Bedeutung, die die Senatsaristokratie für den Monarchen hatte, ersehen wir daraus, in welchem Ausmaß alle Kaiser auf die Zusammensetzung dieses höchsten Standes einzuwirken suchten. In der Republik war die regierende Schicht, die Nobilität und der Kreis der nicht zur Nobilität gerechneten Senatoren, im Prinzip offen gewesen. Ein Mann gelangte in die Nobilität bzw. in den Senat über die Magistratur; zwar erreichten eine Magistratur, insbesondere deren höhere Stufen (Konsulat, Prätur) meist nur diejenigen, die bereits den einflußreichen Familien angehörten, aber es kam doch vor, daß ein außerhalb der etablierten Familien stehender Mann eine hohe Magistratur und damit die Zugehörigkeit zum regierenden Kreis durchsetzte *(homo novus)*. Mit solchen Imponderabilien der Machtgewinnung und des Machtbesitzes war es nun vorbei. Der höchste Stand, die Senatsaristokratie, wurde ein in sich geschlossener Stand *(ordo senatorius)* mit besonderen Rangabzeichen (breitem Purpurstreifen an der Tunica, *latus clavus;* rote Schuhe), einem Mindestvermögen (1 Million Sesterzen) und später auch besonderer Titulatur *(vir clarissimus*, so offiziell seit dem 2. Jahrhundert, doch wurde der Begriff schon früher benutzt). Zu seinen Mitgliedern zählten nicht nur die erwachsenen Männer, sondern auch die Kinder und Frauen; letztere waren also nicht nur indirekt Glieder des Standes, sondern gehörten selbst als Person zu ihm. Der Mitgliederkreis der Senatoren wurde gleichzeitig damit abgeschlossen und die Mitgliedschaft (bis zur 3. Generation) erblich. Da der Stand nun eine feste Personengruppe war, mußte eine Person formell in ihn eintreten, wurde also nicht — wie in der Republik — indirekt durch die Wahl zur Magistratur, für die vielmehr jetzt die Zugehörigkeit zum Senatorenstand vorausgesetzt wurde, ein Glied der betreffenden Gesellschaft, sondern wurde dies direkt durch die Wahl bzw. Berufung in den Stand.

Schon Augustus hat seine besondere Aufmerksamkeit der Zusammensetzung des Standes gewidmet. Er reduzierte den sehr aufgeblähten Senat auf 600 Mitglieder, die in einem komplizierten Kooptationssystem (mit starker Hilfe des Augustus selbst) ausgewählt wurden (18 v. Chr.). Da Augustus aber eine ständige Kontrolle über die Zusammensetzung des Senats haben mußte, sorgte er auch dafür, daß die ihm übertragenen Rechtsgewalten eine formell unangreifbare und dauerhafte Einflußnahme auf den Senatorenstand sicherstellten. Er benutzte für sie nun (jedenfalls auf Dauer) nicht, was scheinbar nahegelegen hätte, das alte republikanische Amt des Zensors (der Zensor hatte in der Republik die Liste der Senatoren zusammengestellt), weil das die Absicht der Kontrolle zu offensichtlich gemacht hätte. Das Prinzipat war aus feinerem Gewebe. Augustus erreichte sein Ziel auch durch weniger auffällige Rechtsgewalten, nämlich dadurch, daß er sich einige Sonderrechte übertragen ließ, durch die er die Zusammensetzung des

Senats ebenso wirksam beeinflussen konnte. Da eine Person nicht, wie in der Republik, durch die Wahl zu einem Magistrat Senator wurde, sondern die Senatoren jetzt einen fest geschlossenen Stand darstellten, in den einer nur direkt, nicht mehr indirekt über eine Magistratur hineingelangen konnte, waren die Einflußmöglichkeiten des Kaisers auf die Wahlen zu den Magistraturen nicht mehr gleichzeitig auch solche auf die Zusammensetzung des Senats; allerdings konnte der Kaiser durch seinen Einfluß auf die Wahlen (Nomination, Kommendation, s. o. S. 33 f.) einen Senator in die höheren Rangklassen des Senats (Konsulare, Prätorier, Ädilizier, Tribunizier) bringen, indem er etwa einen Senator, der nur Prätor gewesen war, für das Konsulat empfahl. Wichtiger war das Recht des Kaisers, bei der alljährlichen Aufstellung der Liste der Senatoren unliebsame Personen aus dem Senat zu entfernen, und noch wesentlicher das dem Kaiser eingeräumte Privileg, Personen geringeren Standes in den Senatorenstand zu erheben. Er konnte letzteres in doppelter Weise tun. Durch die Verleihung des *latus clavus*, also des wichtigsten senatorischen Standesabzeichens, nahm er die begünstigte Person in den Stand *(ordo)* auf, ohne ihr gleichzeitig damit einen Sitz im Senat zu geben. Diese Ehre widerfuhr in der Regel jüngeren Leuten, die nach der Aufnahme in den Stand dann ihre Ämterkarriere begannen, die sie schließlich in den Senat führte. Weitergehend — und für verdientere Männer gedacht — war das dem Kaiser zugestandene Recht, eine Person dem Senat hinzuwählen zu können *(adlectio)*. Hier war die Erhebung in den Stand mit der Übertragung eines Senatssitzes verbunden; den so Begünstigten brachte der Kaiser oft gleich in eine höhere Rangklasse, meist in die der Prätorier *(adlectio inter praetorios)*. Ferner konnte der Kaiser durch sein Sonderrecht der Patriziierernennung einzelne Senatoren in diese besonders angesehene Gruppe befördern. Die Patrizier waren ursprünglich die altrömischen Adligen gewesen, die seit dem 4. Jahrhundert v. Chr. mit plebejischen Geschlechtern die neue Aristokratie (Nobilität) gebildet hatten. Das Patriziat hatte bereits in den letzten Jahrhunderten der Republik wenig mehr zu bedeuten gehabt; es war vor allem noch für die Besetzung einiger Priesterämter unentbehrlich, die aus religiösen Gründen nur Patrizier übernehmen durften. Aber unter den ver-

änderten Bedingungen des Kaisertums kamen die Patrizier zu erneutem Ansehen, da sie als die vornehmste Gruppe unter den Senatoren für die Besetzung der höchsten Ämter, insbesondere für die Besetzung des ordentlichen Konsulats *(consules ordinarii)* vorrangig herangezogen wurden. Augustus hat über 60 Personen zu Patriziern ernannt (Neupatrizier). Die Spätblüte des Patrizierwesens ging jedoch bald zu Ende. Nach Augustus wurden nicht mehr viele Personen mit dem Patriziat ausgezeichnet, und nachdem die Altpatrizier schon in hadrianischer Zeit ausgestorben waren, scheinen gegen Ende des 2. Jahrhunderts auch kaum noch neupatrizische Familien existiert zu haben. Eine weitere Möglichkeit, auf die Zusammensetzung des Senatorenstandes einzuwirken, war die Unterstützung verarmter Senatoren. Denn der Kaiser konnte dem Senator, der das für den Stand geforderte Mindestvermögen unterschritt, durch einen Geldzuschuß aus der kaiserlichen Kasse die Zugehörigkeit zum *ordo senatorius* erhalten.
Die unaufhörliche Einflußnahme der Kaiser auf die Zusammensetzung des Senatorenstandes — sowohl positiv durch die Zuwahl von Senatoren und die Beförderung in höhere Rangklassen als auch negativ durch politische Strafprozesse, die zahlreiche Mitglieder des Standes hinwegrafften und ganze Familien ausrotteten — brachte eine ständige Fluktuation des Mitgliederbestandes. Und wenn auch die neuen Senatoren in aller Regel in das Standesbewußtsein der alten hineinwuchsen und der *ordo* also eine in sich einheitliche Schicht blieb, wandelten sich doch manche alten Bedingungen des Standeslebens, die auf die Dauer auch auf die Bewußtseinslage der Senatoren wirkten. Besonders offensichtlich war die Veränderung in der regionalen Zusammensetzung der Senatoren. War der Senat noch in der späten Republik ein vornehmlich aus stadtrömischen und solchen italischen Geschlechtern, die nicht sehr weit von Rom und meist auf Altbürgergebiet saßen, zusammengesetzt gewesen, weitete sich in der frühen Kaiserzeit der Senatorenstand zu einem in allen Regionen Italiens beheimateten Stand aus. Gegen Ende des 1. Jahrhunderts gab es auch bereits eine Anzahl senatorischer Familien aus Südfrankreich (Gallia Narbonensis) und aus anderen Provinzen des Westens; den ersten Konsul aus Africa finden wir

bereits im Jahre 80 (Q. Aurelius Pactumeius Fronto aus Cirta). Seit im 2. Jahrhundert auch Kaiser aus außeritalischen Provinzen kamen (Spanien, dann Africa), nahm die Zahl der außeritalischen Familien sogar stark zu. Kamen diese zunächst noch vornehmlich aus den westlichen Provinzen, traten im 2. Jahrhundert neben sie, anfangs zögernd, dann aber schnell sich mehrend auch Familien aus den griechisch sprechenden Provinzen des Ostens; in der Regierungszeit des Kaisers Antoninus Pius (138—161) stammte schon beinahe die Hälfte der Senatoren aus den östlichen Reichsprovinzen. Das italische Element sank entsprechend ab; es beträgt schon unter Septimius Severus (193—211) nur noch ein gutes Drittel.

Es war für den Senatorenstand angesichts der kaiserlichen Macht nicht immer leicht, sich ein Selbstbewußtsein zu bewahren, das der großen Tradition des Senats und der auch im Kaiserreich angesehenen Stellung des Standes entsprach. Ansehen, Autorität und Traditionsbewußtsein des Senators standen oft unter einer starken Belastungsprobe. Und wenn auch die Senatoren die demütigenden Maßnahmen einzelner Kaiser mit dem Hinweis ertragen mochten, daß diese nicht die rechten Vertreter des Kaisertums, sondern mißratene Herrscher seien, haben sie gerade auch von angesehenen Herrschern oft die Nichtigkeit ihrer politischen Stellung erfahren müssen. Manche Senatoren reagierten auf die Demütigungen mit dem Rückzug aus dem politischen Leben, soweit das mit der Stellung eines Senators eben noch verträglich war. Sie wandten sich den Annehmlichkeiten des privaten Lebens zu, für das ihnen das meist große Vermögen alle Voraussetzungen bot, oder gaben sich der gelehrten Muße hin. Solche Verhaltensweise war schon in der Republik für ein Mitglied der herrschenden Aristokratie möglich gewesen. Nach den Bürgerkriegen und den schrecklichen Erfahrungen mit der Macht der Militärpotentaten hatte sich diese Neigung verstärkt. Die in der Kaiserzeit von den Senatoren geforderte politische Enthaltsamkeit machte aus dieser Neigung dann für manche ein schon beinahe unausweichliches Gebot der Selbsterhaltung und Selbstachtung. Mit dem Rückzug in das Privatleben entfielen dann manche Schranken sozialer Verhaltensweise, die der geschlossen lebende Stand seinen Mitgliedern abverlangt hatte; neu in den Senatorenstand gelangte Personen, die die normierten Sitten nicht in dem Maße zu beachten gewohnt waren, haben sich bisweilen schon gar nicht mehr die Mühe gemacht, in den Komment hineinzuwachsen.

Augustus, der den Senatorenstand brauchte und der ihn auch als ein Instrument der Herrschaftspraxis vor einem inneren Verfall schützen mußte, hat mit Nachdruck versucht, den allgemeinen Normenverfall aufzuhalten. Da er sich als einen Erneuerer der Republik, wie sie in ihrer besten Zeit, also während der großen Expansion in Italien und dann im westlichen und östlichen Mittelmeergebiet gewesen war, ansah, verband er mit der Regeneration des Standes die Vorstellung von der Wiederherstellung altrömischer Tugend und Strenge. Auf dem Hintergrund der verderbten Gegenwart wurde die altrömische Gesellschaft, die etwa im 5.—3. Jahrhundert v. Chr. angesiedelt wurde, zu einer Art Super-Gesellschaft, in der moralisch alles zum Besten gestanden hatte. Da nach gemein-antiker Vorstellung der Aufstieg bzw. Verfall von Staaten nicht unabhängig von der Gesittung der Menschen gesehen werden konnte, war das Bemühen um Besserung der Moral mehr als nur ein der individuellen Sphäre gewidmeter Akt der moralischen Aufrüstung. Augustus hat bekanntlich die gesamte große Literatur seiner Zeit in den Dienst dieser seiner Bemühungen zu stellen gewußt (Livius, Vergil, Tibull, Horaz), und wenn die Literaten auch in den allgemeinen, bereits in der späten Republik geltenden Anschauungen den eigentlichen Ausgangspunkt des Strebens des Kaisers Augustus sehen mochten, so hat doch dieser Kaiser dem Ganzen seine besondere, und das heißt auch seine besonders penetrante Note gegeben. Aber nicht nur in der Literatur, auch in der politischen Praxis suchte er vor allem gegenüber dem Senatorenstand seine Ansichten über die Besserung der Sitten durchzusetzen. Das zeigte sich einmal in der Restauration der altüberlieferten römischen Religion, die jene naive Frömmigkeit wieder schaffen sollte, die längst unter dem Einfluß stärkerer, aus dem Osten kommender Religiosität — zumindest bei den höheren Ständen — an Kraft verloren hatte. Die formalistische römische Staatsreligion hat jene individualistischere östliche Religiosität allerdings nicht verdrängen können (s. 2, 113 ff.). Noch intensiver und für die Senatoren durchaus spürbarer war die von Augustus groß angelegte Sitten- und Ehegesetzgebung, die bereits seit 23 v. Chr. einsetzte, in dem Julischen Ehegesetz (*lex Iulia de maritandis ordinibus*) im Jahre 19/18 v. Chr. einen ersten Höhepunkt hatte und schließlich in späteren Jahren durch eine Anzahl weiterer Gesetze fortgesetzt wurde, unter denen die *lex Papia Poppaea* vom Jahre 9 n. Chr. (auch ein Ehegesetz) und das Julische Gesetz über die Eingrenzung des Ehebruchs (*lex Iulia de adulteriis coercendis*, 18 v. Chr.) besonders herausragen. Die Gesetzgebung betraf alle römischen Bürger, aber die Strafvorschriften weisen deutlich darauf hin, daß der Sache nach die Aristokratie gemeint war; die Möglichkeiten der Durchsetzung von gesetzlichen Bestimmungen dieser Art reichten damals auch wohl kaum darüber hinaus. Die Gesetze bemühten sich, durch Strafen bzw. Belohnungen ein besseres soziales, insbesondere ein besseres Eheverhalten zu erreichen. Der Kinderreichtum wurde durch Prämien belohnt (der Kinderreiche konnte sich vor dem weniger kinderreichen Magistratskollegen die Provinz aussuchen, die er nach dem Amt haben würde, u. a.), die Kinderlosigkeit entsprechend geahndet (kinderlose Ehen sollten nach einer bestimmten Frist aufgelöst werden und der Ehemann eine neue Verbindung eingehen u. a. m.). Am schlimmsten erging es den Junggesellen. Sie mußten nicht nur alle Prämien der Kinderreichen entbehren, sie durften, wenn sie in einem bestimmten Alter nicht geheiratet hatten, z. B. keine Legate empfangen, anfangs sogar nicht einmal die großen öffentlichen Spiele besuchen. Der vornehme Römer hatte vor den Drangsalierungen der Gesetze eigentlich erst Ruhe, wenn er drei Kinder hatte oder 50 Jahre alt war (so brauchte z. B. die 50jährige Witwe nicht wieder zu heiraten). Andere Bestimmungen sollten Verbindungen mit sozial wenig angesehenen Personen ausschließen (Verbot der Heirat von Senatoren mit Freigelassenen und Infamen) und den Ehebruch eindämmen. Es braucht kaum gesagt zu werden, daß diese von oben dekretierte Sittenstrenge kaum Wirkung zeigte; es gab viele Schliche, die gesetzlichen Bestimmungen zu umgehen (z. B. durch den Abschluß von Scheinehen), notfalls nahm eine betroffene Person auch lieber die gesetzlich dekretierten Nachteile in Kauf, als sich in ihrer privaten Freizügigkeit einschränken zu müssen. Es kam hinzu, daß der Kaiser Ausnahmen machen mußte, so z. B. für die Mitglieder der kaiserlichen Familie, die die Bedingungen nicht erfüllten. Es war besonders peinlich, daß Augustus selbst die Ausnahmeregelung in Anspruch nehmen mußte; er hatte nämlich von Livia keine Kinder. Der Peinlichkeiten gab es aber auch ganz abgesehen von der kaiserlichen Familie, der man ihre Ausnahmestellung zubilligen mochte, genug. So waren ausgerechnet beide Konsuln des Jahres 9 n. Chr., die das berühmte zweite große Ehegesetz erlassen mußten, M. Papius Mutilus und Q. Poppaeus Secundus, Junggesellen, so daß sie sich durch ihr eigenes Gesetz gleichsam zu ungenügenden Mitgliedern der Gesellschaft erklärten. Die Folge war, daß einzelne Personen mit den durch das Gesetz geforderten Leistungen so privilegiert werden mußten, als ob sie sie erfüllt hätten; es gab daher künftig ein „Dreikinderrecht" (*ius trium liberorum*), das heißt das Recht, so angesehen zu werden, als ob einer drei Kinder hätte, und mit der Möglichkeit der Privilegierung war natürlich der hinter dem Gesetz stehende Sinn weitgehend zerstört.

So war denn nicht die Erneuerung des Standes, sondern dessen Rückzug in ein privates, nach innen gewandtes Leben das Charakteristikum der Entwicklung des *ordo senatorius*, und dies war gegenüber dem großen und immer wachsenden Druck des die Schranken jeder politischen Gemeinsamkeit sprengenden Kaisers auch nur verständlich. Viele, ja die meisten opponierten nicht einmal mehr, wenn der Kaiser die durch die Idee des Prinzipats gesetzten Schranken überstieg und sich, an dieser Idee gemessen, wie ein Tyrann aufführte. Sie erkannten sehr genau, wie wenig Spielraum dem einzelnen Aristokraten noch gegeben war und, unfähig, sich zu ihrer Passivität zu bekennen und sich als Diener und Untertanen zu begreifen, waren sie zu stolz, in dem neuen Staatsbau mitzuarbeiten, in dem sie keine politische Freiheit mehr besaßen, sondern allenfalls die Segnungen der Freiheit von oben herab entgegennehmen durften, ohne daß sie in dieser Freiheit mehr tun konnten bzw. durften, als sich für sie zu bedanken, ja sich sogar verpflichtet fühlen mußten, sie wie etwas wirklich Vorhandenes zu preisen. Schon unter Augustus hatten sich viele der Besten zurückgezogen, so C. Asinius Pollio, der unter Caesar und M. Antonius gedient hatte, nach 39 v. Chr. aber politisch nicht mehr tätig war; er schrieb eine römische Geschichte von 60 bis 42 v. Chr., deren auf uns gekommene wenige Reste von einer großen inneren Unabhängigkeit zeugen. Und es bot sich bald auch eine Möglichkeit, diesen Rückzug geistig zu rechtfertigen. Die stoische Philosophie, die schon in der ausgehenden Republik weite Verbreitung gefunden hatte, verlangte zwar von den Menschen im Prinzip, ihr Handeln auf die menschliche Gemeinschaft auszurichten; aber durch ihre Grundforderung nach der Überwindung aller Leidenschaften und nach dem inneren Seelenfrieden, der den Weisen beherrscht und der auch den Freitod als letzten Ausweg aus einem Dilemma einschließt, ist die Stoa doch auch gleichzeitig die Philosophie aller derjenigen geworden, die den aussichtslosen politischen Kampf für ein friedliches Leben auf dem Lande eintauschten. Nicht zufällig hat die Stoa gerade unter den höheren Ständen der ersten Jahrhunderte des römischen Kaisertums so zahlreiche Anhänger gefunden. Selbst bedeutende Aristokraten, wie Thrasea Paetus (nach Verurteilung unter Nero Freitod im Jahre 66) und dessen Schwiegersohn, C. Helvidius Priscus (hingerichtet unter Vespasian im Jahre 70 n. Chr.), ließen sich bei allem politischen Engagement doch letztlich von stoischen Lebensbetrachtungen leiten.

Bei Betrachtung der politischen Tätigkeit der Senatsaristokratie hat man sich zunächst zu vergegenwärtigen, daß der *ordo senatorius* nicht identisch war mit seinen tatsächlich im Senat sitzenden Gesellschaftsmitgliedern, den Senatoren. Zum *ordo* gehörten auch die Frauen und Kinder und ferner auch diejenigen volljährigen Männer, die nicht oder noch nicht im Senat saßen. Die Tätigkeit aller Nichtsenatoren des *ordo* gehörte im strengen Sinne dem privaten Bereich an, aber insofern jeder Stand, der die oder eine staatstragende Schicht darstellt, nur bis zu einem gewissen Grade einen privaten Bereich hat, gehörte jedes Mitglied des *ordo senatorius* gleichzeitig mit einem Teil seiner Persönlichkeit dem öffentlichen Bereich an. Es war ja auch aus Gründen der Staatsraison die private Lebensweise des Standes Gegenstand der Gesetzgebung geworden (s. o. S. 288 f.).

Die Senatorensöhne gelangten über die Bekleidung eines Amtes in den Senat. Sie begannen ihre Ämterkarriere als *tribuni laticlavii* (d. i. als senatsständische Tribune) im höheren Offiziersdienst, bekleideten anschließend eine Stelle der unter dem Begriff des Vigintivirats zusammengefaßten Ämtergruppe (zu ihnen gehörten die Münzbeamten und das Kollegium der für die Stadtreinigung kompetenten Beamten) und übernahmen dann, aber nicht vor dem 25. Lebensjahr, das niedrigste Amt, das für den Eintritt in den Senat qualifizierte, die Quästur. Innerhalb der Rangklassen des Senats stieg der Senator durch die Bekleidung der entsprechenden Ämter oder durch kaiserliche Ernennung auf (s. o. S. 285).

Das Gremium des Senats tagte auch in der Kaiserzeit noch häufig; es war nach der Konstruktion des Kaisertums als Rechtsordnung durch Augustus formell ja auch noch immer die Mitte des Staates. Aber abgesehen davon, daß kein Senatsbeschluß sich jetzt noch gegen den kaiserlichen Willen richten konnte, war der Kompetenzbereich des Senats gegenüber der Republik sehr eingeengt. Denn die Verwaltung der kaiserlichen Provinzen fiel nach dem Akt vom 13. Januar 27 v. Chr. nicht mehr in sein Ressort. Ebenfalls war die alte Hauptaufgabe (und Machtbasis) des Senats, die Finanzgebarung, durch die Schaffung einer kaiserlichen Kasse (*fiscus Caesaris*) und einer besonderen Militärkasse (*aerarium militare*) eingeschränkt; die gesamte Finanzverwaltung geriet sehr schnell für das gesamte Reichsgebiet in die Hände der kaiserlichen Zentrale. Die Außenpolitik war ebenfalls beinahe ausschließlich Sache des Kaisers, der der Statthalter aller Grenzprovinzen war. Was blieb, war die Wahl der Beamten und die Verwaltung derjenigen Provinzen, in die der Senat die Statthalter entsandte (das waren im Jahre 27 v. Chr. von 22 Provinzen 10, nämlich Africa, Asia, Achaia, Illyricum, Macedonia, Sicilia, Creta et Cyrene, Bithynia, Sardinia, Baetica). Allerdings ging auch hier der Trend dahin, daß sich die Statthalter bei ihren Verwaltungsgeschäften öfter an den Kaiser anstatt an den Senat wandten bzw. stillschweigend sich nach den für die kaiserlichen Provinzen erlassenen Vorschriften richteten, und in der Finanzverwaltung war vollends nur der Kaiser zuständig. Das politische Gefälle wirkte sich deutlich aus. Trotzdem gab es mancherlei im Senat zu verhandeln; sowohl religiöse Probleme der Provinzen, Streitigkeiten in den Städten und zwischen Städten und vieles andere wurde im Senat besprochen. Bisweilen hat der Senat auch zivilrechtliche Fragen generell geordnet; er trat hier gleichsam das Erbe der Volksversammlung an, die in Ergänzung des prätorischen Rechts rechtsschöpferisch tätig gewesen war. Schließlich tagte der Senat als Pairsgericht bei Strafprozessen gegen Mitglieder des eigenen Standes. Alles in allem war seine Tätigkeit nicht gering, doch nahm seine politische Wirksamkeit schnell ab. Das Übergewicht des Kaisers war riesengroß und wirkte sich immer ungünstiger selbst für die reduzierte Tätigkeit des Senats aus. Der Senat wurde mehr und mehr zu einem Gremium, das kaiserlichen Willenserklärungen Gehör schenkte und diese dann zum Beschluß erhob bzw. später diese Willenserklärungen ohne weitere Beschlußfassung einfach nur verkündete bzw. durch Akklamation annahm. Der Senat wandelte sich so zu einem Publikationsorgan kaiserlicher Entscheidungen.

Die eigentliche politische Relevanz der Senatsaristokratie lag auch nicht in den Beschlüssen des Senats, sondern in der Tätigkeit der Senatoren als Beamte und Richter. Eben deswegen hatte Augustus den Kompromiß mit der Senatsaristokratie ja auch gesucht: Die senatsständische Verwaltungsaristokratie war jedenfalls zunächst nicht zu ersetzen. Als Statthalter in den Provinzen, als Generäle in der Armee, als Inhaber der hohen Ämter in Rom und als Richter in den Straf- und Zivilprozessen der Römer und z. T. auch der Nichtrömer regierte diese Schicht unter der Oberaufsicht des Kaisers das Reich. Sie war dem Kaiser unentbehrlich, aber naturgemäß zugleich der Gegenstand seines äußersten Mißtrauens.

Das Spannungsfeld zwischen Kaiser und Senatsaristokratie war nicht aufhebbar; es konnte allenfalls durch die Beseitigung eines der beiden Kontrahenten aufgehoben werden. Das Kaisertum abzuschaffen, haben lediglich nach der Ermordung des Kaisers Gaius (Caligula) im Jahre 41 n. Chr. einige unverbesserliche Idealisten versucht. Die Kaiser hingegen haben unaufhörlich daran gearbeitet, die Senatsaristokratie wenn nicht zu vernichten, so doch politisch zu entmachten. Sie haben das durch den Aufbau einer neuen Verwaltungsschicht erreicht, die in des Kaisers Dienst und unter des Kaisers Aufsicht herangezogen wurde. Trotz einiger Ansätze in dieser Richtung haben die Kaiser der Julisch-Claudischen Dynastie allerdings im Prinzip noch an der Vorstellung festgehalten, daß allein die Senatsaristokratie zur Verwaltung der höheren Ämter berufen sei. Erst die Flavier (69—96 n. Chr.) haben energischer damit begonnen, eine vom Kaiser abhängige Verwaltungsschicht heranzuziehen. Sie besetzten vor allem die mit der Erweiterung der Bürokratie neu entstehenden Ämter durch Angehörige des zweiten Standes, durch Ritter. Ihnen folgten die Antonine und schließlich mit noch größerer Konsequenz die Severer. Als unter Septimius Severus (193—211 n. Chr.) die ersten Ritter in die Stellen der höchsten, den Senatoren vorbehaltenen Amtsstellen einrückten, war es dann mit dem politischen Gewicht des Standes vorbei. Die Senatoren waren als Verwaltungsfachleute entbehrlich geworden, und das Schwinden der Vorstellung von dem Kaisertum als einer Rechtsordnung, verursacht sowohl durch die Zusammenballung des ganzen Rechtsgefüges in einer kompakten kaiserlichen Gewalt als auch durch die politische Schwäche der Senatsaristokratie, machte bald sogar den Senat als Institution entbehrlich. Die Familien des Senats, die auch bereits stark gewechselt hatten, gingen unter den Severern und in der unruhigen Zeit nach ihnen zum großen Teil auch physisch zugrunde. Zwar traten andere an ihre Stelle, doch fehlte denen die unreflektierte Anerkennung ihrer politischen Autorität, die in alter Zeit die senatorischen Familien ausgezeichnet hatte. Der Senat wurde zwar niemals abgeschafft, aber er verlor im 3. Jahrhundert alle Bedeutung als eine Reichsbehörde. Er schrumpfte zu einer italischen bzw. in spätantiker Zeit sogar zu einer lokal-stadtrömischen Behörde zusammen, deren Mitglieder zwar noch die Arroganz, aber nicht mehr die Macht und das Ansehen der früheren Standesvertreter hatten. Er war schließlich nur noch eine Art Museum, der von den Menschen bestaunte Ort einstiger Größe, von dem aus die Welt in ein einziges Reich gezwungen und jahrhundertelang gelenkt worden war.

b) Der Ritterstand (bis zum 3. Jahrhundert)

Der Ritterstand ist die andere, dem Senatorenstand nachstehende Schicht vornehmer Römer (*ordo equester*). Auch seine Geschichte reicht in die Republik zurück. Er hatte ursprünglich einmal die zu Pferde kämpfende Mannschaft dargestellt, doch war diese militärische Bedeutung bereits in der hohen Republik nur noch ein untergeordneter Aspekt des Standes gewesen. Als ein „Stand" waren die Ritter erstmals im 5. Jahrhundert v. Chr. zu politischer Bedeutung gelangt, als die Bürger für die Abstimmung in bestimmten wichtigen Volksversammlungen in Vermögensklassen eingeteilt und den Vermögenderen ein besseres Stimmrecht eingeräumt wurde (timokratische Ordnung; Zensusordnung): Alle reichen Römer über einem festen Vermögenssatz wurden in der Gruppe der Ritter (*equites*) zusammengefaßt. Die politische Aktivität war zunächst vor allem passiver Natur; die Ritter nahmen, wie alle Bürger, an dem politischen Leben in Rom vornehmlich nur durch die Abstimmungen in den Volksversammlungen teil, hatten hier jedoch — gegenüber der Masse der Bürger — durch ihr entsprechend dem Zensus besseres Stimmrecht ein großes Gewicht. Eine größere Aktivität zeigten sie aber auf wirtschaftlichem Gebiet. Da gerade in der Zeit der beginnenden Expansion über Italien hinaus die Senatoren, also die politisch führende Gruppe, verpflichtet wurden, auf Handelsgeschäfte zu verzichten und dem Landleben treu zu bleiben (218 v. Chr.), übernahmen die Ritter als die nächst den Senatoren reichste Schicht das einträgliche Überseegeschäft. Durch den Verzicht der Senatoren wurde das große Handels- und Geldgeschäft bald das Charakteristikum des Ritterstandes, doch gab es daneben zahlreiche Ritter, die, vor allem in den Landstädten Italiens lebend, wie die Senatoren vornehmlich Grundbesitzer waren; aus ihnen bildete sich die Honoratiorenschicht dieser Landstädte. Gegen Ende der Republik wurde die Ritterschaft in die inneren Auseinandersetzungen der regierenden Schicht hineingezogen; sie wurde sogar bewußt politisiert und spielte in den Kämpfen der ausgehenden Republik eine nicht unbedeutende Rolle. Die Ritter erhielten u. a. auch Richterfunktionen in den Geschworenengerichten bei Strafprozessen. Es waren jedoch in erster Linie die in der Hauptstadt und deren Umgebung wohnenden, meist Handels- und Bankiergeschäfte treibenden Ritter, die in diese Faktionenkämpfe verstrickt wurden. Mit dem beginnenden Kaisertum war die politisch selbständige Rolle der Ritter — im Gegensatz zu der der Senatoren — ausgespielt.

Der Ritterstand der Kaiserzeit hat sich im Vergleich zur republikanischen Zeit sowohl hinsichtlich der Zusammensetzung seiner Mitglieder als auch hinsichtlich seiner Funktion stark gewandelt. Was zunächst die Zusammensetzung des Standes anbelangt, so war die Ritterschaft künftig keine auf Grund eines bestimmten Zensus gleichsam automatisch (bzw. durch den Zensor) konstituierte Gruppe. Da in der Kaiserzeit die Abstimmungen in den Volksversammlungen und das von einem Zensus abhängige Milizsystem verschwunden waren und es also keine Funktion mehr für eine alle Bürger erfassende Vermögensschätzung gab, verfiel die Vorstellung, daß alle Reichen von einem bestimmten Zensus an Ritter waren. Daß die Ritterschaft als Stand überhaupt erhalten blieb, liegt auch nicht an ihrem militärischen Aspekt (Reiterdienst), der kaum noch vorhanden und nicht regenerierbar war. Nachdem die innenpolitische Ruhe durch Augustus wiederhergestellt und die politische Diskussion unter den Vornehmen unterbunden oder kanalisiert worden war, verschwand auch die politische Aktivität des Standes, den die letzten Jahrzehnte der Republik in so großer Bewegung gesehen hatten. Da ferner Augustus und seine Nachfolger darauf sahen, daß die Provinzen in Ordnung gehalten und unter Berücksichtigung der Wohlfahrt der Untertanen verwaltet wurden, waren die Ritter, die die Provinzen, jedenfalls insoweit sie sich auf Handels- und Geldgeschäfte spezialisiert hatten, durch Handel und Steuerpacht ausgeplündert hatten, auch nicht gerade eine Gruppe, deren Interesse mit dem der Kaiser konform lief. Es hätte demnach überhaupt kein Bedürfnis bestanden, die Ritterschaft als in sich ruhende Gruppe zu erhalten bzw. sie neu zu konstituieren, wenn nicht bestimmte, z. T. erst in der ausgehenden Republik den Rittern übertragene Aufgaben gewesen wären, die den Stand am Leben erhielten. Das waren einmal die richterlichen Funktionen, die die Ritter seit den Gracchen — mit Unterbrechungen — erfüllten, zum anderen militärische Aufgaben im Heer, in dem die höheren Offiziersposten von Rittern wahrgenommen wurden. Schließlich waren auch die politischen Aufgaben der Volksversammlungen jedenfalls teilweise auf sie übergegangen: Bei der Wahl der Beamten, die von den Volksversammlungen auf den Senat übernommen wurden, beteiligten sich — neben den Senatoren — die Ritter; sie, die bei den Magistratswahlen der timokratisch organisierten Volksversammlung (Centuriatscomitien) in der ausgehenden Republik das größte Gewicht gehabt hatten, übernahmen hier die politischen Funktionen aller (nichtsenatorischen) Bürger.

Daß die Gruppe der Ritter nicht verschwand, lag gewiß auch daran, daß Augustus und seine Nachfolger dem Senatorenstand eine Schicht von reichen und vornehmen Personen an die Seite stellen wollten, die ein Gegengewicht bilden konnte. Allerdings kam diese Absicht erst allmählich zum Tragen, wurde dann aber die Ursache für den erstaunlichen Aufstieg des Standes. Zunächst einmal fiel der Stand gegenüber den Senatoren allerdings weniger ins Auge. Er war überhaupt nach dem Wegfall der Notwendigkeit, die Bürger zum Zwecke der Abstimmung in den Volksversammlungen oder der Eingliederung in das Heer nach ihrem Vermögen zu gliedern, kaum noch greifbar. Das Pferd, das der Ausdruck der Zugehörigkeit zum Stand war und sich ursprünglich auf den Reiterdienst bezogen hatte, war dem Ritter schon in den letzten Jahrhunderten der Republik mehr oder weniger nominell zugekommen und bedeutete kaum mehr als eine Titulatur; es war auf jeden Fall ungeeignet, den Rahmen zu bilden, der die Ritter zusammenhielt. Wenn nun die allgemeine Vermögensschätzung wegfiel, wer bestimmte dann in Zukunft, wie es in alter Zeit der Zensor getan hatte, wer Ritter sei? Es ist nun wichtig festzuhalten, daß dies der Kaiser tat. Er stellte nun aber den Personenkreis nicht durch eine allgemeine Schätzung fest, die alle Personen, die über ein festgesetztes Maß an Vermögen besaßen, automatisch in den Ritterstand hob, sondern er ernannte ihm geeignet erscheinende Personen zu Rittern, denen er als Zeichen ihrer Standeswürde das Ritterpferd verlieh. Der Kaiser nahm diese Personenauswahl im Rahmen der kaiserlichen Gewalt eines Zensors vor, aber nicht mehr nur zu bestimmten Zeiten, sondern wann er wollte. Die kaiserliche

Wahl war dabei an besondere Bedingungen geknüpft, einmal an ein Mindestmaß von Vermögen (400 000 Sesterzen), das gegebenenfalls der Kaiser einem armen Anwärter schenken mochte, ferner an die freie Geburt und an ein unbescholtenes Vorleben.
Der Stand der Ritter (*equites Romani equo publico*) wurde also fortan durch die kaiserliche Ernennung gebildet; er ruhte jetzt auf kaiserlicher Gewährung: Ritter war der, den der Kaiser dazu zu ernennen geruhte. Versäumte daher ein Kaiser die Nachwahl, wie etwa Tiberius, mußte der Stand schnell austrocknen. Zugehörigkeit zum Stand war ferner lebenslänglich, sofern ein Ritter nicht aus bestimmten Gründen ausgestoßen wurde, aber nicht erblich. Auch dies unterstreicht seine Abhängigkeit vom Kaiser: Der Ritter besaß im Gegensatz zum Senator seine Standeswürde nicht kraft seiner Herkunft, sondern kraft kaiserlicher Gnade. Aus diesem Grunde war die Standesqualität nur mit dem Ritter selbst, nicht auch, wie bei den senatorischen Familien, mit der Frau und den Kindern verbunden. Der Kaiser richtete auch eine Musterung der Ritterschaft ein, die in ideellem Anschluß an die zensorische Musterung der Republik in jedem Jahre am 15. Juli stattfand (*transvectio equitum; equitum probatio*). Die Ritter zogen dabei in militärischer Rüstung und Ordnung auf. Da jedoch später bei weitem nicht mehr alle Ritter aus dem Reiche nach Rom kommen konnten, zudem viele Ritter aus Altersgründen an dem Aufzug nicht mehr teilnahmen, wandelte sich die Musterung verhältnismäßig schnell zu einem Festzug. Die Abhängigkeit des Standes vom Kaiser war durch die Wandlung der *probatio* zu einem Symbolakt allerdings nicht geringer geworden.
Wie schon in der Republik war der Ritterstand durch Rangabzeichen gekennzeichnet, die ihn vom Senatorenstand und den Massen der übrigen Bürger trennten. Dazu gehörten der — im Gegensatz zu dem breiten Saum der Senatoren — schmale Purpursaum an der Tunica (*angustus clavus*) und der Goldring; die Verleihung des Ringes stand symbolisch für die Übertragung der Ritterwürde. Standesauszeichnung und Privileg zugleich war auch das Recht der Ritter, auf besonderen Sitzen den Spielen und Schaukämpfen im Theater zusehen zu dürfen (Prohedrie). Wie für die Senatoren (*viri clarissimi*) war ferner seit dem 2. Jahr-

hundert auch für die Ritter eine besondere Titulatur üblich. Ein Ritter hieß *vir egregius*; in den höheren ritterständischen Beamtenchargen gab es demgegenüber noch gehobenere Bezeichnungen, nämlich *vir perfectissimus* und — nur für den Gardepräfekten (*praefectus praetorio*) — *vir eminentissimus*.

Der Ritterstand wäre in der Kaiserzeit jedoch kaum zu einer Bedeutung gelangt, wenn er nicht für den Kaiser zu der Rekrutierungsbasis einer neuen Verwaltungsschicht geworden wäre, die die wachsenden Verwaltungsaufgaben übernehmen und die Abhängigkeit des Kaisers von dem Senatorenstand mildern konnte. Wie weiter oben in dem Abschnitt über die Reichsverwaltung näher ausgeführt worden ist, hat der Kaiser in dem ihm zugewiesenen Aufgabenbereich die höheren Verwaltungsstellen (Vertretung in der Statthalterschaft, Legionskommandantur) mit senatsständischen Personen besetzt, aber für diejenigen Posten, die durch die Erweiterung der Verwaltungsaufgaben, z. B. in der Finanzverwaltung, oder durch die wegen der Größe des kaiserlichen Aufgabenbereiches notwendige Bildung einer Zentrale entstanden, zunächst Personen seines eigenen Hauses (Freigelassene, Sklaven), aber in zunehmendem Maße auch Ritter verwendet. Seit der Flavischen Zeit (69—96) nimmt die Zahl der ritterständischen Beamten in des Kaisers Dienst ständig zu, und in dem Maße, wie der Kaiser über seinen eigenen Bereich hinaus auf den Gesamtstaat übergreift und schließlich alle Verwaltung mehr oder weniger formell an sich zieht, dringt diese mit Rittern besetzte kaiserliche, d. h. nur vom Kaiser (nicht mehr auch z. T. vom Senat) gelenkte Bürokratie in alle Verwaltungszweige vor und überläßt den Senatoren nur noch die höchsten Stellen.

Die ritterständische Verwaltung ist nicht mehr eine von der Republik in das Kaisertum übernommene und der neuen Situation angepaßte, sondern eine rein kaiserliche, vom Kaiser geschaffene und dem Kaiser allein verantwortliche Verwaltung. Schon Augustus hatte gewisse hohe Posten seines Verwaltungsbereiches, die er den ihm durch Ansehen, Tradition und Selbständigkeitsstreben verdächtigen Senatoren nicht gern anvertrauen wollte, Rittern gegeben. So waren bereits der von ihm bestellte Vorsteher der Getreideversorgung in Rom (*praefectus annonae*) und die Kommandanten seiner Leibwache in Rom *(praefectus praetorio)* aus dem Ritterstand genommen worden, und ebenso gehörte der Statthalter der kaiserlichen Provinz Ägypten *(praefectus Aegypto)* dem Ritterstand an. Sowohl der Oberbefehl über die Leibwache als auch die Statthalterschaft von Ägypten, die ja eine Art Vizekönigtum über die reichste Reichsprovinz war, zeigen deutlich die hinter der Einstellung ritterständischer Beamter stehende Absicht: Der Senatsaristokratie sollten diejenigen Ämter entzogen werden, die ihren Inhabern eine allzu große Macht über den Kaiser hätten geben können. Von den Anfängen unter Augustus hat sich die Anzahl ritterständischer Beamter (weniger als 30) schon in Flavischer Zeit stark erhöht, und sie stieg im 2. Jahrhundert dann noch weiter an (auf ca. 200). In Severischer Zeit (193—235), als die Senatsaristokratie teilweise in Gegnerschaft zu den Kaisern stand und ihr Einfluß mit der Auflösung der alten, auf dem Recht gegründeten Kaiseridee schwächer wurde, besetzten die Ritter sogar die bis dahin den Senatoren vorbehaltenen höchsten Verwaltungsstellen. Ihre eigentliche Domäne aber war die Finanzverwaltung, die von den Kaisern erst aufgebaut und ihnen direkt unterstellt worden war; als Prokuratoren waren die Ritter in allen Zweigen der Finanzverwaltung tätig.

Die ritterständische Verwaltung war eine Bürokratie in des Kaisers Dienst, und die Abhängigkeit der ritterständischen Beamten vom Kaiser zeigt besonders deutlich deren Karriere. Sie begann in aller Regel dort, wo der Kaiser in unumschränkter Autorität herrschte: im Heer. Der Ritter bekleidete hier hohe Offiziersposten unterhalb der Legionskommandantur. Die langjährige Offizierskarriere, die gleichsam unter den Augen des Kaisers erfolgte, wurde seit der Mitte des 1. Jahrhunderts in einer festen, drei (später vier) Stufen umschließenden Laufbahn formalisiert *(tres* bzw. *quattuor militiae equestres).* Dies waren (der Rangordnung nach) das Kommando über eine Reiterabteilung der (nichtrömischen) Hilfstruppen *(praefectura equitum* oder *alae),* das Tribunat in einer Legion oder über eine Kohorte *(tribunatus legionis* bzw. *cohortis)* und der Befehl über eine Kohorte (d. i. Infanterieabteilung) der Hilfstruppen *(praefectura cohortis);* dazu tritt dann noch die Platzkommandantur der Legion *(praefectura castrorum),* doch gehörte sie nicht zu den ordentlichen Stellen der drei ritterständischen Offiziersdienste. Diese militärische Laufbahn, nach der erst der Dienst als Zivilbeamter begann, mußte nicht immer streng eingehalten werden; ein Ritter konnte eine Stellung auslassen, eine andere länger als üblich bekleiden oder auch — nach Übernahme in den Zivildienst — wieder in eine Offizierstelle zurückkehren. Aber die *tres militiae* gaben doch einen allen bekannten und anerkannten Bezugspunkt für den Aufstieg. Konnte der Kaiser also hier nach Belieben die Karriere eines Mannes beschleunigen oder auch bremsen, stand es auch in seinem Ermessen, Soldaten niederen Standes, die sich bewährt hatten, mit der Ritterwürde zu beschenken und sie dann über den ritterständischen Offiziersdienst in die Beamtenschaft zu übernehmen. So war es möglich, vom Centurio (er ist etwa unserem Hauptmann gleichzusetzen) über den *primipilus*, den angesehensten Centurio einer Legion, in die höhere Offizierslaufbahn bzw. Beamtenlaufbahn aufzusteigen. Es versteht sich, daß diese aus dem niederen Offiziersdienst oder gar aus dem gemeinen Soldatenstand in einer langen Ochsentour aufgestiegenen Soldaten dem Kaiser besonders treue Beamte waren. Die ritterständische Beamtenschaft ergänzte sich seit dem 2. Jahrhundert dann schließlich auch noch durch eine Zivilkarriere. In ihr stiegen Personen des kaiserlichen Zivildienstes, z. B. Bibliothekare, aber besonders Personen mit juristischer Ausbildung in die höheren ritterlichen Ämter auf.

Über den ritterständischen Beamten konnte der Kaiser unbeschränkt verfügen; es stand ihm frei, ihn einzustellen und abzusetzen, zurückzuversetzen und zu suspendieren. Da die Würde nicht erblich war, konnte sich kein Kastengeist bilden, sondern wurde die Treue zum Kaiser durch die Karriere stets neu geschaffen. Wenn es einen Kastengeist unter den ritterständischen Beamten gab, dann war er der des Heeres. Der Kommißgeruch, den diese im Heeresdienst bereits ergrauten Veteranen als Zivilbeamte verbreiteten — sie waren meist schon über 40 Jahre alt, wenn sie die Zivillaufbahn begannen —, war ohne Zweifel äußerst penetrant. Die Ordnung und Disziplin wurde so von der Militär- auf die Zivilverwaltung übertragen, ebenso der militärische Ehrenkodex und d. h. auch: die biedere, anständige Gesinnung. Letztere wurde vom Kaiser dadurch gestützt, daß diese meist nicht reichen, bisweilen nur mit Unterstützung des Kaisers in den Ritterzensus aufgenommenen ehemaligen Soldaten sehr gut besoldet wurden; der hohe Sold wurde so sehr Charakteristikum des ritterständischen Beamten, daß die verschiedenen Beamtentypen nach der Besoldungsgruppe benannt wurden (*sexagenarii, centenarii, ducenarii* für die 60 000, 100 000 oder 200 000 Sesterzen empfangenden Ritter).

Der Höhepunkt des Ritterstandes war die Zeit, in der die Ritter auch in die höchsten, bis dahin von Senatoren besetzten Verwaltungsposten einrückten. Unter den Severern hatte diese Entwicklung begonnen, und Gallienus (253—268), der die Senatoren von allen militärischen Ämtern ausschloß, führte sie zu einem gewissen Abschluß. Aber in dem Augenblick, wo die Senatsaristokratie entmachtet und aus den meist hohen Stellen hinausgedrängt worden war, hatte auch die ritterständische Beamtenkarriere ihre Funktion verloren. Sie war ja als Gegengewicht zur senatorischen Verwaltung geschaffen worden und büßte mit der Aufhebung des ständischen Dualismus ihre Existenzberechtigung ein. Es kam hinzu, daß in der großen Krise des 3. Jahrhunderts, als der militärische Geist herrschte und die höheren Stände arg dezimiert wurden, wenig Raum war für die Pflege selbstbewußter, auf Tradition ruhender Stände. Die Not der Zeit und das Bedürfnis nach einem immer straffer und zentralistischer ausgerichteten Beamtenapparat nivellierten die alten Standesunterschiede, und wo sich neue soziale Rangordnungen bildeten, entstanden sie aus ganz anderen Wurzeln und sind mit den alten Ständen nicht vergleichbar. Der Ritterstand verschwand nicht, doch hatte er im 4. Jahrhundert, ebenso wie der Senatorenstand, nur noch ein Schattendasein. Die Rudimente der einstigen Bedeutung wurden zwar noch gepflegt, und die Kaiser, wie Constantin der Große, erwiesen ihnen ihre Reverenz; doch entbehrten sie jeder politischen Bedeutung und hatten beinahe nur noch im stadtrömischen Lokalleben ein mäßig beachtetes, museales Dasein.

c) Die neue Aristokratie des 3. bis 6. Jahrhunderts

Der Senatorenstand und der ihn in der Reichsverwaltung allmählich ersetzende Ritterstand veränderten sich in den Stürmen des 3. Jahrhunderts grundlegend und lösten sich — jedenfalls teilweise — auch gänzlich auf. Die Macht des Senatorenstandes schwand schnell, nachdem die Senatoren durch die Ritter in der Verwaltung entbehrlich geworden waren und die radikale Militarisierung des Kaisertums unter den Soldatenkaisern auch den letzten Rest der Rechtsgrundlage hinweggespült hatte, die einst die Basis der Zusammenarbeit zwischen dem Kaiser und der Senatsaristokratie gewesen war. Die Unruhe im Reich, die Kämpfe an den Grenzen und zwischen den verschiedenen Thronprätendenten hatten schließlich auch geographisch den Schwerpunkt von Rom weg auf eine Mehrzahl von Reichszentren verlagert, so daß der Senat in Rom nicht mehr im Mittelpunkt des Imperiums lag; diese Entwicklung wurde durch die Pluralisierung der Reichsspitze seit Diocletian dann auch formell anerkannt. Zahlreiche Senatorengeschlechter wurden ferner physisch ausgelöscht; von denen, die am Ende des 3. Jahrh. dem Senat angehörten, konnten nur noch wenige die senatorische Würde ihrer Familie bis zur Severerzeit zurückverfolgen.
Dem Ritterstand ging es nicht viel besser. Da die Ritterwürde nie erblich gewesen war, vollzog sich der Bruch mit der Tradition sogar schneller. Die fehlende Familientradition mochte zeitweilig verdecken, daß unter den zahlreichen Rittern, die sich auch jetzt noch finden, ja gerade in dieser Zeit an Zahl zugenommen zu haben scheinen, kaum noch Vertreter jener Schichten waren, die früher die Ritterschaft gestellt hatten, nämlich — abgesehen von den traditionsreichen Offiziersfamilien — vor allem die Honoratioren der vielen Städte im Reich *(municipia)*. Tatsächlich war der Wandel im Ritterstand nicht weniger folgenschwer, denn die Munizipalaristokratie war in den Wirren des 3. Jahrhunderts besonders stark mitgenommen worden. Was der physischen Vernichtung durch die Soldateska entronnen war, wurde in den Rathäusern der Städte zwangsweise festgehalten, um für das Steueraufkommen und für das Funktionieren der städischen Selbstverwaltung mit dem Vermögen geradezustehen.

An die Stelle der alten Stände traten keine neuen. Es sah eine Zeitlang beinahe so aus, als ob durch das Chaos des Jahrhunderts alles sozial nivelliert, alle Menschen höheren Standes auf der gleichen Stufe sozial eingeebnet würden. Tatsächlich führte der zeitweise schier unerträgliche Druck aber nicht zu einer Einebnung, sondern zu einer Umschichtung der sozialen Verhältnisse in der Oberschicht. Die den Zeitgenossen übrigens deutlich bewußten (vgl. Cassius Dio 80, 7, 2; Tertullian, *apologeticum* 20, 2) Umgruppierungen spiegelten aber die älteren Verhältnisse nur unvollkommen wider. Auf jeden Fall zeigte es sich schnell, daß auch das in diesen wirren Zeiten erworbene soziale Prestige fähig war, alte Gruppierungen zu regenerieren und neue zu bilden.
Unter den neuen Trägern sozialer Macht stachen zunächst vor allem die Offiziere der zahlreichen, durch das Reich gegen äußere Feinde und gegen Usurpatoren unaufhörlich hin- und herziehenden Armeen heraus. Sie waren meist nicht mehr Karrieristen, die aus fixierten Schichten und nach anerkannten Normen in den Garnisonen aufstiegen und in des Kaisers Dienst ergrauten, sondern oft rohe Haudegen, die ausschließlich die kriegerische Leistung und die Treue zu einem Kaiser emporgebracht hatte. Aus ihnen rekrutierte sich jetzt selbstverständlich auch das gesamte Personal für die immer umfangreicher werdende Bürokratie. Offiziere nahmen nun die obersten Stellen ein, die früher Senatoren und Ritter innegehabt hatten und deren klangvolle Titel von den rauhen Kriegern dieser Zeit meist nicht verschmäht, aber doch nur als Ornament der erreichten hohen Würden angesehen wurden; auch die niederen Ränge der Büros besetzten weitgehend Soldaten. Die Militarisierung der Bürokratie hatte ja bereits in der frühen Kaiserzeit durch die Offizierskarriere der ritterständischen Beamten eingesetzt; jetzt wurde sie ein beherrschender Zug aller Verwaltung: Der Beamte hatte nicht mehr nur deswegen militärische Züge, weil er lange gedient hatte, sondern weil er auch als Beamter dem soldatischen Leben jedenfalls bis zu einem gewissen Grade verhaftet blieb. Die Herrschaftsfunktion der Bürokratie trat in diesen Soldaten-Beamten in äußerster Kraßheit vor Augen. Die neuen Träger der Bürokratie mochten sich darum zu Recht auch als die neuen Herren fühlen. Da die 50 Jahre der Anarchie (235

bis 284) von immerwährenden Kämpfen um die Macht erfüllt waren, wechselten diese Herren allerdings oft mit den jeweiligen Kaisern und Armeen, die Sieger blieben. Das Offizierskorps und mit ihm die Bürokratie war somit einem ständigen personellen Wandel unterworfen; der jeweilige Bestand an Personen konnte sich in einer Generation sogar mehrmals umschlagen. Erst als sich in der Tetrarchenzeit (nach 284) eine Beruhigung der inneren Situation eingestellt und sich die Verwaltung bzw. nun die Verwaltungen der verschiedenen Teilkaiser (Präfekturverwaltung) stabilisiert hatten, entstand eine jedenfalls relativ kontinuierliche Schicht von Offizieren und Verwaltungsbeamten, die als eine in sich ruhende Gruppe mit besonderem Selbstverständnis angesehen werden mochte. Die personelle Kontinuität ist in dieser Gruppe allerdings nicht außergewöhnlich groß gewesen, da der Offiziersstand nicht erblich war und ihm überhaupt ein Rahmen fehlte (etwa Titulaturen), der ihn als eine Gruppe mit eigenständigem Selbstverständnis konstituiert hätte. An Titeln mangelte es zwar nicht; es gab alte, z. B. ritterständische, und genug neue Titel, aber hinter ihnen stand nur der Wunsch nach Rangabstufung und Prestige. Der Rahmen, in dem das Offizierskorps stand, war und blieb das Heer oder die Bürokratie, also Institutionen: Sie waren ihr Bezugspunkt; es gab keinen außerhalb der Institution stehenden äußeren Rahmen und keine diesen Rahmen tragende Idee, die die Vorstellung eines geschlossenen Standes hätte vermitteln können.

Es ist ein typisches Kennzeichen der spätantiken Gesellschaft — und das verdeutlicht u. a. auch gerade die soeben vorgestellte Gruppe der mittleren und höheren Offiziere —, daß der alte Standesgedanke, der die höheren Gruppen der Gesellschaft bis dahin fest zusammengehalten hatte, sich weitgehend auflöste. Es verschwand zwar nicht der formale Rahmen der alten Stände; im Gegenteil blühte das ihnen entliehene Titel- und Rangwesen mit seinen Insignien und Vorrechten wie eh und je. Aber die mit den Ständen früher fest verbundenen Auszeichnungen waren jetzt doch nicht mehr der selbstverständliche Reflex der Zugehörigkeit zum Stand, sondern sie führten ein Eigenleben, das die Standeszugehörigkeit nur noch blaß reflektierte, seine Kraft jedenfalls nicht von dorther schöpfte. Der ständische Gedanke wurde jetzt weitgehend von der Vorstellung abgelöst, daß die oberen Schichten der Gesellschaft in Rangstufen gegliedert seien; die Rangordnung löste die ständische Ordnung ab. So wurde der Titel *clarissimus,* einst der jedem Mitglied des Senatorenstandes zukommende Ehrentitel, eine Rangstufe innerhalb einer Pyramide, die z. B. für die Senatoren weitere, höhere Rangklassen kannte *(spectabiles, illustres* usw., s. die Tabelle S. 150). Der Ritter, der ursprünglich *vir egregius* gewesen war, stand ebenfalls nun in einer Rangpyramide, und wenn angesichts der Titelinflation die untersten und schließlich alle „ritterständischen" Ränge der Pyramide nicht oder kaum noch vergeben wurden, war damit nicht das Ende des Standes angezeigt, der vielmehr als solcher schon lange kein Leben mehr hatte, sondern wurden lediglich die „ritterständischen" Titel, die am unteren Ende der Skala standen und daher nicht mehr sehr begehrt waren, beseitigt. Die neue Situation, in der der vornehme Mann eine zwischen Stand, Rang und Amt stehende neue Stellung einnahm, verdeutlicht besonders scharf auch die *comitiva,* also die Gemeinschaft aller *comites* (wörtl. Begleiter) des Kaisers. Zu ihr gehörten anfangs die dem Kaiser am nächsten stehenden Vertrauensleute, die auch die höheren Hofämter innehatten; sie erweitere sich aber dann zu einer Gruppe von Personen, die teils durch die von ihnen bekleideten Ämter, teils auch allein durch die Titelverleihung eine herausragende Schicht darstellte. Vom alten Stand sind alle diese neuen, durch die Rangstufen gekennzeichneten Gruppierungen vor allem dadurch geschieden, daß es keine Erblichkeit gab.

Allein der Senatorenstand hat bis zu einem gewissen Grade seinen Charakter als Stand behalten oder richtiger: nach den Wirren des 3. Jahrhunderts erneut befestigt. Allerdings waren die Senatoren ein sehr gemischter Haufen geworden: Es gehörten zu ihnen nicht mehr nur die alten und neuen senatorischen Geschlechter, die in Rom und — nach 330 — in Konstantinopel saßen, wo jedenfalls theoretisch alle Senatoren, die ja Mitglieder des Senats waren, zu wohnen hatten. Es konnte sich jeder zu ihnen rechnen, der einen dem Senatorenstand zukommenden Rang erhalten hatte; wer es somit in der Bürokratie, insbesondere im Heer, bis zu einem senatorischen Rang gebracht hatte, war demnach auch

Angehöriger des Senatorenstandes. Diese Entwicklung, die ja den Standesgedanken gerade aufgelöst hatte, erfuhr aber im Hinblick auf den Senatorenstand insofern eine Korrektur, als sich die höheren Ränge des Standes, insbesondere der Rang der *illustres*, von den niederen scharf abgrenzten und sich in dieser verbleibenden Gruppe ein Standesbewußtsein erhielt, das nicht lediglich an dem Titelbesitz orientiert war, sondern von der dauernden Zugehörigkeit zumindest eines Kernes von Familien ausging. Da in dieser Gruppe nicht in erster Linie der Titel, sondern der Stand den Senator machte, galten auch die alten ständischen Voraussetzungen für ihn. Ein Spezifikum der Gruppe war ein großer Landbesitz; noch Honorius hat den Senatoren höherer Abkunft sogar den Handel verboten und damit die alte Bestimmung des Senators als Großgrundbesitzer noch einmal eingeschärft. Die öffentliche Laufbahn ist hingegen für diese Gruppe der Senatorenschaft keine unabdingbare Voraussetzung der Zugehörigkeit. Die meisten dienen lediglich deswegen in der Bürokratie, um den ihrem Stand angemessenen Titel, der nun für sie nicht mehr nur *clarissimus*, sondern *illustris* sein muß, zu erhalten, und ziehen sich dann in ihr ländliches *otium* zurück. Der Staatsdienst ist hier also Mittel, nicht Sinn und Ziel des gesellschaftlichen Daseins. Neben dem Reichtum an Landbesitz und der guten Herkunft spielt für die Gruppe auch die Bildung eine nicht geringe Rolle. Die Kaiser unterstützen diese Sonderentwicklung nicht nur wegen des großen Einflusses dieser Herren, sondern auch deswegen, weil sie die immer wachsende Zahl derjenigen, die durch ihren Dienst in der Bürokratie mittels der Titelverleihung formell sich zum Senatorenstand zählen können, nicht mit den Privilegien des Senatorenstandes auszeichnen wollen, ja dies gar nicht können. Denn das wichtigste Privileg des Standes, die Immunität von den Lasten *(munera)* in den Städten, wäre bei der Inflation der unteren Ränge des Senatorenstandes fast allen Beamten zugekommen und hätte damit die Verwaltung der Städte gefährdet. So wird die Immunität zunächst für die Mitglieder des Dekurionenstandes, die in den Senatorenstand (bzw. Ritterstand) eintreten, eingeschränkt, in späterer Zeit dann werden nur noch die *illustres* mit diesem Privileg versehen, und schließlich wird sogar der Titel *senator* auf diese beschränkt.

Angesichts des Vorranges des Rangdenkens in der späteren Kaiserzeit stand aber auch diese herausragende Gruppe der Senatorenschaft, die das Standesdenken noch am schärfsten bewahrt hatte, nicht einfach neben der Rangpyramide, sondern es drangen aus letzterer neue Leute in die Gruppe ein, und andererseits konnten sich auch manche Familien, deren Mitglieder längere Zeit keine hohen Titel erworben hatten, ihr nicht mehr zurechnen. Die Grenzen zwischen dem Stand und den Rängen war also auch hier nicht sehr scharf. Insbesondere stiegen viele Barbaren über militärische Ämter in die Gruppe der *illustres* auf. Auch war das Zusammengehörigkeitsgefühl der Gruppe dadurch gestört, daß bei weitem nicht alle *illustres* in Rom oder Konstantinopel wohnten. Insbesondere war Rom der Hort der alten ständischen Tradition, wo im Senat nur noch die *illustres* Stimmrecht hatten, und hier ergab sich gelegentlich, wie in der Frage der Religionspolitik, auch noch ein politisches Thema, das die Masse des Standes durch den Widerstand gegen die offizielle Politik zusammenhielt. Der Geist der Tradition war in diesem inneren Kern des Senatorenstandes stark und die große Vergangenheit schuf einen legitimierenden Rahmen. Diese noch durchaus ständisch bestimmte Gruppe war im 4. bis 6. Jahrhundert abgesehen von Rom selbst vor allem in Italien und Gallien stark, wo weite Gebiete des flachen Landes in ihrem Besitz waren.

Hatte diese Gruppe von Großagrariern insbesondere der italischen und gallischen Provinzen ihren Standescharakter noch bewahrt, läßt sich das in derselben Weise nicht ganz von den anderen Großgrundbesitzern im Reich sagen, die nicht zu der genannten Gruppe gezählt wurden. Die wirtschaftlichen Probleme waren zwar im allgemeinen dieselben, auch die Entstehung der Vermögen unterschied sie kaum vom „Senatsadel". Viele gehörten auch kraft ihres Titels (etwa auf Grund der Bekleidung eines Amtes oder kraft kaiserlicher Verleihung) formell dem Senatorenstand an, waren jedoch in den oben beschriebenen Kern des Standes nicht integriert. Sie bildeten als Großgrundbesitzer keinen Stand im eigentlichen Sinne; sie verband lediglich die gemeinsame Vermögensstruktur.

Über die Entstehung der Schicht der Großgrundbesitzer *(potenti-*

ores, potentes) ist nicht sehr viel Genaues auf uns gekommen; wir können hier und dort das Werden eines Großgrundbesitzers verfolgen, aber da die Schicht ihre Wurzeln im Chaos des 3. Jahrhunderts hatte und sie zudem niemals feste Konturen gewann, bleibt für uns vieles im Dunkeln. Wenige Familien mögen auf die alte Honoratiorenschicht der städtischen Aristokratie, einige sogar auf senatorische Geschlechter zurückgeführt werden. Das Charakteristikum der Schicht war hingegen gerade nicht die Herkunft aus der alten Aristokratie. Für einen nicht unerheblichen Teil von ihr dürfte vielmehr der konfiszierte Grundbesitz vieler alter Geschlechter die Basis des Vermögens gebildet haben. Sie waren die Glücksritter der chaotischen Zeit gewesen, die aus dem Unglück der alten Familien und durch die Gunst einzelner Herrscher emporgekommen waren und sich in der allgemeinen Unsicherheit zu behaupten wußten. Die Basis ihres Reichtums war nicht der Handel, der in diesen unruhigen Zeiten keine Quelle großen Reichtums gewesen sein dürfte, auch nicht das Geldgeschäft, da die Währung im 3. Jahrhundert völlig verfallen, das Reich gebietsweise sogar zur Naturalwirtschaft zurückgekehrt war und es über ein Jahrhundert dauerte, bis sich wieder eine stabile Währung durchgesetzt hatte. Das Vermögen dieser neuen Schicht mächtiger Herren lag vielmehr fast ausschließlich im Grundbesitz, der zum Teil nie gekannte Ausmaße erreichte.

Die neuen Herren sind durch den Begriff der Großagrarier aber nur unvollkommen charakterisiert; denn sie hatten gegenüber den älteren Gruppen mit ähnlicher Vermögensstruktur sehr unterschiedliche Wesensmerkmale. Sie besaßen ihr Vermögen und ihren Einfluß oft nicht kraft Anerkennung durch den Kaiser bzw. der ganzen Gesellschaft und als Ausfluß einer allerseits gebilligten Standeszugehörigkeit, sondern, wie sie oft ohne oder sogar gegen den Kaiser und die alten gesellschaftlichen Kräfte zu ihrem Reichtum gekommen waren, standen sie auch weiterhin eher in Abwehrposition zu Kaiser und Bürokratie, gegenüber denen sie ihren Besitz zu verteidigen und gegen deren Geldbedürfnis und Geldgier sie sich zu wehren hatten. In den wilden Zeiten des 3. Jahrhunderts und auch noch späterer Jahrhunderte, in denen — besonders im Westen — Einfälle äußerer Völker oder innere politische, soziale und zunehmend auch religiöse Wirren eine allgemeine Unsicherheit erzeugten und der Kaiser als Helfer fern oder er gerade auch der Feind war, erwiesen sich diese Grundbesitzer bisweilen als der einzige Schutz ihrer Umgebung. Gegen Einfälle auswärtiger Feinde organisierten sie auf ihren Gütern den Widerstand auf eigene Faust, boten auch Sicherheit gegen das in diesen Jahrhunderten um sich greifende Bandenunwesen und waren oft die einzige Garantie für eine Versorgung der Bevölkerung mit dem Notwendigsten. Viele Personen, insbesondere Bauern, begaben sich daher freiwillig in den Schutz eines Großgrundbesitzers, der ihnen näher stand als der Kaiser. Die kaiserliche Zentrale hat die Schutzfunktion dieser Herren zum Teil auch anerkannt. Das drückte sich vor allem darin aus, daß einzelnen Großgrundbesitzern weitgehende Vollmachten für das von ihnen betreute Gebiet eingeräumt wurden, so etwa die Steuerfreiheit (Immunität) für wenigstens eine oder einige Steuerarten und die Freiheit von der Rekrutierung, und manche Herren scheinen sogar in den unruhigen Zeiten einer sich auflösenden Zentralgewalt (im 3. Jahrhundert und im Westen seit der Mitte des 5. Jahrhunderts) auch die Gerichtsbarkeit an sich gerissen zu haben. Es waren noch keine mittelalterlichen Herrschaften mit Eigenrecht, die sich hier entwickelten; die Selbstherrlichkeit der Schicht entstand ja gerade gegen den Geist der Zeit, der auf Zentralismus und totale Bürokratie ausgerichtet war, und diese neuen Herren hatten sich auch immer wieder zu verteidigen, konnten sich jedenfalls für ihre tatsächliche Macht auf keinen anerkannten Rechtsstandpunkt berufen, sondern besaßen ihre Macht eher trotz des Rechts als durch dasselbe. Aber die Faktizität schuf doch allmählich so etwas wie einen Konsens darüber, daß diese Großgrundbesitzer ein Teil der anerkannten sozialen Schichtung waren.

Die Ausbildung und Verfestigung der neuen Schicht unterstützte auch der Umstand, daß die Massen der Bauern seit dem 2. Jahrhundert allmählich zu halbfreien Hörigen absanken, die an die Scholle gebunden und von den Eigentümern dieser Scholle abhängig waren (Kolonat). Die Einschränkung der Freizügigkeit war unter dem Druck der großen wirtschaftlichen Not des 3. Jahrhunderts, durch das wachsende Geldbedürfnis der Kaiser und durch

den Einfall fremder Völker in das Reich noch fühlbarer geworden. Die Reichsverwaltung, die ehemals Schutz und Sicherheit bedeutet hatte, wurde zunehmend zu einem Herrschaftsapparat, der die Bürger zwecks Sicherung der Steuern und sonstiger Leistungen erfaßte und auspreßte. Die Bürokratie hatte den einstigen Stolz einer jeden Stadt, die städtische Selbstverwaltung, sehr geschwächt und nun auch den Stadtbewohner weitgehend direkt erfaßt. Dem Verlangen, dem ungeheuren Druck der Bürokratie zu entgehen, boten sich nur noch die reichen Grundbesitzer an. Sie wurden daher ein Kristallisationspunkt politisch-sozialer Macht, deren Zentrum gerade nicht die Stadt, sondern das Land war. Die Großgrundbesitzer, die bis dahin stets Bürger einer Stadt gewesen waren und deren Land zu dem Territorium einer Stadt gehört hatte, suchten sich aus dem Stadtgebiet zu eximieren und ländliche Exklaven zu bilden. Diese Entwicklung ist wahrscheinlich dadurch stark gefördert worden, daß einzelne von ihnen in den Zeiten der Schwäche der kaiserlichen Zentralgewalt große Teile der kaiserlichen Domänen, die seit jeher aus dem städtischen Territorium ausgeklammert gewesen waren, an sich gezogen hatten, sei es nun, daß sie ihre Stellung als Großpächter von Domänen zu einem faktischen Besitz ausgebaut, sei es, daß die geldbedürftigen Kaiser ihnen gegen Zahlung oder als Belohnung für besondere Leistungen Domänen zur Dauerpacht oder gar als Eigentum überlassen hatten.
Das Charakteristikum der neuen Schicht war also deren relative Selbständigkeit auf einem großen Territorium und deren Sonderstellung gegenüber den städtischen Zentren. Das politische Schwergewicht verschiebt sich hier nicht unwesentlich von der Stadt auf das Land und zeigt damit den Verfall der urbanen Lebensweise an. Der Umfang und das Gewicht der Schicht war zwar zu manchen Zeiten fühlbarer als zu anderen und war auch lokal verschieden stark ausgeprägt. In der Mitte des 5. Jahrhunderts etwa hatte diese Entwicklung im Westen des Reiches einen gewissen Höhepunkt erreicht; Aëtius, der Sieger über den Hunnenkönig Attila im Jahre 451, war z. B. einer der reichsten Grundbesitzer, der eine ganze Privatarmee aus den von ihm Abhängigen zu bilden vermochte. Aber bei aller örtlichen und zeitlichen Sonderentwicklung und trotz des Fehlens eines festen ständischen Rahmens wurde

dieser Typ von Großgrundbesitzern zu einem wichtigen Faktor der ganzen Gesellschaft. Für das Reich waren diese Herren oft die entscheidende Stütze, wenn die äußere Not und die religiösen und wirtschaftlichen Schwierigkeiten von der Zentrale nicht oder nur ungenügend bewältigt werden konnten, und für die Massen war der von den Großgrundbesitzern gewährte Schutz *(patrocinium)* lebenswichtig. Die nicht selten dunkle Entstehung der großen Reichtümer und auch die uneinheitliche Zusammensetzung hemmten die Entwicklung zu einer Schicht mit einheitlichen Wesensmerkmalen und anerkanntem Prestige nur wenig. Einige alte Familien, Glücksritter des Chaos, gewissenlose Geschäftemacher, hohe Verwaltungsbeamte und Offiziere, Großpächter von Domänen und andere verschmolzen zu einer Gruppe, denen wohl die Zeichen, aber nicht die schichtspezifischen Merkmale einer Gruppe fehlten. Da sie ohne, ja teilweise und zeitweise sogar gegen die zentralen Gewalten emporgestiegen waren und sich behaupteten, überdauerten sie deren Zusammenbruch und wurden im Westen des Reiches zu einem Element der Kontinuität zwischen der antiken und der frühmittelalterlichen Gesellschaft.

d) Die römischen Bürger

Jedes römische Lehrbuch über das Privatrecht beginnt mit einem Kapitel über das Personenrecht, durch das die verschiedenen Personen bzw. Personengruppen nach ihrem personalen Rechtsstatus vorgestellt werden. In ihm werden alle Personen in einer ersten grundsätzlichen Unterscheidung in Freie *(liberi)* und Unfreie *(servi)* gegliedert. In der Untergliederung der Gruppe der Freien wird weiter zwischen Freigeborenen *(ingenui)* und unfrei geborenen Freien (*liberti*, die Freigelassenen) geschieden. Eine weitere Unterdefinition teilt alle Freien in römische Bürger *(cives Romani)* und solche Personen ein, die nicht römische Bürger, also Fremde *(peregrini)* sind. Diese strengen Definitionen hatten vom Beginn der römischen Kaiserzeit bis ins 3. Jahrhundert hinein, z. T. bis an das Ende der römischen Antike reale Bedeutung; ihr entsprachen tatsächlich vorhandene Scheidelinien innerhalb der Reichsbevölkerung.

Die Gruppe der römischen Bürger, die zunächst besprochen werden soll, ist in sich sozial stark gegliedert. In den vorangehenden Kapiteln wurden die höheren Stände des Reiches — Senatorenstand, Ritterstand und die spätantike Aristokratie — behandelt. Im folgenden soll die Masse der römischen Bürger noch etwas näher betrachtet werden.

Die römischen Bürger bewohnten in den letzten Jahrzehnten der ausgehenden Republik einen geschlossenen geographischen Bezirk. Seit dem sogenannten Bundesgenossenkrieg (91/89 v. Chr.) waren alle Bewohner Italiens südlich einer Linie zwischen den Städten Pisa (Pisae) und Rimini (Ariminum) römische Bürger. Dieses Gebiet, für das der Begriff *Italia* galt (er schloß also damals Oberitalien und die Inseln Sizilien und Sardinien nicht ein), war demnach eine Rechtseinheit, nämlich das Gebiet der nach römischem Recht lebenden Menschen. Durch Caesar erhielten auch die Bewohner Oberitaliens das römische Bürgerrecht und Augustus hat in seiner regionalen Neueinteilung Italiens Oberitalien (umfassend die Regionen Aemilia, Liguria, Venetia et Istria, Gallia Transpadana, d. i. der nördliche Teil der späteren Lombardei) in den Begriff Italien hineingenommen. Außerhalb Italiens, in den Provinzen, wohnten in der Republik nur vereinzelt römische Bürger, die sich, wenn sie irgendwo zahlreicher vertreten waren, in Konventen zusammenschlossen *(conventus civium Romanorum)*. Der Diktator Caesar und sein Adoptivsohn Augustus haben dann aber zur Versorgung vor allem der hauptstädtischen Bevölkerung und der nach den Bürgerkriegen entlassenen Soldaten zahlreiche Städte römischen Rechts in den Provinzen gegründet, und zwar damals vor allem in Sizilien, dem heutigen Südfrankreich (Gallia Narbonensis), in Spanien (Tarraconensis, Baetica), in Mittelnordafrika (Africa, Numidia), an der dalmatinischen Küste (Illyricum), in Makedonien und in Kleinasien. Auch die nachfolgenden Kaiser haben, wenn auch nicht in demselben Umfang, römische Bürger außerhalb Italiens in Städten angesiedelt, und es wuchs auch die Zahl der sich in nichtrömischen Gebieten einzeln oder in Gruppen niederlassenden römischen Bürger. In steigendem Umfang wurde auch Peregrinen das römische Bürgerrecht verliehen, so daß die Anzahl der römischen Bürger im Reich ständig wuchs, bis dann im 3. Jahrhundert alle Bewohner des Imperiums das römische Bürgerrecht erhielten (s. u. S. 317, 323 f., 327 f.).

Die römischen Bürger waren für die nichtrömische Bevölkerung der Provinzen zunächst noch diejenige Bevölkerungsschicht, die als Eroberervolk zum Herrn über die Welt geworden war. Die Provinzialen lernten sie zuerst als Soldaten und Händler kennen und fürchten. Das politische Gefälle zwischen Italien und den Provinzen war in dieser frühen Zeit entsprechend groß. Allerdings bestand es in der Realität nur bedingt; es war vor allem ein ideelles Gefälle, in dem die in dem Begriff Italien zu einer Nation zusammengeschmolzenen römischen Bürger den Untertanen (Provinzialen) gegenübertraten. Denn tatsächlich waren die politischen Rechte der römischen Bürger stets begrenzt gewesen, und was sie an politischem Recht besessen hatten (Wahl der Magistrate, Gesetzgebung, beides ohne Initiativrecht des einfachen Bürgers), war zudem am Ende der Republik schon so weit abgebaut worden, daß es für die Masse kaum noch realen Wert hatte. Der römische Bürger hatte nur indirekt, über seine aristokratischen Patrone, Anteil an dem politischen Leben gehabt: Rom war von einer Schicht aristokratischer Herren regiert worden, deren Autorität auf dem Sozialprestige bei den Massen der Bürger (Clientel) ruhte. So lag das Vorrecht der römischen Bürger gegenüber den Nichtrömern nicht darauf, daß sie stärker an den politischen Entscheidungsprozessen beteiligt waren, und dies erst recht nicht in der Kaiserzeit. Die Unterschiede waren nichtsdestoweniger beträchtlich.

Abgesehen von der Sprache, dem Lateinischen (*lingua Latina*), und der den Römern eigenen Sozialstruktur, die von dem sehr starken Gewicht der väterlichen Gewalt in der Familie (*patria potestas*) und von dem nicht minder starken Gewicht des Patrons in der weiteren Gesellschaft geprägt war, unterschieden sich die Römer von der übrigen Reichsbevölkerung einmal dadurch, daß im Prinzip (nicht in der praktischen Durchführung) nur sie wehrfähig waren. Die Wehrfähigkeit weist die Römer als die freie Bevölkerung aus, die einer untertänigen gegenübersteht. Aus diesem Wesenszug ergibt sich auch ein anderes Unterscheidungsmerkmal: Der römische Bürger zahlte keine Kopf- und Bodensteuer, die vielmehr als Zeichen der Untertänigkeit galt (Tribut), und auch nur der römische Bürger hatte das Recht, an der Verteilung der Kriegsbeute (das hieß praktisch seit dem Diktator Caesar: an der Versorgung mit Land) beteiligt zu werden. Der römische Bürgerverband stellte ferner einen in sich geschlossenen Rechtskreis dar, an dem die anderen nicht teilhatten. Es war zwar mittlerweile längst der Privatrechtsverkehr, insbesondere die den Handel betreffenden Rechtsgeschäfte mit Nichtrömern möglich und geschützt, doch blieb der grundsätzliche Unterschied, der sich z. B. im Familienrecht besonders stark ausdrückte, bestehen.

Ein römischer Bürger zu sein, bedeutete also in der Kaiserzeit zwar politisch nicht mehr viel. Im Hinblick auf die Versorgung mit Land aber und im Steuerrecht war er besser gestellt, privatrechtlich war er in manchem bevorzugt und auch strafrechtlich zeigte sich hier und da noch seine ehemals gegenüber den Nichtrömern herausragende Stellung. So konnte z. B. ein römischer Bürger nur durch das Gericht des Kaisers, nicht auch etwa durch das Gericht des Provinzialstatthalters zum Tode verurteilt werden; Prozesse gegen römische Bürger, die auf Leib und Leben gerichtet waren („kapitale“ Prozesse), mußten daher nach Rom überwiesen werden. So hat der Apostel Paulus, der das römische Bürgerrecht besaß, gegen den prokuratorischen Statthalter von Judaea das kaiserliche Gericht in Rom angerufen („*civis Romanus sum*“ war die Appellationsformel, die die Überweisung der Verhandlung an das Kaisergericht in Rom erzwang), wurde daraufhin nach Rom transportiert und dort verurteilt. Daß Paulus in Rom anstatt in Caesarea/Palästina sein Martyrium erlebte, geht also auf ein noch in der Kaiserzeit lebendiges Rechtsprivileg des römischen Bürgers zurück. Auch die Wehrfähigkeit mochte vielen Römern deswegen als ein Vorzug erscheinen, weil die Soldaten im Heer ihr Auskommen und ihren Unterhalt hatten und sie nach der Entlassung aus dem Heer eine Versorgung erhielten; gerade der arme Bürger mochte im Wehrdienst die Sicherung einer ansonsten vielleicht ungesicherten Existenz sehen. Der große Menschenbedarf der kaiserlichen Armee hat aber dazu geführt, daß Freiwillige die Lücken nicht füllten und folglich auch zwangsweise rekrutiert werden mußte. Von vielen wurde daher als Belastung empfunden, was ursprünglich Vorzug gewesen war und manchem auch in der Kaiserzeit noch als Vorzug erscheinen mochte.

Im allgemeinen ging es dem römischen Bürger, auf den sich als den Angehörigen der herrschenden Bevölkerungsgruppe die kaiserliche Fürsorge zunächst richtete, in der frühen Kaiserzeit nicht schlecht. Auch der ärmere Mann hatte über das Heer Aufstiegschancen. Der Römer konnte ferner durch Handelsgeschäfte im Reich verdienen und ist ohne Frage als Händler und Reisender von den römischen Magistraten außerhalb Italiens bevorzugt behandelt worden. Wenn er Unglück hatte und es ihm wirklich schlecht ging, halfen ihm die Versorgungseinrichtungen des Kaisers über die gröbste Not: Getreidezuteilungen (*annona*), Ölzuwendungen, u. U. Geldspenden und die Versorgung hilfsbedürftiger Kinder (*alimentatio*) waren regelmäßig praktizierte Hilfen zur Abwendung sozialer Not. Diese Maßnahmen erfolgten nur für die römische Bevölkerungsgruppe; *annona* und *alimentatio* waren sogar weitgehend auf Italien, das ursprünglich einzige und auch später noch einzige geschlossene Wohngebiet der Römer, oder gar auf die Stadt Rom beschränkt. Trotz allem profitierte die Masse der römischen Bürger von ihrer bevorzugten Stellung nur wenig. Der Handel im Reich war in aller Regel in der Hand derjenigen Bürger, die schon seit jeher Geld hatten, denn der risikoreiche Überseehandel erforderte Kapital, über das nur wenige verfügten. Es kam hinzu, daß die wirtschaftliche Entwicklung Italiens nicht günstig verlief. Es entwickelte sich nach den Landverteilungen der ausgehenden Republik, die noch einmal den kleinen und mittleren Bauernstand gestärkt hatten, wieder ein Großgrundbesitz, der die kleinen Bauern verdrängte oder abhängig machte: Der nach den Wirren der ausgehenden Republik wieder zu Geld gekommene, mit dem Kaiser durch den Kompromiß des Prinzipats verbundene Aristokrat und der in der Friedenszeit reich gewordene Händler legten ihr Geld in Grundbesitz an und bewirtschafteten ihn nach extrem rationellen Gesichtspunkten (Anbau von Öl und Wein, Viehzüchtung), so daß ein ehemaliger Bauer selbst als freier landwirtschaftlicher Arbeiter kaum Arbeit bekam; die großen

Gutsherren beschäftigten vor allem Sklaven oder tendierten zu einer Bewirtschaftungsform, die wenig Arbeitskräfte benötigte, bzw. sie taten beides zugleich. Auch die ursprünglich auf manchen Sektoren herrschende italische Manufaktur geriet gegen Ende des 1. Jahrhunderts in eine Krise, weil die Provinzen die italische Ware allmählich nachahmten und auf diese Weise autark, bisweilen sogar Überschußgebiet und also Exporteur der früher importierten Waren wurden (zu beobachten vor allem an der *terra sigillata*-Produktion in Italien und Gallien, s. 2, 73 ff.). Auch manche landwirtschaftliche Produkte, die Italien bevorzugt geliefert bzw. in besonders guter Qualität hergestellt hatte, stellten die Provinzen allmählich selbst her. So wurde z. B. ein besonders erfolgreicher Exportartikel Italiens, der Wein, bald auch in Gallien angebaut; Versuche, die italische Weinproduktion durch Anbauverbote im Westen zu schützen, wirkten nicht besonders stark. Italien wurde demnach, ökonomisch gesehen, ein besonderes Sorgenkind, ja sogar ein Krisenherd. Selbst der Oberschicht, die durch ihren Großgrundbesitz eine solide wirtschaftliche Basis hatte und auch mit Hilfe von Kapital über die Grenzen Italiens hinaus händlerisch tätig sein konnte, gelang es nur unvollkommen, sich aus dem Strudel der wirtschaftlichen Misere des Landes herauszuhalten.

Die bevorzugte Stellung des römischen Bürgers löste sich dann in einem langsamen Prozeß insofern völlig auf, als immer mehr Bewohner des Reiches römische Bürger wurden. Schon bald drangen z. B. in die Legionen, die nur römische Bürger nahmen, immer mehr Nichtrömer ein, denen zur Aufrechterhaltung der Form mit dem Eintritt in die Legion das römische Bürgerrecht verliehen wurde. Auch erhielten nun viele peregrine Städte geschlossen das römische Bürgerrecht. Mit der *constitutio Antoniniana* v. J. 212 wurde dann der gesamten Reichsbevölkerung das römische Bürgerrecht übertragen und sind seitdem die personenstandsrechtlichen Unterschiede der freien Reichsbevölkerung verschwunden.

e) Die nichtrömische Reichsbevölkerung (Peregrine)

Die römischen Bürger waren zu Beginn der römischen Kaiserzeit im Reichsgebiet eine Minderheit. Die Zahl der Römer, einschließlich Frauen und Kinder, betrug gegen Ende der Regierungszeit des Kaisers Augustus (14 n. Chr.) etwa fünf Millionen; die weitaus meisten von ihnen lebten in Italien, das ein einheitliches Gebiet römischer Bürger war, ferner in geschlossenen Verbänden auch außerhalb Italiens in Städten römischen Rechts, die Caesar und Augustus gegründet hatten, sowie in kleineren Gruppen innerhalb nichtrömischer Städte und Stämme. Die Masse der Reichsbewohner waren Fremde, nach lateinischer Terminologie *peregrini.* Sie waren die ehemaligen Untertanen des römischen Herrenvolkes, die in den geographisch fest umrissenen Herrschaftsbezirken, den Provinzen, wohnten (daher auch Provinziale genannt, *provinciales).* Ihre absolute Zahl ist sehr schwer abzuschätzen. Es ist aber von der Wahrheit vielleicht nicht allzu fern, wenn man von etwa 40 Millionen Peregrinen in den Provinzsprengeln ausgeht.

Die römische V e r w a l t u n g lag in den ersten Jahrhunderten der Reichsgeschichte nur als eine Art Oberbau über den peregrinen Organisationsformen. Für jede Provinz gab es einen Statthalter, einige Finanzbeamte und einen Stab von Subalternen, die meist von den höheren Beamten mitgebracht wurden; daneben stand dann noch, soweit vorhanden, die Armee mit ihrem Verwaltungsstab. Die römische Verwaltung war anfangs eine reine Militärverwaltung, die lediglich für die Ruhe und Ordnung in der Provinz sorgte und die Tribute einzog, welche die Peregrinen entweder seit jeher irgendwelchen Herren gezahlt hatten und nun eben den Römern zahlten oder jetzt zum ersten Male als Zeichen einer neuen Unfreiheit entrichteten. In den langen Jahrhunderten der Republik und der frühen Kaiserzeit, in denen sich die Herrschaftspraktiken Roms in den Provinzen entwickelten, bildeten sich überall im Prinzip gleiche Formen der Herrschaftsausübung aus. Das Militärwesen war den Provinzialen selbstverständlich völlig aus der Hand genommen; soweit überhaupt Nichtrömer im römischen Heere dienten, wurden sie von Römern rekrutiert und standen unter römischem Kommando. Diese nichtrömischen Soldaten waren während ihrer Militärdienstzeit und durch sie aus den peregrinen Organisationsformen, aus denen sie kamen, faktisch ausgegliedert, bildeten zunächst gleichsam einen sozialen Körper für sich und wurden nach dem Militärdienst durch die Verleihung des römischen Bürgerrechts an die meisten dieser Soldaten in den Verband der römischen Bürger integriert. Ferner interessierte die römische Herrschaftsverwaltung selbstverständlich das Steuerwesen, das anfangs nur zögernd, dann immer intensiver von einer besonderen kaiserlichen Finanzverwaltung übernommen wurde, doch haben sich die Römer bei der Steuereintreibung weitgehend auf die Behörden der peregrinen Städte und Stämme gestützt. Im übrigen konzentrierten die Römer ihr Interesse vor allem auf die Streitigkeiten zwischen den Städten, überhaupt auf den ganzen Raum der Beziehungen, der vor der römischen Eroberung von völkerrechtlichen Normen beherrscht gewesen war: Das Völkerrecht bzw. der gesamte Bereich der äußeren Beziehungen der ehemals selbständigen, jetzt untertänigen Gemeinden und Stämme in einer Provinz wurde nunmehr von den römischen Behörden ausgefüllt; die ehemalige Außenpolitik der Peregrinen ging in der römischen Herrschaftsorganisation auf. Aber die Römer hatten doch auch ein Augenmerk auf manche Bereiche des inneren Spannungsfeldes einer nichtrömischen Stadt oder eines Stammes. Prozesse, die auf Leib und Leben gingen, mochten u. U., auch wenn sie nicht politische Straftaten betrafen, doch unter dem Vorwurf anderer Delikttatbestände politischen, gegen die Römer gerichteten Charakter haben; ebenso konnten Prozesse, die Vermögensvorteile oder -nachteile brachten, einen politischen Hintergrund haben. So beobachteten die römischen Behörden wachsam auch diejenigen Institutionen und Handlungsabläufe der untertänigen Städte, die sie weiterlaufen ließen. Bisweilen haben sie auch, wie im Abschnitt über die Verwaltung weiter ausgeführt worden ist, neue Organisationsformen errichtet, die von ihnen selbst beherrscht und kontrolliert wurden. Die ersten Jahrhunderte der römischen Kaiserzeit sind jedoch — wie die Zeit der Republik — noch eher von einer Zurückhaltung der römischen Behörden gegenüber einer stärkeren Einmischung in die peregrinen Lebensverhältnisse gekennzeichnet. Diese Zurückhaltung geht allerdings nicht, jedenfalls nicht primär, auf eine liberale Herrschaftsauffassung der Römer zurück. Ihre Ursache ist während der Republik in der besonderen Herrschaftsstruktur des römischen Staates zu erblicken, der als eine aristokratische Staatsform für den Aufbau einer größeren Bürokratie keine Möglichkeiten bot; in der Kaiserzeit waren dann zwar durch die nun bei dem neuen Herrschaftsträger, dem Kaiser, sich bildende bürokratische Zentrale die Möglichkeiten eines vergrößerten Verwaltungsapparates gegeben, doch fehlte zunächst noch eine breite soziale Schicht, die diese Verwaltung tragen konnte. Wenn die Römer die Liberalität ihrer zunächst nur wenig intensiven Herrschaftsorganisation gepriesen haben, ist das als ein subjektiv gewiß ehrliches, aber von den objektiven Bedingungen her gesehen nur bedingt richtiges Urteil anzusehen.

Unterhalb einer zwar fest organisierten und im Hinblick auf die Intensität des Herrschaftswillens auch außergewöhnlich effektiven römischen Provinzialverwaltung lief das Leben der Peregrinen weiter wie vor der römischen Okkupation. Die Griechen, Orientalen, Phöniker und anderen Völker, deren politisches Dasein seit jeher durch die Stadt bestimmt gewesen war, lebten nach ihren alten Stadtrechten, also nach ihren angestammten privatrechtlichen und strafrechtlichen Normen, unter ihren traditionellen städtischen Organisationsformen und nach ihren althergebrachten sakralen Gewohnheiten. Auch die Völker, die nach Stammesrechten gelebt hatten, wie die iberischen oder kelto-iberischen Stämme Spaniens, die Kelten Galliens, die illyrischen Stämme des Balkans oder die Nomaden in Afrika, brauchten ihre privaten wie öffentlichen Lebensformen nicht aufzugeben. Ebenso erfuhren auch diejenigen Menschen, deren Dasein vor der römischen Herrschaft weitgehend von dem Vorhandensein einer monarchischen Herrschaft bestimmt gewesen war, wie etwa die Ägypter oder auch die Bewohner Nordwestafrikas (Mauretanien, Numidien), Bithyniens und Galatiens, mit dem Eintritt der Römer in die alte monarchische Herrschaftsstruktur keinen Wandel ihrer politisch-sozialen Organisation. Die städtische Selbstverwaltung (Autonomie) und die Lebensweise der nicht städtisch organisierten Stämme des Reiches (*ius gentis*) blieben erhalten.

Mit dem Wandel Roms von einer aristokratisch regierten Staatsform (Republik) zu einer Monarchie änderte sich jedoch manches in dem Leben der Provinzbewohner. Die römische Verwaltung wurde nicht nur intensiver und bisweilen auch umfangreicher; sie wurde vor allem — zum Besten der Provinzialen — auch wirkungsvoll beaufsichtigt und kontrolliert. Die Statthalter waren nicht mehr, wie in der Republik, Angehörige der regierenden Schicht und daher unkontrollierbar, sondern sie waren vom Kaiser abhängige Personen. Da mit dem *Wandel* der Herrschaftsstruktur auch die *Herrschaftsauffassung* sich änderte (s. o.), beschäftigte sich die Verwaltung ferner nicht mehr nur bzw. vornehmlich mit den eigentlichen Herrschaftsaufgaben einer herrschaftlichen Verwaltung, wie mit der Organisation des Heerwesens, Fragen der Steuereintreibung, der politischen Sicherheit usw. Selbstverständlich blieben das auch weiterhin sehr wichtige Themen römischer Reichsverwaltung, aber neben sie traten — in der Republik nicht völlig außer acht gelassen, aber doch vernachlässigt — Aufgaben, die der sozialen Sicherheit und der Wohlfahrt der untertänigen Bevölkerung dienten. Aus Objekten der reinen Herrschaft wurden nun auch die Peregrinen allmählich Gegenstand sozialer Fürsorge, so wie es die Römer schon seit langem waren. Die Provinzialen begannen, den Kaiser, der nun synonym für Rom stand und in vielen Provinzen in Tempelgemeinschaft mit der vergöttlichten Roma kultische Verehrung genoß, mit anderen Augen zu sehen. Kaiser und Verwaltung wurden zu Garanten von Sicherheit und sogar Freiheit. Das Gefühl der Untertänigkeit und Knechtung verlor sich allmählich, am langsamsten naturgemäß in manchen Städten des griechischen Ostens, die eine große politische Vergangenheit gehabt hatten und für die die städtische Freiheit ein konstitutives Element ihrer staatlichen Existenz gewesen war. Aber zwischen der alten Freiheit und der römischen Herrschaft hatten doch auch schon die hellenistischen Königreiche, nämlich das makedonische Reich, das seleukidische und ptolemäische Reich in Syrien, Kleinasien bzw. in Ägypten sowie das pergamenische Reich in Westkleinasien gestanden, so daß die römische Herrschaft durchaus auch als die Verlängerung einer griechischen gedacht werden konnte. Ferner verloren die Provinzialen ganz allmählich auch das Gefühl, daß sie innerhalb der Reichsbevölkerung eine gegenüber den römischen Bürgern stark abgesetzte, mindere Schicht darstellten. Zwar gab es immer noch das Gefälle zwischen Italien und den Provinzen, das früher ein eminent politisches Gefälle gewesen war; es hatte gleichsam die Trennlinie zwischen Herrschern und Beherrschten markiert. Aber als im Kaiserreich nicht nur die römischen Bürger, sondern auch die römische Aristokratie wenn nicht rechtlich, so doch tatsächlich alle politische Entscheidungsmacht verloren hatten und der Kaiser einziger Träger politischen Willens geworden war, wurden Römer und Peregrine mehr und mehr gleichrangige Objekte einer einheitlich über alle Reichsbewohner gesetzten kaiserlichen Verwaltung. Vor dem Kaiser waren bald alle Menschen in gleicher Weise Untertanen oder Kinder seiner patronalen Fürsorge, je nachdem wie er gerade gesehen wurde. Zudem brachte jedes Jahrzehnt eine auch rechtliche Angleichung der Peregrinen an die römischen Bürger. Das römische Bürgerrecht wurde ja, wie im nächsten Abschnitt auszuführen sein wird, an Hunderttausende von Soldaten und Zivilisten, ja an ganze Städte bzw. Gruppen in Städten verliehen. Es kam hinzu, daß die allgemeine wirtschaftliche Prosperität nicht mehr nur Italien erfaßte, das trotz aller wirtschaftlichen Notlagen oder mangelnden staatlichen Fürsorgepolitik doch durch die Verteilung von Kriegsbeute (meist in Form von Land) oder sonstigen Zuwendungen an Soldaten, an die hauptstädtische Bevölkerung und — über die aristokratischen Patrone — auch an die Bauern, ferner auch durch den von italischen Händlern gesteuerten Export aus der Herrschaftsstellung Roms Vorteil gezogen hatte. Denn nachdem unter den Kaisern zunächst die Ausbeutung der Provinzialen durch Beamte und Steuereintreiber unterbunden worden war, wagten sich mit der allgemein gewachsenen Sicherheit des Handels- und Geldwesens unter der neuen Ordnung, die das Geschäft wieder berechenbar machte, auch peregrine Händler energischer im Wirtschaftsleben des Mittelmeerraumes zu bewegen. Auch sie profitierten nun von dem durch die Römer garantierten Frieden auf den Meeren, von den sicheren Straßen des Reiches und von der allgemeinen Freizügigkeit des Handels. Das Zentrum von Wirtschaft und Handel verlagerte sich sogar allmählich von Italien auf die Provinzen, besonders auf Gallien, Kleinasien, Syrien und auf manche Landstriche Nordafrikas. Diese Entwicklung endete dann im 3. Jahrhundert in einer Sackgasse, wie bei der Erörterung der wirtschaftlichen Entwicklung im Reiche auszuführen sein wird. Zunächst wurden aber nur die Vorteile gesehen, und diese wuchsen den Reichsbewohnern schon bald unabhängig von ihrer Zugehörigkeit zum römischen Bürgerverband zu.

Man darf auch nicht vergessen, daß die Menschen im Reich die Segnungen des römischen Friedens auf dem Hintergrund einer trostlosen Vergangenheit wohl zu schätzen wußten. Nach den letzten großen Bürgerkriegen der Römer, die das ganze Reichsgebiet erfaßt hatten (bis 30 v. Chr.), herrschte 250 Jahre lang Friede, der lediglich kurze Zeit einmal durch schnell vorübergehende Thronkämpfe unterbrochen wurde. Weder vor dieser Zeit noch nachher hat es in einem so umfangreichen Gebiet, wie es das Römische Reich darstellte, eine so lange Friedenszeit gegeben. In Griechenland, Kleinasien, Afrika, Spanien, Gallien und anderen Gegenden, die früher kaum ein Jahr ohne kriegerische Ereignisse erlebt hatten, kannten die Menschen den Krieg und das mit ihm zusammenhängende Unglück nur aus Büchern; die Kämpfe an den Grenzen des Reiches nahmen sie als etwas Fremdes, kaum zu ihnen Gehörendes zur Kenntnis. Die feindlichen Mächte, die den Menschen bedrohten, waren anderer Natur, nämlich Epidemien, wie die Pest, die in der Regierungszeit des Kaisers Mark Aurel seit dem Jahre 166 den Südosten des Reiches, aber auch Italien heimsuchte, oder Erdbeben, wie jenes in Kleinasien z. Z. des Kaisers Tiberius im Jahre 17 n. Chr., von dem vor allem zwölf Städte Kleinasiens, unter ihnen Sardes, schwer heimgesucht worden waren, oder jenes, ebenfalls in Kleinasien, unter dem Kaiser Antoninus Pius (138–161). Aber Katastrophen dieser Art fanden eine tatkräftig helfende kaiserliche Hand; in Kleinasien z. B. wurde nach dem Erdbeben so viel und so schnell wieder aufgebaut, daß wir heute die meisten z. T. sehr großzügig angelegten Gebäude dieser Gegend der antoninischen Epoche zugehörig finden.

Die in den Provinzen lebenden Menschen erlangten immer zahlreicher das römische Bürgerrecht; am Ende des 2.

Jahrhunderts scheint es bereits die Mehrheit aller Reichsbewohner besessen zu haben. Die alte personenstandsrechtliche Unterscheidung zwischen Römern und Peregrinen wurde so unwichtig, daß der Kaiser Caracalla im Jahre 212 mit einem Federstrich beinahe allen Personen, die noch peregrin waren, das römische Bürgerrecht verleihen konnte, ohne daß das eine große Resonanz hervorgebracht hätte.

An der von der römischen Zentrale protegierten Sozialstruktur, insbesondere an der aristokratischen Grundstruktur des Reiches und an der Vermögensballung, die mit jener Grundstruktur zusammenhängt, änderte sich freilich durch den Aufstieg in das Römertum nichts. Der Wohlstand war daher vor allem eine Sache der Oberschicht. Und wenn es auch den ärmeren Menschen insoweit nicht schlecht ging, als sie durch die Rechtsordnung Sicherheit ihrer physischen und sozialen Existenz fanden, so war doch abzusehen, daß in Zeiten der Not die Belastung der Reichsbevölkerung von der Oberschicht auf die unteren Schichten abgewälzt werden würde. In der Tat machten sich in der von Hegel so genannten Friedhofsruhe der ersten beiden Jahrhunderte der römischen Kaiserzeit bereits ökonomische Verschiebungen und Veränderungen bemerkbar, die in der zweiten Hälfte des 2. Jahrhunderts zu einer spürbaren Verschlechterung der sozialen Lage der Bauern und der freien Handwerker in den Städten führten. Diese wirtschaftlichen Entwicklungen werden in dem diesem Thema speziell gewidmeten Kapitel genauer erörtert werden; hier sei nur so viel vermerkt, daß der Druck der Oberschicht die Massen der ehedem freien Reichsbewohner in einen neuen, abhängigen sozialen Status zwang. Die kaiserliche Bürokratie hat diese Entwicklung sehr gefördert. Denn da in den Zeiten der wachsenden äußeren und inneren Not sich ihre Tätigkeit immer stärker auf die Beschaffung von hinreichend Geld und Rekruten beschränkte, sah sie in den Reichsbewohnern zunehmend vor allem Steuerzahler, *homines vectigales*, die dem Druck der Reichsbehörden auszuweichen suchten und darum immer genauer und härter erfaßt werden mußten; die unlösliche Verknüpfung der Menschen mit dem von ihnen bebauten Boden bzw. ihre feste Zuweisung an übergeordnete Personen (Herren) erleichterte der

Verwaltung die Arbeit. Die Aristokratie dieser Spätzeit hatte gleichsam nur eine Vermittlerrolle zwischen der Verwaltungsapparatur und den Massen: Sie hielt die Menschen an einem bestimmten Ort fest und bot den gesellschaftlichen Rahmen, der sie in totaler Weise verfügbar machte. Das halbfreie Bauerntum (*colonatus*) und die Zwangszünfte in den Städten (*collegia*) sind das Endprodukt einer Entwicklung, in der die große Mehrheit aller Reichsbewohner in faktische Hörigkeit absank.

Das Römische Reich war niemals, insbesondere nicht in seinen Anfängen mit Italien und dem Provinzialgebiet identisch gewesen. Zu dem von Rom beherrschten Raum gehörte auch das indirekt beherrschte, also nicht der direkten Militärverwaltung (Provinzialverwaltung) unterstellte Gebiet. Das waren einzelne Städte, wie etwa Rhodos, die jedoch schnell in irgendeinem Provinzsprengel aufgingen, vor allem aber eine ganze Reihe von Königreichen, Fürstentümern oder Scheichtümern, die sowohl subjektiv als auch objektiv als von Rom abhängige Staaten (Clientelfürstentümer) anzusehen sind. Zu ihnen gehörten z. Z. des Augustus u. a. die Königreiche von Mauretanien (heutiges Marokko und Westalgerien), Thrakien (das heutige Bulgarien), das palästinensische Königtum und das Königreich Kappadokien (im zentralen Hochland von Anatolien); besonders an den äußersten Randgebieten bildeten sich solche politische Abhängigkeiten, die u. U., wie etwa in Armenien und im arabischen Raum, auch schnell wechseln konnten. Die Römer beherrschten diese Gebiete über deren Dynastien. Die Dynasten und deren Untertanen waren für Rom selbstverständlich auch Peregrine, aber dies nicht in dem strengen Sinne, daß sie Gegenstand der römischen Verwaltung waren; denn die Römer unterhielten in diesen Gebieten, die formell unabhängige Reiche waren, weder eine Verwaltung noch eine Armee. Wie eng die Clientelfürstentümer jedoch an Rom gebunden waren, ist daran zu erkennen, daß sie verhältnismäßig schnell in die Provinzialverwaltung übernommen wurden. Was die in der Republik regierende aristokratische Gesellschaft auf Grund ihrer Herrschaftsstruktur, die nur eine übersichtliche Zahl von Gewaltenträgern (Konsuln, Statthalter usw.) verkraften konnte, nur sehr zögernd getan hatte, vermochte die monarchische

Herrschaftsordnung ohne Schwierigkeiten zu leisten: Die Verwaltung einer weiteren Provinz bedeutete für sie lediglich die Ernennung eines (vom Kaiser abhängigen) Beamten mehr. So ist etwa schon unter Tiberius Kappadokien provinzialisiert worden (18 n. Chr.), unter Claudius Mauretanien (42) und Thrakien (45); die in der Nachfolge des Herodes (gestorben 4 v. Chr.) stehenden Fürstentümer Palästinas wurden endgültig alle bis 44 n. Chr. in das syrische Provinzialgebiet (zunächst unter Prokuratoren) eingegliedert, und auch die verschiedenen Clientelfürstentümer des Alpenraumes sind bereits unter Augustus im Zuge der räumlichen Neuordnung Oberitaliens, des Alpengebietes und des nördlichen Alpenvorlandes provinzialisiert worden. Nachdem die römischen Grenzen sich verfestigt hatten und sich dann auch infolge des äußeren Druckes die Grenzlinie sehr klar und deutlich als Befestigungslinie herausbildete, verloren die Clientelfürstentümer an Bedeutung. Innerhalb der befestigten Reichsgrenzen gab es dann nur noch Provinzen. Von den vor den Reichsgrenzen liegenden Stammesfürsten mochte dieser und jener als Client des Kaisers gelten; es hatte diese Clientel aber nicht die gleiche Bedeutung wie die alte, die ein Stück des römischen Herrschaftsraumes gewesen war.

Die Menschen, die außerhalb der Reichsgrenzen wohnten, hätten die Römer auch als *peregrini* bezeichnen können. Tatsächlich galten den Römern, die ihr Herrschaftsgebiet als die Welt ansahen, diese Menschen aber nicht als politische Objekte von Gewicht. Sie beurteilten sie daher auch nicht von ihrem Personenstand — etwa danach, daß sie keine römischen Bürger, vielmehr Angehörige eines anderen Staates seien —, sondern von einer unpolitischeren Warte her: Sie waren in erster Linie Gegenstand kulturellen Interesses. Als solche sprachen die Römer in Anlehnung an die Griechen von ihnen als von Barbaren, das heißt, sie sahen in ihnen zuvörderst Menschen, die außerhalb ihrer eigenen Lebenswelt standen; sie interessierte deren besondere Gesittung gerade wegen ihrer Andersartigkeit, u. U. auch wegen ihrer hohen moralischen Qualität, war aber weder Gegenstand eines herrschaftlichen noch eines allgemein-politischen Interesses. So beschreibt etwa Tacitus in seiner *Germania* die Germanen in ethnologisch-geographisch beschreibender Manier als Barbaren, nicht als ein politisches Phänomen, das Beachtung verdiente, obwohl die Germanen doch seit Augustus ihre politische Widerstandskraft und damit ihr politisches Dasein den Römern besonders deutlich bewiesen hatten. Selbst in der Spätantike, als die Germanen in gewaltigen Scharen ins Reich einbrachen und die Linien zwischen dem Reich und dem Gebiet jenseits seiner ehemals so festgefügten Grenzen fließend zu werden begannen, sind die Reichsbewohner nur schwer zu einer anderen Betrachtung der außerhalb des Reiches sitzenden Stämme gelangt. Sogar Salvian, der doch das Wirken der Germanen im 5. Jahrhundert in Gallien aus nächster Nähe miterlebt hatte, unterscheidet zwischen Römern und Barbaren (Goten, Wandalen, Sachsen, Franken, Hunnen) und charakterisiert die letzteren, wie Tacitus, unter ethnologischem Aspekt, nämlich als — im Gegensatz zu den sündhaften Römern — moralisch intakte Menschen, die Gott als Geißel über das Römische Reich verhängt hat.

f) Die nichtrömischen Bevölkerungsgruppen der späteren Kaiserzeit

Durch die *constitutio Antoniniana* des Kaisers Caracalla v. J 212 wurden — mit einer gleich zu nennenden Ausnahme — alle Reichsbewohner zu römischen Bürgern. Tatsächlich war das römische Bürgerrecht zumindest schon eine Generation vor diesem Gesetz so weit verbreitet, daß das Reich als ein ausschließlich von Römern bewohnter Raum angesehen werden konnte. Soweit am Ende des 2. Jahrhunderts noch starke Personengruppen von Gebieten jenseits der Grenzen in das Reich aufgenommen wurden, erhielten sie mit dem Übertritt, sei er nun gewaltsam oder freiwillig vollzogen, selbstverständlich nicht automatisch das römische Bürgerrecht. Doch haben sich diese Gruppen, wie z. B. die zahlreichen Markomannen, die Mark Aurel auf Domänen verschiedener Provinzen ansiedelte, schnell in die römische Bevölkerung integriert und sind nach einiger Zeit dann auch Römer geworden. Die Assimilationskraft des Reiches war zu dieser Zeit noch ungebrochen, und auch die Wirren des 3. Jahrhunderts haben nicht dazu geführt, daß die damals über die Grenzen sickernden Fremden eine in sich selbst ruhende, von den Römern abgegrenzte Bevölkerungsgruppe wurden. Als Söldner oder Bauern, die das vielfach brach liegende Land bearbeiteten, verteilten sie sich über das Reich und gingen verhältnismäßig schnell in der römischen Bevölkerung auf.

Das Gesetz Caracallas hatte allerdings eine Gruppe von Personen ausdrücklich als nicht zu den Römern gehörig deklariert. Sie heißen in dem Gesetzestext *dediticii* (wörtl. Personen, die sich als Unterworfene den Römern ergeben haben), und es ist eine große Streitfrage, wer unter ihnen zu verstehen sei. Vielleicht sind sie eine niedere Kategorie von Freigelassenen, vielleicht auch gerade erst in den Reichsverband aufgenommene kleinere Gruppen, die an den Reichsgrenzen lebten, oder jüngst unterworfene Rebellen, denen der Kaiser das römische Bürgerrecht nicht erteilen mochte. Zahlreich war diese Gruppe auf keinen Fall. In der zweiten Hälfte des 3. Jahrhunderts und im 4. Jahrhundert jedoch werden die über die Reichsgrenzen tretenden Gruppen häufiger und stärker: Sie begegnen uns in den Quellen unter den verschiedensten Namen. Soweit sie Kriegsgefangene gewesen waren, heißen sie *dediticii;* meist werden sie aber mit ihrem Stammesnamen angesprochen, in allgemeinerer Benennung auch als „Angehörige fremder Stämme" *(gentiles)* oder mit dem Sammelbegriff der „Barbaren" *(barbari),* der sich insbesondere nach der Vereinheitlichung des Reiches als Gegenbegriff zu den „Römern" gebildet hatte; es finden sich auch Gruppen, die nach ihrem stammeseigenen sozialen Status benannt werden *(laeti).* Die Ursachen ihres Übertritts sind sehr verschieden. Teils sind sie in Zeiten schwerer außenpolitischer Bedrängnis der Römer zusammen mit den über die Grenzen strömenden Völkern gekommen und wurden dann von den römischen Behörden nach Beruhigung der Lage übernommen, weil sie nur mit großer Anstrengung wieder zurückgewiesen werden konnten; teils sind es Angehörige der ins Reich einbrechenden Völker selbst, die nach dem Rückzug im Lande hängenblieben, teils auch Kriegsgefangene oder Personen, die aus ihrem Stammesgebiet aus politischen oder privaten Gründen flüchten mußten. Oft begrüßten die römischen Behörden sogar diese Barbaren, da sie Engpässe in der Rekrutierung schließen, ferner auch die z. T. entvölkerten Landstriche, insbesondere die kaiserlichen Domänen, wieder mit Arbeitskräften versorgen und damit die Lebensmittellieferungen und das Steueraufkommen sichern halfen. Vor allem für den Heeresersatz bemühten sich die römischen Behörden bisweilen mit Nachdruck um Barbaren, und dies im 5. Jahrhundert sogar außerhalb der Reichsgrenzen, wie denn Aëtius unter den hunnischen Völkern geworben hat. Der Stammeszugehörigkeit nach sind die auf Reichsboden verbleibenden Barbaren vor allem Franken, Sueben, Bataver, Heruler, Sarmaten, und die Hauptansiedlungsgebiete sind Gallien, Italien und der Orient. Sie alle leben nach ihrem Stammesrecht und passen sich durch das Zusammenleben mit den Römern lediglich bei mancherlei Rechtsgeschäften den römischen Verhältnissen an.

Die einzelnen Kategorien der stärker werdenden Gruppen von Fremden sind schwer zu scheiden; so wurde z. B. praktisch kaum ein Unterschied zwischen Soldaten barbarischer Herkunft, die ehemals Kriegsgefangene gewesen, oder solchen, die freiwillig in die Armee eingetreten waren, gemacht. Auch das Ausmaß ihrer gegenüber der römischen Bevölkerung auf die Dauer aufrechterhaltenen Eigenständigkeit ist nicht leicht einzuschätzen. Manche gingen ohne Zweifel ganz in ihrer Umgebung auf und vergaßen — sie selbst oder deren Nachkommen — sogar ihre Heimatsprache; viele oder eher alle nahmen römische Lebensgewohnheiten an, beherrschten das Lateinische hinreichend und hatten, soweit es ihnen möglich war, keine Neigung zur Rückkehr zu ihrem Stamm. Aber die meisten von ihnen fühlten sich doch nicht als Römer, selbst wenn sie ganz nach römischer Art leben mochten. Daß auch nicht längere Zeiträume sie in den Römern aufgehen ließen, hat darin seinen Grund, daß seit dem letzten Viertel des 4. Jahrhunderts immer größere und nun auch geschlossene Verbände von Fremden sich endgültig im Reich niederließen und durch sie die Integrationskraft des Reiches geschwächt und schließlich jedenfalls im Westen des Reiches vernichtet wurde.

Seit den Söhnen Constantins und vor allem dann in der Zeit der Valentinianischen Dynastie wurden größere Verbände von Barbaren auf Reichsboden angesiedelt, weil die römische Regierung ihrer anders nicht mehr Herr werden konnte. Vor allem durch Valens, dann, nach seinem Tod, durch Theodosius wurden große Teile der Westgoten mit ihren Familien, also im Stammesverband, in dem Gebiet südlich der Donau angesiedelt (endgültig seit 382). Mit ihnen wie mit anderen auf dem Reichsgebiet sich niederlassenden Stämmen an der Rhein- und Donaufront, in Syrien, am Kaukasus und in Afrika wurden jetzt reguläre Verträge geschlossen, die deren Status regelten. Der vertragliche Charakter der Beziehungen zwischen dem Kaiser und diesen auch „Bundesgenossen" *(foederati)* genannten Stammesverbänden zeigt deutlich den außenpolitischen Charakter der Beziehungen: Die fremden Völker von jenseits der Reichsgrenzen werden nun ohne prinzipielle Änderung ihres völkerrechtlichen Status in das Reich hineingenommen und damit die Einheitlichkeit des Reiches in Frage gestellt. Die Problematik war den römischen Behörden selbstverständlich klar, wie u. a. das Bestreben zeigt, diese Völker wenigstens formal in den Reichsverband einzugliedern. So wurden etwa ihre Führer bisweilen, wie einst die Clientelfürsten, vom Kaiser inthronisiert oder sie durch die Verleihung entsprechender militärischer Titel in das römische Verwaltungssystem eingeordnet. Diese Versuche der Integration hatten vor allem an den Ostgrenzen und in Afrika einigen Erfolg.

Die *foederati* blieben als geschlossener Verband zusammen, lebten weiter nach ihren Gewohnheiten und kämpften innerhalb des römischen Heeres als gesondertes Heereskontingent unter eigener Führung. Nicht immer waren die Gruppen der Föderaten ein Stamm oder der Teil eines Stammes; bisweilen fanden sich Personen verschiedener Stammeszugehörigkeit unter einem fähigen Führer zusammen und bildeten einen bunten Haufen, der sich auch, etwa nach dem Tode des Führers, wieder auflösen konnte. Im allgemeinen blieben aber alle diese Gruppen in sich selbst ruhende Einheiten. Es stellten sich im Laufe der Zeit allerdings Verbindungen zu den Römern ein, insbesondere gab es auch Heiraten zwischen Barbaren und Römern. Es kam jedoch kaum je zu einer Aufhebung des fremden Verbandes auf Grund solcher Beziehungen. Es haben sogar die Kaiser selbst eine engere Verbindung mit den Römern nicht gefördert, teils sogar verboten. Wie immer letzteres zu beurteilen ist — an einer engeren Verbindung zu den Germanen hinderte u. a. auch deren arianisches Bekenntnis —, es läßt sich daran ablesen, daß von seiten der römischen Behörden eine Assi-

milation gar nicht in Aussicht genommen war. In der Tat war die Existenz der *foederati* zunächst ein Zeichen der militärischen Schwäche des Reiches, und es mochte von den meisten Kaisern der Aufenthalt der Barbaren im Reich nicht als ein endgültiger angesehen werden. Für den Kaiser war in diesem eher als provisorisch betrachteten Verhältnis der Vertragsinhalt entscheidend. In ihm waren vor allem die im einzelnen geregelten militärischen Verpflichtungen der Stämme wichtig, für die ihnen Verpflegung *(annona)*, u. U. Geldzahlungen und Unterkunft geboten wurden.
Das Föderatensystem hielt die fremden Stämme im ganzen gesehen trotz seines außenpolitischen Charakters noch in einem von der römischen Reichsverwaltung gelenkten Reichsverband; das System war gleichsam die Form, die die Einordnung der Fremden in die allgemeine Verwaltungsordnung noch ermöglichte. Als der Westteil des Reiches unter dem Druck der in das Reich einströmenden Stämme allmählich zusammenbrach, konnten aber die auf dem Reichsboden verbleibenden Stämme immer weniger als ein Teil des Reichsverbandes angesehen werden. Die stärkere Eigenständigkeit ergab sich in aller Regel bereits faktisch daraus, daß die römischen Militärverbände, insbesondere die mobile Armee *(comitatenses)*, an Zahl und Bedeutung immer mehr zurückgegangen und die Stammesaufgebote an ihre Stelle getreten waren. Mit der römischen Militärverwaltung löste sich auch die Zivilverwaltung auf bzw. lebte nur insoweit weiter, als die fremden Stämme sie benötigten. Der auf diese Weise erreichte politische Zustand unterschied sich erheblich von dem älteren Föderatensystem, und wenn diese neuen politischen Verhältnisse dann vom Kaiser anerkannt wurden oder werden mußten, waren der Sache nach „Reiche" auf römischem Reichsboden entstanden. Die schließlich offiziell anerkannten bzw. hingenommenen Niederlassungen der Wandalen in Afrika (435), der Westgoten in Südgallien und Spanien (seit 418, insbesondere dann seit 439), der Burgunder (443) und Franken in Gallien (insbesondere seit der Mitte des Jahrhunderts) sowie der Ostgoten in Italien (493) waren denn auch Vorgänge, die die Römer überhaupt nicht mehr in ihrer Gewalt hatten und die sehr große Flächen unter die mehr oder weniger ausschließliche Regie dieser Stämme brachten. Diese „Reiche" wollten nach dem Be-

wußtsein ihrer Träger zwar nicht an die Stelle des Römischen Reiches treten; die barbarischen Angehörigen dieser politischen Gebilde betrachteten sich noch als innerhalb der römischen Reichshoheit stehend. Aber die politische Entscheidungsgewalt ging in dem von ihnen beherrschten Raum doch ganz auf sie über und ließ dem Kaiser nur noch eine formale Oberhoheit. Die Niederlassung erfolgte vielfach, so bei den Burgundern und Westgoten, in der Form der *hospitalitas* (d. i. Gastrecht), auf Grund der die Fremden ein Drittel oder auch mehr (bei den Burgundern die Hälfte, bei den Westgoten gar zwei Drittel) vom Boden und einen Anteil an den Arbeitskräften erhielten.

g) Sklaven und Freigelassene

Die Sklaverei ist eine in allen antiken Kulturen bestehende Einrichtung, durch die über Menschen in totaler, d. h. den menschlichen Willen ausschließender Weise verfügt wird. Sie ist darin begründet, daß wegen des Fehlens eines ethisch untermauerten Völkerrechts über Kriegsgefangene wie über eine Sachbeute verfügt wird; steht nicht unmittelbar nach dem Kampf eine Person bereit, die den Gefangenen auslöst, verfällt er der Verfügungsgewalt des Siegers.
Der Sklave ist in Rom seinem rechtlichen Status nach eine Sache *(res)*, nicht Person *(persona)*. Die Behandlung des Sklaven als eine Sache findet sich auch in anderen antiken und jüngeren Kulturbereichen, doch ist sie in Rom besonders scharf durchgebildet worden. Die kompromißlose Art, in der hier die menschliche Natur des Sklaven geleugnet wird, geht auf die Juristen zurück; vom formaljuristischen Standpunkt aus ist die Fiktion, daß der Sklave Sache sei, auch die der tatsächlichen Behandlung angemessene Form, denn der Sklave wird wie eine Ware gekauft und verkauft. In der Behandlung der Sklaven waren die Römer darum nicht grausamer als andere Völker, allenfalls auf der juristischen Ebene ehrlicher und klarer.
Die Verfügungsgewalt des Herrn *(dominus)* über den Sklaven entsprach demgemäß der über Sachen; doch nannte sie sich, wie die Gewalt des Hausvaters über die freien Hausangehörigen, *potestas*, worin die Erinnerung an den Tatbestand wachgehalten wurde, daß

der Sklave seinem natürlichen Status nach ein Mensch ist. Durch seinen natürlichen Status, der ja nicht zu übersehen ist, wurde dem Sklaven auch ein eheähnliches Verhältnis mit einer Sklavin zugestanden, das dann aber nicht *matrimonium* (Ehe), sondern *contubernium* (Schlafgemeinschaft) hieß, ferner ihm auch die Möglichkeit eingeräumt, ein eigenes kleines Vermögen zu erwerben *(peculium);* schließlich konnte er sogar, da er ein mit Vernunft ausgerüstetes Wesen ist, Rechtsgeschäfte abschließen und das Vermögen seines Herrn verwalten. Aber all das wurde nur unter dem Vorsatz zugestanden, daß der Wille des Sklaven grundsätzlich unter dem Willen des Herrn stand, folglich alle diese Zugeständnisse jederzeit widerrufbar waren. Der Herr konnte jederzeit das *contubernium* auflösen, das *peculium* einziehen, die Vermögensverwaltung wegnehmen usw. Geschäftsfähig war der Sklave eben nur über seinen Herrn. In der Kaiserzeit ist allerdings die Lage des Sklaven gegenüber den oft harten Verhältnissen der republikanischen Zeit gemildert und verbessert worden. Von dem Herrn wurde jetzt erwartet, daß er nicht ohne Grund *peculium* und *contubernium* beseitigte; seine freie Verfügungsgewalt wurde schließlich sogar von Rechts wegen, nicht nur auf Grund des allgemeinen Sittengebots dadurch eingeschränkt, daß bei besonders grausamer Behandlung von Sklaven *(intolerabilis saevitia)* der Herr gezwungen werden konnte, den Sklaven zu verkaufen. Tötete der Herr einen Sklaven, konnte er bei ungerechtfertigter Tötung in der Weise belangt werden, daß er für den getöteten Sklaven Schadenersatz leisten mußte, als wenn er einen fremden Sklaven getötet hätte. Grundsätzlich aber bleibt der Sklave, wie man sieht, Sache. Die Tötung eines Sklaven war nicht Mord, sie wurde vermögensrechtlich geahndet. Zu der Milderung des ursprünglich grausamen Sklavenrechts hat auch die Philosophie beigetragen, vor allem die Stoa, die — vom Naturrecht ausgehend — die Sklaven als Menschen begriff und verlangte, daß aus diesem Tatbestand für Sitte und Recht Konsequenzen zu ziehen seien.

Die Lage der Sklaven war entsprechend ihrer sehr mannigfachen Verwendung sehr unterschiedlich. Haussklaven, insbesondere Ärzten, Pädagogen, Ammen und persönlichen Bediensteten, darunter den Sachwaltern des Herrn, ging es gewöhnlich gut. Je größer die

persönliche Nähe des Sklaven zu seinem Herrn war, desto stärker wurde in ihm der Mensch gesehen und er entsprechend behandelt. Gehörte ein Sklave einem reichen Hause an, war seine Lage im allgemeinen sogar besser als die von freien Bauern oder Handwerkern. Auch manche aus der großen kaiserlichen Sklavenschaft, z. B. in den Büros der kaiserlichen Verwaltung, standen sich nicht schlecht. Viele Sklaven besaßen sogar kraft der ihnen von ihrem Herrn eingeräumten Stellung Einfluß und Macht über freie Personen. Sklaven jedoch, die auf Großgütern, in Bergwerken oder als Ruderer auf Galeeren arbeiteten, befanden sich zu einem nicht geringen Teil in einer elenden Lage, auch wenn die grausamen Praktiken der Republik, zu denen das Fesseln der Sklaven am Arbeitsplatz gehört hatte, nicht mehr geübt wurden oder wenigstens gemildert worden waren.
Die absolute Zahl der Sklaven ist wie für jede Periode der Antike so auch für die römische Kaiserzeit schwer zu schätzen. Wenn wir für einzelne Städte oder Gegenden eine genauere Zahl angeben können als für andere — so dürften etwa in der Stadt Pergamon im 2. Jahrhundert n. Chr. auf ca. 80 000 bis 100 000 Freie 40 000 Sklaven gekommen sein —, sind das keine Angaben, von denen auf das gesamte Reichsgebiet geschlossen werden könnte. Mit Sicherheit läßt sich lediglich sagen, daß die Sklavenzahl gegenüber der ausgehenden Republik abnahm und daß sie in der Spätantike soweit absank, daß das Phänomen der Sklaverei für das Gesamtgefüge der Gesellschaft und dessen Funktion nicht mehr bestimmend gewesen ist. Für die marxistische Geschichtsschreibung, in der die Antike in der gesetzmäßig gesehenen Entwicklung zu einer klassenlosen Gesellschaft das Stadium der Sklavenhaltergesellschaft einnimmt, ist dieser Tatbestand oft verdunkelt worden, da der Umschlag zur Feudalgesellschaft nach der marxistischen Lehre verlangt, daß die Sklaverei zum Zeitpunkt des Umschlages, und das heißt am Ende der Periode, einen gewissen Höhepunkt erreicht hat. Abgesehen auch davon, daß in den verschiedenen Gegenden des Reiches die Nutzung des Sklaven als Arbeitskraft unterschiedlich groß gewesen ist und mit Sicherheit das Gesamtsystem der Wirtschaft nicht auf der Ausbeutung der Arbeitskraft der Sklaven ruhte, liegt das Schwergewicht der antiken Sklaverei aber in dem

Übergang von der Republik zur Kaiserzeit, nämlich etwa von der Mitte des 2. vorchristlichen bis zur Mitte des 2. nachchristlichen Jahrhunderts, nicht am Ende der Antike.

Die Ursache für die Abnahme der Sklaverei ist eine doppelte. Einmal versiegten die traditionellen Quellen der Sklaverei, nämlich die Kriegsgefangenschaft und die Piraterie. In den großen Kriegen der Phase des Aufstiegs Roms zur Weltherrschaft (3./2. Jahrhundert v. Chr.), ferner in den Bürgerkriegen der ausgehenden Republik und schließlich in den ausgedehnten Eroberungskriegen der frühen Kaiserzeit wurden Hunderttausende von Kriegsgefangenen versklavt. Das Angebot war so groß, daß es jedenfalls in Italien den Aufbau einer auf Sklavenarbeit ruhenden Großgrundwirtschaft überhaupt erst hervorgebracht hat. Durch den von den Kaisern aufgerichteten und gesicherten Frieden in der Welt wurde die Kriegsgefangenschaft jedoch zu einer bedeutungslosen Quelle für die Sklaverei. Die Verfestigung der Grenzen, die sogar in eine ununterbrochene Befestigungslinie verwandelt wurden, hinter der sich das Römische Weltreich verschanzte, ließ selbst die Grenzkriege zu Scharmützeln am Palisadenzaun oder an den Grenzflüssen werden. Die Piraten ferner, die durch förmliche Sklavenjagden die Weltmärkte mit der begehrten Ware beliefert hatten, waren durch die römische Ordnungsmacht bereits in den letzten Jahrzehnten der Republik energisch bekämpft worden; die Kaiser sorgten weiterhin dafür, daß es im Mittelmeer keine Piraterie mehr gab: Soweit wirtschaftliche Interessen der Vernichtung des Piratenwesens entgegenstanden, wurden sie von der Reichszentrale doch entschieden dem Ordnungsgedanken hintangesetzt. Die natürliche Fortpflanzung der Sklaven wurde so zur einzigen nennenswerten Quelle für die Sklaverei, und auch sie nahm dadurch stetig ab, daß in der Kaiserzeit Freilassungen in großer Zahl vorgenommen wurden. Die Humanisierung des Sklavenrechts, auch Gedanken über ein natürliches Menschenrecht, das gerade in den gebildeten Schichten vielerorts vorherrschte, schließlich die durch Freilassungen dem Freilasser zuwachsenden materiellen Vorteile (s. u. S. 339 f.) ließen die absolute Zahl der Sklaven rasch absinken. Der Engpaß auf dem Sklavenmarkt führte dann zu einer Veränderung in der wirtschaftlichen Struktur der Großgüter, die vor allem auf der Arbeitskraft von Sklaven geruht hatte; anstatt großer Sklavenmassen, mit denen seit spätrepublikanischer Zeit sehr viele Großgüter in Form der Plantagenwirtschaft bewirtschaftet worden waren, bebauten das Land künftig Kleinpächter mit z. T. langjährigen Verträgen. Da die neue Wirtschaftsform auch in manchen anderen Punkten der neuen Situation in der späteren Kaiserzeit besser entsprach, gehörte ihr schließlich auch unabhängig von dem Arbeitsproblem die Zukunft und verdrängte den Sklaven aus der Landwirtschaft bzw. gliederte ihn in das vorhandene Pachtsystem ein. Gleichzeitig wurde der an sich freie Kleinpächter aber auf eine abhängige Stufe herabgedrückt: Denn der Pächter wurde zwar insbesondere auch durch langjährige Verträge in seiner wirtschaftlichen Existenz gesichert, aber er mußte diese doch deswegen, weil der Großgrundbesitzer bei dem Arbeitskräftemangel seine Arbeitskraft (und der Kaiser seine Steuer) nicht entbehren konnte, mit einer dauernden Bindung an den von ihm gepachteten Boden teuer bezahlen. Wie weiter unten ausführlich dargelegt werden wird (2, 92 ff.), ging es dem Handwerker in der Stadt im Prinzip nicht anders: Wie der Bauer an seine Scholle gebunden wurde *(colonus glebae adscriptus)*, wurden viele Handwerker in ihren Berufsverbänden *(collegia)* zwangsweise organisiert. Die menschliche Produktionskraft wurde von der kaiserlichen Verwaltung, auch im Interesse der Großgrundbesitzer, auf diese Weise von Staats wegen festgehalten, überwacht und verfügbar gemacht. Die Bauern *(coloni)* und Handwerker *(collegiati)* waren zwar persönlich frei — also nicht, wie die Sklaven, von Rechts wegen Sache —, aber sie hatten ihre Freizügigkeit verloren. Das neue Wirtschaftssystem hat deswegen, weil es dem Staat die totale Kontrolle über die Arbeitskraft (an der nur die in ihr liegende Möglichkeit der Steuerabschöpfung interessierte) ermöglichte, die alten, z. T. auch auf der Sklaverei ruhenden Wirtschaftsformen abgelöst.

In den unruhigen Jahrhunderten der späteren Kaiserzeit sind durch Kriegsgefangenschaft oder durch Raub bzw. Beute wieder viele Menschen versklavt worden. Soweit die Römer Barbaren gefangen nahmen, stellten sie sie jedoch meist gleich als Soldaten ein und erleichterten damit die ständigen Rekrutierungsschwierigkeiten dieser Zeit. Die von den Barbaren gefangenen oder geraubten

Römer wurden vielfach losgekauft, und soweit dies nicht geschah und sie von ihren barbarischen Herren innerhalb des Reiches verkauft und weiter verkauft wurden, waren sie doch niemals eine Gruppe, die für die Sozialstruktur und die Wirtschaftsformen der Spätzeit große Bedeutung erlangt hätte. Lediglich an den unruhigen Grenzen, wo Sklaven billiger waren, mochte der Sklave — außer im Haushalt — noch eine bedeutendere Rolle zur Abdeckung des Defizits an Arbeitskräften auf den Gütern und in einzelnen Berufsverbänden spielen.

Bei Betrachtung der antiken Sklaverei haben wir uns stets zu vergegenwärtigen, daß die Sklaven keine nach Stammes- bzw. Sprachzugehörigkeit, nach Religionsausübung oder nach ihrem sozialen Status einheitlichen Gruppen darstellten. Die Sklaven entstammten den verschiedensten Sprachfamilien und Kulturgemeinschaften. In der Kaiserzeit waren Iberer, Germanen und Kelten unter ihnen ebenso zahlreich wie Syrer, Berber, Thraker und Griechen; auch Negersklaven, die Sklavenhändler in den Mittelmeerraum brachten, wurden gehandelt. Es gab nichts, was alle diese Personen miteinander verbunden hätte, am allerwenigsten eine Religion, die vielmehr in der Regel die der früheren Heimat oder, bei längerer Anpassung an die Gewohnheiten der Herrenschicht, die der neuen Herren war. Auch das gemeinsame Schicksal der Sklavenschaft wirkte nicht dahin, daß die Sklaven diesen oder jenen Gott bevorzugt verehrt hätten. Der Christengott, der bisweilen gern als ein dem Sklaven nahestehender Gott hingestellt wird, war nur sehr bedingt ein Gott, der es mit den Sklaven besonders gut meinte; die Schicht, die ihn verehrte, bestand eben vor allem aus Freien, und zu deren Lebensgrundsätzen gehörte wohl die Güte und Nächstenliebe, aber nicht die Beseitigung einer uralten Institution, die nur eine Minderheit der Gemeinde betraf und den Betroffenen u. U. nicht mehr, oft weniger Mühsal brachte als manchem Freien; und abgesehen davon war das Reich des Christengottes nicht von dieser Welt. Es gab unter den Sklaven nicht einmal eine durch die allen gemeinsame erbarmungswürdige Lage verursachte Einigkeit der Gefühle im Hinblick auf das eigene Elend. Es fehlte somit jede Solidarität, die auch nur den Ansatz zu einem sozialpolitischen Denken hätte bilden können. Die Gedanken der

Sklaven waren grundsätzlich nicht auf eine Befreiung ihrer Lage durch Solidarisierung der Sklavenschaft gerichtet. Wenn sie überhaupt etwas wollten (da es die Gruppe der Sklaven nicht gab, sagt man besser: wenn e i n Sklave etwas wollte), dann wünschte sie/er sich, in der Situation derjenigen zu sein, deren Sklave er war. Daran kann alle Spartacus-Ideologie nichts ändern. Auch die Sklavenmassen, mit denen Spartacus zog, hatten nur den Wunsch, aus der Welt der Sklaverei in eine andere, nämlich die ihrer ehemaligen Freiheit zu fliehen; sie strebten darum aus dem Römischen Reich fort (nach Norden). Spartacus war kein Sozialrevolutionär; er konnte es der Natur der damaligen Sozial- und Wirtschaftsverhältnisse nach gar nicht sein. Es ist bezeichnend, daß es Sklavenaufstände nach dem Muster des reinen Ausbruchsversuchs unter Spartacus in diesem Umfang nur einmal und sogar in kleinerem Maßstab äußerst selten gegeben hat.

Man kommt dem Phänomen der antiken Sklaverei nicht dadurch näher, daß man es in eine Ideologie einbindet. Die Sklaverei war in dem Bewußtsein der antiken Menschen — und darunter auch in dem der Sklaven selbst — ein Phänomen, das zur menschlichen Gesellschaft dazugehörte und in sie integriert war. Von dem Unrechts-Charakter des Phänomens haben die Menschen auch in der Antike gewußt, aber das Bewußtsein allein, daß eine Gruppe von Menschen schlechter gestellt ist als die anderen, hat noch kein politisches Handeln hervorgebracht, das die Gesellschaft verändert hätte, auch heute nicht, und dies auch nicht nach Meinung der Marxisten. Es ist ebenso verkehrt, die Gruppe der Sklaven zu einem besonderen Faktor der Gesellschaftsordnung, insbesondere der Wirtschaftsordnung zu machen. Denn abgesehen von der fehlenden Solidarität — das mangelnde Klassenbewußtsein hat den Marxisten schwer zu schaffen gemacht —, sind die Sklaven keine in sich selbst ruhende Gruppe der Sozial- und Wirtschaftsordnung. Ein großer Teil der Freien stand mit ihnen sozial auf einer Stufe (das marxistische „Lumpenproletariat"), verrichtete dieselbe Arbeit wie sie und hatte faktisch genau dieselben Rechte (daß sie nicht Sache, *res,* sondern *personae* waren, gab ihnen gegenüber den Sklaven so gut wie nichts voraus); viele Sklaven standen umgekehrt auf sehr viel höherer sozialer Stufe, von der sie auf die freien

Bauern und Handwerker mit Verachtung herabsahen, und sehr viele konnten sich in dem Institut der Sklaverei auch sozial gesicherter sehen als viele Freie. Es ist daher verkehrt und wissenschaftlich unvertretbar, die Gruppe der Sklaven zum Gegenstand isolierter Untersuchungen zu machen, so als ob sie eine besondere, in sich ruhende soziale Schicht gewesen wären. Zahlreiche moderne Untersuchungen, unter ihnen besonders aktiv eine von der Mainzer Akademie gestützte Forschungsinitiative, haben unter dem Eindruck marxistischer Sehweise und vielleicht auch nur, um ihr Interesse an so modernen und fortschrittlichen Fragen zu dokumentieren, eine juristische (der zwischen Sklaven und Freien) zu einer sozialen Scheidelinie gemacht; sie haben damit nicht der Geschichte und erst recht nicht dem guten Gewissen des nachdenkenden Menschen geholfen, der vergangenes Unrecht nicht ändern kann, aber doch aufdecken möchte; sie sind sogar weit hinter die marxistische Forschung selbst zurückgefallen, die in dieser Hinsicht den Forderungen des orthodoxen Geschichtsklischees gerade wegen eines oft echten Interesses an der Sache bisweilen zu entrinnen sucht und sich zu diesem Zweck ein Differenzierungspotential geschaffen hat, durch das sie das Phänomen wieder in den (wohlverstanden marxistischen) Griff zu bekommen sich bemüht.

Durch den Willen seines Herrn konnte jeder Sklave freigelassen, d. h. aus einer Sache zu einer juristischen Person gemacht werden *(manumissio)*. Der Wille zur Freilassung war allerdings an Formen gebunden, die u. U. auch einschränkend wirkten. Es haben manche Kaiser auch in einer allzu umfangreichen Freilassung Gefahren gesehen, insbesondere hat Augustus mit seiner römisch-national betonten Politik durch mehrere Gesetze die Tendenz zur Liberalisierung des Freilassungswesens einzudämmen gesucht. So wurde beispielsweise ein Mindestalter für den Freilasser (20 Jahre nach der *lex Aelia Sentia* vom Jahre 4 n. Chr.) und den freizulassenden Sklaven (30 Jahre) festgelegt; sollte diese Schranke überschritten werden, waren besondere Voraussetzungen zu erfüllen. Auch für die durch Testament sehr großzügig verfügten Freilassungen wurden Grenzen gezogen (durch die *lex Fufia Caninia* vom Jahre 2 v. Chr.). Aber die Entwicklung ging eindeutig auf eine Begünstigung der Freilassungen.

Der von einem römischen Herrn freigelassene Sklave erhielt das Bürgerrecht seines Herrn, wurde also römischer Bürger. Im griechischen Kulturgebiet rückte der Freigelassene nicht in das Bürgerrecht des Herrn ein; er wurde unter die in der Stadt ansässigen Fremden eingereiht. Der Grund für die andersartige Einstufung des römischen Freigelassenen lag darin, daß der Freigelassene unter die freien Hausgenossen des Freilassers aufgenommen wurde, und diese waren selbstverständlich Römer.

Der Freigelassene *(libertus)* stand jedoch dem frei Geborenen *(ingenuus)* nicht völlig gleich. Er war seinem Herrn gegenüber zur Unterstützung, auch solcher materieller Natur, verpflichtet und hatte ihm gegenüber eine ausdrückliche Pflicht zum Respekt (Gebot von *operae* und *pietas);* diese Pflichten waren u. U. einklagbar. Die mangelnde Ingenuität wurde auch sonst als ein Mangel der Person angesehen, nicht nur in den Augen der frei Geborenen, die jene Neubürger schon wegen ihres oft nicht unbeträchtlichen, im Sklavenstand erworbenen und dann gern zur Schau gestellten Wohlstandes scheel ansahen, sondern auch bei den Behörden, die den Freigelassenen daran hinderten, selbst diejenigen Stellen des öffentlichen Lebens zu bekleiden, die mit Bürgern, die nicht den höheren Ständen angehörten, besetzt werden konnten. Erst der in Freiheit geborene Sohn eines Freigelassenen *(libertinus)* war von solchen Zurücksetzungen frei, obwohl auch er noch besondere Pflichten gegenüber dem Freilasser seines Vaters hatte und ebenso die Öffentlichkeit seine Herkunft nicht vergaß. Erst allmählich verlor sich in der Deszendenz die mit dem Sklavenstand verbundene Schmach, aber selbst nach Generationen, wenn die Herkunft bei den meisten schon vergessen sein mochte, konnte sie bei Gelegenheit wie ein Makel erneut und meist mit dem beabsichtigten Erfolg hervorgeholt werden.

In der Reichsbevölkerung gab es noch eine weitere Personengruppe; sie hatte zwar wenig Bedeutung, soll aber doch genannt werden, weil sie die Freilassungspolitik der frühen Kaiserzeit gut charakterisiert. Die Angehörigen dieser Gruppe heißen Latiner *(Latini)*. Die Latiner waren ursprünglich die im nördlichen Latium siedelnde, lateinisch sprechende Bevölkerung gewesen, von denen die Bewohner Roms einen Teil gebildet hatten. Der Stammesname der

Latiner war seit dem 4. Jahrhundert v. Chr. schließlich auf die Bewohner der von den Römern überall in Italien gegründeten Festungen übergegangen, die als Bollwerke Roms die Treue der italischen Verbündeten sichern sollten *(coloniae Latinae)*. Nachdem die Bewohner dieser Kolonien wie alle Bewohner Italiens römische Bürger geworden waren, gab es das latinische Stadtbürgerrecht nur noch außerhalb Italiens, wo es einzelne Städte vom Kaiser verliehen bekamen. Der Kaiser Caracalla (211—217) hat mit der Erteilung des römischen Bürgerrechts an alle Reichsbewohner (s. 2, 44 f) dieses latinische Bürgerrecht abgeschafft, doch war es schon lange vor ihm gegenstandlos geworden. In der Kaiserzeit lebte es nun in beschränktem Umfang und in veränderter Bedeutung auch außerhalb des Stadtrechts wieder auf. Da das latinische Bürgerrecht ein dem römischen nahestehendes, aber eben nicht das römische Bürgerrecht gewesen und als ein zwar nicht fremdes (peregrines), aber dem römischen Bürgerrecht gegenüber nicht gleichrangiges, sondern zurückgesetztes Bürgerrecht angesehen worden war, diente es nunmehr im Freilassungsrecht zur Differenzierung des dem Freigelassenen zugestandenen Bürgerrechts. Sklaven nämlich, die nicht nach ordentlichem Zivilrecht freigelassen worden waren, sondern deren Freilassung auf sogenanntem prätorischen Recht ruhte, das für Freilassungen gewisse Erleichterungen gestattete (mündliche Freilassung vor Zeugen; Freilassung durch Freibrief = *manumisso inter amicos, per epistulam)*, erhielten nicht das an sich bei Freilassungen fällige römische, sondern das zurückgesetzte latinische Bürgerrecht. Da die formlosen Freilassungen der frühen Kaiserzeit durch eine *lex Iunia* geregelt worden waren, wurden diese Freigelassenen auch *Latini Iuniani* genannt. Es kann das latinische Bürgerrecht also als ein Hilfsinstrument der Jurisprudenz aufgefaßt werden, durch das eine Freilassung auch dann noch möglich wurde, wenn der Freilasser den ordentlichen Weg der Freilassung nicht einschlagen mochte oder konnte, kann in ihr aber auch eine Beschränkung, wenn nicht der Freilassung so doch der Erteilung des römischen Bürgerrechts an Freigelassene sehen. Der Kaiser Justinian (527—565) hat die Junische Latinität abgeschafft; Freilassungen führten seitdem in jedem Fall zum römischen Bürgerrecht.

Zeittafel

31 v. Chr.	Schlacht bei Actium. Octavian, der spätere Kaiser Augustus, besiegt seinen letzten Rivalen um die Macht, M. Antonius.
27 v. Chr.	Staatsakt vom 13./16. Januar: Octavian legt seine außerordentliche Triumviralgewalt nieder und erhält statt ihrer vom Senat eine Summe begrenzter Rechtsgewalten republikanischen Musters als Basis seiner Macht: Begründung des römischen Kaisertums als einer Rechtsordnung (Prinzipat). Octavian wird der Ehrentitel Augustus verliehen.
43/27 v. Chr. bis 14 n. Chr.	Augustus. Ausbau der Prinzipatsverfassung. Expansion des Reiches auf der Pyrenäenhalbinsel, im Alpenraum und Alpenvorland sowie auf dem Balkan; der Versuch einer Annexion des germanischen Gebietes zwischen Rhein und Elbe scheitert (Schlacht im Teutoburger Wald, 9 n. Chr.).
14—68	Julisch-Claudische Dynastie: Tiberius (14—37), Gaius (Caligula, 37—41), Claudius (41—54), Nero (54—68). Stabilisierung des Kaisertums. Auseinandersetzung mit der Senatsaristokratie, deren politisches Gewicht langsam schwindet. Bei den Kaisern überwiegt noch ein italozentrisches Weltbild.
68/69	Vierkaiserjahr (Galba, Otho, Vitellius, Vespasian). Die Nachfolgekrise nach dem Ende der Julisch-Claudischen Dynastie offenbart die Problematik der Prinzipatsverfassung.
69—96	Flavische Dynastie: Vespasian (69—79), Titus (79 bis 81), Domitian (81—96). In dem weiteren Ausbau der Reichsverwaltung erhält der Ritterstand eine gegenüber dem Senatorenstand wachsende Bedeutung. Ausbruch des Vesuvs und Untergang von Pompeji, Herculaneum und Stabiae.
96—192	Nach dem „Übergangskaiser“ Nerva (96—98) regiert eine Reihe von Kaisern, die aus Mangel an direkten Erben entferntere Verwandte durch Adoption für die Nachfolge bestimmen: Trajan (98—117), Hadrian (117 bis 138), Antoninus Pius (138—161), Marcus Aurelius (161—180). Sie werden wegen ihrer gegenüber dem

	Senatorenstand korrekten Haltung heute vielfach als „humanitäre" Kaiser bezeichnet. Mit Commodus kommt wieder ein leiblicher Kaisersohn auf den Thron. Der Einfluß des Senatorenstandes nimmt weiter ab. Erste wirtschaftliche Schwierigkeiten führen zu strukturellen Veränderungen zunächst in der Landwirtschaft. Der Unterschied zwischen Italien (römische Bürger) und den Provinzen (Peregrine) verwischt sich. Die Reichsgrenze wird zu einer befestigten militärischen Linie ausgebaut.
193	Fünfkaiserjahr (Pertinax, Didius Julianus, Pescennius Niger, Septimius Severus, Clodius Albinus).
193—235	Severische Dynastie: Septimius Severus (193—211), Caracalla (211—217), Elagabal (218—222), Severus Alexander (222—235). Der Senatorenstand verliert seinen Einfluß auf das Kaisertum; das Heer tritt zunehmend in den Vordergrund.
212	*Constitutio Antoniniana:* Alle Reichsbewohner (außer den *dediticii*) erhalten das römische Bürgerrecht.
235—284	Zeit der Soldatenkaiser: über 40 Kaiser, darunter Decius, 249—251; Gallienus, 253—268; Aurelianus, 270—275. Infolge der wachsenden politischen Bedeutungslosigkeit der Schichten, die die Prinzipatsverfassung getragen hatten (Senatorenstand, Teile der Honoratioren der Reichsstädte), und wegen der großen außenpolitischen Schwierigkeiten erlangt das Heer einen übermächtigen Einfluß auf die Kaiserbestellung: Die Heere setzen Kaiser ein und ab, und durchweg „regieren" mehrere Kaiser gleichzeitig, die sich gegenseitig aus dem Felde zu schlagen versuchen. Die Kaiser können sich daher meist nur kurze Zeit auf dem Thron halten; Dynastien vermögen sich nicht zu bilden. Erste Einbrüche fremder Völker an der Rhein- und Donaugrenze (germanische Stämme) und am Euphrat (Perser) verschärfen die Krise. Einzelne Reichsteile (Gallien, Orient) führen zeitweise ein politisches Sonderdasein. Wirtschaftliche Schwierigkeiten und ein wachsendes Geldbedürfnis der Kaiser erzeugen einen stets zunehmenden Druck auf die Reichsbevölkerung, die schließlich zum großen Teil in eine hörige Stellung absinkt. Der Versuch, durch die Manipulation der Währung den finanziellen Engpaß zu überwinden, führt zum völligen Zusammenbruch der Währung. Die wachsende Intensität des religiösen Empfindens (Erlösungsreligionen!) erzeugt eine innigere Verbindung des Kaisertums mit

den neuen Religionen; die Christen werden darum wegen ihrer religiösen Intoleranz gegenüber den anderen Religionen nunmehr systematisch verfolgt, vor allem von Decius, Valerian und Aurelian.

284—324 Tetrarchenzeit: Diocletian (284—305) reorganisiert das Reich neu. Durch die Pluralisierung der Reichsspitze wird das Kaisertum stabilisiert: Zwei Oberkaiser (Augusti) regieren den Westen und Osten; sie werden durch zwei Unterkaiser (Caesares), die innerhalb der Reichshälften selbständige Sprengel haben, unterstützt (das System wird nach den regulären vier Kaisern „Tetrarchie", der Teilkaiser „Tetrarch" genannt). Auch die Reichsverwaltung wird neu geordnet (Präfekturen, Diözesen, Provinzen) und das zusammengebrochene Geld- und Finanzwesen durch Währungs- und Steuerreformen wiederaufgerichtet. Der Anpassung an die seit dem 3. Jahrhundert sich wandelnden inneren und äußeren Lage dient auch die Reform des Heeres: Ein Teil der Soldaten sichert nunmehr als eine Art Wehrbauern die Grenze *(limitanei)*; die Hauptarmee steht als mobiles Heer im Hinterland, insbesondere am Sitz des Kaisers zur Disposition *(comitatenses)*. Die Reichsverwaltung wird engmaschiger und intensiver. Durch das gewaltige Geldbedürfnis der Kaiser wird die Bindung der meisten der in Landwirtschaft, Handwerk und Handel Beschäftigten an ihren Ort und an ihren Beruf aus steuerpolitischen Gründen fester (Kolonat; Berufskollegien). — Die tetrarchische Ordnung der kaiserlichen Spitze wird gestört durch den dynastischen Gedanken, der die einzelnen Inhaber kaiserlicher Macht nach einem größeren Einfluß, als in dem System vorgesehen, streben läßt.

311 Toleranzedikt des Kaisers Galerius: Das Scheitern der letzten großen, von Diocletian und Galerius getragenen Christenverfolgung führt zu der offiziellen Anerkennung des Christentums als einer erlaubten Religion; im Jahre 313 wird das erste Edikt von den beiden Augusti Constantin und Licinius erheblich erweitert. Die Rivalität der Kaiser in der ausgehenden Tetrarchenzeit stärkt die Christen, zu denen sich Constantin in zunehmendem Maße bekennt.

306—337 Constantin (I.) der Große. Fortsetzung der Reformpolitik Diocletians in der Verwaltung und im Steuer- bzw. Geldwesen. Nach der Ausschaltung des letzten

Mitkaisers Licinius (324) ist Constantin Alleinherrscher: Ende des tetrarchischen Systems.

325 Ökumenisches Konzil von Nicaea. Unter Vorsitz Constantins legt eine Reichskonferenz von Bischöfen die Trinitätslehre fest (Nicaenum). Mit diesem Konzil wird der Dogmenstreit von nun an unlöslich mit der allgemeinen Politik verknüpft. Der trinitarische Streit wird erst im Konzil von Konstantinopel (381) beendet.

337—361 Constantinische Dynastie: Die Herrschaft wird unter die Söhne Constantins (Constantinus II., 337—340, Constans, 337—350, und Constantius II., 337—361) geteilt und damit das Mehrkaisertum (aber nunmehr auf rein dynastischer Grundlage) wiederhergestellt. Die Kaiser sind jetzt Christen; die nichtchristlichen Religionen treten zurück.

361—363 Julianus Apostata, der Sohn eines Halbbruders Constantins I., löst noch einmal das Kaisertum vom Christentum.

364—455 Valentinianisch-Theodosianische Dynastie: Im Westen: Valentinian I. (364—375), Gratianus (375—383), Valentinianus II. (383—392), Honorius (393 bzw. 395 bis 423), Valentinianus III. (425—455) — im Osten: Valens (364—378), Theodosius (379—395, in den letzten Jahren seiner Regierung Alleinherrscher), Arcadius (395—408), Theodosius II. (408—450). Die Mehrstelligkeit der kaiserlichen Spitze verfestigt sich zu einem Zweikaisertum (westliche und östliche Reichshälfte) auf dynastischer Grundlage. Das Christentum setzt sich endgültig durch und wird durch Theodosius I. zur einzigen anerkannten Religion (Staatsreligion); die nichtchristlichen Religionen verschwinden allmählich. Der Druck auf die Reichsgrenzen (an Rhein, Donau und Euphrat) wird stärker; nach der Schlacht bei Adrianopel (Edirne), in der Kaiser Valens fällt (378), lassen sich in der westlichen Reichshälfte viele germanische Stämme endgültig auf Reichsboden nieder (Westgoten, Burgunder, Vandalen, Ostgoten u. a.). 408 wird Britannien von römischen Truppen geräumt.

410 Rom wird von dem Westgotenkönig Alarich eingenommen und geplündert.

451 Ökumenisches Konzil von Chalkedon. Der Streit um die Natur Christi (christologischer Streit) wird zugunsten einer stärkeren Auffassung Christi als Gott beendet (Chalcedonense); doch können viele Anhänger einer betont menschlichen Auffassung der Natur Christi

(Schule von Antiochia) das Dogma nicht anerkennen und entfremden sich der Zentrale (besonders in Syrien und Ägypten).

455—480 Periode der Auflösung der Zentralgewalt in der Westhälfte des Reiches; die letzten Kaiser werden von ihren meist germanischen Heermeistern gegängelt. Die auf dem Reichsboden sitzenden Germanenstämme werden im Westen schließlich zu eigenständigen politischen Einheiten. In Italien kann sich der Ostgote Theoderich durchsetzen, der seit 488/89 Italien erobert und ein Ostgotisches Königreich (—552) begründet.

450—527 Die oströmischen Kaiser Marcianus (450—457), Leo (457—474), Zenon (474—491), Anastasius (491—518) und Justinus (518—527) wehren sich erfolgreich gegen Germanen und Perser und können sich auch im Innern gegen eine germanische Überfremdung durchsetzen.

527—565 Justinianus versucht, das Römische Reich in seinem alten geographischen Umfang wiederherzustellen; große Teile der westlichen Provinzen werden zurückerobert (Afrika, Italien, Spanien). Kodifikation des gesamten geltenden Rechts.

627 Der Kaiser Heraclius (610—641) besiegt die Perser bei Ninive; die Kraft des Perserreiches ist damit gebrochen.

634 ff. Beginn der Eroberung der römischen Ostprovinzen (Mesopotamien, Syrien, Ägypten) durch die Araber.

Sachregister